国家哲学社会科学成果文库

NATIONAL ACHIEVEMENTS LIBRARY
OF PHILOSOPHY AND SOCIAL SCIENCES

# 中国民生问题中的结构性矛盾研究

潘允康 主　编
王光荣　张宝义　副主编

**潘允康** 天津社会科学院社会学研究员,中国社会学会副会长、学术委员会委员、中国社会学会城市社会学专业委员会会长。从1993年起享受国务院颁发的政府特殊津贴。2002年被评为天津市劳动模范。主要研究领域为家庭社会学和城市社会学。共主持和承担过7项国家社科基金项目,撰写和主编学术著作20余部、论文300余篇,主要代表著作有《家庭社会学》(重庆出版社1987年版),《社会学视野中的大城市发展模式研究》(天津社会科学院出版社2006年版),主要代表学术论文有《社会学和历史唯物主义》(《中国社会科学》1981年6期)、《论婚姻的社会性》(《社会学评论》2013年2期)。

**王光荣** 天津社会科学院社会学研究所研究员。主要研究方向为城市社会学,近十年致力于研究城市生态、城市交通、城市社会学理论等问题。出版著作5部,发表学术论文70多篇,主持省部级项目4项。多篇论文获得《新华文摘》转载,多次获天津市优秀成果奖。代表作有《大城市和谐交通研究》《大城市多中心发展模式》等。

**张宝义** 天津社会科学院社会学研究所所长、研究员,中国社会学会常务理事。研究方向为城市社会学、犯罪社会学,曾多次主持国家社科基金及省部级项目。主要著作有《中国城镇化进程中的城市社会学研究——基于社会空间分视角》《城市人与城市发展——科学发展观指导下的城市社会学研究》《中国城市化进程中的新移民犯罪问题研究》等,发表各类学术文章90多篇。

# 《国家哲学社会科学成果文库》
# 出版说明

　　为充分发挥哲学社会科学研究优秀成果和优秀人才的示范带动作用，促进我国哲学社会科学繁荣发展，全国哲学社会科学规划领导小组决定自2010年始，设立《国家哲学社会科学成果文库》，每年评审一次。入选成果经过了同行专家严格评审，代表当前相关领域学术研究的前沿水平，体现我国哲学社会科学界的学术创造力，按照"统一标识、统一封面、统一版式、统一标准"的总体要求组织出版。

全国哲学社会科学规划办公室

2011年3月

# 成 果 简 介

本著作是国家哲学社会科学基金课题"中国民生问题中的结构性矛盾和社会事业发展"（项目批准号10AZD021）的结项成果，抓住了"中国民生问题中的结构性矛盾"这个主题，并以此为切入点展开研究，从而为民生问题研究提供了一种科学的视角、方法和范式。本书选取了当下人们最关心的"收入分配""劳动就业""教育""医疗""住房""养老"等六个问题进行研究，为六大民生问题的研究提供了相关理论、实证资料和数据，提出了一些改善民生问题的方法和策略。社会事业的发展是民生问题解决的必然路径。本课题在研究民生问题的同时进行了发展社会事业和解决民生问题关系的研究，为发展社会事业、解决民生问题提供了理性思考和科学论证。

# 目 录

前 言 ……………………………………………………………… (1)
绪 论 ……………………………………………………………… (1)
 一、民生问题研究的背景 ………………………………………… (1)
 二、民生问题研究的现实意义 …………………………………… (10)
 三、民生问题研究的理论价值 …………………………………… (18)
 四、本课题的研究思路、内容和方法 …………………………… (21)
 五、文献综述 ……………………………………………………… (33)

## 第一编 民生问题的结构性矛盾

**第一章 中国民生问题结构性矛盾的理性思考** ………………… (81)
 一、民生问题结构性矛盾的理念 ………………………………… (81)
 二、中国民生问题中结构性矛盾产生的动态性逻辑 …………… (84)
 三、中国民生问题结构性矛盾的分类 …………………………… (91)
 四、中国民生问题的结构性矛盾的统筹解决 …………………… (96)

**第二章 收入分配的结构性矛盾研究** …………………………… (98)
 一、收入分配格局的结构性失衡 ………………………………… (100)
 二、收入分配层次结构的结构性矛盾 …………………………… (121)
 三、收入分配结构性矛盾的解决 ………………………………… (154)

第三章　就业的结构性矛盾研究 …………………………………（159）
　　一、就业总体形势 …………………………………………（160）
　　二、就业中的结构性矛盾 …………………………………（164）
　　三、主要就业难群体的就业问题研究 ……………………（173）
　　四、就业结构性矛盾的破解之策 …………………………（193）

第四章　教育的结构性矛盾研究 …………………………………（200）
　　一、普教与职教之间的结构性矛盾 ………………………（203）
　　二、教育资源配置的结构性矛盾研究 ……………………（224）

第五章　医疗卫生的结构性矛盾研究 ……………………………（257）
　　一、医疗卫生领域的供需现状 ……………………………（258）
　　二、医疗卫生问题中的结构性矛盾 ………………………（269）
　　三、进一步发展我国医疗卫生事业的理性思考 …………（280）

第六章　住房的结构性矛盾研究 …………………………………（291）
　　一、城市住房的结构性矛盾及其根源 ……………………（293）
　　二、住房结构性矛盾的社会后果 …………………………（304）
　　三、导致住房结构性矛盾的原因 …………………………（312）
　　四、解决住房结构性矛盾的思路与政策建议 ……………（321）

第七章　养老保障的结构性矛盾研究 ……………………………（327）
　　一、宏观视野中人口老龄化的结构性矛盾 ………………（330）
　　二、养老保障制度和管理中的问题 ………………………（334）
　　三、养老模式的结构性矛盾凸显 …………………………（339）
　　四、化解养老结构性矛盾的有效途径 ……………………（345）

# 第二编　发展社会事业以化解民生结构性矛盾

第八章　社会事业是社会发展与改善民生的有效契合 …………（365）
　　一、社会事业的界定 ………………………………………（365）

二、发展社会事业的重要性和紧迫性 …………………………（371）
三、我国现阶段社会事业发展的状况评析 ……………………（372）

**第九章 以人为本是改善民生发展社会事业的基本理念** …………（382）
一、幸福生活是改善民生发展社会事业的内在要求 …………（383）
二、维护公民社会权利是改善民生发展社会事业的题中之意 …（389）

**第十章 服务型政府是解决民生问题的主要依托** …………………（395）
一、解决民生问题是服务型政府的重中之重 …………………（395）
二、民生理念指导下服务型政府的建设 ………………………（399）
三、服务型政府如何解决民生问题 ……………………………（403）

**第十一章 公共服务是解决民生问题的重要保障** …………………（410）
一、公共服务是民生之源 ………………………………………（410）
二、公共服务体系架构 …………………………………………（413）
三、现阶段公共服务体系建设的重点 …………………………（417）

**第十二章 市场机制：改善民生问题的有效途径** …………………（424）
一、市场机制是化解民生结构性矛盾的必要方式 ……………（424）
二、市场机制是解决民生问题的有效途径 ……………………（430）

**第十三章 社会组织是解决民生问题不可忽视的力量** ……………（442）
一、我国社会组织发展的社会背景 ……………………………（442）
二、社会组织在解决民生问题结构性矛盾中的功能和作用 …（449）
三、社会组织在解决和服务民生中的发展前景 ………………（460）

**参考文献** ……………………………………………………………（469）

**后　记** ………………………………………………………………（477）

# Contents

**Foreword** ······ (1)

**Introduction** ······ (1)

  1. The Background of the People's Well-being Issues Study ······ (1)
  2. The Practical Significance of the People's Well-being Issues Study ······ (10)
  3. The Theoretical Value of the People's Well-being Issues Study ······ (18)
  4. The Research Design, Contents and Methods ······ (21)
  5. Review of the Literature ······ (33)

## Part 1 The Structural Contradictions among the People's Well-being Issues

### Chapter 1   Rational Thinking about the Structural Contradictions among the People's Well-being Issues ······ (81)

  1. Idea of the Structural Contradictions among the People's Well-being Issues ······ (81)
  2. Dynamic Logic of the Structural Contradictions among the Chinese People's Well-being Issues ······ (84)
  3. Classification of the Structural Contradictions among the Chinese People's Well-being Issues ······ (91)
  4. Co-ordinated Solutions to the Structural Contradictions of the Chinese People's Well-being Issues ······ (96)

### Chapter 2   The Structural Contradictions of the Income Distribution ······ (98)

  1. Structural Imbalance on Income Distribution Pattern ······ (100)
  2. The Structural Contradictions in the Income Distribution Structure ······ (121)
  3. The Solutions to the Structural Contradictions in the Income Distribution ······ (154)

### Chapter 3   The Structural Contradictions of Employment ······ (159)

  1. Overall Situation of Employment ······ (160)

    2. The Structural Contradictions in Employment ················································ (164)
    3. Employment Study about the Group Most Affected By Employment Difficulty ········· (173)
    4. The Solutions to the Employment Structural Contradictions ······························ (193)

**Chapter 4   The Structural Contradictions of Education** ······················· (200)

    1. The Structural Contradictions Between General Education and Vocational
       Education ······································································································· (203)
    2. The Structural Contradictions in the Allocation of Educational Resources ············ (224)

**Chapter 5   The Structural Contradictions of Medical and Health** ········ (257)

    1. The Current Situation of Supply and Demand, Medical and Health Field ············ (258)
    2. The Structural Contradictions in the Medical and Health ································ (269)
    3. Rational Thinking about Further Development of Medical and Health ················· (280)

**Chapter 6   Study on the Housing Structural Contradictions** ················· (291)

    1. The Root of the Structural Contradictions in Urban Housing ···························· (293)
    2. Social Consequences of the Structural Contradictions in Housing ······················ (304)
    3. Cause of the Structural Contradictions in Housing ········································· (312)
    4. The Thoughts and Suggestions about Solving the Structural Contradictions in
       Housing ········································································································· (321)

**Chapter 7   The Structural Contradictions of Old-Age Security Research**
    ················································································································· (327)

    1. The Structural Contradictions of the Aging Population in Macro Vision ··············· (330)
    2. Problems in Old-Age Security System and the Management ······························ (334)
    3. The Structural Contradictions of Old-Age Security Model ································· (339)
    4. Effective Ways to Resolve the Structural Contradictions of Old-Age Security ········ (345)

# Part 2   Develop Social Programs to Resolve the Structural Contradictions in the People's Well-being Issues

**Chapter 8   Social Programs Are the Effective Combination of Social Development and Improving People's Well-being** ················ (365)

    1. Definition of Social Programs ········································································· (365)
    2. The Importance and Urgency of the Development of Social Programs ················· (371)
    3. Analysis of the Present Stage of Social Programs ············································ (372)

## Chapter 9 People Foremost Is the Basic Idea of Improving People's Well-being and Developing Social Programs ......(382)

1. Happy Life Is the Inherent Requirements of Improving People's Well-being and Developing Social Programs ......(383)
2. Safeguarding Civil Rights Is in the Meaning of the Title of Improving People's Well-being and Developing Social Programs ......(389)

## Chapter 10 Solving the People's Well-being Issues Mainly Rely on Service-Oriented Government ......(395)

1. Solving the People's Well-being Issues Is the Top Priority of Service-Oriented Government ......(395)
2. Service-Oriented Government Building under the Guidance of the People's Well-being Concept ......(399)
3. How Does Service-Oriented Government Solve the People's Well-being Issues? ......(403)

## Chapter 11 Public Service Is an Important Guarantee to Solve the People's Well-being Issues ......(410)

1. Public Service Is the Source of People's Well-being ......(410)
2. Public Service System ......(413)
3. Focus on the Present Public Services System Construction ......(417)

## Chapter 12 The Market Mechanism: An Effective Way to Improve the People's Well-being Issues ......(424)

1. The Market Mechanism Is Necessary to Resolve the Structural Contradictions in the People's Well-being Issues ......(424)
2. The Market Mechanism Is an Effective Way to Solve the People's Well-being Issues ......(430)

## Chapter 13 The Social Organizations' Role in Solving the People's Well-being Issues Can Not Be Ignored ......(442)

1. The Social Background of Chinese Social Organizations Development ......(442)
2. The Function and Role of Social Organizations in Solving the Structural Contradictions of the People's Well-being Issues ......(449)
3. The Prospects of Social Organizations in Solving and Servicing the People's Well-being Issues ......(460)

**Reference** ......(469)

**Postscript** ......(477)

# 前　言

　　当前，中国正处于不断深化改革的经济社会转型时期。经济社会转型期的民生建设既是机遇，又是挑战。习近平同志在中国共产党第十八次全国代表大会上对中外记者说："我们的人民热爱生活，期盼有更好的教育、更稳定的工作、更满意的收入、更可靠的社会保障、更高水平的医疗卫生服务、更舒适的居住条件、更优美的环境，期盼孩子们能成长得更好、工作得更好、生活得更好。人民对美好生活的向往就是我们的奋斗目标。"实现全面建设小康社会的目标，让中国人民都过上好日子，都有幸福生活，是当前中国的最大政治，也是最大的中国梦。

　　研究中国的民生问题可以是多角度、多视野的。回顾起来，这项课题抓住"中国民生问题中的结构性矛盾"这个主题，并以此为切入点展开研究的思路是正确的，假设是成立的。尽管我们没有也不可能涉猎中国所有的民生问题，只是选取了当下人们最关心的收入分配、劳动就业、教育、医疗、住房、养老等六个问题通过理论研究和社会调查（包括使用了大量各种公开发表的统计和实证资料）进行研究，但是我们深刻地感到，中国的各种民生问题不是单一的、孤立的，而是复合的、交叉的，相互联系着的，用科学的话语说是结构性的。中国的民生问题中充满结构性矛盾，只有抓住这个要素，进行研究，才能深入揭示各种民生问题的内在联系、本来性质和发生的原因，才能找到解决民生问题的路径，思考出改善民生的各种办法和策略。这项课题为六大民生问题的研究提供了相关理论、实证资料和数据，展示了从结构性矛盾处研究具体民生问题的过程，提出了一些改善民生问题的方法和策略，特别提出必须用统筹的方法解决中国的民生问题的宏观思路，是有益的。我们认为课题的最大贡献在于确立了以结构性矛盾为研究和解决中国的复杂民生问题的切入点，从而为民生问题研究提供了一种科学的视角、方法和范式。

研究和解决中国的民生问题和中国的社会发展、社会事业的发展是分不开的。社会事业的发展是民生问题解决的必然路径。这项课题在研究民生问题的同时进行了发展社会事业和解决民生问题关系的研究。提出社会事业是社会发展与改善民生的有效契合的理论和以人为本是改善民生发展社会事业的基本理念等观点，并从四个方面，即建立服务型政府是解决民生问题的主要依托，提供公共服务是解决民生问题的重要保障，建立和健全市场机制是解决民生问题的有效途径，充分发挥社会组织的作用是解决民生问题不可忽视的补充力量等，为发展社会事业、解决民生问题提供了理性思考和科学论证。

随着社会的发展和民生问题的变化，民生问题研究必须不断创新。我们认识到，对民生问题的结构性矛盾的研究还要从理论和实践两个层面继续深入下去。研究民生问题是为了解决民生问题，我们一直在思考制度建设与民生问题之间的关系。我们提出了一些解决具体民生问题的对策和政策建议，如何使这些对策和政策建议形成政策体系，以实现统筹解决民生问题等，都需要我们进一步努力。从这个意义上说，我们的研究还仅仅是开始，不是结束。

潘允康

2014 年 11 月 6 日

# 绪　　论

民生是指广大人民群众的基本生存和生活状态，以及以此为基础的基本发展机会、基本发展能力和基本社会福利实现的状况。所谓民生问题，"就是一个社会的成员，如何从政府、市场和社会获得自己生存和发展的社会资源和社会机会，来支撑自己的物质生活和精神生活的问题"①。民生的内涵是随着人类社会的发展而不断发展的。过去老百姓最为关注的民生问题是"开门七件事"——柴米油盐酱醋茶。如今群众最关心的民生问题则是收入分配、就业、教育、医疗卫生、住房和社会保障等问题。本课题研究旨在通过对改革开放以来中国民生发展的历史与现实的系统考察，细致梳理中国民生问题产生的时代背景和具体过程。全部研究重在厘清民生问题产生的结构性"症结"，进而在此基础上寻求探索出一套适合中国经验现实的民生改善机制和社会事业发展模式。

## 一、民生问题研究的背景

民生建设事关人民群众最基本的生产和生活领域。改革开放以来，随着经济社会的变迁与发展，中国居民的生活水平、生活方式和生活质量都发生了广泛而深刻的变革。民生从整体上得到显著改善的同时，民生领域内的结构性矛盾也逐渐凸显出来。民生问题中的结构性矛盾是中国经济社会发展失

---

① 郑杭生：《中国特色社会学理论的深化》（上卷），中国人民大学出版社2010年版，第86页。

衡的结果，在不同的民生领域有着不同的表现形式。

## （一）改革开放以来的民生建设成就

改革开放以来，中国的贫困问题逐步得到解决。改革伊始，我国有近 1/4 的人口属于绝对贫困人口，而到了 2007 年底，全国绝对贫困人口占比不足 2%。2008 年，世界银行宣布将国际贫困标准从每天生活费 1 美元提升至 1.25 美元。中国政府于 2011 年底大幅上调国家扶贫标准线至 2300 元。如果按照购买力平价计算，中国的国家扶贫标准已经超过了世行的国际贫困标准。世界银行的数据显示，在过去 20 年里，全球脱贫事业的成就有六成以上来自中国政府和人民的努力。过去 30 多年来，中国有 5 亿人口摆脱贫困，贫困率从 65% 以上降至 10% 以下。当前，中国对民生的关注重点已经从吃饭问题拓展到诸如收入分配、教育、医疗、住房、社会保障等公共产品和公共服务领域。

收入是民生之源。随着中国经济以年均 10% 的速度增长，城乡居民收入连年大幅提高。从 1978 年到 2011 年，我国农村居民人均纯收入从 134 元增长到 6977 元，增长 52 倍。城镇居民可支配收入从 343 元增长到 21810 元，增长 63 倍多。2008—2012 年，城镇居民人均可支配收入和农村居民可支配收入年均分别增长 8.8%、9.9%。1978 年中国人均储蓄不足 22 元，而到 2010 年，中国人均储蓄为 2.26 万元，增长超过 1000 倍。1978 年，我国农村居民食品消费支出占消费总支出的比重为 67.7%。城市居民食品消费支出占消费总支出的比重为 57.5%。[①] 到 2011 年，农村居民食品消费支出占消费总支出的比重为 40.4%，城镇为 36.3%。如果按照联合国粮农组织的标准，中国社会总体上已经达到从小康到宽裕的生活水平。

就业是民生之本。改革开放以来，我国就业体制打破了"统包统配"的僵化模式，建立市场导向的就业机制，推动城乡劳动力市场逐步一体化发展。随着积极就业政策的贯彻落实，劳动力市场日臻完善，市场导向就业机制逐步确立，劳动法制建设步伐的加快，就业服务体系不断完善，劳动者的

---

① 国家统计局：《中华人民共和国国家统计局关于一九七八年国民经济计划执行结果的报告》，《中国统计》1979 年第 1 期。

合法权益得到进一步保障，就业人数成倍增加。1978年，我国职工总数为9499万人。其中，全民所有制单位职工7451万人，城镇集体所有制单位职工2048万人。到2011年，全国就业人员76420万人，其中城镇就业人员35914万人，农民工总量为25278万人。年末城镇登记失业率为4.1%。[1] 近年来，中国政府将就业作为保障和改善民生的头等大事，实施积极的就业政策。2008—2012年，累积新增城镇就业5870万人。其中，仅2012年就新增城镇就业1216万人。当前中国的就业人口是改革伊始的8倍。

社会保障是民生之盾。改革开放以来，我国社会保障经历了一个制度从无到有，覆盖面从窄到宽，保障水平从低到高，城乡从分到合的发展过程。建立起新型农村社会养老保障和城镇居民社会养老保险制度。城乡居民基本养老保险制度实现了全覆盖。全民基本医保体系初步形成。截至2011年底，城镇职工基本养老、城镇基本医疗、失业、工伤、生育保险参保人数分别达到2.84亿人、4.73亿人、1.43亿人、1.77亿人、1.39亿人。全国有2637个县（区、市）的8.32亿人参加了新型农村合作医疗，参合率为97.5%。2276.8万城市居民得到政府最低生活保障。5313.5万农村居民得到政府最低生活保障。城乡三项基本医疗保险参保人数超过13亿，基本实现全覆盖。我国从2012年7月1日起，正式启动全国范围的城乡居民养老保险全覆盖工作。

我国医疗卫生服务体系和基本医疗保障制度经历了不断的改革探索。逐步建立起新型农村合作医疗制度和城镇居民基本医疗保险制度。全民基本医保体系初步形成。各项医疗保险参保人数超过13亿。随着医疗卫生机构的服务能力和水平的明显提升，国民的健康水平持续改善。1978年，中国卫生总费用为110.21亿元，人均卫生总费用11.45元。而2010年全国卫生总费用达19980.4亿元，人均卫生费用1491元。卫生总费用占GDP百分比为4.98%。预计2011年全国卫生总费用预计达22496亿元，人均卫生费用1643.2元。[2] 婴儿死亡率和人均预期寿命是衡量一个国家居民健康水平和医

---

[1] 国家统计局：《中华人民共和国2011年国民经济和社会发展统计公报》，《人民日报》2012年2月23日。

[2] 国家卫生和计划生育委员会：《2011年我国卫生事业发展统计公报》，国家卫生和计划生育委员会网站，2012年4月22日，http://www.moh.gov.cn/mohwsbwstjxxzx/s7967/201204/54532.shtml。

疗卫生服务水平的重要指标。根据第三次全国人口普查的数据，1981年，我国婴儿死亡率为34.7‰，人均期望寿命为66.4岁。而到了2010年第六次全国人口普查的时候，我国的婴儿死亡率降低到13.93‰，1990—2000年十年间，我国婴儿死亡率下降4.51个千分点，平均每年下降0.45个千分点。可见，随着我国经济的发展，人民生活水平和妇幼保健服务水平的提高，我国的婴儿死亡率不仅继续呈下降趋势，而且下降速度加快。根据2010年第六次全国人口普查详细汇总资料计算，我国人口平均预期寿命达到74.83岁。30年间中国人均预期寿命提高了7年之多。① 截至2012年底，我国国民健康水平进一步提升，人均预期寿命达到75岁。

教育是民生之基。中国实行教育优先的发展战略，建成了比较完善的现代国民教育体系，中国的教育水平获得了空前的发展，居民文化素质得到显著提高。1982年第三次全国人口普查时，我国有文盲和半文盲人口2.35亿人，文盲率为23.5%。每十万人中仅599人具有大学文化程度，占总人口的0.44%。② 而到了2010年第六次全国人口普查时，我国文盲人口为54656573人，文盲率仅为4.08%。每10万人中具有大学文化程度人数达到8930人。③ 近年来，政府逐渐加大了教育投入力度。2008—2012年，国家财政性教育经费累积支出7.79万亿元，年均增长21.58%。2012年，国家财政性教育经费支出占国内生产总值的比例达到4%。教育投入有力推动了教育事业的发展，进而使国民受教育水平得到明显提高。1982年，我国15岁及以上人口平均受教育年限为5.3年。到2012年底，全国15岁以上人口平均受教育年限达到9年以上。主要劳动年龄人口平均受教育年限为9.5年。新增劳动力平均受教育年限达到12.4年。④

住房是民生之依。改革开放以来，我国稳步推进住房的商品化、社会化

---

① 国家统计局：《我国人口平均预期寿命达到74.83岁》，《光明日报》2012年8月10日。
② 国家统计局：《中华人民共和国国家统计局关于一九八二年人口普查主要数字的公报》，《中华人民共和国国务院公报》1982年第17期。
③ 国家统计局：《2010年第六次全国人口普查主要数据公报（第1号）》，中华人民共和国中央人民政府网，http://www.gov.cn/test/2012-04/20/content_2118413.htm。
④ 国务院新闻办公室：《中国人力资源状况》，中国网，http://www.china.com.cn/ch-book/2010-12/23/content_21603108.htm。

改革。停止实物住房分配，逐步实行住房分配货币化。建立和完善以经济适用住房为主的多层次城镇住房供应体系。发展住房金融，培育和规范住房交易市场。住房制度的改革不仅改变了城市的面貌，也使我国居民的居住条件、居住质量和居住环境都大为改观。1978年我国农村人均住房面积8.1平方米。城镇居民人均住房面积6.7平方米。而到2010年，我国人均住房面积达到27平方米，增长近4倍。① 截至2012年底，我国城镇和农村人均住房面积分别为32.9平方米、37.1平方米，比2007年分别增加2.8平方米和5.5平方米。北京大学城市发展与土地政策研究中心的一项调研表明，中国自住房率已经平均达到了84%，高于世界平均水平，也高于美国的66%的水平。

可见，中国改革开放以来，经济蓬勃发展、民生显著改善，与民生密切相关的收入分配、就业、教育、医疗卫生、住房和社会保障等方面都获得了空前的发展。国家统计局《中国全面建设小康社会进程统计监测报告（2011）》显示，从经济发展、社会和谐、生活质量、民主法制、文化教育和资源环境等诸方面看，我国全面建设小康社会的实现程度已经达到了80.1%。② 人民生活总体上进入了小康水平。这是中国改革开放以来民生建设的重大成就。

### （二）经济社会转型期的民生问题及其结构性矛盾

当前，我国已进入经济转轨、社会转型的关键时期。经济转轨表现为经济增长方式、产业结构的升级和调整。所谓社会转型，就是社会从传统型向现代型的转变。也就是从农业的、乡村的、封闭的和半封闭的传统型社会向工业的、城镇的、开放的现代型社会的转型。③ 在经济社会转型期，随着经济结构、社会结构和利益格局的调整，人们的生存状态也必然随之发生广泛而深刻的变化。与改革开放以来在经济领域内取得的巨大成就相比，不仅我国民生改善的程度和水平有限，而且还存在着大量结构性矛盾。2010年由

---

① 国家统计局科研所：《中国全面建设小康社会进程统计监测报告（2011）》，《调研世界》2011年第12期。
② 同上。
③ 郑杭生：《中国特色社会学理论的探索》，中国人民大学出版社2005年版，第202—203页。

中国社科院发布的2011年社会蓝皮书《2011年中国社会形式分析与预测》显示，2010年中国城乡居民的总体生活满意度下降。根据2005至2009年间在全球155个国家和地区中进行的"盖洛普民意调查"，在全球国家幸福感指数排名中，中国仅列125位。这显然与中国的经济发展水平与综合国力极不相称。

收入分配是当前中国最重要的民生问题。近十年来，在国民收入初次分配中，政府和企业部门分配份额呈现增加态势，而居民部门的分配份额则有所下降。统计数据显示，我国居民劳动报酬占GDP的比重，在1983年达到56.5%的峰值后，就持续下降，2005年已经下降到36.7%，22年间下降了近20个百分点。2010年全国总工会的一项调查显示，23.4%的职工5年未增加工资；75.2%的职工认为当前社会收入分配不公平，61%的职工认为普通劳动者收入偏低是最大的不公平。在过去十几年里，国内生产总值（GDP）翻了两番以上，但我国劳动报酬占比不升反降，这就意味着劳动者未能合理分享经济增长的成果。与此同时，社会两极分化进一步加剧。根据中国科学院最新完成的《2012中国可持续发展战略报告》，按新的贫困标准计算，中国目前有1.28亿的贫困人口。按照国家统计局的数据，我国基尼系数已经超过了国际上0.40的警戒线。近些年来我国出现了一些由劳动关系矛盾引发的群体性极端事件，因收入分配和保险福利问题引发的劳动纠纷占65%以上。收入分配问题已经成为影响社会和谐稳定的重要因素。

随着经济社会的转型，中国的劳动力市场也出现了前所未有的变化。当前我国的就业领域内的结构性矛盾十分突出。"就业难"与"用工荒"并存。在经济高速增长的同时，就业水平持续在低位徘徊。人力资源的结构性过剩、城乡二元结构的区隔与劳动者生活成本和就业预期的提高是导致"就业难"和"用工荒"并存的主要原因。一方面，由于就业人群数量远远超过就业岗位需求，人力资源的结构性过剩必然导致劳动者的结构性失业。国家统计局的数据显示，2011年毕业的研究生、本专科毕业生和各类中等职业教育毕业生分别为43.0万人、608.2万人和662.7万人。2011年全国农民工总量达到 25278 万人。① 近年来，大学毕业生就业出现较大困难，大学毕业生初职的平均工资水平明显下降。另一方面，在劳动者数量过剩的情况下，现有劳动者的劳动技能和素质却难以满足处于产业结构升级和调整中的企业岗位需要。此外，随着物价水平和生活成本的上涨，用人单位提供的薪酬待遇和社会保障水平与劳动者的预期出现较大反差，从而使得劳动者就业意愿下降。如果这些结构性矛盾得不到妥善解决，"就业难"和"招工难"并存的现象还将持续下去。

我国的教育资源既存在供给不足的问题，也存在配置不均衡的问题。国家财政性教育经费占国内生产总值的 4% 是世界上衡量教育水平指标的基础线。世界平均水平为 7% 左右，其中发达国家达到 9% 左右，经济欠发达的国家也达到 4.1%。我国早在 1993 年就提出要在 2000 年实现国家财政性教育经费占 GDP4% 的目标，但这一目标直到 2012 年才最终达到。此外，教育资源和机会在区域和社会群体之间配置的不平衡导致了落后地区群众和社会弱势群体接受优质教育资源的机会减少。虽然"有学上"的问题已基本解决，但"上好学"的问题依然突出。教育不公平主要体现在不同地区特别是东西部地区占有和支配教育资源的状况极不平衡；农村居民与城市居民占有和支配教育资源的状况很不平衡；学校与学校之间占有和支配教育资源的状况很不平衡；弱势群体与优势群体之间占有和支配教育资源的状况也很不平衡。清华大学"中国大学生学习与发展追踪研究"课题组公布的《中国高等教育公平状况报告（2011）》显示，生活在直辖市的学生，获得自主招生名额的可能性是农村学生的 5.5 倍。在所有获得保送资格的学生中，来自城市地区的学生比例明显大于乡村地区。家庭所在地在省会城市的学生，获得保送资格的可能性是郊区农村学生的 11.1 倍。我国教育不均衡是社会二元结构、城乡差异、地区差异和阶层差异等在教育上的反映。目前我国教育收费比较高，教育需求者的费用负担比较重，这也是一个不争的事实。

"看病难"和"看病贵"还是当前我国医疗卫生方面存在的主要问题。我国一直存在着医疗卫生资源的短缺的问题。但医疗卫生资源和医疗卫生费

---

① 国家统计局：《中华人民共和国 2011 年国民经济和社会发展统计公报》，《人民日报》2012 年 2 月 23 日。

用配置的结构性失衡才是导致"看病难"和"看病贵"的根本原因。截至2010年,东部地区每千人口卫生技术人员数为4.93人,中部为3.97人,而西部只有3.59人。东部地区有三级医院586个,中部有343个,西部有304个。可见,医疗卫生资源在地域配置上存在着结构性失衡。医疗卫生资源多集中在东部地区,中西部地区相对稀缺;医疗卫生资源集中在城市地区,农村地区相对稀缺。2011年,公立医院诊疗人次占90.7%,民营医院占9.3%。公立医院入院人数占90.3%,民营医院占9.7%。医疗卫生资源在机构配置上的结构性失衡。大医院资源和人才集中,人满为患,民营中小医院资源和人才稀缺,无人问津。公立医疗机构和私立医疗机构发展失衡。2011年,医院门诊病人次均医药费用179.8元。住院病人人均医药费用6632.2元。住院病人日均医药费用643.6元。2011年,政府卫生支出占全部卫生费用的28.7%,社会卫生支出占36.0%,个人卫生支出占35.3%。① 医疗卫生费用在国家、社会和个人之间的分担结构不合理是造成老百姓"看病贵"的主要原因。从国际比较来看,个人负担比较合理的水平是在30%以下,政府和社会负担达到70%以上。当前中国医疗费用的个人支付比例虽然总体比例有所下降,但是绝对数还在增加,所以群众对看病贵的问题反映比较强烈。总之,医疗卫生资源配置的结构性矛盾导致"看病难"。而医疗卫生费用分担的结构性矛盾导致"看病贵"。这两个问题得不到解决,我国"看病难"和"看病贵"的问题还将持续下去。

在社会保障方面,现有的社会保障制度由于保障水平较低、覆盖面不广,难以应对老龄化、人口流动和就业方式多样化和收入分配不平衡的挑战。社会保障制度涉及三个最基本的问题:社保资金的来源、社保资金的监管和社保资金的使用。在社保资金的来源上,中央和地方之间,政府、企业和个人之间的利益格局难以调整。财政投入不足、企业欠缴保费与社保资金大量结余并存的矛盾,社会保险基金高缴费率与低社会保障收支的缺口越来越大的矛盾,特别是现实存在的社保个人"空账"运行问题严重。由于区域经济发展不平衡,导致社会保障统筹级次难以提高。地区和城乡之间的社

---

① 国家卫生和计划生育委员会:《2011年我国卫生事业发展统计公报》,国家卫生和计划生育委员会网站,2012年4月22日,http://www.moh.gov.cn/mohwsbwstjxxzx/s7967/201204/54532.shtml。

会保障在保障模式、管理体制及保障水平等方面存在巨大差异。这些差异不可避免地会带来诸多体制性障碍,导致其结构严重失衡。城乡社会保障制度也呈二元分割状态;在社保资金的监管上,我国社会保障管理体制的现状是管理分散、政出多门,未能完全形成统一协调的管理体制。基本社会保障管理体制中存在着民政、卫生、社会保障部门之间政策分割、部门利益分割的矛盾和问题。在社保资金的使用上,存在着应保未保、选择性参保、多头参保等问题,失地农民和农民工的社会保障难以解决的问题。因此,急需建立一套打破地区和行业差异的统一的城乡社会保障体系。

在住房方面,房价居高不下,人们买不起房是个突出的社会问题。我国住房制度的变化也是中国经济转型和社会变迁的缩影。中国住房改革的主要方向就是通过引入市场分配机制来提高对住房资源分配的效率。在快速城市化和工业化背景下,城市的土地和住房是一种稀缺资源。如何配置城市住房资源不仅关系到经济效益问题,还关系到社会公平问题。住房既具有居住属性,又具有投资属性。住房的市场化改革割裂了住房的双重属性,即过度放大了住房的商品属性而掩盖了住房的社会福利属性。因此,随着住房的市场化改革,住房分配中的不平等和居民对住房的可承受性问题日益凸现出来。中国的住房问题从一般性的住房短缺发展为高价住房的过度供给与经济性住房的严重不足并存的局面。投资和投机者青睐的是中高档、中大户型住宅的建设,而中低收入群体急需的是中低价位、中小套型的住房。结果,在中高档商品房大量空置的同时,中低收入群体的住房需求却得不到满足。2012年1—4月,全国住宅销售面积为21562万平方米,而4月末的商品房待售面积为30308平方米。[①] 西方国家将空房率的警戒线定为10%。我国目前虽然还没有完整的住房空置率数据,但种种迹象表明,这一数字不会太低。在市场化改革中,住房资源配置的不合理就是对社会分化程度的真实反映。尤其是在城市化进程中,城市新增人口,尤其是城市低收入群体和农民工的住房问题越来越成为城市经济社会健康发展的重大制约。

综上所述,在经济转轨和社会转型期,随着经济结构、社会结构和利益

---

① 《2012年1—4月份全国房地产开发和销售情况》,人民网,http://finance.people.com.cn/GB/17867863.html。

格局的调整，经济、社会资源和机会的配置模式也经历了广泛而深刻的变化。这些变化最终必然会反映到民生领域内的资源和机会配置。一切民生问题都有其深刻的结构性成因。换言之，经济社会转型期的民生问题具有结构性矛盾的特征。民生问题的结构性矛盾就是经济社会转型期经济社会发展失衡的集中体现。收入分配、就业、教育、医疗、卫生、住房和社会保障领域的问题，归根结底都是由于经济、社会资源和机会缺乏或配置不合理引起的。因此，民生问题的解决不外乎两条途径：从增量上说，要通过产业调整、产业升级、教育培训和制度创新推动经济发展，进而为民生改善提供更多的经济资源和物质基础；从存量上说，要对现有的经济资源和机会配置格局进行结构调整，从而让更多的人分享到改革与发展的成果。

## 二、民生问题研究的现实意义

民生是人民群众的生存状态和生存境遇。任何时代、任何国家和社会都有民生问题。但由于时代特征不同，发展阶段和发展状况不同，民生问题的表现形式也各有不同。当前，中国正处于经济社会转型时期。经济社会转型期的民生建设既是机遇，又是挑战。因此，我们必须结合经济社会转型的实际来研究中国的民生问题。

### （一）人民对美好生活的向往就是我们的奋斗目标

习近平同志在中国共产党第十八次全国代表大会上对中外记者说："我们的人民热爱生活，期盼有更好的教育、更稳定的工作、更满意的收入、更可靠的社会保障、更高水平的医疗卫生服务、更舒适的居住条件、更优美的环境，期盼孩子们能成长的更好、工作得更好、生活得更好。人民对美好生活的向往就是我们的奋斗目标。"

我们搞改革开放，把发展作为硬道理的目的是什么？就是要让中国的老百姓过上好日子。邓小平在谈到这个问题说："不改革开放，不发展经济，不改善人民生活，只能是死路一条""社会主义的本质是解放生产力，发展生产力，消灭剥削，消灭两极分化，最终达到共同富裕"。胡锦涛说："心为民所系、权为民所用、利为民所谋""必须在经济发展的基础上，更加注重社会建设，着力保障和改善民生，推进社会体制改革，扩大公共服务，完善社会管理，促进社会公平正义，努力使全体人民学有所教，劳有所得，病有所医，老有所养，住有所居，推动建设和谐社会"。

以"为人民服务"和"三个代表"为指南的中国共产党和中国共产党人把关注和改善民生作为自己为之奋斗的初衷和归宿。只有这样，改革发展才有明确目标；只有这样改革发展才有动力，才能赢得人民的支持和拥护。这是关系到国家和执政党的生死存亡的问题。

### （二）民生改善是经济社会协调发展的需要

经济发展与社会发展的不平衡是目前影响和制约我国社会良性运行和协调发展的首要"瓶颈"。而社会事业发展滞后则是造成这一"瓶颈"的"短板"。当前，中国面临着实现经济增长方式的巨大挑战。无论是依靠科技创新、提高劳动者素质，还是立足于扩大内需，经济发展都不得不面对社会事业发展滞后的"短板"。中国社科院发布的2010年社会蓝皮书《2010年中国社会形式分析与预测》分析指出，当前中国的经济结构已经进入工业化中期阶段，甚至有些指标已经进入了工业化后期阶段，但是社会结构还尚未适应经济结构的转变而实现整体性转型，多数社会结构指标仍然处在工业化初期阶段。总体来看，中国社会结构滞后经济结构大约5年左右。经济与社会发展的不平衡既是当前我国民生问题产生的特殊背景，也是民生问题结构性矛盾产生的根源。因此，通过改善民生消除经济发展与社会发展之间的失衡具有积极的现实意义。

当前我国的经济社会发展失衡是一个不争的事实。改革开放以来，各级政府把工作重点放在GDP增长上，在一定程度上忽略了基本的公共服务和公共产品的供给。中国经济连年快速增长，而财政投资社会事业的幅度却没有相应增加。诸多社会事业领域的市场化改革最终加重了人民群众的个人负担。从某种意义上说，中国的经济发展是以社会服务的相对短缺为代价的。人民群众以个人承担社会服务的形式为经济发展减轻了成本。国家重经济、轻社会，重效率、轻公平的发展战略最终造成了当前社会发展滞后于经济发展的局面。社会发展滞后使得经济发展的社会基础越来越脆弱。甚至在某些领域社会发展的滞后已经严重制约了的经济进一步发展。尤其是在金融危机以后，中国出口拉动型的外向型经济发展模式越来越受到内需不足的制约。而内需不足，归根结底是由于老百姓所能支配的经济资源有限。一方面，居民收入的增长幅度与经济增长速度不成比例。老百姓所能分享的经济增长成果有限。另一方面，由于在物价、教育、医疗卫生、住房和养老等领域的负担过重，严重削弱了老百姓的消费能力。因此，如果没有与民生紧密关联的社会事业的发展，通过刺激内需来促进经济发展就无从谈起。

在经济增长到一定程度之后，社会重大利益关系的调整已成为越来越复杂、同时也越来越重要的改革任务。要让多数人分享改革成果，不仅需要继续推进经济体制改革，还必须逐步启动社会体制的结构性改革。社会转型需要形成新的社会利益整合机制。政府不仅应当为经济发展提供良好的市场环境，还要为经济和社会的协调发展提供基本而有保障的公共产品和有效的公共服务。资源和机会是解决一切民生问题产生的关键。资源和机会不足会导致民生问题。同样，资源和机会配置不合理也会导致民生问题。因此，解决民生问题，首先必须保证资源和机会总量的增加。经济增长与经济发展是民生改善的基础。更为重要的是，通过对现有的资源和机会的结构调整同样可以改善民生。从这个意义上说，社会公平与社会发展是民生改善的表现。因此，民生改善不仅与经济增长紧密关联，也与社会公平密切相关。换言之，经济发展与社会发展是相附相依的。没有经济的发展，社会发展就是无本之木，无源之水。同样，社会发展是经济发展的目的。脱离社会发展的经济增长必然不仅是盲目的，而且也是不可持续的。贫穷不是社会主义。我国的改革开放具有广泛的群众和社会基础。因为改革开放的目的不仅是要解放和发展生产力，更为重要的是要通过解放和发展生产力来改善民生。两极分化也不是社会主义，如果人民群众长期不能分享到改革与发展的成果，人民群众就会对改革丧失信心，进一步的改革就会缺乏广泛的社会基础与社会动力。

经济发展是整个社会经济活动和产品的增加，它不仅仅可以用GDP来测算，而且应该能够以民众所能享受的社会福利水平来衡量。改革开放以来，工业化和城市化进程快速推进。目前我国已经是世界第二大经济体。2008—2012年，我国国内生产总值从26.6万亿元增加到51.9万亿元，年均增长9.3%，显著高于同期全球和新型经济体的增速。当前，我国完全具备了加快发展社会事业、改善民生的物质基础和条件。就业、收入分配、教育、卫生、住房和社会保障等涉及最基本的民生领域。这些事关民生的社会事业发展滞后不仅影响到了人民群众对社会基础性资源和机会的获得，而且也削弱了社会的凝聚力、向心力和整合度。近年来，一些地方社会仇富心理滋长、群体性事件增多，大多与经济社会发展失衡有很大关系。因此，大力发展就业、收入分配、教育、卫生和社会保障等社会事业不仅有利于化解社会矛盾、妥善解决社会问题，而且有利于塑造和谐有序的社会环境，进而推动经济社会的协调发展。唯有通过大力发展社会事业来改善民生才能让人民群众分享到改革与发展的成果，让他们重拾对改革与发展的信心，进而推动改革开放事业持续深入发展。

联合国教科文组织早在《1977—1982年中期规划》的报告中就强调"发展不纯粹是一个经济现象。从最终意义上说，发展不仅仅包括人民生活的物质和经济方面，还包括其他更广的方面。因此，应该把发展视为包括整个经济和社会体制的重组和完善在内的多维过程"，"发展是集科技、经济、社会、政治和文化，即社会生活的一切方面的因素于一体的完整现象"。[①] 国外的历史教训和国内改革开放的实践经验都告诉我们，不能简单地把经济增长等同于社会发展和人的发展；不能简单地认为经济增长必然给广大群众带来物质利益和发展机会；也不能把经济增长作为最高目的而将人异化为实现经济增长的手段；更不能把改革过程看作为"经济增长"付代价的过程，把生活质量的提高和社会发展都推到实现了经济现代化以后再去实现。经济发展必须能够惠及社会大众。否则，人民群众就会失去对改革的信心与支持。经济增长的目的是为了人的全面发展。要使经济增长的成果体现在社会发展中。要通过社会事业发展来满足人民群众的基本利益需求，进而为进一步的改革与发展奠定坚实的社会基础。

### （三）民生改善是维护社会稳定的基础

社会稳定是指一种社会的良性运行与协调发展状态。2011年7月1日，胡锦涛在庆祝中国共产党成立90周年大会上发表的重要讲话中指出："发展是硬道理，稳定是硬任务；没有稳定，什么事情也办不成，已经取得的成果

---

① 联合国教科文组织：《发展的新战略》，中国对外翻译出版公司1990年版，第4页。

也会失去。这个道理，不仅全党同志要牢记在心，还要引导全体人民牢记在心。"社会稳定是社会发展的前提，没有社会稳定，社会发展就无从谈起。社会发展是社会稳定的基础，没有发展的社会稳定必然是僵硬而脆弱的。《尚书·五子之歌》里说："民为邦本，本固邦宁。"国计与民生紧密关联，荀子将"上下俱富"作为"国计之极"。《管子·牧民》里说："仓廪实则知礼节，衣食足则知荣辱。"民生是一切社会盛衰治乱的根源。民生发展则国泰民安，民生凋敝则国运衰败。改善民生既是维护社会稳定的前提，也是社会长治久安的基础。世界银行2012年的报告认为，收入差距较大，消费占GDP的比重低，高质量的公共服务供给不足，加大了经济增长速度下降的风险。此外，中国城乡之间公共服务水平差距加大，城乡之间的"机会差距"也不断扩大。有些地方社会紧张程度有所上升，民众不满引发的群体性事件增多。如果不加以解决，有可能对今后十年的增长和稳定构成威胁。

改善民生有利于缓和社会关系。紧张的社会关系必然危及社会稳定。没有和谐的社会关系就不会有和谐的社会。马克思主义认为，人的本质在其现实性上，是一切社会关系的总和。社会关系是人在生产和生活中结成的人际关系的总称。社会关系包括个人之间的关系、个人与群体之间的关系、个人与国家之间的关系、群体与群体之间的关系、群体与国家之间的关系。因此，要构建和谐稳定的社会就必须要协调好社会各阶层、各利益群体之间的关系。当前中国社会关系在总体上是融洽的，但也存在不少社会关系紧张的领域。在生产领域，劳资关系紧张。劳资关系是我国经济社会生活中最重要的社会关系。劳资关系不稳定不协调，社会和谐和稳定就无从谈起。随着市场经济的发展，资本逐利本性与劳动者利益消长的矛盾使得劳资关系日益紧张。尤其是在就业和收入分配上，劳资矛盾十分突出。在医疗卫生领域，医患矛盾、医患纠纷和医患冲突十分普遍。日益紧张的医患关系，不仅影响医疗卫生事业的发展，也严重影响了社会的和谐与稳定。在教育领域，师生关系紧张，老师与学生关系冷漠，家长与教育机构互不信任。由于贫富差别的客观存在和贫富差距的扩大，社会不同群体和阶层之间的关系也日趋紧张。贪污腐败和滥用公权力更加剧了干群冲突的现实性和可能性。"天下熙熙，皆为利来。天下攘攘，皆为利往。"利益和机会分配的问题是社会关系紧张的根本原因。因此，通过发展相关社会事业来改善民生不仅可以更为合理地分配社会资源和社会机会，而且可以有效缓和紧张的社会关系，进而促进社会的和谐与稳定。

改善民生有利于化解社会矛盾。社会矛盾不能妥善解决，社会稳定就无从谈起。经济社会转型的实质就是经济结构、社会结构和利益结构的调整。因此，经济社会转型期往往也是一个社会矛盾的高发期。经济社会转型期的社会矛盾具有多发性、多样性和复杂性的特征。社会矛盾不能及时处理或处理不当都会影响社会的安定团结。当然，我们对转型期社会矛盾的性质也要有清醒的认识。目前我们还处于社会主义初级阶段，社会的主要矛盾从根本上说还是人民群众日益增长的物质文化需求同落后的社会生产力之间的矛盾。因此，解决社会矛盾的根本途径还是解放生产力，发展生产力。把经济建设搞上去，其他问题才能得到根本解决。胡锦涛在2011年"七一"讲话中说：我们要"妥善处理人民内部矛盾和其他社会矛盾，不断为减少和化解矛盾培植物质基础、增强精神力量、完善政策措施、强化制度保障……"。也就是说，我们不仅要通过大力发展经济为化解社会矛盾提供足够的物质基础，还要通过制定合理的资源和机会分配制度来保障民生，进而化解社会矛盾。大多数社会矛盾的激化和爆发，其根源都在于长期积累的民生问题。经济发展是民生改善的基础。然而，经济发展与社会发展往往并不同步。只有当经济发展与社会发展协调一致时，经济发展才会服务于民生建设。因此，政府必须积极调动经济资源来改善民生。改善民生的社会建设一旦落后于经济发展时，就会出现社会分层加剧、贫富差距拉大、社会阶层对立和社会矛盾激化。换言之，经济增长如果不能以合适的速度促进社会福利的提高，就会以另一种更快的速度造成社会的冷漠、疏离、怨愤乃至对立和冲突。

改善民生有利于促进社会公平。公平正义是社会主义的本质特征，也是社会稳定的基础。没有公平正义便没有稳定的社会秩序。恩格斯认为，公平是现存经济关系的观念化表现。社会不公平是经济不公平的反映。"每一既定社会的经济关系首先表现为利益。"[①] 因此，从根本上说，利益和机会分

---

① 《马克思恩格斯选集》第2卷，人民出版社1995年版，第209页。

配的不公平是社会不公平的根本原因。不平等是影响未来中国经济社会发展的关键问题和风险。某些领域的不平衡发展可能还在延续。地区之间和地区内部，尤其是农村和城市之间，收入、消费以及获得良好教育、医疗、就业和社会保障的机会仍然存在严重的不平等。不可否认，经济发展是改善民生、实现社会公平正义的基础和前提。没有经济发展，民生改善就没有物质基础，社会的公平正义就是水月镜花。同时，我们还要看到，社会不公平比贫穷更容易引发社会失序。当前，由于资源和机会分配不公引起的社会问题十分突出，特别是收入分配问题、财产分配问题和城乡差距问题都比较突出。其中，收入分配不公表现得最为突出。如果把事关民生的社会事业全部交给市场和社会，那么，收入和财富的分配便在很大程度上决定了人们是否能获取必要的社会资源和机会。除非收入和财富在社会各阶层的分配均衡，否则经济上的不平等必然导致社会发展的不平衡。当务之急就是合理调整收入分配关系，努力提高居民收入在国民收入分配中的比重、劳动报酬在初次分配中的比重。此外，在教育、医疗卫生、住房和社会保障等领域的不公平也妨碍了群众对基础性资源和机会的获得。严重侵害了老百姓的基本权益。要促进社会公平，首先就必须打破形形色色的社会不公，使社会各方面的利益关系得到妥善解决。要保障和改善民生，就必须逐步完善基本公共服务体系，推进基本公共服务均等化。通过大力发展收入分配、就业、教育、医疗卫生和社会保障事业，让社会成员平等地共享各种社会资源和机会。只有社会成员的生存和发展有了保障，社会的生活和生产秩序才会有条不紊。

改善民生有利于缓解社会压力和心理压力。社会压力是社会成员在社会外力刺激下产生的紧张和失衡状态。随着经济转轨和社会转型，中国社会也逐渐进入了压力社会：工作压力大，生活压力大，学习压力大，就业压力大，健康压力大，住房压力大，养老压力大。中国社会科学院发布的《2011年度中国社会状况综合调查》显示，69.8%的被调查者感受到物价的压力；41.3%的被调查者感受到生活有压力；36.4%的被调查者感受到住房有压力；28.7%的被调查者感受到了"看病贵"的压力；21.3%的被调查者感受到就业有压力；19%的被调查者感受了"上学贵"的压力；9.3%的被调查者感受到了养老的压力。① 适度的社会压力是推动个体进步和社会发展的动力之一。但长时间、超负荷的社会压力不仅会影响个体的生理、心理和精神健康，而且容易引发个体的过激反应，进而危害社会的安全与稳定。近年来，在就业、教育和医疗卫生领域出现大量因不堪社会压力而采取过激行为的社会事件，不仅社会影响恶劣，而且严重威胁社会和谐与稳定。社会压力已经成为威胁社会稳定的重要因素。个体的心理调适对缓解社会压力固然重要，但社会干预才是缓解社会压力的根本途径。尤其在收入分配、就业、教育、医疗卫生、住房和社会保障等民生领域，只有建立一个公正合理的资源共享和分担机制，才能减少社会成员在民生领域的社会压力。心理压力是社会压力的反映，只有社会压力缓解了，人的心境才能平和，内心和谐了社会才能和谐，人心求稳了社会才能稳定。正是从这个意义上，我们说民生改善有利于维护社会稳定。

改善民生有助于加强政治认同。维持社会秩序，合理分配资源和机会是政府的基本功能和首要职责。政府必须在分配基本的社会资源和机会方面确立自身的职责与威信。政府行为的合法性和认同度源于对公共利益的体现。《礼记·缁衣》里也说"民以君为心，君以民为本"，又说"心以体全，亦以体伤。君以民存，亦以民亡"。对于政党和政府来说，民生问题的本质是民心问题。民生决定民心，一切民生工程都是民心工程。民生改善的程度与水平不仅直接关系到社会的稳定与和谐，而且事关党和政府在人民群众中的威信与地位。"民生问题不仅是个人安全和整体社会安全的连接点，而且是和谐社会建设最基础的必要条件，是社会矛盾多发凸显最基本的根源，是对中国共产党执政能力的考验，也是对其合法性基础的培育。"② 政府不仅应该通过抓市场、提效率来实现经济增长，从而增强自己的执政能力。而且也应该通过重民生、促公平去创建公共利益，进而扩大自身的执政威信。唯其如此，才能真正实现"发展为了人民，发展依靠人民，发展成果为人民所共享"的发展目标。中国共产党倡导以人为本的科学发展观，目的是实现

---

① 中国社会科学院社会发展综合指标实验室：《2011 年度中国社会状况综合调查》，http://pan.baidu.com/share/link? shareid=2344389946&uk=707026933。

② 郑杭生主编：《新中国 60 年·学界回眸：社会学与社会建设卷》，北京出版社 2009 年版，第 38—39 页。

人的全面发展。基于此，党和政府近年来十分重视改善民生。目前正在执行的《"十二五"规划纲要》（2011—2015 年），更是将保障和改善民生作为出发点和落脚点。

综上所述，无论是立足于实现经济增长方式转变的角度，还是从着眼于实现社会公平正义、推动社会良性运行的社会需要出发，抑或是从维护国家安定团结，实现科学发展、和谐发展的政治大局出发，通过大力发展社会事业来改善民生都是一个值得深入研究的重大课题，具有重要的现实意义。

### 三、民生问题研究的理论价值

当前中国已经从整体上进入一个全新的发展阶段。胡锦涛在十八大报告中将社会建设作为中国特色社会主义"五位一体"总体战略布局的重要组成部分。如何推动并顺利实现以改善民生为重点的社会建设成为一项重要课题。本课题研究的学术目标旨在社会建设框架下，联系中国经济社会转型期的经济结构、社会结构和利益格局，细致梳理社会转型期民生问题中存在的结构性矛盾，深入探索通过社会事业发展来改善民生的路径和机制。而当前学界从结构性矛盾的视角系统梳理民生问题的研究并不多。因此，本课题研究必将为民生领域内的学术研究提供重要的理论参考。

#### （一）民生问题研究有助于丰富社会建设理论

所谓社会建设，就是要在社会领域不断建立和完善各种能够合理配置社会资源和机会的社会结构和社会机制，并相应地形成各种能够调节社会关系的社会组织和社会力量。社会建设不仅具有丰富的内涵还包括多维的层次，社会建设包括社会事业建设、社会结构建设和社会制度建设。民生问题与社会建设密切联系。从内容上说，社会事业涉及最基本的民生领域，民生改善离不开社会事业的发展；从结构上说，几乎所有的民生问题都有其独特的结构性背景和结构性矛盾，我们研究民生问题的目的就是要探索民生问题中存在的结构性矛盾并寻求有效的解决机制；从制度层面说，制度化是社会确定并实现公共利益的最佳手段和途径，民生的改善最终还是要依靠制度化的途径才能最终实现。

民生问题研究有助于深化社会结构研究，社会结构包括城乡结构、区域结构和社会阶层结构。一个和谐的社会必先有一个合理的社会结构，当前我国的民生问题大多存在着结构性矛盾，这些结构性矛盾大多又是城乡、区域和阶层结构在民生领域内的反应。化解民生问题中的结构性矛盾与消除城乡之间、区域之间和阶层之间的结构性矛盾必须是同步的。社会结构是人与人之间、人与物之间的关联方式。"天下熙熙，皆为利来。天下攘攘，皆为利往。"[1] 利益是社会关联的基本要素。利益格局的合理调整是社会结构建设的关键。因此，合理配置社会资源和机会既是民生改善的手段，也是社会结构建设的途径。当前，我国还存在不合理的城乡结构和区域结构。这些不合理的社会结构在妨碍经济社会均衡发展的同时，也严重制约了民生改善。要消除不合理的城乡二元结构和区域结构，就必须在城乡和区域之间建立起更为合理的资源和机会配置机制。此外，当前我国的社会阶层结构不尽合理，中低收入阶层所占比例过大，中产阶层规模较小，社会阶层结构呈现"倒丁字"型。这种社会阶层结构是极不稳定的，应尽快通过收入分配体制改革和民生改善来构建两头小、中间大的"橄榄型"现代社会阶层结构。只有这样，我国经济社会发展才能获得强有力的社会结构支撑。

民生问题研究有助于充实社会制度研究。一切社会结构都是制度化的要素结合方式。民生问题与政府的政策设计与制度安排紧密关联。寻求并完善维护人民群众基本权益和机会的制度化措施是解决民生问题的长远之计。制度缺失容易引起民生问题。凡是制度缺失的民生领域，民生问题往往比较突出。制度不公也会导致民生问题。因此，只有通过制度化途径来构建合理的资源和机会配置机制，才能妥善解决民生问题。要真正实现全体人民学有所教、劳有所得、病有所医、老有所养、住有所居，就必须构建公正合理的教育、收入分配、医疗卫生、社会保障和住房资源配置的制度体系。涉及民生问题的制度建设主要包括两方面。一方面，要加快建设并完善促进社会事业发展的配套制度，包括投入机制、运行机制和监督机制。社会事业领域内的制度建设应该以公平、公正为取向，包括起点公正、基础公正和底线公正。社会事业的制度化建设不仅要确保社会事业的发展能惠及大众，必要时还要

---

[1] 《史记》卷129《货殖列传》。

向社会弱势群体适度倾斜。另一方面,随着经济社会的发展,新的民生问题总是会不断出现。鉴于社会制度的建设总是会滞后于社会发展。因此,有必要建立事关民生问题的利益协调机制、诉求表达机制、矛盾调处机制和权益保障机制。不断实现制度革新与发展,以确保民生领域内的问题能够通过制度化途径得到妥善解决。

### (二) 民生问题研究有助于推进社会管理体制创新

民生问题的研究必将有助于丰富和完善社会管理理论。社会管理主要是政府和社会组织为促进社会系统协调运转,对社会系统的组成部分、社会生活的不同领域以及社会发展的各个环节进行组织、协调、监督和控制的过程。社会管理的基本任务包括协调社会关系、规范社会行为、解决社会问题、化解社会矛盾、促进社会公正、应对社会风险、保持社会稳定等方面。说到底,社会管理是对人的管理。加强和创新社会管理的根本目的在于维护社会秩序。民生是老百姓基本的生活和生计,改善民生是维护社会秩序的基础。民不安则国不泰。《国语·楚语上》中说:"民乏财用,不亡何待?"如果民生出了问题,社会秩序的维护就失去了群众基础。因此,保障和改善民生是社会管理体制完善和创新的重要内容。

民生问题研究有助于完善社会管理体制。单位制是社会转型前中国社会管理尤其是城市社会管理的一项重要制度。"单位办社会"的同时"单位管理社会"。单位是职工收入、子女教育、医疗、住房、社会福利和社会保障的唯一来源。单位制社会的经济效率低下,但在社会管理方面颇具效能。改革开放以后,随着经济社会转型,单位的社会管理职能逐渐弱化。就业、收入分配、教育、医疗、住房和社会保障体制逐渐进行了市场化和社会化改革。"单位人"转变为"市场人"和"社会人"。对于单位制的改革,应该从两个方面看。一方面,单位制改革在减轻政府负担,甩掉企业"包袱"的同时,增加了居民的生活负担和生存压力。另一方面,单位制改革以后,并没有建立起新的管理部门和新的管理机制来取代单位的基层社会管理职能。有调查数据显示,全国城镇从业人员中60%多不在单位,很难管理。对"社会人"和"市场人"的社会管理是一个十分棘手的问题。再加上城乡二元结构、区域差异性和大量的流动人口,社会管理的难度不言而喻。因此，要加强社会管理就必须从创新社会管理体制入手。我们认为，应该以民生改善作为社会管理体制创新的切入点。首先，通过民生改善来创新社会管理体制可以充分体现政府的社会责任。为就业、收入分配、教育、医疗卫生、住房和社会保障提供社会公共产品和公共服务，本就应该是公共服务型政府承担的职责。其次，通过民生改善来创新社会管理体制效率比较高。通过提供公共产品和公共服务来管理社会大众是最有效的社会管理模式。因此，要改革现行的公共财政结构，加大民生领域内的投入在政府整个预算中的比重。只有这样才能最终建立城乡一体化的高效的社会管理体制。

民生问题研究有助于提高社会组织管理水平。要妥善解决民生问题，既要理顺政府、社会和个人的责任，又要处理好国家、市场和社会的关系。根据产品和服务的属性，可以分为纯公共产品、准公共产品和私人产品。纯公共产品具有明显的非竞争性和非排他性；准公共产品具有正外部效应；私人产品不具有明显外部效应。纯公共产品、准公共产品和私人产品都是改善民生不可或缺的。我们说政府要承担改善民生的主要责任并不是要政府包办一切。提供纯公共产品是政府的职责。准公共产品可以交由社会提供，但政府承担主要责任。私人产品则进行市场调节。社会管理部门支配的社会资源实际上是第二次分配后的公共财政收入。公共财政旨在实施社会福利和社会保障。社会管理部门必须本着公共性和非营利性这两个基本原则来使用公共财政资源。随着我国经济社会的转型与发展，各类社会组织将更加广泛地参与到社会事业发展和公共服务提供中来。因此，有必要尽快完善社会组织分类管理。对于不同类别的社会组织实行不同的管理方式。推动社会组织健康有序地发展。在强化政府社会管理职能的同时，还要引导各类社会组织加强自身建设、增强社会服务能力，支持人民团体参与社会管理和公共服务，发挥群众参与社会管理的基础作用。同时，在民生发展领域，要加强政府与社会组织之间的分工、协作以及不同社会组织之间的相互配合。

### 四、本课题的研究思路、内容和方法

本课题以中国民生问题中的结构性矛盾和社会事业发展为主题展开研究，即通过研究中国现实重大民生问题的深层次内在矛盾及其产生的原因，

提出发展社会事业、解决民生问题、改善民生状况的思路，为解决中国当代的民生问题提供理论支持和实证解释，为发展与此相关的社会事业提供决策参考。根据以上宗旨，本课题的思路、主要内容和方法是：

## （一）中国民生问题产生的时代特征

以社会时代为背景，对社会问题进行研究是社会学学科的特点。只有在中国社会发展与变迁的大舞台上，才能看清中国民生问题的特殊性，才能揭示其深刻的内在矛盾，做出中肯的、理论与实证相结合的分析，找到解决问题的路径。改革开放前的中国，是一个国家大、人口多、底子薄、经济落后的贫穷国家；改革开放三十多年以来，由于中国坚持以经济建设为中心，生产力大大发展了，人民生活水平大大提高了，和改革开放前的中国相比，中国的民生状况有了很大的改善。中国依靠自己的力量基本解决了13亿人的吃饭和生存问题。这是认识和研究中国民生问题的基本出发点和前提。

目前，从全国范围看，温饱问题已经基本解决，有相当数量的人已经进入了小康，人们真的开始富裕起来了。但与此同时也发生了带有新时代特征的民生问题：还有少数人仍然处于贫困状态之中，穷人与富人同在，贫富差距大；人们的一些基本生存需求已经发生了改变，对教育和卫生健康方面的需求增加，而教育发展中的"上学难""上学贵"，健康需要中的"看病难""看病贵"问题在不同程度上存在着。下岗失业问题一直是困扰社会的问题，新近又出现了就业难与招工难并存的状况。社会保障的总体水平仍然比较低，满足不了社会的实际需求，人们还时常缺乏安全感；商品住房价格高，人们难以承受。另外，人们对文化生活、心理健康等方面的需求在不断增加。这些需要得不到满足的状况客观存在着，这些问题引起了强烈的社会反响。概括说来，我们研究的中国民生问题的时代特征是：改革开放以来，中国正在由一个落后的生产力低水平发展的国家向一个先进的高水平的现代化的国家转变过程之中。社会转型速度之快，社会变迁规模之巨大，是世界上前所未有的。在这样的转变中，中国的一些最基本的国情，如人口众多、底子薄、地区发展不平衡等情况依然客观存在。随着社会的发展和改革开放的深入，旧有的民生问题还没有彻底解决，新的民生问题又在不断出现。中国的民生问题是在这样特殊国情下产生的特殊问题。它也决定了中国当代民生问题的复合型和复杂性。

## （二）中国民生问题的复合型和复杂性

何为民生？在中国的语言文字中很早就出现过民生字眼，《左传·宣公十二年》中有"民生在勤，勤则不匮"的说法。在生产力十分低下的远古时代，民生常常被理解为人的生存，及其为了生存所必须有的物质条件。即便如此，它也不是单一的，而是复合的，要满足人吃喝住穿的多种需要。随着社会生产力的发展，人类的民生需求由简单到复杂，由低级向高级，越来越表现了它的复合性。今天，《辞海》对于"民生"的解释是"人民的生计"，这是一个带有人本思想和人文关怀的词语。在现代社会中，民生和民主、民权相互倚重，而民生之本，也由原来的生产、生活资料，上升为生活形态、文化模式、市民精神等既有物质需求也有精神特征的整体样态。从其原本的意义上说，民生问题主要是百姓的生活生存问题，就是有关国民的生计与生活问题，表现为具体的社会问题、经济问题。今天民生问题不能被简单地理解为吃喝住穿等物质需求，被简单地解释为生存、活着，而是包含有多种需求，包括物质、精神、文化、心理等多个方面，是复合性的。

### 1. 当今中国民生问题的多个层面

民生问题的复合性首先表现在它包含了人的需求的多个层面。早在1943年美国著名犹太裔人本主义心理学家亚伯拉罕·马斯洛就提出了人的需求层次理论。马斯洛认为动机是由多种不同层次与性质的需求所组成的，而各种需求间有高低层次与顺序之分，每个层次的需求与满足的程度，将决定个体的人格发展境界。马斯洛需要层次理论包括五大类：第一，生理需要，它是指人类生存最基本的需要，如食物、穿衣、住所等。第二，安全需要，安全是指保护自己免受身体和情感伤害的需要，这种安全需要体现在社会生活中是多方面的，如生命安全、劳动安全、良好的社会。第三，社交需要，它是包括友谊、爱情、归属、信任与接纳的需要。马斯洛认为，人是一种社会动物，人们的生活和工作都不是独立进行的，经常会与他人接触，因此人们需要有社会交往、良好的人际关系、人与人之间的感情和爱，在组织中能得到他人的接纳与信任。第四，尊重需要，它包括自尊和受到别人尊重两方面；自尊是指自己的自尊心，工作努力不甘落后，有充分的自信心，获得成就后的自豪感；受人尊重是指自己的工作成绩、社会地位能得到他人的认可。这一需要可概括为自尊心、自信心、威望、地位等方面的需要。第五，自我实现需要，它是指个人成长与发展，发挥自身潜能、实现理想的需要。① 最近有的中国学者从当今中国社会关注民生角度提出"民生问题呈现逐层递进关系可以分为关注生存、重视保障、促进发展三个结构层面"②。生存以衣食住行为主要内容，如同马克思所说"人们为了能够'创造历史'，必须能够生活。但是为了生活，首先就需要吃喝住穿以及其他一些东西。"③ 从当代社会民生问题的角度说，要解决吃喝住穿问题就得有收入，就得有职业，劳动就业和收入分配等问题都属于这类问题。保障是民生的又一个层次。人生活在社会中要有安全感，既是基于生理需要，也要面对社会现实。生活在一个竞争激烈的社会中，有没有社会保障，是生活质量与幸福指数的重要组成部分。和保障挂钩的现实民生问题首先是要建立以社会保险、社会救助、社会福利为基础，以基本养老、基本医疗、最低生活保障制度为重点，以慈善事业、商业保险为补充的社会保障体系。当然人的安全，身心健康也需要保证和保障，与此相关的社会治安和医疗卫生事业也是民生需要的很重要的方面。在当代社会生活中，人不仅需要生存、保障，还需要发展，才能生活得更好，更有希望。所谓人往高处走，这样人就需要不断地学习、接受教育，教育事业的发展又成为首当其冲的重大民生问题。概括地说当代中国民生问题是在不同意义和不同层面上的，是指广大人民群众的基本生存和生活状态，以及以此为基础的基本发展机会、基本发展能力和基本社会福利实现的状况。

2. 当今中国不同的阶层和群体有不同的民生需求

在当今中国除去要向全体人民提供基本生存、基本保障、基本发展机会和能力外，还有因为社会分化和社会分层出现的复杂情况，提出的复杂问题。改革开放伊始，为了鼓励和调动人们的积极性，我们取消了大锅饭，引

---

① ［美］马斯洛：《动机与人格》（第3版），许金声等译，中国人民大学出版社2007年版，第16—30页。
② 柳礼泉等：《我国民生问题的结构层面与关涉内容析论》，《岭南学刊》2010年1期。
③ 《马克思恩格斯选集》第1卷，人民出版社1995年版，第80页。

进了竞争机制，允许一部分人通过劳动先富裕起来，先富带后富，最终达到共同富裕。但现实的情况是还有少数人处于贫困之中，绝大多数人的温饱问题已经解决，社会总体达到了小康水平，也出现了一些富人。但无论如何，社会已经出现了较大的贫富差别，出现了不同的阶层和利益集团。作为一个社会成员，处在不同的状况、处在不同的阶层和利益集团会有不同的需求，贫困者、温饱者、小康者和富人的民生要求会有很大差别。中央在解决民生问题中强基本、保基本的策略，缩小贫富差别和贫富分化的策略是正确的，但在当前的特殊情况和形势下，作为一个代表广大人民群众根本利益的政党和政府，在帮贫、扶贫的同时，也不能不同时考虑到不同人、不同群体的不同要求，不能不考虑到人们在走向富裕之路上的不同阶段的不同要求。我们既要着力解决迄今仍然遗留的极少数贫穷问题，还要不断满足处在温饱层次，已经从温饱进入小康，以及从小康向更高水平的富裕社会前进的群体的各种需要。问题的复杂性远远超过仅仅帮助脱贫，解决温饱问题的层次。

总而言之，由于当今中国人的生存需求的多样性，当今中国民生问题包含着生存、保障和发展之多个层面，当今中国不同的阶层和群体有不同的需求，因此中国的民生问题是复合性的，是复杂的。

### (三) 本课题研究的主要民生问题

当代中国的民生需求与民生问题层出不穷，十分庞杂，需要研究的方面也很多，本课题不可能全部都研究到，而是选取那些紧迫的、社会反响最大的、从百姓到中央领导都关心的民生问题进行研究。胡锦涛在十七大政治报告中讲到社会建设与社会事业发展问题时提到了收入分配、劳动就业、社会保障、教育、卫生和社会管理等六大民生问题。温家宝在2010年第7期《求是》杂志上谈到的民生问题是教育、文化发展、就业、城乡居民收入、社会保障、医药卫生等六个方面问题。由中共中央宣传部理论局编写的《七个怎么看》《七个怎么办》在提到了这些问题时还特别提到了住房问题。这些问题也正是近些年来人民群众反映最强烈的问题。本课题从这些问题中选择了社会影响大又最需要急迫解决的问题，同时从研究的角度兼顾与社会事业发展问题相联系和连接（即和社会事业发展相关），兼顾本课题组实际的研究能力和特长，最后确定收入分配、劳动就业、社会保障、教育、卫生、住房等六个方面，涵盖了民生的生存、保障和发展三个层面。

### （四）民生问题中的结构性矛盾

本课题在探讨以上六个民生问题时，以民生问题中的结构性矛盾为主题开展研究。事实表明，中国的民生问题中存在着结构性矛盾。我国现阶段的民生问题都不是孤立的、单一的，而是彼此关联、错综复杂的，换句话说，它们是结构性的。从科学的意义上说，结构是指各个组成部分的搭配和排列。所谓社会结构，是指社会体系各组成部分或诸要素之间比较持久、稳定的相互联系模式。所谓民生问题的结构，是指中国多种民生问题之间的相互关联与排列，以及每一种民生问题中所包含的各种问题之间的关联与排列。所谓民生问题的结构性矛盾是指各种民生问题自身或相互关联中的矛盾。由于中国当代民生问题是多层面的，各种民生问题互相联系，互相交叉，互相影响，互相制约，十分复杂。从发展社会事业解决民生问题的角度说，除去有针对不同的民生问题的专门解决方法之外，又必须有综合性的解决策略。因此从宏观和微观角度研究民生问题中的深层次结构性矛盾是十分重要的。本研究力求通过对民生问题结构性矛盾的探讨和对各种民生问题相互联系的综合性研究（包括宏观和微观两个层面），开辟民生问题理论研究的新视角，实现民生问题理论研究的创新。研究民生问题的结构性矛盾包括三个层面：

1. 每一个民生问题中自身的结构性矛盾

比如，在收入分配问题中，一次分配、二次分配和第三次分配之间的结构性矛盾；居民收入与国家、企业收入之间的矛盾；"强资本"与"弱劳动"之间的矛盾；垄断行业与一般行业收入之间的矛盾；"公开收入"与"隐性收入"之间的矛盾；不同地区（城乡、东西部、发达与非发达）、不同阶层群体收入差距矛盾；橄榄型的收入分层理想（中间阶层大）与哑铃状的收入分配现实间的矛盾等。

在劳动就业问题中、教育问题中、医疗卫生问题中、社会保障问题中、住房问题中也都存在着类似的矛盾。

2. 六个基本的民生问题之间的结构性矛盾

本课题研究六个基本的民生问题，表面上是相互独立的，有各自的特殊性和规律，实质上却是相互联系的，比如：就业中，一方面用人单位招工难，另一方面求职者找工作难之间的矛盾，其实是与人的素质有关，招工单位往往需求有一定技术技能、专业专长的人员，这样的人供不应求，而大量的求职者由于素质偏低，不具备一定的技术技能、专业专长，只能出卖体力，因此产生供求之间的结构性矛盾。而这个问题其实和教育紧密相连的，教育模式的单一，职业教育的相对薄弱，不能面对社会需求培养人才是产生上述问题的一个很重要原因。解决教育领域存在的问题，是和解决就业问题直接相关的。像这样的例子还有很多。事实表明，基本的民生问题是互相关联的（见图0-1）。除去以上视角外，我们还会关注时间序列、空间序列、不同人和群体序列民生问题中的结构性矛盾。

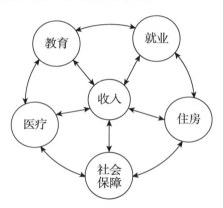

**图0-1 民生问题内在联系结构图**

**3. 发展社会事业，解决民生问题中的结构性矛盾**

我们应当清醒地看到，我们现在面对的民生问题是多层次的，既有生存层次，又有保障层次和发展层次，而且在社会变迁中，旧的民生问题没有解决，新的民生问题还会不断产生。其中，基本的需求是大量的，高层次的需求也是在不断增长中，怎样坚决贯彻中央的"强基本、保基本"要求，又关注社会各个层次的需要，既建立起强有力的民生问题解决机制和保障机制，又逐步引导全社会向小康社会、富裕社会迈进，实现全面建设小康社会的目标，是本课题探讨的又一重要方面。

发展社会事业，解决民生问题中的结构性矛盾，既是实践问题，又是理论问题，为此我们系统探讨了民生问题结构性矛盾的特殊国情与时代背景，当代民生问题产生的社会原因。从理论上分析了社会事业中社会发展与改善民生的有效契合。阐述以人为本，改善民生，发展社会事业的基本理念；指出政府职能转变是改善民生，促进社会事业发展的必要条件；制度建设是完善公共服务体系，推进基本公共服务均等化的主要保障；市场机制是解决民生问题，满足多层次、个性化社会需求的主要力量；以及发展社会组织，利用社会组织的力量，改善民生，促进社会事业的发展。

### （五）民生问题的基础理论

为了达到上述研究目标，本课题的基础性和深层次工作是进行了民生问题的基础理论的研究和探讨。围绕民生问题的结构性矛盾这个研究主题，进行了翔实的文献检索和综述，包括民生问题的基本理论、民生问题的性质与结构、民生问题的现状和特点、民生问题的根源和解决民生问题的意义、改善民生的途径与对策、公共政策与政府转型路径、制度道德建设路径、公共产品供给路径，以及社会建设和发展社会事业理论。上述研究为本研究提供了理论基础和支持。

### （六）民生问题的社会调查和定量分析

在理论研究的基础上本课题实行定性研究和定量研究相结合。实证调查是本课题的一个重要组成部分。近年来政府有关部门、各类相关统计资料、各种科研课题研究结果、新闻媒体都公布过大量与民生问题研究相关的统计数字，这些文献资料是本课题定量分析和研究的主要依据、参考与佐证。

除此之外，本课题还进行了独立的社会调查。从本课题的总体设计出发，根据研究需要，用系统抽样调查的办法在天津进行了千户居民问卷调查。从兼顾科学性、代表性和可操作性的原则出发，这次调查在天津市区进行。天津市区共包括和平、河北、河东、河西、红桥、南开等六个区，含124个街道。先用随机抽样的办法从每个区抽出一个街道，再用随机抽样的办法从每个街道抽出3个居民委员会。总共18个居民委员会。

表 0-1　天津市 2011 年民生问题调查所在区、街道和居民委员会分布情况

| 区 | 街道 | 社区 | | |
|---|---|---|---|---|
| 和平区 | 小白楼街 | 开封道社区 | 泰安道社区 | 崇仁里社区 |
| 河东区 | 大王庄街 | 德元里社区 | 新义信里社区 | 积善里社区 |
| 河北区 | 光复道街 | 建国道社区 | 爱琴海社区 | 昌海里社区 |
| 河西区 | 友谊路街 | 西园西里社区 | 颐景村社区 | 西园南里社区 |
| 南开区 | 学府街 | 学湖里社区 | 光湖里社区 | 天大新园村社区 |
| 红桥区 | 铃铛阁街 | 小春里社区 | 明华里社区 | 康华里社区 |

抽出上述社区后，将 1000 个样本按等分的原则分配到每个居民委员会，每个居民委员会约要调查 55—56 户家庭（个人）。最后用随机等距抽样办法在每个居民委员会抽出被调查样本（首先将居民按住址排列顺序，根据该居民委员会户数多少和需要调查的样本数计算出平均数，即计算出从多少户中抽取一户为调查对象。然后随机决定每个居民委员会以第 5 户为第一个被调查对象，再陆续加上该居委会总户数的平均数，为以后的被调查户序号，选出全部调查对象）。调查由调查员携带调查问卷入户进行，以口问手写的方式进行。如果遇到被选中的调查对象不接受访问或不能接受访问的情况，则规定向该户的序号的前一户做调查，再遇到问题，则规定向该户的序号的后一户做调查。按照这个原则类推，直到选中被调查者，完成调查为止。每户的调查对象为该户的户主或户主的配偶。按规定，将抽取的被调查户按顺序排列，凡调查户的号码为奇数的，调查户主，凡调查户的号码为偶数的，调查户主的配偶。这次被选中的 1000 个被调查者的性别、年龄和文化程度的情况分布如下。

表 0-2　天津市 2011 年民生问题调查被调查者性别分布情况

|   | 人数 | % |
|---|---|---|
| 男 | 505 | 50.5% |
| 女 | 494 | 49.4% |
| 未回答 | 1 | 0.1% |
| 合计 | 1000 | 100% |

表 0-3　天津市 2011 年民生问题调查被调查者年龄分布情况

|  | 人数 | % |
| --- | --- | --- |
| 25 岁以下 | 33 | 3.3% |
| 26—35 岁 | 158 | 15.8% |
| 36—45 岁 | 224 | 22.4% |
| 46—55 岁 | 334 | 33.4% |
| 56—65 岁 | 172 | 17.2% |
| 66 岁以上 | 77 | 7.7% |
| 无回答 | 2 | 0.2% |
| 合计 | 1000 | 100% |

表 0-4　天津市 2011 年民生问题调查被调查者文化程度分布情况

|  | 人数 | % |
| --- | --- | --- |
| 不认字或认字很少 | 5 | 0.5% |
| 初小（小学 3 年以内） | 12 | 1.2% |
| 高小（小学 6 年以内） | 16 | 1.6% |
| 初中 | 152 | 15.2% |
| 高中（中专 中技） | 354 | 35.4% |
| 大专 | 240 | 24.0% |
| 大学本科 | 199 | 19.9% |
| 大学研究生 | 19 | 1.9% |
| 无回答 | 3 | 0.3% |
| 合计 | 1000 | 100% |

我们把上述统计数据和天津市人口普查资料数据相比对，相互比较接近，说明样本对天津有一定代表性。

该项调查从背景、态度和行为三个方面调查了居民的民生状况和对各种民生问题的态度。背景方面主要包括被调查者的性别、年龄、文化程度、职业、行业、政治面目、民族、宗教信仰等。态度方面是指被调查者对民生问题的认识、评价和需求,是民生问题研究的主观指标,也是本次调查的主要方面。行为方面主要包括被调查者的收入、就业、住房、储蓄等现实的民生状况。调查结束后将对民意调查的结果建立数据库并进行相关的数理统计,从量化的角度分析民生问题。

民意调查资料只是本课题资料搜集的一小部分,大量的工作是对现有文献资料的搜集和各种公开发表的统计资料的分析和运用。本课题力求用自己的调查资料和其他各个方面的资料相互比对,在对各方面资料的交叉分析中得出相应的结论。

除去上述调查外,我们还关注了包括政府职能部门、民间团体和社会组织在解决民生问题中的相关法规、政策、举措,以进一步了解民生的实际状况以及解决民生问题遇到的实际障碍,存在的各种问题和困难,分析民生问题发生的症结和发展社会事业解决民生问题的路径、方法和策略。

### (七) 不同民生问题内容的相互交叉

本课题研究民生问题的六个方面是互相交叉的。每个问题都围绕中国民生问题中的结构性矛盾和社会事业发展这个主题展开,有独立的范畴、独特的研究框架和研究内容,其中也包括部分交叉研究内容,比如,在收入分配研究、劳动就业研究和医疗卫生研究中,都会包含有社会保障的内容;在收入分配和劳动就业研究中,也会有教育培训的内容等。各个子课题互相连接互相补充。

### (八) 发展社会事业与解决民生问题之间的关系

本课题进行了民生建设的政策研究,除去在每一个民生问题研究中会提出相关的解决民生问题的具体的对策建议,还有专门的通过发展社会事业促进民生问题解决的综合性思考篇章,重点探讨了发展社会事业与解决民生问题之间的关系。

### (九) 解决民生问题的政策和政策体系

本课题力求在进行社会建设,解决民生问题方面进行理性思考,做出理论贡献。一是提供关于社会建设、社会结构改革和制度方面的思考,在社会建设框架下,在社会结构水平上探索一套互相促进、双向亲和的民生发展制度群。因此,本课题研究势必会在社会建设的结构和制度等多个向度上进行全新的探索与分析。从而为相关领域内的学术梳理和研究提供重要的理论参考。二是本研究力求探讨发展以制度化为中心的解决民生问题的方式。一切社会结构都是制度化的要素结合方式。制度化是社会确定并实现公共利益的最佳手段和途径。民生问题与政府的政策设计与制度安排紧密关联。制度的缺失往往是民生问题凸显的大背景。寻求并完善维护人民群众基本权益和机会的制度化途径是政府解决民生问题的长远之计。更进一步,制度不公也是社会不公的深层根源。有必要探索从制度上保障全民共同享受教育的基础公正、就业和收入分配的机会公正以及社会基本保障的底线公正。本课题的理念是要真正实现全体人民学有所教、劳有所得、病有所医、老有所养、住有所居,就必须通过制度化途径来构建合理的教育结构、收入分配结构、医疗卫生结构、就业结构、住房结构和社会保障结构等。

本课题力求在研究的基础上探讨和提出解决民生问题的政策和政策体系,为党和政府提供决策参考。

### (十) 课题的最终研究成果

本课题预计提交的最终研究结果是以"中国民生问题中的结构性矛盾与社会事业发展"为题的专著。它包括三个部分:第一部分是"绪论",主要是阐述对当代中国民生问题研究的时代背景、重大理论意义和现实意义,以及本书的主要内容、研究思路和文献综述。第二部分是关于民生问题的结构性矛盾研究,集中阐述了民生问题结构性矛盾的理念和对"劳动就业""收入分配""教育""卫生""住房"和"养老"等六个民生问题的专题研究。这部分将以解剖民生问题的结构性矛盾展开。每个民生问题都包含有大量复杂的结构性矛盾,我们只涉猎了其中的一部分。或者说只以其中的一些矛盾为例进行分析研究,以期引起普遍的思考。第三部分是"发展社会事业解决民生问题结构性矛盾的宏观思考",包括"民生问题是我国经济与社会发展中的不和谐音符""社会事业是社会发展与改善民生的有效结合"

"以人为本是改善民生、发展社会事业的基本理念""政府职能转变是改善民生、促进社会事业发展的必要条件""制度建设是完善公共服务体系、推进基本公共服务均等化发展的主要保障""市场机制是解决民生问题,满足多层次、个性化社会需求的主要力量""社会组织在发展社会事业和解决民生问题中的不可忽视的地位和作用"。本书基本框架图如下:

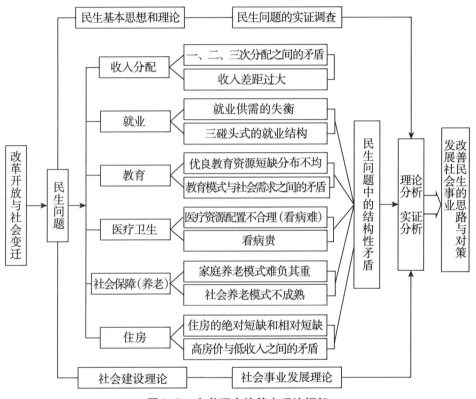

**图 0-2 本书研究的基本理论框架**

## 五、文献综述

为研究中国民生问题中的结构性矛盾和社会事业发展问题,有必要对以往有关中国民生的思想理论、解决中国民生问题的路径和中国社会事业发展的研究文献进行回顾和系统梳理。综述这些研究成果,可以发现研究的新生长点和创新的方向,为全面深入研究中国民生问题中的结构性矛盾和社会事业发展奠定基础。

## （一）民生思想理论研究现状

民生思想理论是解决中国民生问题的指南。这方面的研究成果最为丰富。本书在梳理各种关于中国民生的思想资源的基础上，阐发了对于发展当代民生理论和解决民生问题的意义。

### 1. 中国古代的民生思想

检视中国传统文化，儒、墨、道、法的著作中都蕴藏着丰富的关于民生的论述和见解。学者们对这些民生思想作了深入挖掘和系统阐发。

先秦诸子思想中都饱含对民生的深切关怀。于慧颖认为，先秦诸子的民生思想反映了社会大变革时期民生凋敝的现实图景。儒家、墨家、法家的民生观虽然角度不同，但是无不充满着对劳动人民的深切同情和关怀。概括起来，先秦诸子的民生思想的主要特征是道家的自然生态民生思想、儒家的"重民"民生思想、墨家的"利民"民生思想以及法家的法治民生思想。[1] 魏国栋将老子的民生思想概括为"尚民为先"的重民思想、"崇俭抑奢"的利民思想、"慎刑薄赋"的恤民思想、"以正治国"的爱民思想。[2] 杨明辉提出，墨子民生思想的核心是"为万民兴利除害"，他力图匡正社会积弊，维护人民的根本利益；在墨子的十大政治主张中，兼爱、尚贤、尚同等主张属于为民兴利，而非攻、非命、节用、节葬、非乐等主张属于为民除害；墨子的民生思想具有不可磨灭的历史进步意义，也对今天改善民生有重要启示意义。[3] 孙慧明指出，韩非主张君主应从政治、经济、军事等方面采取有利于民生的举措。[4]

儒家民生思想丰富且较系统。有学者发现，儒家《四书》中丰富的保障民生思想表现为保民养民和富民两个层面，其中还包括保障社会弱势群体的民生，《四书》保障民生的措施有实行德治、保证生产、薄税敛等。《论

---

[1] 于慧颖：《先秦诸子民生思想研究》，《史学集刊》2011年第3期。
[2] 魏国栋：《刍议老子民生思想及其现时价值》，《兰台世界》2011年12月下旬。
[3] 杨明辉：《试论墨子"兴利除害"的民生思想》，《江苏大学学报》2011年第2期。
[4] 孙慧明：《韩非的民生思想及当代价值》，《北京工业大学学报》2011年第1期。

语》保障民生的"养民说"使周初以来的保民、养民思想有了可操作性；《大学》首次提出了发展经济的"生财之道"；《中庸》增加了"来百工""柔远人"等发展生产、增加劳动人手等社会政治措施；《孟子》保障民生思想最突出的是"制民之产"所规定的"五亩之宅""百亩之田"。《四书》保障民生思想是以人类家庭的血缘亲情行为和血缘亲情伦理比附、论证国家对民众的社会政治行为和社会政治伦理。① 程潮提出，传统儒家为解决民生问题寻找理论根据。"人为天生"是儒家民生思想的宗教基础，既然统治者和被统治者都是天所生，统治者就应念同胞之情而关注民生；"德合天地"是儒家民生思想的道德基础，儒家基于"天人合一"的观念要求人们秉承和效法天地"生生"之德，作出有利于民生的事情；"民为邦本"是儒家民生思想的政治基础，儒家总是把"民"作为被统治者来看待，同时又基于"民为邦本"的观念要求统治者把解决民生问题作为维护其统治的政治基础。②

传统民生思想与现代民生有交合也有分野。黄义英指出，中国传统民生理论是对社会下层的关怀，而不是在平等民主的基础上统筹全体公民的生活；传统民生事业的动力来自统治集团的等级优越感和危机感，因而民生事业包含诸多矛盾，缺乏一以贯之的政策和意志；在"食为民本"背后，是民众在各得其所分配框架内的无奈与凄凉。传统民生理论与现代民生理论有交合之处，也有明显的分野。绝对否认两者之间的联系是不客观的，而将两者混为一谈也是不科学的。现代民生理论应该在平等自由、民主法治、公平正义的基础上坚持走理论创新的道路。③

2. 孙中山先生的民生思想

孙中山的民生主义的内容与结构。钱津认为，孙中山提出典型的中国特色的解决民生问题的手段，即平均地权和节制资本。这在其他任何国家都未曾有过。他认定，只要采取这两种办法中国的民生问题就可以解决。他已经明确地认识到，历史的重心是社会问题，社会问题的重心是生存问题，生存

---

① 高兵：《儒家〈四书〉保障民生思想探析》，《齐鲁学刊》2011年第2期。
② 程潮：《儒家民生思想的立论基础》，《宁夏社会科学》2011年第2期。
③ 黄义英：《中国传统民生理论的特点分析》，《广西社会科学》2010年第8期。

问题就是民生问题,民生问题不是政治问题,而是经济问题,是社会的存在与发展必须予以解决的经济问题。① 赵增彦指出,孙中山认为列强的侵略是近代中国一切灾难和祸害的总根源,腐朽的封建专制社会制度是国家衰弱、人民困苦的内在原因,土地、资本的垄断剥削是劳动群众民生凋敝、生活困苦的重要原因,技术落后、实业不发达是民生难以改善的瓶颈制约因素。解决近代中国的民生问题、为众生谋幸福,必须实现民族独立、政治民主;必须实行平均地权、土地国有、耕者有其田;必须通过实施门户开放主义、大胆借鉴西方文明成果来发达国家实业而又节制资本、防止大地主大资本家垄断社会财富、压制人民群众从而引发劳资间的社会冲突。② 郑大华提出不同观点,认为孙中山的民生主义包括重视民生、发展实业、贫富均等和"平均地权"与"节制资本"四方面的内容;这四方面有密切的逻辑联系,并构成了一个完整的思想体系,任何把其中某一或某些方面的内容单独提取出来,说成是孙中山的"民生主义"的做法,都不符合孙中山思想的发展逻辑。③ 张顺昌认为,孙中山的民生思想是用"平均地权"的办法来解决土地问题;采用现代农业生产流通方式,确保粮食安全;采用国家社会主义政策,来节制私人资本,发达国家资本;实行开放政策,利用外资,发展实业;通过人与人之间互利、合作、互爱,来实现社会和谐。④ 闫莉认为,在孙中山民生思想中,平均地权是着眼点,节制资本是着力点,振兴实力是根本点;民生主义与民族主义、民权主义有机结合,注重发展生产力与强调变革生产关系并举,时代性和发展性并重是其特征。⑤

孙中山民生思想的来源与价值。张祖晏认为,孙中山在中国传统民本思想的基础上,积极吸收西方各派思想,加上自己的创见,形成了以"平均地权"和"节制资本"为主要纲领,以解决社会问题为主要内容,以民生史观为哲学基础的民生思想。⑥ 董四代认为,孙中山立足中国实践和文化,

---

① 钱津:《论孙中山民生思想的中国特色》,《河北经贸大学学报》2011年第4期。
② 赵增彦:《孙中山的民生思想及其对当代中国民生建设的深刻启示》,《东北师大学报》2012年第1期。
③ 郑大华:《论民生主义的内容及其当代意义》,《学术研究》2009年第7期。
④ 张顺昌:《论孙中山民生思想及当代价值》,《广东社会科学》2010年第1期。
⑤ 闫莉:《试论孙中山的民生主义思想》,《中共山西省委党校学报》2010年第2期。
⑥ 张祖晏:《浅析孙中山民生思想的内涵》,《吉林省社会主义学院学报》2009年第7期。

借鉴西方的理论和经验，加以创新，为中国现代化道路做了有益的探索，他所提出的民生主义，是中国社会发展的新目标。他的民生主义既不是民粹主义，也不是空想社会主义和资产阶级社会主义，而是中国特色社会主义的思想萌芽。它在中国社会转型期，判断西方资本主义，重新阐释传统理想，以"社会主义"作为现代化的选择，为中国人民留下了宝贵的思想遗产。① 李宁、金林南指出，孙中山民生思想的准确定位应该从其思想的深层理论逻辑得到阐释。孙中山民生思想的历史观基础是西方社会进化论中的社会有机体论和中国传统阶级调和论；孙中山民生思想体现了中国传统政治思想中"养民"的政治哲学理念，没有实现从传统到现代的政治价值观的倒转；孙中山通过其社会主义理论认识展现了其民生思想的道德乌托邦色彩，与马克思的科学社会主义具有本质不同。孙中山的民生思想是对传统儒家民本思想的近现代继承，而不是一种完整意义上的现代政治理念。②

以上学者们比较全面地发掘了民生思想的中国资源，有的学者还指出了传统民生思想与现代民生理论的差异。通过分析和鉴别，取其精华，去其糟粕，提出了这些民生思想的启示和借鉴意义，为中国特色的民生理论的提供了养料，为解决当代民生问题提供了参考。

3. 马克思主义的民生思想及其理论

马克思主义民生思想经历了不断丰富完善和实践创新的过程。学者们研究和阐发了马克思主义经典中的民生思想，也总结和概括了中国共产党对马克思主义民生思想的发展。

(1) 马克思恩格斯列宁的民生学说

首先，学者们探究了马克思恩格斯列宁民生思想的内容。关注和改善民生是马克思主义的固有之义，民生的目标是每个人的全面发展。苗贵山认为，马克思恩格斯以实践的思维方式和以人为本的向度，深度把握民生问题，强调人的发展与经济发展相协调，社会整体发展与个体发展相一致，充

---

① 董四代：《民生主义对建设中国特色社会主义的启示》，《江淮论坛》2011年第2期。
② 李宁、金林南：《孙中山民生思想的深层理论逻辑探析》，《河北经贸大学学报》2011年第6期。

分发挥以人为本的国家社会管理职能，使每个人得到自由而全面的发展。①江盛玉、王燕指出，马克思历史唯物主义公正观是一种以现实的人及其实践为出发点、以使现存世界革命化为生成点、以建构自由人联合体为归宿点的社会价值观，着眼于人的生存和生计，要求不断改善人的生产生活状况、增进人的利益需求和生活幸福，从而促进人的自由而全面发展。②

民生具有实践性和历史性，民生是不断发展的。王慧认为马克思以实践的视域科学地阐发了民生思想，民生的本质是人民群众的实践活动，民生的实现过程就是满足人的生活需要的过程，也是争取人的解放并实现人的自由与全面发展的历史过程。可见，马克思对于民生的关注，不是停留在人道主义之上的阐释，而是诉诸"武器的批判"。马克思在民生问题上的致思理路和丰富的思想内涵与当代价值，为认识和解决当代中国的民生问题提供理论与实践指导。马克思的民生思想是逻辑与历史、逻辑与现实的统一，既有时代性，又有发展性。③ 王健从文本角度提出，蕴含在马克思文本中的民生思想是：民生是现实的个人、他们的活动以及他们的物质生活条件三个要素的统一。④ 蒋锦洪、王慧从马克思的生活需要理论阐述马克思的民生思想，认为马克思的生活需要理论与当代民生的语境高度一致，前者表达并彰显了马克思对人民群众生活状况及其发展的深切关怀。基于人的生命存在之本性的生活需要的追求是民生合理性的根据。民生彰显人的生活需要的丰富性与层次性，民生在不断得到满足而又不断产生新的需要的历史过程中向前发展，民生的合理性判断应从社会一般生活水平出发去衡量。⑤ 徐祖明、王贤斌认为，列宁的社会主义民生思想大体经历了三个发展阶段，即苏维埃俄国建国初期重视保障人民群众的生存权利；社会主义建设初期发挥人民群众建立社会新秩序的主体性；社会主义深化发展时期强调坚持从人民群众的根本利益

---

① 苗贵山：《马克思恩格斯民生思想及其当代价值》，《当代世界与社会主义》2009 年第 4 期。
② 江盛玉、王燕：《马克思历史唯物主义公正观及其当代民生导向》，《思想理论教育导刊》2011 年第 6 期。
③ 王慧：《马克思民生思想的逻辑意蕴及其当代价值》，《理论导刊》2011 年第 6 期。
④ 王健：《马克思民生思想及其当代启示》，《求实》2010 年第 1 期。
⑤ 蒋锦洪、王慧：《马克思民生思想及其当代实践意义》，《华东师范大学学报》2011 年第 2 期。

出发制定和实行各项方针与政策。① 李江凌还发现，列宁富有实践特色的民生思想包括：关注民生是无产阶级政党的重要职责，维护民生是巩固无产阶级政权的重要前提，解决民生问题的根本之道是社会主义制度，解决民生问题的有效手段是制定和实施正确的政策和策略。②

其次，学者们分析了马克思恩格斯民生思想的结构。王贤斌提出了逻辑起点—逻辑主线—逻辑终点结构。马克思恩格斯的全部学说最关怀的是人的生活，最重视的是人的发展，最强调的是人的自由、解放，因而马克思恩格斯民生观的逻辑起点是人的需要，贯穿主线是实践，逻辑终点是人的全面自由发展。理解这个逻辑结构，有利于坚持和发展马克思主义民生观，有利于解决民生问题和构建社会主义和谐社会。③

葛恒云、贾泽松认为是逻辑主体—出发点—最终目标结构。现实的个体的人是马克思主义民生思想的逻辑主体，人的生存和发展是马克思主义民生思想的根本出发点，实现人的解放是解决民生问题的最终目标。④ 叶琛提出，人是马克思、恩格斯民生思想的主体，关注和改善人的生存状况是马克思、恩格斯民生思想的出发点，实现人的全面而自由的发展是马克思恩格斯民生思想的目标，生产关系的变革和生产力的发展是实现无产阶级民生目标的两大主要途径。⑤

再次，学者们发掘了马克思恩格斯列宁民生思想的当代价值。高度关切民生，以人为本，在改革发展中解决民生问题。吴苑华指出，关切民生是不可忽视的马克思传统，当代马克思主义理论创新需要发现、弘扬和实践这个传统。⑥ 蒋锦洪、王慧指出，马克思主义民生思想为当代中国确立以人为本的科学发展观和推进以改善民生为重点的社会建设，具有重大的实践意义和价值导向。"以人为本"是实现与改善民生的首要前提；不断解放和发展生产力是实现和改善民生的关键；推进社会事业建设，克服民生难题，切实维

---

① 徐祖明、王贤斌：《列宁社会主义民生思想发展历程探析》，《中共郑州市委党校学报》2011年第4期。
② 李江凌：《列宁的民生思想及其当代启示》，《马克思主义与现实》2011年第3期。
③ 王贤斌：《马克思恩格斯民生观的逻辑结构》，《理论探索》2011年第1期。
④ 葛恒云、贾泽松：《马克思主义民生思想及其当代启示》，《江苏大学学报》2011年第5期。
⑤ 叶琛：《马克思和恩格斯民生思想探析》，《河南工业大学学报》2011年第4期。
⑥ 吴苑华：《关切"民生"：一个不能忽视的马克思传统》，《马克思主义研究》2008年第6期。

护和发展好人民群众的根本利益,让改革开放、经济发展的成果公正、公平地为广大人民群众所共享,是实现与改善民生的重要内容。① 葛恒云、贾泽松提出,马克思主义民生思想对于当前我国的民生建设的重要启示是解决民生问题必须始终坚持"以人为本"的指导思想;必须积极促进人与人、人与自然、人与社会的和谐;必须发挥政治体制改革在解决民生问题中的作用。②

对解决民生各领域的问题有指导意义。马克思的民生思想是马克思在欧洲近代历史研究中所形成的有关民生问题的价值分析、理念论证和理论创造。在实践形态上,马克思的民生观是科学社会主义运动的产物;在观念形态上,马克思的民生观表现为丰富多彩的理论样式。马克思的民生思想在马克思主义的就业理论、女性学说等诸多领域都有各自不同的表现形态,这些不同的理论形态分别表现为马克思主义的就业民生观和女性民生观等,对于解决各类民生问题都有指导意义。③

处理好经济与民生的关系。在中国现代化进程中,坚持学习和利用马克思的民生思想来认识和把握中国当代民生问题,以包容性增长的发展理念来正确处理经济与民生的关系。在把经济发展这块"蛋糕"做大的同时更加公正地分配好"蛋糕",提高人民群众的生活福祉,让全体人民群众共享发展的成果,在实践中全面提高"为民生""重民生""保民生"的自觉性与坚定性。④

以上学者们多角度总结和分析了马克思恩格斯列宁的民生思想的内容和结构,阐发了其中蕴含的当代价值。这些从不同角度和以不同阐述方式展现的思想的不同侧面,将在整合之后更加清晰地呈现马克思恩格斯列宁的民生思想的全貌。

(2) 中国共产党的民生理论内涵

中国共产党人在解决民生问题的实践中,始终密切联系中国实际,继承

---

① 蒋锦洪、王慧:《马克思民生思想及其当代实践意义》,《华东师范大学学报》2011 年第 2 期。
② 葛恒云、贾泽松:《马克思主义民生思想及其当代启示》,《江苏大学学报》2011 年第 5 期。
③ 于慧颖、田克勤:《马克思的民生思想研究》,《经济纵横》2010 年第 11 期。
④ 王慧:《马克思民生思想的逻辑意蕴及其当代价值》,《理论导刊》2011 年第 6 期。

和发展了马克思主义的民生思想。学者们发掘和阐述了中国共产党成立以来各个时期的民生思想。

首先,学者们梳理了中国共产党各时期的民生思想。

毛泽东的民生理论。学者们总结了毛泽东民生理论的内容,提出了启示。其一,毛泽东民生理论的内容。杜振兴认为毛泽东民生思想博大精深,涉及社会生活的方方面面,主要内容包括:坚持以人为本,全心全意为人民服务;变革旧的生产关系,解放生产力;领导经济建设,发展生产力;重视法制建设和思想政治教育等方面。① 韩琳、高九江提出,毛泽东继承并发展了马克思的民生思想,形成了中国化的马克思主义民生理论。包括坚决反对无视人民生活疾苦的官僚主义,把民生问题当做头等大事来抓;坚决反对实际生活中的形而上学,正确处理各种民生关系,使人民生活健康、科学、持续地发展;坚决反对腐朽的资产阶级生活方式,教育领导干部及工作人员警惕"糖衣炮弹"。② 邹智贤提出,毛泽东在领导中国革命和新中国建设的历史进程中,不仅继承了中国古代民本思想的优良传统,而且把马克思主义关注人的生存境遇和自由全面发展的思想与中国革命的具体实践创造性地结合起来,产生了系统而又丰富的民生思想。为全体人民的生存和发展提供物质、文化和政治条件,满足人民群众日益增长的物质生活、文化生活和政治生活需要,是毛泽东民生思想的基本主题;以民生经济为基础,民生经济、民生文化和民生政治三方面的统一,是毛泽东民生思想的基本理论框架。③ 贺方彬认为毛泽东虽然没有专题论述民生问题,但是有民生观理论。作为伟大的无产阶级革命家,他在新民主主义革命、社会主义革命和社会主义建设时期,始终坚持历史唯物主义基本原则,毕生践行中国共产党的根本宗旨,全心全意为解放和改善最广大人民群众的民生幸福而不懈奋斗,他的民生观是理论与实践的完美统一,是马克思主义民生观的中国形态,是中国特色社

---

① 杜振兴:《论毛泽东的民生思想及其当代启示》,《聊城大学学报》2011年第2期。
② 韩琳、高九江:《论马克思主义中国化进程中毛泽东的民生思想》,《马克思主义与现实》2010年第3期。
③ 邹智贤:《毛泽东的民生思想及其启示——纪念毛泽东诞辰117周年》,《哲学研究》2010年第12期。

会主义民生观形成和发展的思想理论根基。① 瞿晓琳认为，中华人民共和国成立后，毛泽东在领导社会主义革命和建设的实践中，始终高度关注民生问题，从巩固新生人民政权的政治高度论述了改善民生的重要性，从理论上构建了改善民生的战略框架，从政策上提出了改善民生的一系列举措，彰显了中国共产党全心全意为人民服务的根本宗旨和人民政府的执政能力。② 其二，毛泽东民生思想的启示与借鉴。邹智贤指出，毛泽东民生思想表明，要从社会主义革命的前提条件出发探索社会主义建设的具体路径，而不是依照既定的理论原则人为地建构生产关系的先验模式。不顾现实条件和超越历史阶段的那种做法，只会让我国社会主义建设事业蒙受巨大的损失。改革开放所开创的中国特色社会主义道路，正是由于总结了上述正反两方面的历史经验，才能够向着更加积极健康的方向不断前进。③ 杜振兴认为，毛泽东民生思想的启示是，坚持以人为本，把人民群众的利益放到首位；坚持解放和发展生产力，通过社会经济的发展解决民生问题；推进民主政治和法制建设，保障民生建设；加强制度化建设，实现民生建设的制度化和规范化。④ 杨光辉认为，毛泽东为解决中国人民的生存、生计和生活问题，倾注了大量的心血，在实践中逐渐形成了富有特色的民生思想。毛泽东民生思想的人民性、实践性更强。毛泽东的民生思想为中国特色社会主义民生理论的形成提供了基础和借鉴，为社会主义和谐社会的构建提供了思想来源和基本方法。⑤ 瞿晓琳指出毛泽东在中华人民共和国成立初期的城市民生思想为当前解决日益突出的城市民生问题提供了四点借鉴：民生问题是社会问题、经济问题，也是政治问题；解决城市民生问题，国家的制度安排很重要；要有克服一切困难的勇气和决心；要依靠广大人民群众。⑥

邓小平、陈云的民生思想。邓小平科学地解答了社会主义民生观的基本

---

① 贺方彬：《论毛泽东的民生观》，《前沿》2011 年第 2 期。
② 瞿晓琳：《新中国成立后毛泽东改善民生思想解读》，《党史文苑》2011 年第 8 期下半月。
③ 邹智贤：《毛泽东的民生思想及其启示——纪念毛泽东诞辰 117 周年》，《哲学研究》2010 年第 12 期。
④ 杜振兴：《论毛泽东的民生思想及其当代启示》，《聊城大学学报》2011 年第 2 期。
⑤ 杨光辉：《关于毛泽东民生思想的几点看法》，《史学月刊》2011 年第 4 期。
⑥ 瞿晓琳：《新中国成立初期毛泽东关于城市民生问题的思想与实践》，《中南民族大学学报》2011 年第 1 期。

问题。对什么是社会主义民生问题，邓小平强调社会主义民生关系到社会主义制度在中国的巩固，关系到党执政的根基，它的基本内涵是解决人民群众的温饱问题，它的特质是共同富裕，它既是构成社会主义本质的重要方面，又是检验各项工作成功与否的根本标准。对于怎样保障和改善社会主义民生，邓小平强调要以经济建设为中心，坚持"发展才是硬道理"，把"三农"问题作为基本切入点，把改革作为基本动力，把"三步走"实现社会主义现代化作为基本战略步骤。① 陈云把民生为本作为经济思想和经济领导工作实践的出发点和落脚点，形成民生为本思想，其内涵包括：把民生问题看作政治问题和重要国策；共产党必须时刻关心人民群众的切身利益；在安排好人民生活的基础上搞建设，兼顾和平衡生活与建设；重视粮食生产是解决民生问题的首要任务；改善民生才能保持社会稳定。② 韩广富、张淇认为，陈云解决民生问题的思想包括：民生问题是重大的政治问题，改善民生应该成为我国的重要国策；民生问题是人民的大事；改善民生要立足于发展经济，二者兼顾；民生问题的实质是农业发展问题。陈云解决民生问题的思想和方法论的启示是：要从政治高度来认识和思考民生问题；要树立民生问题无小事的执政理念；处理民生与建设的关系要把人民利益放在首位。③

江泽民的民生思想。刘勇认为，江泽民"三个代表"重要思想与时俱进地创新发展了党的民生理论。在改革开放不断深入和经济社会领域深刻变革过程中，全党所有的政策措施和工作，都应该正确反映并有利于妥善处理各种利益关系，都应认真考虑和兼顾不同阶层、不同方面群众的利益，最重要的是必须首先考虑并满足最大多数人的利益要求。他勾画的民生发展战略布局：一是以发展先进生产力作为推进民生建设的基础，二是以先进文化作为推进民生建设的智力支持，三是把不断改善人民生活作为处理改革发展稳定关系、推进民生建设的结合点，四是把注重协调不同社会阶层的利益作为推进民生建设的途径。④ 臧乃康认为，江泽民民生思想中，提高人民生活水

---

① 贺方彬：《邓小平对社会主义民生观基本问题的科学解答》，《长白学刊》2010年第6期。
② 钟瑛：《陈云关于民生为本的思想与实践》，《当代中国史研究》2010年第3期。
③ 韩广富、张淇：《论陈云解决民生问题的思想及其现实意义》，《东北师范大学学报》2010年第4期。
④ 刘勇：《试论中国共产党的民生政治建设及基本经验》，《政治学研究》2011年第6期。

平具有终极性意义,是一切工作的归宿和目标,"三个代表"重要思想的本质是执政为民。① 贺方彬指出,江泽民提出了小康型民生观,提升了民生发展的战略目标,从中国共产党执政的高度强调民生的极端重要性,进一步巩固了中国特色社会主义民生的理论根基;提出了新"三步走"民生发展的战略途径,更加强化实践本位上的民生,强调民生建设要有正确的工作态度和工作方法。② 赵异指出,江泽民民生思想可以概括为高度关注人民群众的安危冷暖和不断改善人民的生活两大基本内容。突出强调改善民生的目的性、终极性地位、全景式地筹划民生大计、强调全体人民共享发展成果、把不断改善人民生活作为处理改革发展稳定关系的重要结合点等是其民生思想的显著特点。从目的—手段意义上讲,江泽民民生思想是"三个代表"重要思想在理论层面的最重要体现。③ 江洪明认为,江泽民民生思想主要表现在:不断提高民生水平,实现人民的富裕幸福,是我们党的一切工作的根本价值取向;不断改善民生是处理好改革发展稳定关系的重要结合点;全面建设小康社会是民生目标;党和人民是保障民生、改善民生的主体;以人民群众为本,始终代表中国最广大人民的根本利益,让全体人民共享改革发展成果,是民生的原则;发展社会主义市场经济,发展先进生产力,发展社会主义先进文化,发展社会主义民主政治,建设社会主义政治文明,加强社会建设,把保障民生和改善民生的各项具体工作落到实处,是民生途径;加强农业基础地位和搞好国有大中型企业等方面是民生重点。④ 贺方彬、刘开法认为,关于怎样保障和改善社会主义民生,江泽民主要强调:发展是党执政兴国的第一要务;循序渐进,采取科学的民生战略步骤,制定合理的民生战略目标;强化实践本位,踏踏实实为人民群众办实事;科学处理关涉民生的各种重要关系;采取正确的民生工作态度和方法。⑤

---

① 臧乃康:《中国特色社会主义民生思想的历史演进》,《理论导刊》2008 年第 12 期。
② 贺方彬:《论中国共产党人对中国特色社会主义民生的探索》,《信阳师范学院学报》2011 年第 1 期。
③ 赵异:《江泽民民生思想初探》,《延边党校学报》2007 年第 1 期。
④ 江洪明:《江泽民民生观探析》,《新西部》2008 年第 4 期。
⑤ 贺方彬、刘开法:《江泽民对社会主义民生观基本问题的科学解答》,《重庆交通大学学报》2011 年第 2 期。

胡锦涛的民生思想。贺方彬、刘开法指出，胡锦涛在领导中国特色社会主义伟大事业中，始终坚持历史唯物主义基本原则，一直践行党的根本宗旨，以人为本，不断为保障和改善广大人民群众的民生而奋斗，他的民生观是理论与实践的完美统一，是马克思主义民生观的当代中国形态，对于当前我们推进以改善民生为重点的社会建设和构建社会主义和谐社会具有极其重大的指导意义。[1] 肖冬梅、柳礼泉提出，以胡锦涛为总书记的中央领导集体，立足时代新起点，创新民生理论，解决民生新问题，确立了改善民生的理论新指南和战略新地位，提出了改善民生的奋斗新目标和政治新理念，明确了改善民生的时代新思维和价值新取向，制定了改善民生的发展新决策和实践新任务。[2] 朱小玲提出，以胡锦涛为代表的领导集体高度重视民生问题，把它作为社会建设的重点。关注民生、重视民生、保障民生和改善民生，成为一切工作的核心和出发点，体现了中国共产党执政为民、科学发展、求真务实执政理念的新发展。[3] 冯德军、李景山提出，以胡锦涛为总书记的党中央提的系列民生思想和部署，形成了完整的民生思想体系，主要内容包括：改善民生的前提是坚持发展是第一要义，改善民生的价值是坚持以人为本，改善民生的战略是必须构建社会主义和谐社会，改善民生的策略是必须推进以改善民生为重点的社会建设。[4] 居继清、何旗指出，胡锦涛同志改善民生思想颇具时代特色和鲜明自身特质：彰显"以人为本"的民生理念，坚持"求真务实"的民生哲学，追求"公平正义"的民生价值，诠释"成果共享"的民生智慧，强调"科学发展"的民生路径。[5]

习近平的民生思想。习近平指出："人民热爱生活，期盼有更好的教育、更稳定的工作、更满意的收入、更可靠的社会保障、更高水平的医疗卫生服务、更舒适的居住条件、更优美的环境，期盼孩子们能成长得更好、工

---

[1] 贺方彬、刘开法：《胡锦涛的民生观：基本内容和重要意义》，《前沿》2011年第4期。
[2] 肖冬梅、柳礼泉：《试论胡锦涛民生理论与实践的新突破》，《探索》2010年第6期。
[3] 朱小玲：《关注民生与党的执政理念新发展》，《理论探讨》2010年第5期。
[4] 冯德军、李景山：《胡锦涛民生思想体系逻辑关系探析》，《长沙理工大学学报》2011年第1期。
[5] 居继清、何旗：《试论胡锦涛同志改善民生思想的鲜明特质》，《毛泽东思想研究》2011年第6期。

作得更好、生活得更好。人民对美好生活的向往，就是我们的奋斗目标。"①要坚持把实现好、维护好、发展好最广大人民根本利益作为推进改革的出发点和落脚点，让发展成果更多更公平地惠及全体人民，唯有如此改革才能大有作为。保障和改善民生是一项长期工作，没有终点站，只有连续不断的新起点，要实现经济发展和民生改善良性循环。解决民生问题的过程，说到底就是发展的过程，发展才能出效益，解决民生问题才能有经济实力，发展是解决民生问题的有效途径。解决民生问题不能满足于现状，更不能打退堂鼓，应不断地创新，不断地提高，从低端到高端解决不同时期民生的不同需求。在解决民生问题上，要多做一些雪中送炭、急人之困的工作，少做些花上垒花的虚功。李培林认为，习近平的民生思想可以概括为四个方面：一是社会建设以改善民生为基础。改善民生涉及诸多方面，就业是根本问题，要努力增加就业岗位；收入是热点民生问题，要努力实现劳动报酬和劳动生产率的同步提高；教育是长远民生问题，要努力办好人民满意的教育；社会保障是普惠托底的民生问题，要建立更加公平可持续的社会保障制度；消除贫困是紧迫的民生问题，要格外关注困难群众。二是社会政策要托底。要托住普遍的基本保障的底，托住特殊困难人群的底，托住急需救助人群的底。三是平安是老百姓解决温饱后的第一需求。确保人民安居乐业，需要夯实城乡社区建设这个基础。四是实现中国梦就是为了让老百姓过上好日子。②

以上学者们对中国共产党主要领导人关于民生的论述做了概括，虽然概括的广度和深度各有千秋，但是各领导人和各时期的主要民生思想已经清晰地呈现出来，这些思想对于当代民生建设的意义也有相当程度的发掘。

其次，学者们总结了中国共产党民生思想发展过程与经验。李楠、周建华指出，建党九十多年来，中国共产党积累了十分丰富的解决民生问题的经验：坚持用中国化马克思主义民生理论指导解决民生问题；始终关注并能正确把握人民群众的根本利益；坚持党的领导与尊重人民群众的主体地位相结合；把发展经济放在首要位置，为解决民生问题提供坚实的物质基础；坚持统筹兼顾的根本方法；坚持制度创新，为解决民生问题提供有力的保障等。

---

① 习近平：《人民对美好生活的向往就是我们的奋斗目标》，《人民日报》2012年11月16日。
② 李培林：《保证和改善民生没有终点站——读〈习近平谈治国理政〉》，《人民日报》2015年2月5日第7版。

这些基本经验对于探寻我国民生建设的基本规律、推进以改善民生为重点的社会建设具有重要意义。① 青连斌认为，中国共产党自诞生之日起就高度重视民生问题，形成了丰富而又系统的民生思想。保障和改善民生既体现了党的根本宗旨和社会主义本质，又事关巩固党的执政地位和中国特色社会主义事业的兴衰成败。保障和改善民生，既要大力发展社会生产力，又要加强保障和改善民生的制度建设，深化收入分配制度改革增加城乡居民收入，推进基本公共服务均等化。② 刘强、韩太平提出，中华人民共和国成立以来，党的主要领导人在不同的历史阶段提出了既具有历史继承性，又具有开拓创新性的民生思想：从"全心全意为人民服务"到"以发展求共富"，从"党始终要代表最广大人民根本利益"到"以人为本"。党的主要领导人在民生思想方面的嬗变和递进，既昭示着党的民生理念的日趋成熟，又为进一步提升民生实践成效、切实解决民生问题提供了理论指导。③ 董四代认为，从毛泽东的社会主义追求到邓小平对社会主义的创新，体现了对民生问题解决的不同路径；全面建设小康社会和构建社会主义和谐社会，又把民生问题的解决与中国特色社会主义发展提到了一个新的高度。④ 谢倩认为，中国共产党在发展经济的同时，及时将解决民生问题提到执政的高度，把民生问题作为夯实政治基础、实现执政目标、凸显执政能力的重要举措，使中国特色的社会主义道路呈现出前所未有的整体发展局面。民生政治观对我国社会全面发展，整体推进有重大的理论意义和实践价值。⑤ 改革开放以来，中国共产党的民生思想不断创新和完善，从"生存型民生"到"发展型民生"再到"和谐型民生"，中国特色社会主义"民生思想"日臻完善。⑥ 刘勇认为，中国共产党在每一个时期和阶段，都把关心人民生活、解决民生问题和不断改善民生作为党的重大战略思想。中国共产党革命和建设的实践史，就是一

---

① 李楠、周建华：《90 年来中国共产党解决民生问题的基本经验》，《学术论坛》2011 年第 5 期。
② 青连斌：《中国共产党民生思想的创新及其实践》，《科学社会主义》2011 年第 3 期。
③ 刘强、韩太平：《党的主要领导人的民生思想及理论贡献》，《湖南社会科学》2011 年第 4 期。
④ 董四代：《民生与中国社会主义的历史源流和现代走向》，《聊城大学学报》2011 年第 3 期。
⑤ 谢倩：《论中国共产党民生政治观的内涵、特征和意义》，《云南行政学院学报》2010 年第 5 期。
⑥ 庞超：《改革开放以来中国共产党民生思想的形成与发展》，《哈尔滨市委党校学报》2010 年第 1 期。

部鲜活的民生政治发展史。中国共产党推进民生政治建设积累的丰富经验，主要集中于三个统一：坚持马克思主义的民生理论和中国的民生实践相统一，坚持经济发展和始终关注人民群众的根本利益相统一，坚持中国共产党的领导和尊重人民群众的主体地位相统一。① 董延升认为，改革开放以来，中国共产党在解决民生问题的实践中积累了宝贵经验，进一步丰富和发展了马克思主义民生思想。保障和改善民生是最大的政治；保障和改善民生必须坚持以中国特色社会主义理论体系为指导；保障和改善民生必须坚持科学发展；深化改革是保障和改善民生的强大动力；制度建设是保障和改善民生的必然要求；顺应各族人民过上更好生活新期待，加快推进社会建设是保障和改善民生的关键。② 周国平、孙志明认为，中华人民共和国成立以来，中国共产党的历代中央领导集体都非常重视民生问题，从毛泽东的解放民生到邓小平改进民生，再到江泽民的普惠民生，进到胡锦涛的改善民生，直到习近平的持续解决民生问题，各具特点又一脉相承，理念与时俱进，举措深得民心，极大地改善了我国的民生状况，把马克思主义民生思想和民生理论推进到了一个新的发展阶段。③

综合以上学者的观点，民生是中国共产党历来关切和大力解决的问题，不同时期的民生问题不同，解决民生问题的理论和方法也不同。实事求是，与时俱进，在实践中发展民生理论和方法是中国共产党创新民生思想的根本方法。

再次，学者们试图概括和总结当代民生理论体系。经过中国共产党九十多年的发展，民生理论日趋成熟。学者们尝试总结民生理论的基础和体系，以便更好地指导解决民生问题。

学者们试图以哲学基础、价值观、理论形态等范畴总结当代民生理论体系。钱伟提出，以人为本包含两个层面："发展为了人民"和"发展依靠人

---

① 刘勇：《试论中国共产党的民生政治建设及基本经验》，《政治学研究》2011 年第 6 期。
② 董延升：《改革开放以来中国共产党保障和改善民生的基本经验》，《山东行政学院学报》2011 年第 3 期。
③ 参考周国平、孙志明：《新中国成立以来党对民生问题的实践探索与理论创新》，《党史文苑》2011 年第 8 期下半月。

民"。要真正解决社会民生问题，在社会原则价值取向上必须实现三个基本转变。① "以人为本"是关注民生的伦理学依据；保障和促进民生属于国家的社会职能是关注民生的政治学依据；公平和效率的最佳结合是关注民生的经济学依据；以科学发展观为指导则是关注民生的必然要求和现实路径。② 龙佳解、罗泽荣指出，社会主义民生观是中国共产党作为执政党在社会主义发展过程中关于如何认识民生、重视民生、保障民生和改善民生等问题上所形成的一系列理论观点及方针政策。社会主义民生观具有三大理论特质，即中国传统民生思想是社会主义民生观的思想渊源、马克思主义人本思想是社会主义民生观的理论依据、生产力与生产关系相统一原则是社会主义民生观的哲学基础。③ 侯琦提出，科学发展与改善民生两者相互联系、相互制约又相互促进。科学发展必须以改善民生为重要着力点，改善民生则必须以科学发展观为统领，处理好发展与民生之间的关系，如此才能提升社会发展的质量。④ 吴宁提出，切实解决民生问题是贯彻落实科学发展观、构建社会主义和谐社会的具体体现，民生既是切入点也是交汇点，马克思主义哲学中国化迫切需要解决当代中国面临的民生问题，科学揭示民生的含义、内容、实质和实现途径。只有深入研究民生问题，才能建构起历史与逻辑相统一、学术性与现实性相结合的中国化马克思主义哲学新形态。⑤ 徐之顺、曹达全认为，科学发展观开辟了民生理论认识的新境界，也指明了民生建设的方向。民生的最高历史形态是实现公平正义的社会价值目标；民生的本质属性可归结为最广大的民众所享有的关于生存和发展的权利体系；民生实践的基本要求是全面、协调和可持续发展，推进民生建设的根本方法则是统筹兼顾。⑥ 万泽民认为，民生问题是科学执政的题中之意，而科学执政是改善民生的重要保证，并能够正确引领破解民生难题。我们应该在科学执政中改善民生，

---

① 钱伟：《论中国特色社会主义民生观的价值取向》，《理论前沿》2009年第15期。
② 王凤明、徐开金：《关注民生问题的理论基础和现实途径》，《阴山学刊》2009年第6期。
③ 龙佳解、罗泽荣：《论社会主义民生观的三个理论特质》，《学术论坛》2008年第12期。
④ 侯琦：《论科学发展与改善民生》，《理论学刊》2009年第10期。
⑤ 吴宁：《民生：马克思主义哲学中国化的现实问题和理论维度》，《贵州师范大学学报》2009年第1期。
⑥ 徐之顺、曹达全：《论科学发展观视阈下的民生》，《浙江社会科学》2010年第3期。

在改善民生中推进科学执政。①

综合以上学者的观点，民生思想理论在不断发展和完善中，当代形态的民生理论初步形成。民生理论将在实践中吸收经验和有益的资源，不断丰富和完善。

总之，民生思想和理论的研究开发了理论创新的必要资源，开辟了发展民生理论的新视野，夯实了民生思想的文化基础。各种民生理论的当代价值和现代转化研究，为当代民生思想发展提供了有益的理论和方法成分。

### （二）民生问题特征及其解决途径研究现状

民生问题错综复杂，解决民生问题迫在眉睫。学者们在积极探索民生问题的特征、根源的基础上，从多种角度提出解决民生问题的途径。

#### 1. 民生问题的特征

充分认识民生问题是解决民生问题的前提，学者们从性质、意义、根源、结构等多个层面考察当代民生问题，呈现了民生问题的立体面貌。

（1）民生问题的定位

首先，学者们探讨了民生问题的意义。推动和谐社会建设和促进科学发展。龙佳解、蒋晓东认为，深入进行民生问题的理论研究、构建社会主义民生理论的重要意义主要表现为：填补科学社会主义理论的空白，实现马克思主义中国化新的理论创新；推进马克思主义的大众化；使执政党的执政为民的理念具体化；增强国家凝聚力与推动和谐社会的构建。② 改善民生是构建社会主义和谐社会的重要目标之一。和谐社会背景下的民生建设目标是和谐型民生。和谐型民生突破了温饱型民生、小康型民生单纯追求经济利益实现与物质生活丰富的局限，具有更加丰富的内涵。和谐型民生的建设应当是以民生的改善、国民福祉的实现作为最高标准，以加强经济民生、政治民生、文化民生、社会民生四大领域建设为着力点的综合性实践工程。③ 周道华提出，当前出现的民生问题，是当今社会心理失衡和影响对社会主义核心价值

---

① 万泽民：《论在科学执政条件下改善民生》，《江汉论坛》2009 年第 4 期。
② 龙佳解、蒋晓东：《构建民生理论的价值意义》，《云南社会科学》2010 年第 3 期。
③ 杨亚非：《和谐社会视角下的中国民生建设研究》，《前沿》2011 年第 1 期。

体系认同的重要社会根源。不断改善民生,才能使社会主义核心价值体系成为全体人民的价值认同和价值追求。① 张海东、王庆明总结 30 年改革过程中国家与社会的关系的变化,主张民生建设是对改革开放以来国家和社会的结构分化以及这种分化后果的一种回应,是对作为改革代价承担者的底层群体的一种补偿机制。② 民生建设是中国特色社会主义本质的要求,也是深入贯彻落实科学发展观和构建社会主义和谐社会的要求。加强以改善民生为重点的社会建设,必须构建和谐的劳资关系,必须努力从源头上化解社会矛盾,必须把"以人为本、服务为先"贯穿于社会管理全过程,实现由防范控制型管理向服务型管理的转变,最终让人民群众共同分享改革发展的成果。③ 中国特色社会主义理论体系和实践历程蕴含着浓厚的民生旨趣。在一定意义上,中国特色社会主义的目标是彻底解决民生问题,其建设围绕民生问题展开,其是非成败以解决民生问题为标杆,解决民生问题是推进中国特色社会主义的关键。④

增强政治合法性。政治合法性是社会公众对于政治统治权力的认可与服从。随着发展重心由经济建设逐渐转向社会建设,中国共产党的政治合法性基础也相应地由政绩为重心转向社会建设、保障和改善民生为重心。因而改善民生是增强政治合法性的重要途径。⑤ 张存生从社会历史视野提出,改善民生顺应了人类社会发展规律的必然要求,顺应了社会主义建设规律的必然要求,也顺应了共产党执政规律的必然要求。⑥ 洪斌指出,民生问题关系到我们党作为执政党能否长期稳定执政的重要问题,甚至关系到我们党的生死存亡,应该把民生问题提到政治层面的高度来认识和解决。⑦ 肖冬梅、柳礼

---

① 周道华:《改善民生与社会主义核心价值体系建设》,《福建论坛》2009 年第 8 期。
② 张海东、王庆明:《民生建设中国家与社会的关系——从底层视角看国家的回归》,《湖南师范大学社会科学学报》2009 年第 3 期。
③ 刘利亚:《改革开放以来党领导民生建设的成功实践与重要意义》,《中共珠海市委党校珠海行政学院学报》2011 年第 4 期。
④ 刘鑫淼:《论中国特色社会主义的民生旨趣》,《学术论坛》2011 年第 5 期。
⑤ 敬海新:《政治合法性与改善民生》,《行政论坛》2011 年第 4 期。
⑥ 张存生:《社会历史视野下的改善民生问题》,《内蒙古电大学刊》2009 年第 6 期。
⑦ 洪斌:《论民生问题与执政为民的辩证关系》,《福建省社会主义学院学报》2010 年第 2 期。

泉认为，从民生视角认识社会主义优越性具有重要的方法论意义。① 李抒望指出，民生连着民心，民生就是民心，解决民生问题是最大的政治，改善民生是最大的政绩。② 万泽民认为，民生是人类社会生存发展的基本问题，也是治国理政的根本问题。③ 认识和把握执政党执政规律，是为了更好地在发展中国特色社会主义的历史进程中使党始终成为坚强的领导核心。保障和改善民生，是党对执政规律的深刻认识和把握，是党的执政理念的不断升华，也使党的执政地位更加巩固，执政能力不断得到提高。④ 民生作为社会主义核心价值体系现实基础的基本内容，对于构建社会主义核心价值体系具有根本性意义。日益凸显的民生问题会对构建社会主义核心价值体系带来负面影响。着力改善民生，夯实社会主义和谐价值体系的现实基础，才能增强社会主义核心价值体系的吸引力、感召力和说服力。⑤

其次，学者们讨论了民生问题的内涵和外延。吕勇认为，民生问题是与广大人民群众生存和发展直接相关的问题，是广大人民群众最关心、最直接、最现实的问题。现阶段民生问题的外延主要包括保障生存权、保障最基本的受教育权、保障劳动权、提供基础的住房保障。⑥ 曹文达认为，民生不等同于民生问题，民生是一个开放的权利谱系，而民生问题仅指民生保障领域中出现的突出矛盾和问题；应当以生存权和发展权等权利形式解读民生保障概念，强调民生是积极权利的目的，是要求给予相对于消极权利更为全面的保障。⑦ 唐眉江认为，民生的内涵具有时代性。在今天，它指的是最广大人民群众的生存权、发展权、享受权，体现在人民的物质生活、政治生活、文化生活、社会生活中。文化民生则是最富时代特色的民生新内涵。⑧ 陈进

---

① 肖冬梅、柳礼泉：《民生：邓小平认识社会主义优越性的新视角》，《毛泽东思想研究》2010年第1期。
② 李抒望：《进一步深化对民生重大意义的认识》，《社科纵横》2009年第12期。
③ 万泽民：《论在科学执政条件下改善民生》，《江汉论坛》2009年第4期。
④ 梁胜文、杨辉：《改善民生：党对执政规律的深刻认识与把握》，《前沿》2010年第20期。
⑤ 葛亚坤、郑百灵：《改善民生是构建社会主义核心价值体系的现实基础》，《求实》2010年第7期。
⑥ 吕勇：《对民生问题的几点认识》，《中国财政》2009年第8期。
⑦ 曹文达：《民生保障：一种权利话语分析》，《南京农业大学学报》2009年第4期。
⑧ 唐眉江：《民生的时代内涵及其实现途径》，《山西师大学报》2009年第5期。

华认为,民生问题不仅是经济和社会问题,也是伦理道德问题。① 郑磊指出,民生问题是一个多维度的复杂问题,就宪法权利类型而言,民生问题主要涉及的是社会权,但也包含了财产权、住宅不受侵犯等经济自由、人身自由的内容;就宪法权利功能而言,民生问题主要涉及的是受益权功能,但也与防御权功能相关。由此,国家在民生问题中除履行常见的帮助义务之外,还应履行保护义务与尊重义务。只有体系性地思考民生问题,方可达致妥帖的解决方案。② 刘亚丛、万忠德提出,民生问题是贯穿人类社会发展的一个不断求解的问题,民生问题的实质是一个不断实现人权的问题。③ 习永作认为,民生具有效益型。民生本身体现着效益,民生就是效益。民生效益是一种综合效益和系统效益,体现在经济、政治、文化、社会的各个方面。④ 竭长光、张澍军提出,民生主要包括经济民生、政治民生和文化民生三个方面。民生是具体的历史的,因而把握以人为本的具体内涵要从一定的历史境遇出发做具体分析。民生的根本是利益。⑤ 民生是个多维的概念,对精神层面民生问题的关注不可或缺、不容漠视。关注尊严层面的民生问题,应当确立尊严与民生息息相关的理念,在民生工作中强化对人的尊严的敬畏和保护;必须实现体面劳动;必须强化公民权利意识,尤其要强化权利平等意识。⑥

再次,学者们总结了民生问题的现状和特点,通过调查等方法研究了当前民生问题的特点。王卫东、赵晓娥认为,中国民生现实问题是社会公共安全问题严重、就业形势令人担忧、因病致贫情况严重、住房问题有待解决、分配不公问题更为突出。⑦《中国报告2009·民生》和《中国报告2010·民生》依据2009年和2010年在北京市、上海市、广东省三地进行"中国家庭动态跟踪调查"测试调查数据,从经济生活、教育、健康、生活安排与社

---

① 陈进华:《民生伦理:关于民生问题的伦理学诠释》,《哲学研究》2010年第3期。
② 郑磊:《民生问题的宪法权利之维》,《浙江大学学报》2008年第6期。
③ 刘亚丛、万忠德:《民生问题的法理分析》,《宁夏社会科学》2009年第3期。
④ 习永作:《论党执政的民生效益》,《理论学刊》2009年第12期。
⑤ 竭长光、张澍军:《论"以人为本"科学内涵的"民生"底蕴》,《理论学刊》2010年第12期。
⑥ 赫雅书、刘金福、李燕:《关注尊严层面的民生问题》,《长白学刊》2011年第2期。
⑦ 王卫东、赵晓娥:《对中国民生现实问题的分析与思考》,《长安学刊》2010年第1期。

会交往、社会信心与居民价值观五个方面描述了民生特点。① 张启中提出就业、教育、医疗卫生、社会保障等是我国当前突出的民生问题。② 胡鞍钢把民生与发展联系起来,讨论了城市与乡村、地区与发展、社会与发展、公平与效率、人口与发展、环境与发展六个方面的重大关系。③ 谢颖利用洛伦兹曲线和基尼系数的计算方法得出的民生指标不平等指数,发现中国的区域不平等问题在农村比在城市更为严重,社会保障的不平等和医疗保障的巨大差距远远超过收入的不平等。④ 郑功成提出,在利益格局失衡与贫富差距持续拉大的背景下,民生全方面升级。公平良好的教育、有质量的就业、公正的收入分配、完全的社会保障网、发达的公共服务、健康的生活环境、自由平等的发展空间,乃至民主的政治、文明的法制、个人的尊严与体面,都日益成为城乡人民的普遍追求,进而成为国家发展进程中必须考虑的重大民生问题。⑤

(2) 民生问题中的结构性矛盾

民生问题的总体结构性矛盾。柳礼泉等人探讨了民生问题的结构,提出当前我国民生问题可以分为关注生存、重视保障、促进发展三个层面,其关涉内容则主要体现在衣食住行、扩大就业、合理分配、社会保障、医疗卫生、安全稳定、发展教育、生态文明、文化民生、民生政治等方面。⑥ 刘金程、刘熙瑞分析了基本公共服务供求结构中的现实矛盾。概括起来,就是目前我国社会基本公共服务的矛盾"发展不足、获得不均",进而使得公共政策"公共性"不足。随着公共服务需求的快速增长,它与基本公共服务供给不足和发展不均衡的矛盾更加突出。⑦ 邓伟志提出,中国人的民生分布极不均衡,城乡之间不均衡,地区之间不均衡,阶层之间不均衡,行业之间不

---

① 北京大学中国社会科学调查中心:《中国报告2010·民生》,北京大学出版社2010年版。
② 张启中:《保障和改善民生的途径分析》,《云南行政学院学报》2008年第3期。
③ 胡鞍钢:《中国:民生与发展》,中国经济出版社2008年版。
④ 谢颖:《民生指标区域不平等指数解析》,《晋阳学刊》2009年第6期。
⑤ 郑功成:《国家发展的核心使命:保障和改善民生》,《行政管理改革》2011年第8期。
⑥ 柳礼泉、黄艳、丁蕾:《我国民生问题的结构层面与关涉内容析论》,《岭南学刊》2010年第1期。
⑦ 刘金程、刘熙瑞:《公共治理与发展:我国基本公共服务供求的结构性矛盾及其改进》,《新视野》2010年第3期。

均衡。民生问题之所以在一些地方出现矛盾，是社会转型时难免产生的碰撞和脱节。在一些地方，民生问题被忽视，因为在一些人身上存在着把二元结构凝固化的倾向，还有一个原因是既得利益者利用自己的利益优势，损民生以肥自己。①

收入领域的结构性矛盾。中共中央宣传部理论局编写的《七个怎么看》指出，由于分配领域的种种不公问题，导致我国群体之间的收入差距不断扩大。城乡之间、区域之间、不同群体之间收入差距十分明显。郭家华指出，我国经过30年的改革开放和年均9%以上的高速经济增长，经济总量已经发生了显著变化。然而在经济高速发展的过程中，却出现了社会成员间、城乡居民间、不同行业间、不同地区间收入差距日益扩大的现象，使得国民收入分配格局陷入了一个困难的局面：社会成员之间的收入差距扩大，城乡居民之间收入差距扩大，地区之间的收入差距扩大，行业之间收入差距扩大。促进公平收入分配的财税政策包括建立工资正常增长机制，优化公共财政支出结构，动用合理的税收政策逐步缩小居民收入差距。② 郑功成认为，不可低估利益失衡与贫富差距持续拉大，会引起社会风险高速积累。财富分配格局失衡，带来了贫富差距扩大和劳资冲突增多，也引起了民工与市民利益分歧以及垄断与非垄断、管理层与劳工、机关事业单位与企业、体制内外劳动者之间的矛盾与冲突，放大了城乡差距、地区差距与群体差距。贫富差距持续拉大，已经并继续产生极为严重的不良效应。③

教育领域的结构性矛盾。中共中央宣传部理论局编写的《七个怎么看》指出，当前，对教育公平问题，人们反映最强烈的是在接受教育的程度和质量以及接受优质教育的机会等方面存在很大差异。这种差异具体表现为地区差异、城乡差异、校际差异以及不同社会群体的差异。秦玉友从宏观层面分析中国教育发展，提出当前教育存在类型结构、阶段结构、区域结构、城乡结构等矛盾，而且这些结构性矛盾已经十分突出。为此，中国政府的教育政策对不同类型教育和谐发展、各个阶段教育统筹发展、不同区域教育协调发

---

① 邓伟志：《谈谈社会建设》，东方出版中心2009年版，第147页。
② 郭家华：《试析我国收入分配困局及财税对策》，《当代经济》2009年第12月下。
③ 郑功成：《国家发展的核心使命：保障和改善民生》，《行政管理改革》2011年第8期。

展、城乡教育共同发展的调控力度正逐渐加大,并把重心从侧重数量扩张转向关注结构调整和质量提高。根据这一变化,深入探讨教育发展的结构性矛盾、相关教育政策及相关的理论问题显得尤为重要。①

就业领域的结构性矛盾。中共中央宣传部理论局编写的《七个怎么看》指出,求职者就业难与企业"招工难"并存,凸显了就业结构的深层次矛盾。青年就业、下岗失业人员再就业和农业富余劳动力转移就业"三碰头"形势和就业结构性矛盾突出的问题,使就业形势更加复杂。邬雪芬认为由劳动者素质偏低,无法适应产业结构的调整和升级引起的结构性矛盾是就业不能与经济同步增长的主要原因之一。因此,解决结构性失业也是解决就业问题的当务之急。完善职业培训体系、发展职业院校、高校与市场接轨、完善劳动力市场化配置机制和社会保障机制等是解决就业结构性矛盾的对策。②毕京福、王俊杰认为,就业的结构性矛盾越来越突出,"就业难"与"招工难"并存,结构性失业和摩擦性失业两种状态并存。具体表现为大学生就业难,农民工难招,技术工人短缺。人力资源市场上的就业信息渠道不畅通,企业与劳动者需求不对等,加重了结构性失衡。背后的深层次原因是第三产业发展相对滞后,高等教育学科专业结构性失衡。化解就业矛盾就是要调整经济结构,促进三次产业就业协调增长;加强人力资源市场建设,优化人力资源配置;加大职业培训力度,提高劳动者就业能力;调整高等教育结构,实现高校供给与市场需求对接。③翁杰认为,当前我国劳动力市场的结构性矛盾突出地表现为:技术人员、研发人员、熟练技工供给不足与新增劳动力和下岗失业人员就业难并存,大学生就业难与新兴产业发展人才不足并存,农业劳动力结构难以满足现代农业发展的需要。我国劳动力市场结构性矛盾的原因有两方面:一是教育结构与劳动力市场需求结构脱节,二是劳动力市场分割是导致我国劳动力市场结构性矛盾的制度性根源。解决我国劳动力市场结构性矛盾的对策:一是大力发展教育事业,优化劳动力供给结构,包括加快发展基础教育,提高全面素质,调整高等教育结构,适应劳动力市

---

① 秦玉友:《中国教育发展的结构性矛盾》,《教育发展研究》2006 年第 4A 期。
② 邬雪芬:《劳动力供求的结构性矛盾及解决对策》,《农村经济管理》2008 年第 1 期。
③ 毕京福、王俊杰:《化解就业结构性矛盾》,《山东社会保障》2008 年第 11 期。

场需求，加大培训力度，增强劳动力对市场的适应能力。二是调整经济结构，改善劳动力市场的需求结构，包括大力发展第三产业及劳动密集型产业，大力发展中小产业。①

《七个怎么看》指出，医药卫生领域存在一些深层次的体制性、机制性和结构性问题。"看病难"既表现在接受高水平的医疗服务难，也表现在高科技药品、稀缺药品和高精尖设备检查费用高。在不同社会群体中，农村居民看病最难。目前，我国总体卫生资源明显不足，配置还不够合理，医疗卫生体系本应为金字塔结构，在我国却呈现为倒金字塔形：70%左右的卫生资源在城市，高新技术和优秀卫生人才集中在大城市的大医院；广大农村卫生资源贫乏，只占30%左右。

《七个怎么看》同时指出，从更深层意义上讲，高房价是经济社会发展中的许多矛盾在住房领域的反映。例如长期存在的城乡、区域发展不平衡问题仍然突出；大量人口向东部地区和大城市集中造成这些地区住房压力过大；现行的财政体制下地方政府的事权与财权不对称，引发"以地生财"问题；在房地产领域比较突出的腐败现象导致国家宏观调控政策执行力弱化；等等。

2. 关于解决民生问题的途径研究

学者们从不同学科探讨解决民生问题的途径，提出多种观点，概括说来，主要有四种途径。

(1) 政府转型与公共政策的视角

政府是公共政策的制定者和执行者，公共政策是政府的主要管理方式。保障和改善民生需要相应的公共政策，因而也需要政府转型，二者密切联系，有些学者以一方面为主展开研究，有些学者将二者结合起来研究。

政府转型是政治学研究中早已提出的观点，对于解决民生问题，政府转型成为必由之路。学者提出政府转型的四种目标。第一，服务型政府。赵晖认为，破解民生难题的路径便在于公共行政转型，建立和完善公共服务体系。公共行政转型就是要强化公共精神，提升公共服务能力，突出和强化政

---

① 翁杰：《我国劳动力市场的结构性矛盾及对策研究》，《商场现代化》2010年第7月上旬刊。

府的社会管理和公共服务,把关注民生、重视民生、保障民生作为政府的基本职能。① 郭华茹认为,政府应实现由"官本位"政府向"民本位"政府的转变,由管理型政府向服务型政府的转变,由"对上负责"向"对上、对下负责"一致性的转变,由 GDP 政绩指标向包括改善民生在内的政绩指标的转变,坚持"民生为本""民生为重""民生为上"的民生理念,将发展成果更多地体现在保障民生和改善民方面。② 江玉芹、恒龙指出,改善民生是服务型政府的第一责任,各级政府必须践行以民为本、民生为先、民生为重、民生为上的执政理念,树立起"为民办实事"的政绩"标杆",实现公平、效率与民生的有机结合,以统筹兼顾凸显民生利益,促进民生的动态和持续发展,建立和完善民生发展的共建共享机制。③ 陈灿认为,解决当前民生问题,需要政府职能重新定位,积极完善社会政策,维护公平正义,创新反腐机制,确保权力在阳光下运行。④ 服务型政府以服务为主要职责,最大限度地提供民生服务。第二,善治政府。崔执树、施光跃从治理理论的视角出发,提出转变政府执政理念,实践"执政为民"的理念,推进政府"善治"等改善民生路径。⑤ 肖小明进一步明确善治政府的内涵,指出要解决好现阶段的民生问题,必须把握正确的政府责任导向,建设一个集阳光政府、有限政府、法治政府、诚信政府、亲民政府、民主政府、自律政府、和谐政府、服务政府综合交叉的善治政府。⑥ 善治政府是治理理论视野下的政府理念,内涵丰富。第三,民生型政府。曹文宏从政治角度思考民生问题,提出要建设民生政治和民生型政府。民生政治就是以改善民生为政治目标,以民生问题作为政治决策、政治职能和政治资源配置的重心,以民生为准,把民生的改善、国民的福祉作为衡量发展的最高标准的一种政治模式。政治合法性的支撑来源于民众生活质量的提高,这是民生政治的时代特征。建设

---

① 赵晖:《公共行政转型:破解民生难题的路径解析》,《江海学刊》2010 年第 3 期。
② 郭华茹:《服务型政府的民生理念》,《武汉理工大学学报》2009 年第 5 期。
③ 江玉芹、恒龙:《论服务型政府的民生责任》,《理论学刊》2008 年第 12 期。
④ 陈灿:《论民生问题严峻挑战背景下的政府职能定位》,《理论导刊》2010 年第 5 期。
⑤ 崔执树、施光跃:《民生问题的解决与政府管理的创新——基于治理理论的视角》,《兰州学刊》2010 年第 3 期。
⑥ 肖小明:《论民生视角下责任政府的构建》,《中国井冈山干部学院学报》2010 年第 3 期。

以民生为本位的民生型政府，是民生政治的内在要求。① 民生型政府以民生为重心，把民生放到最重要的位置。第四，责任型政府。饶义军借鉴西方国家有关政府执政理念，结合我国民生现实，提出当前我国政府执政理念创新的关键在于以民生为导向，坚持以人为本，建立责任政府，实现社会公正。② 沙占华认为，民生问题事关民众利益，涉及民众的基本权利和社会发展的公正，关系到国家的稳定与发展。民生问题通过市场无法实现有效的供给，个人更无力解决，解决民生问题是政府公共服务的核心目标。当前我国民生问题凸显在于政府责任缺位造成的公共服务缺失。转变政府职能，完善政府的公共服务是解决民生问题的关键。③ 责任型政府侧重政府解决民生问题的责任。

学者们主张公共政策应转向改善和保障民生。第一，公共政策应以改善民生作为价值目标。罗建文、李静指出，公共政策作为对全社会价值资源最有权威的分配工具，有责任和义务通过政治过程所作出的选择和分配办法的制定来解决公共问题，以实现公共利益的最大化。进入民生发展新时代，社会公共利益的最大化实现就是要保证不断改善民生、不断提高民生质量，实现人的全面发展，因此这就是现代公共政策的基本价值目标。④ 朱秦从宏观层面指出，以民生为价值取向的公共政策已成为我国和谐社会建设的自觉选择，日益深化的体制改革、不断完善的法律政策和科学发展路径，推动着政治资源配置、财产权利和发展机会走向公平正义，彰显出我国公共政策维护民生的价值追求。⑤ 覃瑶从具体的民生相关政策层面指出，保障和改善民生应该成为政府制定公共政策的合理价值选择。应着重从调整收入分配制度、完善社会保障制度、推进城乡基本公共服务均等化方面入手，推进公共政策制定更加注重社会公平、保护基本民生。⑥ 第二，应以民生政策评估政府政绩。孙洪敏指出，应将民生政策及其效果作为政绩评估的指标。民生在地方

---

① 曹文宏：《民生问题的政治学解读：一种民生政治观》，《探索》2007年第6期。
② 饶义军：《论民生与政府执政理念创新》，《西南交通大学学报》2008年第4期。
③ 沙占华：《公共服务视角下的民生问题探析》，《四川行政学院学报》2011年第4期。
④ 罗建文、李静：《民生时代我国公共政策的价值选择》，《中国行政管理》2011年第6期。
⑤ 朱秦：《我国公共政策发展中的民生价值取向》，《云南行政学院学报》2010年第2期。
⑥ 覃瑶：《保障和改善民生：公共政策的合理价值选择》，《理论前沿》2009年第24期。

政府绩效评估指标体系建构中占有重要地位。以民生为视角，建立科学的符合中国国情的地方政府绩效评估指标体系，在其内容设计中要将城镇居民人均实际可支配收入及增长率、恩格尔系数、人均居住面积、居民社会保障和社会福利享有度、居民就业率、城镇登记失业率、医疗及社会保障覆盖面、困难群体救助范围、义务教育普及率、生态环境和历史文物保护度等关乎民生的指标体系放在重要位置。当前我国地方政府绩效评估民生指标体系的建构，还存在着制度不完善、信息不对称、主体缺位和价值扭曲等障碍。因此，必须以科学发展观为指导，在地方政府绩效评估指标体系建构中不断提升关注民生、保障民生和改善民生的地位。①

综合以上观点，民生问题有政府方面的原因，解决民生问题是政府重要职责，因此政府必须转变为更有利于解决民生问题的政府。从不同的角度和理论基础所提出的四种目标，有一定的差别，但是都是把保障和改善民生放到首位的政府模式。至于政府究竟转向哪种政府模式，还需要联系中国国情等因素进行考量，政治学领域一直在争论，随着研究的深入，将会有相对确定的结论。公共政策是政府改善民生的主要手段，应以民生价值为制定依据，以改善民生作为价值目标，指出了公共政策的方向和要求。政府和公共政策的关系十分密切，在分别研究的基础上，需要联系起来作更系统的研究，以便这一路径更加清晰。

（2）体制改革与制度创新的视角

改革和创新体制。杨黎源认为，民生问题的解决需要从主体意识、价值取向和社会原则的转变上达成共识，并进行相应的社会体制改革和制度创新，从而达到公平、平等、和谐、幸福的社会主义小康社会新境界。② 吴忠民认为，将改善民生上升到基本制度安排的层面，将改善民生的中近期目标定位为建立起一个初级的民生保障体系，以民生为基本着眼点合理安排公共投入和优先顺序，将改善民生同经济发展方式的转换有机地结合在一起，才能突破民生问题的困局。③ 罗建文指出，当代制度选择就要体现以人为中

---

① 孙洪敏：《地方政府绩效评估指标体系的民生解读》，《行政论坛》2011 年第 3 期。
② 杨黎源：《科学发展观与社会民生发展原则的演化》，《理论学刊》2008 年第 4 期。
③ 吴忠民：《中国现阶段社会公正问题的逐层递进研究》，《学术界》2009 年第 4 期。

心，社会发展应当以民生幸福为本。让人民群众在良善的社会制度安排中共享社会发展的成果实现最大幸福。① 孙学玉等认为，保障和改善民生的根本途径在于深化经济、政治和社会体制改革：深化经济体制改革就是完善市场经济体制，健全现代市场体系；政治体制改革就是建立服务型政府；社会体制改革就是理顺政府与社会的关系，健全社会参与机制和社会协调机制，建立教育、卫生和社会保障等基本社会制度。② 王越芬、张传辉认为，由于种种原因，特别是体制机制的缺失和不健全，致使教育、医疗卫生、社会保障等民生问题凸显，已经严重影响了社会的和谐稳定。因此，必须深化改革，建立和完善公共决策机制、公共服务体制、公共财政体制和民众诉求机制等，以从根本上保障和改善民生。③ 郑功成认为，我国民生需求全面升级，有四条基本应对思路：高度重视统筹考虑保障与改善民生的制度体系与政策措施，并在国家层面进行顶层设计；高度重视提供稳定的安全预期，以此达到安定民心、提升信心、促进和谐的目的；高度重视促使保障与改善民生的基本制度安排走向定型化，这就要求进一步强化中央政府的制度设计责任，淡化地方"摸着石头过河"的"创新"；高度重视进一步细化民生指标，包括预期性指标与约束性指标。④ 体制制约了改善民生，也影响下一层制度安排，所以必须改革体制。

创新具体制度。闫莉、蒋锦洪认为，操作层面的具体制度缺陷和不足及其他原因导致了一些关涉人民群众根本利益的民生问题，制度建设应成为促进民生问题解决的根本着力点。⑤ 崔青青提出，根据民生问题的新特点，制度是改善民生的保障，应通过扩大公共服务、加强社会管理、完善收入分配制度和又好又快的发展来夯实改善民生的基础。⑥ 方小教提出，应以建设民生制度工程为解决人民内部矛盾的着力点，民生制度工程就是改革收入分配制度、建立城乡发展一体化制度、健全劳动就业制度、完善保障救助制度和

---

① 罗建文：《民生幸福与制度选择的哲学探索》，《哲学动态》2010 年第 1 期。
② 孙学玉等编著：《当代中国民生问题研究》，人民出版社 2010 年版。
③ 王越芬、张传辉：《从体制机制入手保障和改善民生》，《学习与探索》2011 年第 4 期。
④ 郑功成：《国家发展的核心使命：保障和改善民生》，《行政管理改革》2011 年第 8 期。
⑤ 闫莉、蒋锦洪：《当代中国民生问题的制度审视》，《理论建设》2010 年第 1 期。
⑥ 崔青青：《改善民生：以人为本为首要》，《毛泽东思想研究》2009 年第 2 期。

改进社会管理制度等，同时还要注意协调制度建设中的各种关系、克服制度的路径依赖、努力树立制度权威、建立健全制度的运行机制，力求将民生制度工程的建设成果加以落实。① 郑会霞指出，破解民生难题需要建立政策统筹协调机制。一是调整收入分配政策，建立公平合理的收入分配机制；二是加强社会保障体系建设，完善民生保障机制；三是优化财政支出结构，搭建多元化民生投资平台；四是加强组织协调，形成民生工程的联动机制；五是围绕政府工作性质和运作特点，构建头筹协调、齐抓共管的社会管理体制；六是健全政绩考核机制，树立民生政绩观。② 操作层面的制度需要围绕改善和保障民生重新设计。

综合以上观点，原有的制度存在不利于改善民生的因素，改善民生需要消除制度障碍，设计出符合民生要求的制度。既需要进行基础层面的体制改革，也需要操作层面的制度改革。这场体制和制度改革的必要性已经被充分地揭示出来，改革的主体、步骤、条件等问题尚需要进一步研究解决。

（3）公共产品和民生财政的视角

公共产品是满足民生需要的产品，公共产品供给是否满足民生需求是判断民生问题解决与否的重要标准。民生财政是公共产品的资金来源，起着调节、分配、支持公共产品供给的作用。

学者们都主张提高公共产品供给，但在供给方式上看法略有不同。第一，改革公共产品供给制度。吴双提出，为社会提供更多免费的公共物品，让人民真正享有更多的福利和实惠，是解决民生问题的具体体现之一。③ 张映芹认为，民众对公共产品需求的不断增长与公共产品供给不足的矛盾是当代中国社会公共领域的主要矛盾，根源在于我国公共产品供给制度的缺陷，迫切需要确立"公平公正""公共利益最大化"与"公民权利"的公共福利新价值目标，通过价值文化背景的改善和多元利益主体的博弈均衡，重塑一种新的符合民情民意与"民生本位"价值理念的合理的利益均衡机制与

---

① 方小教：《民生制度工程是解决人民内部矛盾的着力点》，《江西师范大学学报》2009 年第 5 期。
② 郑会霞：《破解民生难题需要建立政策协调机制》，《学习论坛》2012 年第 2 期。
③ 吴双：《民生体现之向社会提供更多免费的公共物品》，《辽宁行政学院学报》2009 年第 1 期。

公共产品供给制度，以实现社会多元利益主体的"理性"合作与公共福利的最大化。① 第二，推行基本公共服务均等化。有学者提出，从公共财政方面推进基本公共服务均等化的思路。一是进一步调整公共支出结构。加大公共服务支出比重，压缩经营性投资，大幅增加教育、社会保障、医疗、城市低收入居民住房补贴等社会公共支出。这样可以缓解分配差距的扩大趋势，也可以使社会不同阶层或群体都分享到经济社会发展的成果。二是完善和规范转移支付制度。逐步加大一般性转移支付所占比重，减少专项拨款所占比重。三是完善税制。完善个人所得税、资源税，以及探索建立赠予税、财产税、遗产税以及社会保障税等税种，促进社会公平。四是加大财政运行的透明度和社会参与度，让社会有效监督财政运行，从而使财政有效发挥公共职能。② 周明海则从政治学视角分析指出，推行基本公共服务均等化更多地体现为一种民生政治的实质，具有夯实政府行为合法性基础的功能。从政府行为角度看，实现基本公共服务均等化应注重以下变革：治理理念从重效率到既重效率更重公平的变革，管理模式从"全能政府"向"有限政府"的变革，财政体制从经济建设型财政到公共财政的变革，绩效评估从重经济GDP到重民生状况的变革，供给方式从包揽提供到公私伙伴关系（PPP）模式提供的变革。③ 第三，完善公共产品供给方式。刘太刚指出，由公共物品理论推导出民生政策追求民生服务无差别供给（普惠制）和民生成本无差别分担，由需求溢出理论推出的民生政策追求民生服务按需供给、民生成本差别分担，前者与市场为敌，后者与市场为友。比较而言，选择后者作为我国保障民生的方式更有利。④ 刘金程、刘熙瑞认为，加强政府的财力支持，并不足以解决基本公共服务的全部问题。基本公共服务均等化政策目标的实现不仅要强调政府投入，还要注重政府治理结构与效能。基本公共服务供求

---

① 张映芹：《民生本位时代的财政公共性——基于公共福利价值目标视角的分析》，《北京大学学报》2009 年第 1 期。
② 中国（海南）改革发展研究院编：《民生之路：惠及 13 亿人的基本公共服务》，中国经济出版社 2008 年版。
③ 周明海：《民生政治视域下的基本公共服务均等化：功能与对策》，《中共天津市委党校学报》2009 年第 2 期。
④ 刘太刚：《公共物品理论的反思——兼论需求溢出理论下的民生政策思路》，《中国行政管理》2011 年第 9 期。

结构的改进应主要致力于改善公共服务供给系统，包括改善知情和参与，平衡供给和需求，强化约束和监督。①

民生财政是近几年频繁提及的热门词汇，意义分歧较大。陈治认为，民生财政是指在特定价值理念指导下依托法制的力量满足社会民生需求的财政收支活动。民生财政不能简单地依托增加民生领域的支出、加大民生支出的比例而达致，必须构建一套包括财政预算制度、收入保障制度、支出方式制度、绩效管理制度在内的从收支计划的确定、执行到效果监督的完整法制体系，并着力解决民生财政法制化过程中面临的权力与权利配置、制度刚性与弹性协调、不同价值之间平衡的问题。②宋晓梧提出，通过民生财政推进基本公共服务均等化，要深化相关体制改革，合理分配中央与地方的事权，合理调整中央与地方的财力分配，将基本公共服务事权逐步集中到中央，各地基本公共服务标准由中央统筹平衡，同时建立全国统一的基本公共服务经费保障机制。还要按照均等化的方向改革公共服务领域的各项制度，加大对公共服务的投入，尤其是加大中央财政对贫困地区公共服务和基础设施的转移支付，逐步缩小各地公共服务和基础设施的差距，进而解决地区间的基本公共服务均等化问题。③崔惠民、张厚明认为，民生财政是实现基本公共服务均等化的根本路径，是发展成果由人民共享的最直接体现。建立民生财政，需要在财政决策上以民生为导向，明确各级政府的民生事权，健全财力与事权相匹配的财政体制，调整和优化财政支出结构，完善财政转移支付制度，建立充分反映民意的利益表达机制，规范权力运作机制，为财政关注民生提供制度和机制保障。④嵇明认为，民生财政建设存在的主要问题是民生资金投入力度不够、民生资金效益有待提高、民生领域对财政支出的依赖性严重、民生支出公开机制不健全。推进民生财政建设，应把握好经济建设与社

---

① 刘金程、刘熙瑞：《公共治理与发展：我国基本公共服务供求的结构性矛盾及其改进》，《新视野》2010年第3期。
② 陈治：《论我国构建民生财政的法制保障》，《当代法学》2011年第4期。
③ 宋晓梧：《加大投入和深化改革并举——改善民生，推进基本公共服务均等化》，《行政管理改革》2011年第8期。
④ 崔惠民、张厚明：《公共财政走向民生财政：基本公共服务均等化的选择》，《经济问题探索》2011年第6期。

会发展的关系、量力而行与适度超前的关系、政府主导和社会参与的关系、增加投入和深化改革的关系。推进民生财政建设的重点包括强化公共财政理念，建立面向民生的公共财政支持体制，优化财政支出结构，逐步提升民生支出比重和质量；完善财政转移支付制度，促进基本公共服务供给的全覆盖和大致均等化；健全财政管理体系，提升民生支出管理水平；完善资金投入措施，提高财政投入民生资金效益。[①]

综合以上观点，增加并合理分配公共产品是改善民生的条件，民生财政是支持公共产品的供给的基础。公共产品由市场还是政府来提供，或者怎样分担以及以何种方式提供，尚有不同观点。民生财政是解决民生供求矛盾的必要方法，建设民生财政是必要的。

(4) 道德理念与法制保障的视角

改善民生需要道德理念基础，也需要法制保障。张思宁认为，民生问题不仅是经济和社会问题，也是道德理念问题。道德与社会秩序之间是一种互动的过程，道德有赖于体现公平与正义的社会秩序的支撑，道德又是公平与正义的社会秩序的前提。解决民生问题不仅是制度问题，还需要仰仗一定的道德理念，进而实现社会秩序的重建，使各种民生问题在新的社会秩序中不断地调整和解决。[②] 陈进华认为，民生问题的解决不仅依赖于社会经济的繁荣昌盛，还需要仰仗合乎一定伦理秩序的执政理念和制度安排。作为经济、政治和社会层面的民生问题的价值标尺的民生伦理，是一种以民生问题为伦理实体、以"人性尊严"为逻辑起点、以"公民权利"为价值基准、以"公众参与"为诉求动力、以"国民福祉"为发展境界的综合伦理。[③] 王慧、宋进认为应立足民生现实，关切与改善民生问题，构建以民生为生长点的社会主义意识形态。在理论层面，社会主义意识形态围绕民生利益，把握科学理性与人本价值相统一、关注当下与实现理想相对接、现实"解蔽"与执政辩护相结合以及归宿与手段合理定位的原则，推进社会主义意识形态的理论创新，永葆理论的生机与活力。在实践层面，注入公平正义的价值理

---

① 嵇明：《关于民生财政的若干思考》，《经济研究参考》2011年第19期。
② 张思宁：《民生问题与社会秩序重建》，《甘肃社会科学》2008年第5期。
③ 陈进华：《民生伦理：关于民生问题的伦理学诠释》，《哲学研究》2010年第3期。

念、运用易于民众理解的语言、强化制度设计,创新构建社会主义意识形态的路径,构架起科学理论与人民大众的桥梁,发挥社会主义意识形态的批判、引导、凝聚和引领作用。①

法制化既保障民生问题的地位,也保障解决民生的实践。黎建飞、李敏华提出,将改善民生法制化,就是要探求"民生"在人类发展中的地位、民生与社会保障法的法哲学基础、民生与社会保障法的辩证关系等问题,分析既受民生引领和制约,又对民生具有独特价值的社会保障法。② 盛清才认为,我国多年来一直未能走出民生困境,原因是多方面的,但深层原因就在于法治的缺失。必须高度重视民生法治建设:完善民生立法,以造福民生;强化民生执法,以捍卫民生;坚持司法为民,以保障民生。尤其要健全监督机制,强化责任追究。将民生建设真正纳入法治的轨道,才能最终实现民生建设的"五有"目标。③ 王太高提出要重视司法的能动作用,关注民生的重点在于落实和保障社会弱势群体的基本生存和平等发展,其目的是要实现人权的平等保护。作为现代国家的一项基本职责,关注民生既要重视制度建设,也要注意发挥司法的能动作用,以避免因政府"懈怠"导致公民社会权落空,并推动相关制度的发展和完善。④

综合以上观点,道德和价值理念的引导有利于从根本上建立解决民生问题的社会秩序,法制在解决民生过程中起着保障作用。随着社会转型,道德危机愈演愈烈。在这种语境下,有利于社会秩序的道德理念和价值规范如何建立,是非常需要研究解决的棘手问题。

总之,解决民生问题的途径是综合的、多向度的。每项研究虽然只论述某种或某几种路径,但是并不排斥其他的路径。政府、公共政策、公共服务、道德、法制、财政都是民生问题的一个侧面,这些侧面可以构成解决民生问题的立体图式。然而,对于这些侧面的相互关系及其结合的模式,或者这些途径的核心,缺乏专门的研究;对于每种路径的细节和目标也缺乏细致

---

① 王慧、宋进:《论构建以民生为生长点的社会主义意识形态》,《东岳论丛》2011 年第 7 期。
② 黎建飞、李敏华:《民生与社会保障的法哲学分析》,《河南政法管理干部学院学报》2009 年第 6 期。
③ 盛清才:《法治视野下的民生建设研究》,《前沿》2011 年第 3 期。
④ 王太高:《民生问题解决机制研究》,《江苏社会科学》2008 年第 4 期。

的阐述。这些路径的方向已经明确，但是只有路径的具体细节清晰化，才能成为实实在在的走得通的路。因此，需要学者们继续深入探究。

### （三）社会事业及其发展研究现状

在民生视野下，发展社会事业的意义凸显。从社会事业的概念、起源到发展历程，学者们都有详尽的探究。

#### 1. 社会事业的概念

社会事业概念可以追溯到我国计划经济时代的事业单位概念。1963年《国务院关于编制管理的暂行办法》规定："凡是为国家创造或改造生产条件，满足人们文化、教育、卫生等需要，其经费由国家事业费开支的单位为事业单位。"随着经济体制转轨和社会转型，原来的事业单位概念已经无法沿用，因而社会事业概念需要重新讨论和界定。在切实保障和改善民生的背景下，社会事业显得更加重要，社会事业概念也因此被思考和讨论。有学者正本清源，指出社会事业和社会工作都译自西方发达国家的"social work"。在西方发达国家，"social work"隶属于社会福利部门，指政府或民间非营利组织为那些不能靠自力进行正常社会生活的人群提供非营利性、组织化、科学化、专业化特征的社会服务，社会事业与社会保险、公众卫生、教育等社会福利项目并列，或作为它们的补充。但是在我国，社会事业被政府公共领域广泛应用，内容涵盖社会保险、公共卫生、教育、文化、科技、体育、旅游、社区建设以及人口与计划生育等一系列广泛范畴。在政府公共领域，社会事业很大程度上成为社会福利的上位概念，与社会发展基本同义。它以服务社会、造福人群为使命，以实现人的全面发展为目标，其行动对象覆盖了社会所有成员，其内容涵盖了民生问题的所有方面。[1] 邓伟志认为，所谓社会事业是指为维持社会系统正常运转与不断发展，维持社会成员的生活与福利所提供的各种社会性服务和保障。按其服务对象和方式可分为社会公益事业（包括社会福利事业、社会救济事业和社会保障事业）、社会公共事业（包括科技、教育、文化、卫生、体育、安全、环境）、社会公用事业（交

---

[1] 郭忠华：《中国社会事业发展的战略性思考》，《东方论坛》2006年第4期。

通、供水、供气、供电等)、社会公务事业(包括社区服务)。① 李艳丽认为,社会事业是为满足社会产业的公共需要而建立并发展的,是不以营利为主要目的的社会活动部门的集合,包括教育、医疗卫生、劳动就业、社会保障、科技、文化、体育、社区建设、旅游、人口与计划生育等十个方面的事业。② 王爱学认为,社会事业是指在一定社会发展阶段,由政府主导的向社会全体成员或特定群体提供的非营利性的各种公共产品和公共服务活动的总称。社会事业包括公共性、公益性、公共产品特性、政府主导性、发展叠加性五个方面的内涵特征。从外延上看,社会事业可以划分为既相互联系又各有侧重的四个方面:一是社会救济事业,主要表现为扶贫、救济、慈善等,是社会事业最基础的组成部分;二是社会发展事业,最为典型的就是科技、教育、文化、卫生、体育、生态保护、环境治理和资源节约等社会事业,这也是大多数人理解的社会事业;三是社会保障事业,最为典型的就是制度化的社会保障;四是社会稳定事业,主要表现为国防、外交、国家安全、军队、警察、公安、司法、政府法制、民族宗教等。③

社会事业与公共服务是容易混淆的两个概念。张序做了区分:公共服务与社会事业两个概念范畴是不一致的,公共服务是指公共部门为了直接满足公民基本的、具体的公共需求,生产、提供和管理公共产品及特殊私人产品的活动、行为和过程。外延一般包括基础教育、公共卫生与基本医疗服务、社会保障与社会救助、公用事业与公共设施、公共文化、基本住房保障、国防与公共安全、环境保护与生态建设、就业服务、基础科学研究、科普与科技推广等。社会事业概念是从慈善事业、救济事业等概念中概括和抽象出来的。基本脉络是慈善事业渐进为社会救济事业,再发展到积极的福利事业,最终形成社会事业。社会事业与我国的事业单位紧密相连,但事业单位并非全部都是从事公共事业,有的事业单位实际上具有很强的行政、执法功能或经济、赢利功能,并非提供公共服务,因为不能算作公益机构。而公共安全、公用事业等公共服务的重要内容在我国并不被划为事业单位的工作范围,而且公共服务的提供者除政府外,还包括社会组织和企业。而社会事业

---

① 邓伟志:《谈谈社会建设》,第113页。
② 李艳丽:《社会事业和社会产业协调发展问题研究》,经济科学出版社2009年版,第20—26页。
③ 王爱学:《社会事业在加快转变经济发展方式中的作用分析》,《江淮论坛》2010年第6期。

应主要是指政府事业单位举办的那部分公共服务。另外，一些改革开放以来新兴的公共服务类别，如社会保障、住房保障、就业服务、环保与生态建设等，却并非由传统的事业单位来承担，常常直接由各级行政机构作为服务提供者。由此可见，社会事业涵盖的范围较小。当前，公共服务主体多元化已成为国际潮流，在我国公共服务也不仅仅由事业单位承担，国有企业、私营企业、非营利组织都在发挥重要作用，有些公共服务还直接由政府部门提供。事业单位也在实行分类改革，提供私人产品而非公共产品的事业单位已推向市场或实行差额拨款。可见，公共服务与社会事业是两个内涵和外延都接近或有重合的概念，在我国大力提倡建立公共服务型政府和实行基本公共服务均等化的背景下，应该推动用"公共服务"代替"社会事业"来使用。①

综合以上学者观点，社会事业是中国特有的概念，经历了演变，包容范围较广。直接关系民生的社会事业主要指公共教育、医疗卫生、劳动就业、住房保障、社会保障等。

2. 社会事业的现状

社会事业既有总体特征和问题，也有不同领域和地区的特点和问题。摸清现状和问题是提出改革和发展的思路的基础。

首先，从不同层面和角度总结了社会事业的现状与问题。刘宇南、常铁威、薛元认为，社会公共服务体系尚不健全，人才和教育制约经济社会发展，社会事业投入不足，社会事业体制改革滞后，是社会事业的主要问题。② 王勇指出，总体水平低、公共服务供给不足、发展不平衡、公平性差、质量不高、改革滞后是当前我国社会事业发展存在的突出问题。③ 顾严提出，社会事业涵盖教育、卫生、文化、人口、民政等诸多领域，社会事业领域存在的短板是制约经济发展方式转变的主因：一是社会公共服务不到位，制约消费需求，尤其是居民消费需求的提升；二是社会事业体制不健

---

① 张序：《厘清公共服务与社会事业的相异性》，《中国社会科学报》2012年2月17日。
② 刘宇南、常铁威、薛元：《对社会事业发展协调性问题的认识与建议》，《宏观经济管理》2009年第1期。
③ 王勇：《当前我国社会事业发展存在的突出问题及对策》，《理论界》2011年第5期。

全，制约第三产业尤其是社会服务产业的发展；三是人力资本积累不充分，制约科技进步、劳动者素质提升和管理创新。① 朱之鑫指出，社会事业的问题包括供给不足、发展不平衡、质量不高，对经济的支撑力不强、体制机制改革滞后、活力动力不足。② 郭忠华总结，社会事业的现状和问题表现在四个方面：一是社会事业全面布点但质量不高，重视服务对象数量的增加而忽视个性化服务，重指标建设而轻人文环境改善，社会事业在行业之间、区域之间的发展不平衡；二是社会事业发展主体的多元化格局已初步呈现，但政府缺位或越位现象严重；三是社会事业管理体制的改革取得重大进展，但社会事业发展的体制性障碍依然严重；四是民间资本在我国社会事业发展中的作用逐步加强，但社会事业的投融资体制还没有完全理顺。③

其次，从全局角度总结出社会事业发展新特点。刘宇南、薛元提出五个方面的新特点：一是社会事业发展与扩大内需长期战略方针结合日益紧密，先经济、后社会、依次发展的传统模式已无法适应经济社会协调发展的时代要求，推动经济社会转型发展的紧迫性日益增强；二是社会事业发展与城镇化加速结合日益紧密，传统二元体制下的公共服务格局已无法适应城乡统筹的时代要求，推动公共服务制度变革的紧迫性日益增强；三是社会事业发展与现代科技结合日益紧密，传统的发展业态和社会管理体制已无法适应创新密集的时代要求，推动社会事业创新发展的紧迫性日益增强；四是社会服务需求层次和结构的多元化倾向日益明显，单纯由政府提供公共服务的一元化体系已无法适应需求日趋个性化的时代要求，推动社会事业建设主体多元格局形成的紧迫性日益增强；五是社会事业发展重心转向规范的制度体系建设，从扩面布点日益转向巩固优化，原有的小、散、乱的粗放型发展方式已无法适应集约高效的时代要求，推动社会事业转变发展建设模式的紧迫性日益增强。④

综合以上学者观点，社会事业总体特征和问题是发展滞后和与经济发展

---

① 顾严：《社会事业推动经济发展方式转变的途径与政策》，《中国经贸导刊》2010年第8期。
② 朱之鑫：《更加注重改善民生进一步做好社会事业发展改革工作》，《宏观经济管理》2010年第1期。
③ 郭忠华：《中国社会事业发展的战略性思考》，《东方论坛》2006年第4期。
④ 刘宇南、薛元：《在全局中谋划发展好社会事业》，《中国经贸导刊》2010年第14期。

不平衡，整体和各领域都存在体制机制、供给水平、活力动力等诸多问题。这些概括无疑切中了要害，但是以现状与问题为专题的调查研究和案例分析偏少。社会事业落后极大地影响着民生，迫切需要快速和全面发展社会事业。

3. 社会事业的改革与发展思路

社会事业需要全面改革，学者们从体制机制、承担主体、治理模式、体系建设、协调发展、发展路径、发展方式转变、着力点等方面展开论述。

（1）社会事业之改革

其一，创新社会事业发展的体制机制。柴海瑞提出，以民生为重点的社会建设纳入了各级政府社会发展规划的范围，具有全局性、社会性、长期性，是一个社会系统工程，必须建立健全制度化、基层化、平民化、政府主导化及法制化等创新保障机制。[①] 张军果认为，为了促进社会事业的健康发展，必须牢固树立科学发展观，正确处理"以经济建设为中心"与"更加注重发展社会事业"的关系；坚持把借鉴与创新相结合，充分发挥社会事业建设中政府与社会的作用；坚持正确的改革导向，切实保障我国社会事业的健康发展。[②] 创新社会事业财政支持体制。刘立峰、王元京分析了社会事业资金问题，认为必须跳出原有的体制与机制模式，构造一个能够充分动员社会各个主体资源的、集中财力办大事的、政府与市场合理分工的、财政出资有保有压的、有效引导与激励民间资金的、有效平衡地区差异的、充分挖掘地方政府筹资能力的社会事业筹资新框架，以满足社会事业持续、稳定发展的需求。[③]

其二，改革社会事业承担主体。孔繁荣提出，发展社会组织承担社会事业，在社会事业领域发展新型组织，包括大型社会活动组织机构，政府项目咨询评估、招标机构，各类专业、执法岗位资格考试认定组织，社会事务和就业促进组织。社会事业领域新型组织的运作模式是责任明确、多元投资、科学管理、多元约束。总的发展思路是政府导向、社会参与、政府购买服

---

① 柴海瑞：《以民生为重点的社会建设创新机制研究》，《东岳论丛》2009 年第 10 期。
② 张军果：《当前我国社会事业建设面临的矛盾、成因与对策》，《唯实》2007 年第 8—9 期。
③ 刘立峰、王元京：《社会事业筹资机制研究》，《中国投资》2008 年第 2 期。

务、法规政策保障、政府购买服务合约化。① 高斌中、于慧芳认为，国家和社会应该合作担当社会事业。在社会事业中，国家的在场常常是显性的，但是也不乏隐性的时候。国家在场的方式，既表现为国家作为背景，作为活动环境、条件，也表现为国家作为参与者、帮手，还突出地表现为国家作为第一责任方。国家在场的社会事业诉求的就是具有自主性的社会与国家相互合作，一起落实个人福祉。②

其三，转变社会事业发展方式。社会事业发展方式转变是指对社会事业发展的基本理念、管理体制和运行机制进行调整和改革，以适应经济社会协调发展的客观需要。完善社会主义市场经济体制要求转变发展方式，转变社会事业发展方式是转变发展方式的有机组成部分，与转变经济发展方式同等重要，二者不可偏废。转变社会事业发展方式就是要为社会公众提供内容更全面、层次更丰富、服务更优质的公共服务，以最大限度地调动人的积极因素和激发人的创新活力。转变社会事业发展方式具有阶段性、动态性等特征，从而在时机选择、动力机制、目标确定、实施路径等方面存在特殊要求。我国社会事业发展滞后的根本原因是社会事业发展方式转变不到位，具体表现在五个方面。一是在发展理念上将社会事业理解为"花钱"领域，忽视社会事业发展与经济发展的互促共进作用。二是在供给模式上将社会公共服务片面理解为必须由政府直接提供，忽视非营利组织、企业和个人参与提供社会公共服务的功能发挥。三是在资源配置上行政部门色彩过浓，忽视社会事业发展资源的共享与优化。四是在资源投入上过度强调增量扩大，忽视存量的盘活利用。五是效益评估上过分追求社会效益和形象建设，忽视经济成本和实用性。社会事业发展方式转变的关键是转变观念、明确思路、厘清责任、整合资源、优化机制、使社会事业发展由政府统包统揽转变为政府主导与社会参与相结合，社会公共服务提供由总量扩大转变为增加总量和提高存量相结合，社会事业效益评估由专注产出转变为成本核算和产出效益相结合。一是社会事业必须摆在更加突出的为位置，二是社会事业发展必须坚持基本公共服务均等化，三是社会事业发展的参与主体多元化，四是社会公

---

① 孔繁荣：《关于在社会事业领域发展新型组织的思考》，《当代经济》2006 年第 6 期上。
② 高斌中、于慧芳：《国家在场的社会事业》，北京大学出版社 2011 年版。

共服务水平多层次化，五是社会事业发展要兼顾总体一致性和部门特殊性。因此，在政策上，一要建立社会事业发展投入的稳定增长机制，二要完善社会事业发展调控体系，三要制定基本公共服务均等化标准体系，四要优化社会事业发展的资源配置，五要社会事业管理体制改革。①

（2）社会事业发展之新模式

其一，建立社会事业多元治理模式。刘文政提出，传统社会事业发展的政府管理模式面临计划导向与公众需求导向的内在矛盾、经费来源单一和"官僚制"的效率困境等问题。社会事业发展的市场化模式也存在简单的政府机制—市场机制二分法和过度市场化这两个理论和实践上的误区。因此，充分整合政府、市场和社会的力量，构建社会事业发展多元治理模式已经成为大势所趋。② 李艳丽认为，社会事业具有产业性、引入市场法则是实现社会化的基础；引入市场机制是发挥社会事业产业性的条件；发挥社会事业的产业性有利于推动市场发挥资源配置的作用。政府在制订事业改革发展的具体政策时，必须将三者看成是一个有机的系统整体推进。③ 梁鸿、徐进提出，我国社会事业体制改革，是由政府供给模式向三者即政府、私人和非营利组织"共担"模式的转型。政府既不能扮演"社会工程师"的角色，也不能回避重大变革。加强自身执政能力的同时推动政治体制创新，是社会事业供给有序化的必由之路。④ 郭忠华分析了社会事业的含义与意义，考察了中国社会事业的现状与问题，提出：在指导思想方面，调整政府发展社会事业的指导思想，把发展社会事业作为构建社会主义和谐社会的重要组成部分；在主体结构方面，科学区分社会事业的行业性质，全面开放经营性社会事业市场，建立公开、公平的行政审批制度，公示社会事业领域的投资项目；在管理体制方面，合理规划社会事业的中长期发展目标，完善社会事业的制度体系，厘清政府与市场之间、不同层级政府之间的责任边界，规范政府行为；在投融资体制改革方面，创新社会事业投融资体制模式，放宽市场

---

① 邢伟：《社会事业也要转变发展方式》，《中国发展观察》2012年第5期。
② 刘文政：《论社会事业发展的模式选择》，《内蒙古农业大学学报》2008年第3期。
③ 李艳丽：《社会事业产业化，市场化，社会化概念及关系辨析》，《烟台大学学报》2008年第2期。
④ 梁鸿、徐进：《政策过程，秩序扩展与社会事业供给制度变迁》，《复旦学报》2008年第1期。

准入，积极培育多元化投资主体，鼓励民间团体、企业和私人等投资社会事业项目，建立投资主体多元化、融资渠道商业化、政府调控透明化的投融资体制。在评价方面，建立社会事业发展水平的综合评价机制。① 李发戈认为，在社会事业改革中，政府要转换角色，推进社会事业举办的多元化、社会化、市场化，按照管办分离的原则实行分类管理，积极引导社会力量参与社会事业的举办。② 徐新提出从时代内涵来看，社会事业包括医疗卫生事业、科学技术事业、教育事业、体育事业和其他社会公益事业。他认为中国社会事业发展问题主要表现在：供给不足、发展不平衡、公平性和可及性矛盾突出。社会事业发展要坚持以下主要原则：一是坚持以人为本与适度发展的原则，二是坚持统筹与协调发展的原则，三是坚持政府主导与社会参与的原则，四是坚持政府与市场主体之间合理分工的原则。详细地阐述了科技创新、环境保护、文化事业、教育事业、医疗卫生事业、社会安全等方面存在的问题，借鉴国外的理论和经验，提出了发展各种社会事业的对策。③ 我国公益性社会事业的治理仍是社会事业体制改革的焦点问题。市场经济体制下，政府要改变管办一体的社会事业治理模式，对国有社会事业组织要行使所有者职能，对所有社会事业组织行使管理者职能。为加强对事业单位的管理，有必要设立专门的具有较高权威性的社会事业治理机构。公益性社会事业组织要建立起以董事会或理事会为架构的法人治理结构，而营利性的事业单位要逐步实行改制和公司化治理。④ 顾严认为，社会事业体制具有多元化途径：一是通过供给主体多元化吸引要素进入第三产业。二是通过运行机制多元化增加第三产业发展需求。三是通过融资渠道多元化促进金融服务行业发展。社会事业体制改革应处理好的重要关系有：一要理顺行政性、公益性与经营性社会事业的关系。二要理顺政府引导、市场配置与社会协同的关系。三要理顺社会事业举办、管理的中央与地方关系。社会事业主要领域应把握好的政策取向：一是发展面向产业结构战略性调整的教育和科技事业。二是发展面向多层次社会服务需求的卫生和文化事业。三是发展面向底线公

---

① 郭忠华：《中国社会事业发展的战略性思考》，《东方论坛》2006 年第 4 期。
② 李发戈：《社会事业改革中的职能转变与分类管理》，《西南民族大学学报》2005 年第 12 期。
③ 徐新主编：《和谐社会与社会事业》，上海大学出版社 2009 年版。
④ 李艳丽：《论我国公益性社会事业治理模式的重建》，《烟台大学学报》2011 年第 2 期。

平与全面发展的人口和民政事业。①

其二,建立以人为本的社会事业体系。以人为本发展社会事业主要有三层含义:以满足人的需要为主、以促进社会的全面发展为目标、以培育市民社会为手段。以人为本发展社会事业的总体思路:一是大力发展经济,为社会事业发展提供动力;二是推进人力资本优先积累,加大人才资源开发和利用的力度;三是推动政府向治理型或公共服务型政府转轨;四是观念转变,促进财政功能从经济建设为主转向社会公共产品为主;五是构建公正的规则体系,进一步缩小城乡差距以及贫富差距;六是强化社会事业建设和发展的规划工作;七是社会事业管理体制改革中突出市场化、社会化、产业化的基本取向。② 赵莉莎认为"以人为本"的社会事业体系的构建要紧紧围绕"维系社会公正、体现社会公益、促进人的全面发展"的目标,把握好三个原则,建立健全五大体系。即均衡化原则、布局合理化原则、内部结构协调化原则,与经济发展相适应的现代国民教育体系、与人民群众健康需求相适应的公共卫生和医疗服务体系、充分就业与和谐劳动关系的社会就业服务体系、适合我国国情发展的社会保障体系、不断满足人民群众文化需求的公共文化服务体系。③

其三,社会事业与社会产业协调发展。李艳丽认为,社会事业与社会产业应协调发展。社会事业以满足国家和公众的需要为目的,经费主要来自财政拨款和社会捐助;社会产业以满足市场需要为目的,资金来源于市场投资。社会事业由事业单位举办,由政府直接管理,追求最高社会效益;社会产业由企业经营,由政府间接调控,追求最大经济效益。二者协调发展,更有利于满足社会需要。为此,要对事业单位进行改革,将目标定位在有效提供公共产品和服务上,按照经费来源和权力支配等标准把事业单位分为行政支持类、纯公益类、准公益类、经营类,进行路径设计和制度创新。④

---

① 顾严:《社会事业推动经济发展方式转变的途径与政策》,《中国经贸导刊》2010年第8期。
② 邓伟志:《谈谈社会建设》,东方出版中心2009年版。
③ 赵莉莎:《加快构建"以人为本"的社会事业体系的思考》,《中国党政干部论坛》2007年第8期。
④ 李艳丽:《社会事业和社会产业协调发展问题研究》,经济科学出版社2009年版。

(3) 社会事业改革之方法与步骤

其一,社会事业改革的路径。王爱学认为,进入21世纪,社会事业发展趋势主要有:第一,从提供主体看,呈多元化趋势。第二,从供给机制看,呈市场化趋势。第三,从自身内涵看,呈模糊交叉发展趋势。第四,从供给内容看,呈法制化、标准化趋势。发展社会事业的方法:第一,明确供给责任。社会事业的提供主体和责任主体是政府,资金的来源是公共财政。第二,创新供给路径。一是在属性上,实行分类指导;二是在分工上,合理界定各级政府职责;三是在优先顺序上,突出重点;四是在标准上,适时建立公共服务国家和地方标准;五是在经费上,建立分项目、按比例的投资分担机制。第三,改革供给机制。一是引入多元主体;二是引入市场机制;三是鼓励和保护基层政府的首创精神。第四,开展公共服务供给绩效评价和问责。一是树立正确的政绩观,构建公共服务评价指标体系;二是实行责任和责任追究制;三是推进电子政务建设提高政府服务透明度。①

其二,社会事业发展的着力点和切入点。一是根据未来发展需要,强化人力资源对经济发展转型的战略支撑作用。二是进一步发挥社会事业和社会服务产业对加快经济发展方式转变和产业结构调整的支撑作用,使其更好地承担扩大内需、刺激消费的长期战略任务。三是针对城镇化的挑战和影响,加快推进基本公共服务制度变革。四是面对网络等现代信息技术的广泛应用,探索利用科技手段促进社会事业创新发展的有效形式。五是随着社会事业建设主体多元化格局的日益明显,研究促进民间资本参与社会事业、社会服务产业发展的政策措施,加快推进政事分开、管办分开等事业单位管理体制和运行机制改革,探索通过奖励、贴息、政府购买的设施租赁给民办机构使用、通过政府提供土地实现控股等方法加大对民办社会事业的支持和倾斜。六是加快社会事业发展建设模式的转型。七是加快推进人口较少民族社会事业发展,集中力量解决一批长期制约当地少数民族群众经济社会发展的突出矛盾和关键问题。② 加强社会事业发展,必须着力发展基本公共服务,切实改善民生;大力发展科技事业,提高科技对经济社会发展的贡献率;统

---

① 王爱学:《社会事业在加快转变经济发展方式中的作用分析》,《江淮论坛》2010年第6期。
② 刘宇南、薛元:《在全局中谋划发展好社会事业》,《中国经贸导刊》2010年第14期。

筹推进社会事业协调发展，努力实现基本公共服务均等化；深化社会事业体制改革，完善社会事业发展的制度体制机制，促进社会事业健康发展。[①] 深入贯彻落实科学发展观，坚持把发展经济与改善民生结合起来，注重经济政策与社会政策统筹协调，把加快建设覆盖城乡居民的基本公共服务体系作为首要任务，以解决社会事业中群众反映最突出的问题为着力点，继续加强重大民生政策的实施，加大民族地区和贫困落后地区支持力度，稳步推进重点领域改革，加速推动基本公共服务均等化，大力发展社会服务业，促进社会和谐发展。[②] 莫艳云指出，必须明确坚持以民生幸福为最高的价值诉求，建立健全利益协调机制，积极促进各项社会事业的健康发展。[③] 青连斌提出必须大力发展社会事业，解决经济社会发展不协调的问题。大力发展教育事业，切实解决"上学难"和教育不公平问题；积极扩大就业，解决好就业再就业问题；深化分配制度改革，增加城乡居民收入；加快建立覆盖城乡居民的社会保障体系，为人民群众提供可靠的安全网；大力发展医疗卫生事业，切实解决"看病难看病贵"的问题；大力发展文化事业，满足人民群众的精神文化需求；大力发展环境保护事业，促进人与自然和谐。[④]

综合以上观点，社会事业发展是一项系统工程，需要体制、机制、主体、财政、供给方式、考评等方面的改革，也需要政府职能转变等条件配合。这些研究初步找到了社会事业落后问题的症结，提出的思路具有一定的理论和实践价值。

总体来看，现有的研究对社会事业的发展思路较为重视，对社会事业的现状、问题及其原因的研究相对薄弱，尤其是对社会事业各领域的特殊性研究少，而后者是前者的基础，由于基础研究不足，所以发展社会事业的方法仍集中在抽象层面，不够系统和具体。社会事业中的结构性矛盾是我国社会事业的重要特征，也是制约社会事业发展的因素，现有的研究只把它当做既定的结论或自明的特征，没有进行深入的考察。从社会的客观现实出发，抓

---

① 王勇：《当前我国社会事业发展存在的突出问题及对策》，《理论界》2011年第5期。
② 朱之鑫：《更加注重改善民生进一步做好社会事业发展改革工作》，《宏观经济管理》2010年第1期。
③ 莫艳云：《加快推进以改善民生为重点的社会建设之我见》，《学理论》2010年第2期。
④ 青连斌：《民生大于天——为什么要加快推进社会建设》，人民出版社2008年版。

住结构性矛盾这个关键环节，全面把握社会事业的特征，深刻分析社会事业问题的根源，然后有针对性地提出解决问题的政策、制度和措施，才能有效引导社会事业更好地发展，这是深化和拓展社会事业研究的一项重要任务。

总之，国内学术界对民生问题的研究比较广泛和深入，涉及概念、理论、现状、价值、对策等方面，为进一步研究打下了基础，也显现出需要进一步研究的问题：首先，民生各问题之间是相互联系、相互交织、相互作用的，从而形成有特定的结构和层次的整体，仅研究民生问题的各领域而忽视整体就会只见树木不见森林，难以形成解决问题的总体性框架和思路。因此，透视民生问题的结构和层次，抓住民生问题中的结构矛盾，探索解决民生问题的总体方案、切入点和步骤，是进一步研究的重点。其次，民生问题是异常复杂的问题，因而解决民生问题需要系统的方法，也就是统筹兼顾的方法，既涉及政府职能转变，也涉及经济增长方式改变，既涉及宏观体制，也涉及微观机制，既涉及具体问题的解决，也涉及长远的规划，这些因素必须整合起来，形成自洽的制度丛和严密的政策体系，才能真正发挥解决民生问题的作用。因此，综合研究必不可少。最后，社会事业研究需要深入。社会事业的功能、组织模式、发展方式等研究以及发展社会事业面临的一系列问题尚待深入探究。改善民生和发展社会事业是一个问题的两面，需要联系起来进行研究。社会事业的相关理论依据以及社会事业改革的思路的研究都需要加强。

# 第一编

# 民生问题的结构性矛盾

# 第 一 章

# 中国民生问题结构性矛盾的理性思考

《辞海》对于"民生"的解释是"人民的生计",这是一个带有人本思想和人文关怀的词语。在现代社会中,民生和民主、民权相互倚重,而民生之本,也由原来的生产、生活资料,上升为生活形态、文化模式、市民精神等既有物质需求也有精神特征的整体样态。从其原本的意义上说,民生问题主要是百姓的生活生存问题,就是有关国民的生计与生活问题,表现为具体的社会问题、经济问题。中国自古以来就将"民生"与"国计"相提并论,有"国计民生"之说。

中国是一个拥有13亿人口的大国,民生需求量大,民生问题十分繁多、复杂,包括"物质的和精神的""历史的、今天的和未来的""不同阶层和群体的""不同区域的""城市和乡村的""生存、发展和享受的"等。各种民生问题互相交织和联系,常常给人以不知如何看待和解决的感觉。科学地研究和思考中国的民生问题,找到解决中国民生问题的门径和方法,必须寻找一个切入点,这就是民生问题中的结构性矛盾。

## 一、民生问题结构性矛盾的理念

所谓结构是指事物各个组成部分之间的搭配和排列,以及由此发生的关系、联系和生成的模式。所谓民生问题的结构，是指中国多种民生问题之间的相互关联与排列，以及每一种民生问题中所包含的各种问题之间的关联与排列。所谓民生问题的结构性矛盾是指各种民生问题自身或相互关联中的矛盾。

民生问题的结构性矛盾源于民生问题存在和发生的客观现实。对民生问题的结构性矛盾分析和认识依据唯物辩证法的思路和理念。用形而上学的方法看中国的民生问题，就会把各种民生问题看成是孤立的，不联系的，撇开广泛的总的联系去进行考察。不是把民生问题看做是运动的问题，而是看做静止的问题；不是看做本质上变化的问题，而是看做永恒不变的问题；不是看做鲜活的问题，而是看做僵死的问题。恩格斯在《反杜林论》一文中，猛烈地批评了"是就是，不是不是；除此之外，都是鬼话"的形而上学的思维方式。他说："当我们深思熟虑地考察自然界或人类历史或我们自己的精神活动的时候，首先呈现在我们眼前的是一幅由种种联系和相互作用无穷无尽地交织起来的画面。其中没有任何东西是不动的和不变的，而是一切都在运动、变化、产生和消失。""形而上学的思维方式，虽然在以对象的性质而展开的各个领域中是合理的，甚至必要的，可是它每一次迟早都要达到一个界限，一超过这个界限，它就会变成片面的、狭隘的、抽象的，并且陷入无法解决的矛盾，因为它看到一个一个事物，忘记它们互相间的联系；看到它们的存在，忘记它们的生成和消逝；看到了它们的静止，忘记它们的运动；因为它只见树木，不见森林。"[①]

中国民生问题正是由各种具体民生问题相互交织和联系构成的总画面。这个总画面是带有结构性的。我们必须从它的结构入手，才能从总体上把握它的特征和内部联系，高屋建瓴地分析和认识问题。但这还不够，正如恩格斯所说的，"这种观点虽然正确地把握了现象的总画面的一般性质，却不足以说明构成这个总画面的各个细节；而我们要是不知道这些细节，就看不清总画面。为了认识这些细节，我们不得不把它们从自然的或历史的联系中抽出来，从它们的特性、它们的特殊的原因和结果等等方面来分别地加以

---

① 《马克思恩格斯选集》第3卷，人民出版社1995年版，第360页。

研究。"①

从现代系统论的角度看，民生问题可以被看做一个大系统。它是由若干具体民生问题的子系统和子子系统组成。系统一词，来源于古希腊语，是由部分构成整体的意思。由贝塔朗菲提出的系统论的核心思想是系统的整体观念。贝塔朗菲强调，任何系统都是一个有机的整体，它不是各个部分的机械组合或简单相加，系统的整体功能是各要素在孤立状态下所没有的新质。他用亚里士多德的"整体大于部分之和"的名言来说明系统的整体性，反对那种认为要素性能好，整体性能一定好，以局部说明整体的机械论的观点。同时认为，系统中各要素不是孤立地存在着，每个要素在系统中都处于一定的位置上，起着特定的作用。要素之间相互关联，构成了一个不可分割的整体。要素是整体中的要素，如果将要素从系统整体中割离出来，它将失去要素的作用。正像人手在人体中它是劳动的器官，一旦将手从人体中砍下来，那时它将不再是劳动的器官了一样。系统论的基本思想方法，就是把所研究和处理的对象，当做一个系统，分析系统的结构和功能，研究系统、要素、环境三者的相互关系和变动的规律性，并优化系统观点看问题，世界上任何事物都可以看成是一个系统，系统是普遍存在的。"一台机器，一头动物，一家公司，一个国家，一篇文章，一句话，都是一定的系统。"②

中国民生问题中存在的结构性矛盾，是民生问题系统中的矛盾。民生问题系统有其特定的结构，结构性矛盾源于系统内部结构设置的不合理或不协调，表现为子系统结构不能按照总系统的整体预期目标进行自我调整，产生运行过程中系统摩擦和冲突，以此影响整个系统的整合，并降低其运行效果。

基于上述认识，本书力求将中国民生问题中的结构性矛盾作为研究的切入点。首先把握民生问题结构的总体特征，分析民生问题系统中各类民生问题、各个层次民生问题的相互关联，对中国民生问题实行宏观把握。然后重点解剖一些具体的热点民生问题，诸如收入分配问题、劳动就业问题、教育问题、卫生和医疗保健问题，住房问题、社会保障中的养老问题等，建立研

---

① 《马克思恩格斯选集》第3卷，人民出版社1995年版，第359页。
② 苗东升：《系统科学精要（第3版）》，中国人民大学出版社2010年版，第21页。

究民生问题的科学视角,厘清认识和解决民生问题的思路。为从理论和实践的结合上解决民生问题提供参考和支撑。

## 二、中国民生问题中结构性矛盾产生的动态性逻辑

人类社会所创造的物质财富有两种基本用途,即用于物质财富的再生产和用于自身的生存、发展及再生产。民生的实现过程就是人类使用所创造的部分物质财富满足自身生存、发展和自身再生产需求的过程。这个过程一般可以分为以下两个阶段。一是民生资源的获取过程,即全体社会成员按照一定的社会"规则"和一定的途径,获取各自相应的民生资源的过程。在这个过程中,由于不同社会成员获取民生资源的能力差异,使得不同社会群体乃至每个社会成员之间获取的民生资源呈现差别化的状态。二是民生资源的消费过程,即通过各种路径进行产品及服务消费,以满足自身生存、发展及自身再生产的过程。在这个过程中,产品及服务的供给方式与需求方式对民生的最终实现具有重要意义。从一定意义上说,中国民生问题中的结构性矛盾正是在以上这两个过程中产生的,并由一般性的民生问题,上升为一种结构性的矛盾状态。概括地讲,当部分社会成员获取的民生资源较多,并在消费过程中形成对民生产品和服务占有及使用的"过剩",而与此同时,部分社会成员因获取的民生资源相对较少,且在民生产品及服务的消费过程中出现"短缺"性不足,使其生活难以为继,由此便促成了民生问题中结构性矛盾的形成。可以说,民生问题中的结构性矛盾是一个动态性的结果,它反映出了整个民生实现过程的结构性失衡。

### (一)民生资源的获取过程及其矛盾性后果

民生资源主要是从资源学的角度对用于民生的基本生存发展所需的物质性财富的一种概括性称谓。于慧颖认为,民生资源应当包括物质性民生资源和精神性民生资源两种,即"所谓物质性民生资源是指在资源的社会形态上可以最终表现为物的存在方式的资源;所谓精神性民生资源是指以意识、感觉、思维等认知个体内心体悟为主要存在形态的社会资源。此种资源以观念、思想、感情等方式展现自身,又以其精神的烘托力和感染力影响着民生

社会的存在、稳定和发展"①。民生资源的获取过程是指社会成员依据其自身的劳动知识、技能、水平以及其享有的经济社会权利和社会声望等要素，并按照社会财富的分享"规则"，获得属于自身且可用于满足自身民生需求资源的基本过程。在这个过程中，社会成员获取民生资源的多少，虽然可以用"获取能力"来加以表述，但是我们认为用"获取资本"来表述更为确切。一般而言，社会成员获得民生资源的多少，不完全取决于其"能力"高低，还与其"获取资本"密切相关，"资本"比"能力"的诠释会更好一些。

"获取资本"是民生主体获取民生资源能力的一种体现，资本的差异性决定了获取能力的强弱，由此直接导致资源获取的多少以及民生满足的程度。民生"获取资本"有三个方面的内涵：即"人力资本""社会资本"和"权利资本"。"人力资本"是通过教育、培训、保健、劳动力迁移、就业信息等获得的凝结在劳动者身上的技能、学识、健康状况和水平的总和。由于这种知识与技能可以为其所有者带来工资等收益，因而形成了一种特定的资本内涵，并参与社会生产财富的分配。"社会资本"是指个体或团体之间的关联——社会网络、互惠性规范和由此产生的信任，是人们在社会结构中所处的位置给他们带来的资源。其表现形式有社会网络、规范、信任、权威、行动的共识以及社会道德等方面。社会资本与物质资本、人力资本一样，通过个人与组织的他人之间的联系可以给他个人带来未来的收益。社会资本往往是针对某种组织、人际关系、社会网络而言的。人的社会资本拥有量的多少反映了他与组织和社会中其他人之间的人际联系，其外在的指标可以表现为声誉、人缘、口碑等。社会资本可以给人们带来额外利益。"权利资本"是指社会成员根据国家制度性规定，应当享有的获取民生资源的权利，社会成员可以通过要求权利实现，获取国家应予的民生资源，如最低生活保障、社会医疗及养老保险中的国家支付部分等。"权利"具有资本的属性，由于在市场经济运行中，制度规范的功能在于确认权利的"边界"，换

---

① 于慧颖：《社会主义核心价值体系的民生导向》，《理论导刊》2010年11期。

言之,规范是权力运行的基本定制。① 从民生的角度看,全体社会成员都是民生权的权利主体,无论富人、穷人都是民生权利的主体,但如果仔细加以分析就不难发现,民生权更多的是广大普通民众、弱势人群作为基本主体的一项权利。对于拥有财产的富人和社会精英阶层而言,由于拥有各种资源,其生存能力、发展能力、竞争能力较高,不存在所谓的"民生困难"。精英人群关注的是财富的增加和权力的扩大,而不会在意基本生活水平保障、受教育权、养老、就业、住房保障等民生问题。因此,从一定意义上说,民生权是部分人群的权利,是"弱者的权利"。民生权的核心是一种请求权、保障权,它是权利主体尤其是弱势群体向国家提出请求,通过一定程序申请获取对自己生存、生活水平给予政策性、制度性保障。民生权主要以社会保障权形式存在,具有鲜明的公共性。②

与"获取资本"相对应的民生资源的获取方式也可以主要分为三种,一是通过劳动参与市场分配,即劳动获取;二是通过社会网络、社会声望、社会地位获得的社会支持,即社会获取;三是通过法律法规实行制度性获取,即权利获取。

中国民生问题的结构性矛盾产生的重要原因,在于以上民生资源三种获取方式的特殊性以及彼此之间的结构失调。劳动获取是民生资源最主要的获取方式,劳动者通过劳动获得相应的劳动报酬,用于自身及家庭的生存和发展。但是从中国经济领域各生产要素参与分配的情况看,存在明显的"强资本弱劳动"现象,特别是技术含量较低的劳动,获取的劳动报酬较低,这样就形成了普通劳动者收入较低的结果,容易造成普通劳动者民生资源缺乏,民生问题突出的现象。社会获取是劳动获取的必要补充,是一种私人领域内的社会性补充。中国是一个"关系型"社会,社会成员大多拥有密切的家庭关系、亲友关系、同乡关系、同学关系、师生关系等,而且社会声望、社会地位也会带来相应的社会关系。上述这些社会关系都可以用来获取额外的民生资源,也可以用来降低民生成本。在现实的中国社会,子女上学需要找关系,就业需要找关系,看病需要找熟人,离开了"关系"人们的

---

① 陈培秀:《"权利资本"初论——"人的发展经济学"有待回答的一个论题》,《改革与战略》2009年2期。
② 凌新:《改革应坚持以民生权为中心》,《学习月刊》2012年第3期(上半月)。

生活"寸步难行"。因此，民生资源的社会获取是中国的特色，它对民生资源整体的公平获取是一种极大的干扰；权利获取是一种公共领域的弥补性的民生资源获取方式，其民生资源既具有民生性又具有公共性。权利获取是社会合意下赋予社会群体特定民生资源的一种方式，目的在于弥补其他获取的不足，实现社会的公平。在中国，由于公民的权利赋予差别性以及权利保障机制的不健全，使得民众对民生资源的权利获取出现结构性失调，如农民工的社会保障、子女上学、就业、购房等都与当地居民有所区别，当地的低保范围不包含他们，保障性住房对象不包括他们。显然，权利获取没有起到调节社会民生资源获取差异的作用，在一定程度上反而成为民生资源差别化的推动者。总之，中国民生资源的获取过程的结构性分离及失衡，是导致民生资源拥有差异的主要原因，它成为中国民生问题中结构性矛盾存在的重要根源。

### （二）民生资源的消费过程及其结构性失衡

民生资源的消费过程是民生问题消解的最终过程，在这个过程中人们通过对已获得的民生资源的消费，解决各自不同的民生问题。改善民生不仅是一个社会学问题，也是一个经济学概念。从经济学的意义上讲，提高民生改善的主要途径是扩大消费，提高消费质量。消费需求的不断扩大，消费水平和消费质量的不断提高，才意味着百姓民生质量的改善。[1]

公共物品理论认为，满足民生需求的物品分成两个各有归属的领域——私人物品领域和公共物品领域，私人物品由市场解决，公共物品、准公共物品由政府解决。[2] 为此，民生资源的消费路径基本上包含两个方面，一是市场性的商品及服务性消费（简称市场性消费），即人们通过市场购买生活用品，享受生活服务，来满足自身的民生需求；二是公共产品和服务性消费（简称公共性消费），即人们通过政府提供的公共产品及服务（含公共产品和准公共产品），来满足自身的部分民生需求。在以上两种消费过程中，市

---

[1] 卢嘉瑞：《扩大居民消费是改善国计民生的头等大事》，《湘潭大学学报（哲学社会科学版）》2010年2期。
[2] 刘太刚：《公共物品理论的反思——兼论需求溢出理论下的民生政策思路》，《中国行政管理》2011年9期。

场性消费满足了人们日常及大部分的民生需求，社会的民生需求主要是依靠市场性消费来满足。但是市场性消费受市场价格的影响很大，市场价格的变动，会对民生的消费成本产生作用，对于获取民生资源较少的群体而言，物价的上涨将增大生活成本，造成民生资源的消费性"短缺"。公共性消费的目的在于让人们以较低的消费成本增大消费的经济性，减少民生问题中市场性消费的风险，以此达到平衡民生需求的作用。

在中国，民生资源的消费过程处于结构性失调的状况，主要表现为以下几个方面：一是公共产品以及服务的产品较少，涉及范围和力度不高，使部分低收入者难以弥补市场性消费带来的价格风险。如最低生活保障制度的覆盖面较小，政府对公共卫生、交通、环境等诸多民生产品的投入相对较小等。二是基本公共产品及服务的不均衡，造成公共资源分布的差异性，引发群体及地区间的享受公共产品及服务的机会性差别。如中小学义务教育资源分布不均衡引发的择校问题，还如我国城乡之间以及东西部地区之间社会保障水平的差异等。三是市场性消费和公共性消费之间存在矛盾，造成民生问题中结构性矛盾的突出。一般而言，公共产品与服务大多涉及与民生密切相关的基础性生活消费，与单纯的市场性消费不存在过多的产品和服务冲突，但是在某些民生领域，由于民间资本引入，也会产生公共性消费与市场性消费相互冲突的现象，如近年来出现的国有养老机构爆满，而部分民营养老机构"吃不饱"的矛盾现象，以上矛盾现象就是民生资源消费过程中结构性失衡造成的结果。

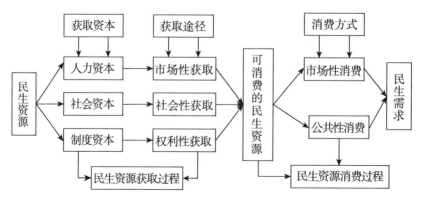

图 1-1　民生现实过程的动态结构图

总的看来，我国民生问题的结构性矛盾的产生，与民生实现过程密切相关。无论是民生资源的获取过程，还是民生资源的消费过程，其内部的结构性在很大程度上制约了社会成员对民生资源的合理性获得以及合理性消费，客观上造成了部分社会成员对民生资源占有的相对"过剩"与"不足"，并在一定条件下促成了结构性问题的产生。

### （三）动态矛盾逻辑背后的根源性解读

中国民生问题的结构性矛盾无疑产生于民生实现的过程之中，过程中的逻辑紊乱，往往是矛盾结果显现的动态性原因。通过对民生资源获取过程以及民生资源消费过程的分析，我们应当对中国民生问题产生的逻辑性原因有了一个大致的认识，这对于我们继续探讨其逻辑矛盾背后的深层原因是有益的。社会学在研究一种社会现象时，不仅需要对社会现象进行符合逻辑的过程性思考，还需要对过程性思考与社会存在和社会变迁相互联系，进行社会原因的深度解读。这种深度解读，不仅可以验证逻辑性思考的适用性，更主要的是将逻辑性思考转换为对社会现象产生原因的理解。从这样的视角出发，我们依据上述民生问题结构性矛盾产生的逻辑从社会制度、社会供给、社会机会三个方面，对中国民生问题结构性矛盾发生的社会深层原因进行如下分析。

1. 社会制度：身份差异与区别对待

民生问题的结构性矛盾有它的制度根源。社会制度的不合理，以及社会福利的制度性准入差异必然产生结构性矛盾。以传统的户籍制度为例，中国的户籍制度将人群划分为非农业和农业户口两类，非农业和农业户籍人员在就业、医疗、社保、住房等许多方面的福利和供给都有很大差异，在此背景下产生的民生问题必然呈现出结构性矛盾的趋势。再以传统的退休制度为例，政府公务员、事业单位、企业职工之间存在较大的身份性差别，干部与工人之间的退休待遇相差悬殊，这种制度安排也必然导致社会养老问题的结构性矛盾。在任何一个社会，身份性差别总是不可避免地存在的，不同社会成员的社会地位、社会声誉是不同的，这与他们的社会分工、社会职责有密切的关系。然而在中国，较为独特的是社会身份的差别会产生不同的社会福利的制度性准入差异，也即身份性差异的区别对待，使得不同社会群体因其身份差异，造成社会待遇方面的不同，由此人为地将民生问题复杂化和结构化，为民生问题的结构性矛盾的产生埋下了"隐患"。如上这种制度性安排，对社会成员的民生资源获取与供给均产生了重要影响，主要表现为社会成员对民生资源的制度性获取与供给，因身份权的不同导致权利的不公平实现。由此可见，社会制度安排的不合理，是中国民生问题结构性矛盾产生的重要根源。

2. 社会供给：碎片化与供给错位

在任何社会，民生问题，特别是基本的民生问题主要应该由社会供给来解决，中国目前社会供给的主要问题不仅仅是总量偏少的问题，还有供给"碎片化"和供给"错位"的问题。从供给"碎片化"看，我国地方政府主要承担民生资源的公共性供给，基本公共服务是公共性供给的主要内容。但是由于各地方社会经济发展的不平衡，地方政府的财政收入状况差别较大，使得民生资源的公共性供给存在明显的"碎片化"，城乡之间、东西部地区之间以及各地方行政区域之间，民生资源的公共供给在范围及标准方面均有较大差异，能够实现社会保障资源省级统筹的寥寥无几，这种供给的"碎片化"导致的直接后果就是民生问题的结构化，容易触发民生问题结构性矛盾的产生。

"供给错位"也是造成民生问题结构性矛盾的重要原因。我们知道，民生资源的社会供给过程基本上分为两种，一是市场性供给，一种是公共性供给，前者是依靠市场自身的调节实现对民生需求的有效供给，后者主要是政府对民众基本生活需求以及市场无效供给部分，采用公共服务的方式满足民众民生需求。两者之间存在不同的定位与不同的供给对象、供给范畴，如果两种供给出现错位，就会在一定范围内触动民生问题结构性矛盾的产生。以机构养老为例，我国的机构养老分为国有和民营两种，前者具有公共性供给的成分，后者则基本上依靠市场调节。目前国内国有养老机构人员爆满、一床难求及常年排队，而民间养老机构则存在虚位以待、床位资源浪费的现象。以上现象的产生原因就是"供给错位"，过去养老机构奇缺的年代，政府通过公共性服务的方式大力发展机构养老，思路是正确的，但是在市场性供给不断增加的情况下，如何调整自身定位，就成为必须考虑的问题。

### 3. 社会机会：非竞争的不公平性

在民生资源的获取过程中，社会机会具有十分重要的意义，如果能够获得相应的社会机会，也意味着拥有了获取相应民生资源的资格和条件。人们常说，在一个竞争的社会中平等的机会比平等的结果更为重要。当前影响民众民生问题的一个重要问题是社会机会的不平等问题，这主要是由于社会资本对民生资源获取过程的过分参与所致。我国是一个熟人社会，社会资本依据社会网络的情况差异较大，占据相应的社会网络就占据了相应的社会资源，而这种社会资源的使用，在很大程度上破坏了社会机会的公平性，出现非竞争的不公平状况。如以大学生就业为例，大学生就业中社会资本的价值已经在一定程度上超越了人力资本的作用，学生背后的各种社会关系对其就业有着重要影响。依靠亲属熟人关系资源找到比较好的职业的例子比比皆是。农村大学生祖祖辈辈扎根在农村，要想在城市谋到一份满意的工作，难有可以找的"关系"或"人情"。因此，尽管多数农村大学生都希望通过自己的努力得到一份理想的工作，但由于家庭背景和社会关系等方面的原因，他们在就业时明显处于不利地位。目前在北京、广州等地"蚁族区"中的居民，多数为外地大学毕业生，他们在当地没有更多的社会网络资源，他们的社会机会受到一定的"剥夺"。由此可见，由于社会资本引发的非竞争性的机会差异，给社会民生问题带来了普遍性的影响，例如孩子入幼儿园需要找熟人，上学需要找熟人，家人上医院看病需要找熟人……在熟人社会的背景下，民生问题中的机会性结构矛盾悄然形成，民生问题正是在这种机会性差异中，将"可"与"否"之间的结构性矛盾暴露无遗。

以上我们从社会制度、社会供给、社会机会等几个视角进一步分析了民生问题的结构性矛盾。虽然并不全面，但加深了对民生问题结构性矛盾本质特征的认识。我们还能找到民生问题结构性矛盾的其他社会原因，无论如何民生问题的结构性矛盾的发生和存在是有其深刻的社会根源和背景的。

## 三、中国民生问题结构性矛盾的分类

当我们以民生问题的结构性矛盾为切入点，建立了把握民生问题系统的宏观视角后，对民生问题的结构性矛盾实行分门别类的思考是必要的。不同的分门别类方法可以有不同的分类，多视角的分类可以加深对各种矛盾特殊性和矛盾发生的各种深层次原因的认识。中国的民生问题结构性矛盾十分复杂，有时间序列上的、空间序列上的、人和人群的需求序列上的，还有各种民生问题自身内部的，不同民生问题之间的。

### （一）时间序列上的结构性矛盾

中国的今天是昨天的继续。中国今天的民生问题和未来的民生问题与中国以往的民生问题有着密切的联系。认识今天中国和未来中国的民生问题离不开过去中国的民生问题。过去老百姓最为关注的民生问题是"开门七件事"，柴米油盐酱醋茶。如今群众最关心的民生问题则是收入分配、劳动就业、教育、医疗卫生、住房等问题。柴米油盐酱醋茶是改革开放前中国人的追求，是最基础的物质层面的需要，是和那时中国经济落后，中国人贫穷有关的。今天中国经济发展了，人民生活水平大大提高了，民生需求结构发生了很大变化。中国人关心得更多的是教育、医疗卫生、住房等，换句话说，今天中国的民生问题既有过去遗留的问题，也有新生的问题，还有未来日益增长的问题，如社会保障问题。而解决这些问题又离不开基础性的劳动就业和收入分配问题。从历史上说，中国的具体国情是底子薄，欠账多；从现实上说，是人口多，需求大，世界独一无二。思考民生问题时必须充分估计历史和今天的客观情况。必须分析时间序列上的结构性矛盾。

### （二）空间序列上的结构性矛盾

中国是个地理上的大国。无论如何，区域和地域发展水平有很大差别，其民生需求也会有很大差别。在中国，区域和地域有不同的分类方法和识别标准，从区域坐标上说，通常把中国分为东、中、西部三大区域。从区域的产业性质和生活方式上划分则有城市和农村之分。

无论是改革开放前的中国，还是今天的中国，东、中、西部的经济发展水平和人民生活水平都还有比较大的差距，东部发达，中部和西部相对落后，因此国家才有西部大开发战略，中部开发战略。东、中、西部区域的差别，造成民生问题和需求的结构性差别是无疑的。在中国城市和农村也是两类带有明显差异的区位。1949年中华人民共和国成立以后就有三大差别和要消灭三大差别之说。但时至今日，城乡差别依然存在，城乡"二元"体制依然没有消失。农村和城市生产方式和生活方式的明显差异造成了不同水平和结构的民生问题。大量的有关城乡差别的统计资料说明城乡差异。根据国家统计局的统计，2012年我国城镇居民人均可支配收入24565元，农民人均纯收入7917元，城乡收入比为3.1∶1，如此之大的收入差距，也就注定了城乡民生问题的结构化。

以上我们从中国东、中、西部三大区域划分和城市、农村两大区域划分谈到了不同区域的民生问题的不同结构性矛盾。再微观一点，这样的问题会看得更清楚。中国江苏著名的华西村已经是全面的小康水平，他们的民生问题和需求，和那些迄今还没有脱贫的贫困村会有天壤之别，是不言而喻的。无论如何，中国区域序列上的民生问题的结构性矛盾是十分明显的。

### （三）人和人群序列上民生需求上的结构性矛盾

从个人角度说，人在社会生活中的需求是多方面，多层次的，结构性的。马斯洛需要层次理论包括五大类：第一，生理需要。第二，安全需要。第三，社交需要。第四，尊重需要。第五，自我实现需要。[①] 人的基本民生需求是物质、精神和心理需求的结构性搭配。最近有的中国学者从当今中国社会关注民生角度提出"民生问题呈现逐层递进关系可以分为关注生存、重视保障、促进发展三个结构层面"[②]。是说人在不同状态下有不同的民生需求重点，首先是生存和保障，然后还有发展，不在一个层面，是有机的结构搭配。民生问题是动态的，变化中的，而不是静止的，一成不变的。

从群体角度说，民生更有差异，结构性也更明显。俗话说"物以类聚，人以群分"，这里所说的群分可以有多种分的方法，传统的按年龄、性别、文化程度、职业等都是群分，今天和研究民生问题密切相关的群分方法是阶层、利益群体和利益集团。不同的阶层、利益群体和利益集团会有不同的民生需求。国家统计局公布的2012年中国的基尼系数为0.474，已经超过了0.4的警戒线，说明中国已经有了很大的贫富差别，在每个地方我们都能找

---

① ［美］马斯洛：《人类动机的理论》，许金声等译，中国人民大学出版社2007年版。
② 柳礼泉等：《我国民生问题的结构层面与关涉内容析论》，《岭南学刊》2010年1期。

到这种差别。

对结构性矛盾的划分方法不仅可以有时间、空间和人的需求方面，还有各种民生问题自身内部的结构性矛盾和各种民生问题之间的结构性矛盾。

### （四）各种民生问题自身内部的结构性矛盾

以本书重点研究探讨的六个主要的民生热点问题为例。

其一，收入分配问题。有一次分配、二次分配和三次分配之间的结构性矛盾，一次分配秩序混乱，不到位；二次分配力度不够，没有很好地起到调节分配的作用；三次分配还不成熟。有个人收入与国家、企业收入之间的矛盾，比例失调。有"强资本"与"弱劳动"之间的矛盾，资方说了算，劳方处于弱者地位。有垄断行业与一般行业收入之间的矛盾，差距很大。有"公开收入"与"隐性收入"之间的矛盾，收入状况不透明，有的人隐性收入反而成为收入的主要部分。有不同地区收入之间的矛盾，城乡地区、东中西部地区、发达与非发达地区收入差别大。有不同阶层群体收入差别的矛盾，基尼系数一直呈增长趋势，威逼或超过警戒线。有橄榄型的收入分层理想（中间阶层大）与哑铃状（或倒丁字形）的收入分配现实间的矛盾等。

其二，劳动就业问题。招工难和就业难题同时存在，一方面是用工单位招工难，招不到合适的职工，另一方面是求职者找工作难，找不到合适的工作单位和职业；有结构性的"三碰头"矛盾，即大学生求职、农民工进城找工作、下岗职工再就业之间的冲撞。

其三，教育问题。有教育资源供给和需求之间的矛盾，即普遍性的教育资源提供与优质教育资源不能满足社会需求之间的矛盾。我们已经普及了9年制义务教育，但人们希望得到优质教育，用老百姓话说自己的子女要上"重点学校""重点班"，择校热一直持续，大家都向"重点学校"的窄胡同里挤，于是"择校费"即教育乱收费现象，各种不正之风随之而来。在教育大普及、大发展的同时，人们却感到"上学难"了。有教育模式单一的问题，人们似乎都要走上普通高中、要大学毕业才有出路。相反职业学校、职业教育被冷淡。普通教育与职业教育结构比例失调。其结果是大学培养的"工程师"过剩，而职业学校培养出来的"技术工人"短缺，社会人才供求之间严重脱节。

其四，医疗卫生问题。医疗资源分配的理想金字塔形与现实的倒金字塔形的矛盾。医疗资源配置不合理，城乡差距大，基层医院医疗设施薄弱，医务人员不足，病患者从农村涌向城市，又都涌向高端大医院，造成"看病难"；在医药费用分担上，政府与企业（组织）、个人投入结构比例不合理，个人负担过重，政府投入不足，医院自劳自吃（以药补医），负担转嫁到病患者身上，造成"看病贵"。"看病难"和"看病贵"使医患关系紧张。

其五，社会保障问题中的养老问题。社会未富先老，人口老龄化的速度快于经济发展和人们富裕起来的速度。中国还没有进入发达国家行列，建成普遍的小康社会，但人们的寿命普遍增长，尚未富裕的社会面对养老的巨大负担；中国的养老模式在改变，由传统向现代过渡。中国传统（过去）的养老是家庭养老，今天由于家庭人口减少，家庭模式的小型化，以及人们生活方式和生活观念的改变，家庭养老模式被挑战，不得不实行家庭养老、社会养老和社家养老（社区和家庭养老结合）。现在是家庭养老难负其重，社会养老供给不足，社家养老模式尚不成熟，养老问题中结构性矛盾重重。

其六，住房问题。住房的绝对短缺和相对短缺同时存在，即"有人无房住，有房无人住"。有钱人可能有多套住房，空置住房，闲置住房，无钱人需要住房，却买不起住房。房屋价格居高不下和人们的低收入之间的矛盾；住房买卖与租赁之间的结构性矛盾，重购房，轻租房，商品房市场火热，价格不断攀升；租赁市场冷淡，价格偏低，房屋购租比例失衡；以及城市住房区位分布的结构性矛盾。

## （五）基本的民生问题之间的结构性矛盾

本书研究六个基本的民生问题，表面上是相互独立的，有各自的特殊性和规律，实质上却是相互联系的，比如：就业中，一方面用人单位招工难，另一方面求职者找工作难之间的矛盾，其实是与人的素质有关，招工单位往往需求有一定技术技能、专业专长的人员，这样的人供不应求，而大量的求职者由于素质偏低，不具备一定的技术技能、专业专长，只能出卖体力，因此产生供求之间的结构性矛盾。而这个问题又和教育是紧密相连的，教育模式的单一，职业教育的相对薄弱，不能面对社会需求培养人才是产生上述问题的一个很重要原因。解决教育领域存在的问题，才能很好地解决就业问题。又比如,部分职工收入偏低的问题,显然不能用简单的普遍涨工资的方法来直接解决,而必须通过教育培训,提高他们的素质和技能,使他们在社会高端职场中,找到技术含量较高的工作,才能得到较多的收入,摆脱低工资的困境。再比如解决困难群体的收入分配、下岗职工的劳动就业和卫生医疗中的看病贵问题,又都和社会保障有关,牵扯到困难群体的低保、失业保障、医保。显而易见,如果我们的社会保障制度很发达,很健全,失业就不会那么恐怖,就业压力也不会那么大。因此,对于民生问题进行综合性研究,是非常必要的。只有厘清民生问题之间的相互关联和结构性的矛盾,才能找到问题的症结,得出科学的判断。

### 四、中国民生问题的结构性矛盾的统筹解决

要从根本上彻底解决中国的民生问题,必须树立科学发展观,用科学的方法去解决。《中共中央关于构建社会主义和谐社会若干重大问题的决定》在谈到坚持科学发展观构建和谐社会时特别提到"统筹",即"统筹城乡发展,统筹区域发展,统筹经济社会发展,统筹人与自然和谐发展,统筹国内发展与对外开放"①。"统筹"理念是科学发展观的一个组成部分。统筹即统一筹划,在科学发展观中它不仅是一种方法论,也是认识论。在统筹理念中理论与实践、主观与客观、局部与整体、微观与宏观、历史、现实与未来是辨证的统一。

如前所述,中国民生问题是复合性的,必须兼顾人的生存需求的多样性,兼顾生存、保障和发展多个层面;必须兼顾不同区域、不同的阶层和群体的不同需求。着眼于现实和未来在贯彻中央"强基本、保基本"策略的同时,统筹兼顾民生问题的各个方面,才是科学的,有效的。

由于中国民生问题中客观存在着结构性矛盾,在分析和解决民生问题时,必须深入分析民生问题发生和存在的内在联系,解剖民生问题的复杂性,用结构性的方法(也即统筹的方法)解决民生问题。比如我们必须统筹收入分配中的一次分配、二次分配和三次分配,才能真正建立起合理的收

---

① 《中共中央关于构建社会主义和谐社会若干重大问题的决定》,人民出版社2006年版,第10页。

入分配秩序和体系；我们必须统筹居民收入与国家、企业收入的关系，才能解决劳动者的收入分配问题；我们必须统筹以大学生为主体的青年人求职、农民工进城找工作、下岗职工再就业等三个方面的就业问题，才能真正缓解劳动就业中的矛盾；我们必须统筹普通教育与职业教育的布局，才能使学校人才的培养和社会人才需求对口和衔接；我们必须统筹医疗资源配置，才能使中小医院（特别是社区医院）得到真正的发展，使大中小医院各司其职，真正缓解目前的"看病难"问题。以上是仅就一类民生问题而言的，如前所述，许多民生问题都是相互联系交叉的，我们必须统筹几个领域中的问题，才能找到解决民生问题的出路。比如，我们必须统筹收入分配、教育、社会保障和劳动就业等领域，才能解决部分劳动者收入过低的问题，才能化解社会上招工难和就业难同时存在的矛盾，实现人才需求和人才供应相吻合。从宏观社会的角度看，要解决民生问题，统筹就显得更为重要，政府职能的转变和社会发展之间的关系必须统筹；化解体制中的矛盾，彻底改变城乡二元体制更需要统筹。

用统筹的方法解决中国的民生问题提示我们，不能"头疼医头，脚疼医脚"，应该同时有具体的对策、政策和政策体系等几个方面。它们既包括解决问题的具体方法、政策、法规，还应当包括中观、宏观、跨领域、跨地域、跨行业、跨群体的综合的政策体系和战略思维。无论如何，用统筹的方法，建立起系统政策体系来解决民生问题，才是科学的、有效的。在以下的各章节内容中，我们将直面中国民生问题中结构性矛盾的现实，从收入分配、劳动就业、教育、卫生、社会养老保障、住房等方面着手，分析和探求其结构性矛盾的内在机理，并寻求统筹化解民生问题结构性矛盾的途径和方法。

# 第 二 章

# 收入分配的结构性矛盾研究

从某种意义上讲,民生问题可以理解为"一个社会的成员,如何从政府、市场和社会获得自己生存和发展的社会资源和社会机会,来支撑自己的物质生活和精神生活的问题"①。而收入分配则是指社会财富在社会成员之间的分配与分布,公平的收入分配是社会成员体面劳动和尊严生活的基础。而且,从民生问题的内容上看,就业、教育、养老以及医疗等问题,既是民生的基本问题和组成部分,也与收入分配密切相关,比如,促进就业本身就是保障分配公平的措施,而医疗、教育、养老、住房等本身就是再分配的重要内容,只有再分配捋顺关系,形成良好的分配理念、分配原则和分配结构,这些社会公共服务的具体内容才能起到调节贫富差距的作用,而反过来,如果这些公共服务都能实现了公平、公正,分配的正义也就达到了。因此也可以说,收入分配是民生的起始问题也是民生的核心问题。

现代社会中,市场、政府、社会都是收入分配的主体,它们分别在初次分配、再分配和第三次分配中发挥重要作用,实现配置资源、分配财富、提高人类需要的满足程度的功能。初次分配主要是市场按照效率以供求关系为核心进行的分配,是现代社会基础性的分配。市场分配可以激发人们的劳动热情,提高生产效率,但其结果不可避免地会出现收入差距,而且市场是无

---

① 郑杭生:《社会与国家关系在当代中国的互构——社会建设的一种新视野》,《南京社会科学》2010 年第 1 期。

法自发地调整分配结果的不平等,这就需要政府通过再分配促进分配结果的公平合理。政府应当按照兼顾效率与公平的原则,通过税收和财政转移支付以及社会保障进行再分配。通过政府的再分配,可以在一定程度上缩小初次分配所产生的收入差距,但是,政府分配也存在资源不足、覆盖面和力度不够的问题。因此,在现代社会中还需要第三次分配。第三次分配是在指道德力量的作用下,通过个人收入转移和个人自愿缴纳和捐献等非强制方式再一次进行分配,客观上也能起到对高收入的调节作用。所以,初次分配、再分配、第三次分配之间适应社会经济发展要求的分工合作可以形成一个完整有序的分配层次,从而保证能够形成收入差距合理,中等收入占多数,高收入与低收入占少数的橄榄型社会分配结构,实现分配公正。

改革开放以来,我国打破了"大锅饭"和平均主义,逐步确立了"按劳分配为主体、多种分配方式并存"的初次分配制度,有效激发了社会的活力,促进了社会财富的不断增加,人民的收入水平普遍提高。再分配与第三次分配也在不断发展和进步。但是,从总体上看,在计划经济向市场经济转轨的过程中,我国的收入分配制度改革相对滞后,并未建立起与社会主义市场经济相适应的分配体系,导致了收入分配不公。收入分配的两大主体,市场与政府的功能、职责以及调整的范围并没有明晰并缺乏有效的监督,市场失灵与政府失灵同时存在;而收入分配的另一主体——社会发展羸弱,并不能有效地弥补市场与政府分配的缺陷,导致了目前我国的收入分配中存在着种种结构性矛盾与失衡,收入分配的公平性问题日益凸显。2013年"两会"期间,社会保障位列最受关注的问题榜首,而收入分配则居于第三位[①],广义而言,社会保障也是收入分配的一部分,可以说,收入分配是目前人们最为关心的社会问题。从"2011年天津市民生调查"的结果看,有82.3%的被调查者同意或者比较同意"目前我国收入差距太大",显然,收入分配问题已经成为一个严重的社会问题。因此,研究我国收入分配的结构性矛盾表征,寻找并尽可能解释那些隐藏在其背后的收入分配层次结构的内在机制或力量的结构性矛盾是本章研究的主要内容。研究的基本框架如下:

---

① 刘茸:《98%网民认为收入差距大 六成希望设工资增长机制》,人民网,2013年2月21日,http://npc.people.com.cn/n/2013/0221/c14576-20551784.html。

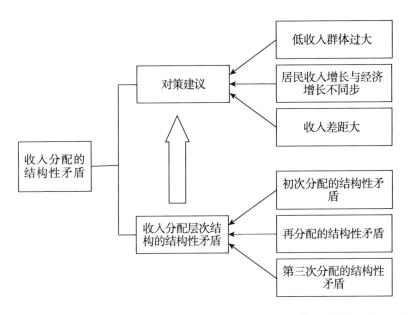

总的来讲，本部分的研究主要分析我国收入分配格局的结构性失衡，并从分配过程的层次结构角度分析初次分配、再分配和第三次分配中存在的结构性矛盾，以期寻找出收入分配失衡的深层次原因。

## 一、收入分配格局的结构性失衡

公平合理的收入分配是社会成员体面劳动和尊严生活的基础，也是社会进步与稳定的基础。从民生的角度看，一个良好的收入分配体系应该保证社会成员能够获得合理的物质保障，满足社会成员生存、生活的需要；并且随着经济社会的不断发展，其收入也应该同步提高；同时合理的收入分配还应该是一个能够形成收入差距合理，中等收入占多数，高收入与低收入占少数的橄榄形社会分配结构。虽然，改革开放以来，我国居民的收入不断提高，但是，总体的收入分配格局还存在结构性的失衡，存在着居民收入与经济发展不同步、收入差距大，低收入人群比例高等问题。

### （一）低收入群体过大

党的十六大提出了全面建设"小康社会"的奋斗目标，提出了以共同富裕为目标，扩大中等收入群体的比重，提高低收入群体收入水平的社会建设方向，壮大中等收入者比重、降低低收入人群比重，对构筑稳健的"橄榄形"社会结构，实现经济和社会的可持续发展，改善民生大有裨益。中国经过三十多年的改革开放，虽然人民生活水平有了很大提高，但是中等收入人群的比例并没有与经济发展同步，低收入阶层的比例仍然很大，金字塔形结构是收入分配结构失衡的一重要特征。

从收入分配的角度看，低收入收入群体，顾名思义就是收入处于低水平的群体。这种较低水平应该从两个方面来理解，一方面，它是一个相对的概念，是未达到一定收入平均线；另一方面，它一个发展的概念，即随着经济发展和人们生活水平的提高，低收入的上限也应有所提高。如果仅以相对的概念来界定，那么在普遍贫穷的情况下，低收入者也可能是少数。对于如何具体地界定低收入群体，不同的学者有不同的资料与方法，但是，无论使用何种方法测算都可以发现近年来中国的低收入群体的比例都是过高的。

2005年，参照世界银行公布的标准，国家统计局通过调查研究，将中国家庭年总收入大于等于50万元的定位为高收入人群，低于6万元的为低收入人群。按此计算2004年我国城市高收入群体家庭占0.03%，中等收入群体家庭占5%，低收入群体的家庭占94.9%。[①]

李培林依据世界银行专家的标准，定义了高中低收入群体。他以城镇家庭年人均收入作为参照标准，把高于家庭人均收入250%及以上的收入群体，定义为"高收入者"，把低于平均收入线一半及以下者，定义为"低收入者"，把低收入的上限到平均线之间者定义为"中低收入者"，把平均线以上到平均线的2.5倍的人群定义为"中等收入者"。基于收入普遍低报的调查经验，李培林对收入水平用1.5的系数做了调整，划定了2006年不同收入群体的标准："家庭年人均收入在35001元以上的为高收入家庭，在14001—35000元之间的为中等收入家庭，在7001—14000元之间的为中低收入家庭，在7000元以下的为低收入家庭。"李培林经过抽样调查发现，"2006年，我国家庭年人均收入在35000元以上的高收入者占3.3%，在14001—35000元的'中等收入者'占13.0%，在7001—14000元之间的

---

[①]《2005中国城市社会经济热点问题调查报告》，中国统计出版社2006年版，第14页。

'中低收入者'占22.8%，在7000元以下的低收入者占60.9%。"①

朱长存以人均消费性支出作为核心指标，利用《中国统计年鉴》中的相关数据，分析1985—2008年中国不同收入人群的比重及变化趋势："1985—2008年，各收入群体规模的变动呈现不同趋势。1985年以来，城镇中等收入群体比重呈明显下降趋势，从1985年的38.7%下降到2008年的24.7%；城镇低收入群体比重呈上升趋势，从1985年的43.1%上升到2008年的61%；城镇高收入群体比重则呈缓慢下降的趋势。同时，我国城镇居民各收入群体比重变动还呈现明显的阶段性，具体可划分为三个阶段：一是1985—1991年，城镇中等收入群体比重呈缓慢上升趋势，与此相应城镇低收入群体呈缓慢下降趋势，而城镇高收入群体比重基本稳定。其所包含的经济含义为：伴随着经济的增长，城镇各收入群体基本平等分享了改革的成果，这一时期的城市改革可以说是帕累托改进的。二是1992—2001年，城镇各收入群体在收入分配格局中的地位出现了明显分化，城镇中等收入群体比重缓慢下降，城镇低收入群体比重则显著上升。三是2001—2008年，城镇各收入群体的分化加剧，中等收入群体比重急剧下降，低收入群体比重则急剧上升，反映了我国收入分配格局恶化的趋势。"②

常亚青利用美国北卡罗来罗那大学人口中心和中国疾病控制和预防中心的国际合作项目——中国经济、人口、营养和健康调查（CHNS）计算了中国低收入群体的比重。从结果看，进入21世纪以来，中国的低收入人群的比例在逐渐升高。到2006年达到了73.5%，见表2-1：③

表2-1　1989—2006年中国不同收入人群的比重

| 年份 | 低收入者 | 中等收入者 | 高收入者 |
|---|---|---|---|
| 1989 | 77.6% | 16.4% | 6.0% |
| 1991 | 67.9% | 23.2% | 8.9% |
| 1993 | 70.6% | 20.9% | 8.5% |

---

① 李培林：《关于扩大中等收入者比重的若干思考》，《红旗文稿》2007年第18期。
② 朱长存：《城镇中等收入群体测度与分析——基于国家统计局分组数据的研究》，《社会科学战线》2010年第11期。
③ 常亚青：《中国中等收入者的收入流动研究》，上海社会科学院2011年博士论文，第94页。

续表

| 年份 | 低收入者 | 中等收入者 | 高收入者 |
|------|---------|-----------|---------|
| 1997 | 67.0% | 24.1% | 8.9% |
| 2000 | 68.8% | 23.1% | 8.1% |
| 2004 | 69.0% | 22.7% | 8.3% |
| 2006 | 73.5% | 18.8% | 7.7% |

另外，虽然改革开放以来我国的贫困问题有了很大的改观，根据联合国的统计，中国极端贫困的人口，从1990年的60.2%降低到2008年的13.1%，18年下降了47.1%，[①] 但是中国依然存在着庞大的贫困人口人群。中国科学院《2012中国可持续发展战略报告》指出，中国发展中的人口压力依然巨大，按2010年标准贫困人口仍有2688万，而按2011年提高后的贫困标准（农村居民家庭人均纯收入2300元人民币/年），中国农村还有1.28亿的贫困人口。另外据中国社科院发布的《中国城市发展报告No.4》的资料表明，截止到2011年，中国还有5000万的城市绝对贫苦人口，而且，城市贫困人口自20世纪90年代后就呈现出不断上升的趋势。

总之，改革开放三十多年以来，我国社会公众的收入水平与生活质量都有了很大的提高，但是并没有形成合理的收入分配结构，低收入群体的比例过高，也就意味着社会中大多数的人群的生活处于社会的平均线甚至贫困线以下，民众的生活质量与生活水平有待进一步提高。

### （二）居民收入增长与经济增长不同步

坚持共同发展、共同富裕、让全体人民共享改革发展的成果，是维护社会公平正义、促进社会和谐稳定的重要任务，是发展中国特色社会主义的必然要求。但是，我国收入分配中，收入增长与经济增长不同步的问题日渐突出，引起了广泛的社会关注。2013年全国"两会"前夕，据人民网和《人民日报》政治文化部所做的"十大热点问题调查"，对于收入分配不公的具体表现，30%的网民选择了"收入增长与GDP不同步"，居于首位。而居民

---

① 《联合国：极端贫困人口比例　中国18年降了47.1%》，《南方都市报》2013年3月26日。

的收入增长与经济增长不同步可以从不同的角度来考察：

1. 居民收入的增长落后于GDP的增长

从统计数据上看，改革开放特别是20世纪90年代以来，居民收入的增长幅度基本每年都要比GDP低。见下表：

表2-2 GDP与居民收入增长率的对比（%）

| 年份 | GDP增长率 | 城市家庭人均可支配收入增长率 | 农村家庭人均纯收入增长率 |
| --- | --- | --- | --- |
| 1991 | 9.1 | 7.2 | 1.99 |
| 1992 | 14.2 | 9.7 | 5.95 |
| 1993 | 13.9 | 9.5 | 3.2 |
| 1994 | 12.9 | 8.5 | 5 |
| 1995 | 10.9 | 4.9 | 5.3 |
| 1996 | 10.0 | 3.8 | 8.9 |
| 1997 | 9.3 | 3.4 | 4.6 |
| 1998 | 7.8 | 5.8 | 4.3 |
| 1999 | 7.6 | 9.3 | 3.8 |
| 2000 | 8.4 | 6.4 | 2.1 |
| 2001 | 8.3 | 8.5 | 4.2 |
| 2002 | 9.1 | 13.4 | 4.8 |
| 2003 | 10 | 8.99 | 4.3 |
| 2004 | 10.1 | 7.7 | 6.8 |
| 2005 | 11.3 | 9.6 | 6.2 |
| 2006 | 12.6 | 10.4 | 7.4 |
| 2007 | 14.1 | 12.2 | 9.5 |
| 2008 | 9.6 | 8.4 | 8 |
| 2009 | 9.2 | 9.8 | 8.5 |
| 2010 | 10.4 | 7.8 | 10.9 |
| 2011 | 9.2 | 8.4 | 11.4 |

资料来源：根据《中国统计年鉴2012》计算。

从表 2-2 可以看出，除了 1999 年、2001 年和 2002 年，每年城市家庭的人均收入增长率都低于 GDP 的增长幅度，而在 2010 年前，农村家庭的人均收入增长率基本都是低于城市家庭的，只有 1996 年和 1997 年两年，农村家庭高于城市家庭。通过折线图可以更直观地观察到这一现象。

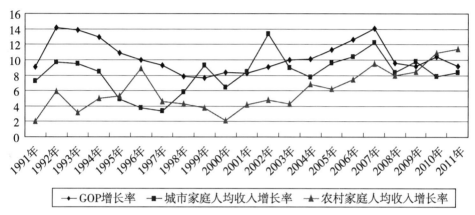

图 2-1　GDP 与居民收入增长率的对比

2. 劳动报酬占国民收入的比例不断降低

在我国绝大部分社会成员的收入来源都是劳动收入，劳动报酬占国民收入的比例不断降低，也就意味着很大一部分社会成员没有平等地分享改革开放的成果。

一方面，分配率不断降低。在经济学中，有一个指标叫分配率：它是指劳动者的工资总额占 GDP 的比重，分配率越高，表示劳动者的工资性收入在国民收入的初次分配所得份额越大越均等、公平。市场经济成熟国家的分配率一般在 54%—65%。而我国劳动报酬占 GDP 的比重却呈现出逐年下降的趋势（见表 2-3），从 1997 年的 54.4% 下降到 2007 年的 41%，下降了 13 个百分点。2009 年劳动报酬占 GDP 的比重回升到 50%，但是，2010 年又下滑了 1 个百分点。我国居民的总收入（即居民在初次分配与再分配中获得的收入的总和）由劳动报酬收入、财产性收入、经营收入和转移收入四部分组成，劳动报酬始终是我国居民的主要收入来源，一直占总收入的 80% 以上。① 而劳动报酬占国民收入的比例不断降低，其实就是意味着普通民众的收入水平并没有与经济发展同步增长，也就是说，劳动者并没有同步分享到经济发展的成果。

表 2-3 全国劳动报酬总额占 GDP 比重

| 年份 | 国内生产总值（GDP） | 劳动报酬总额 | 劳动报酬总额占（GDP）比重 |
| --- | --- | --- | --- |
| 1997 | 78973.0 | 40628.2 | 54.4% |
| 1998 | 84402.3 | 43989.0 | 52.1% |
| 1999 | 89677.1 | 45926.4 | 51.2% |
| 2000 | 99214.6 | 49948.1 | 50.3% |
| 2001 | 109655.2 | 54934.7 | 50.1% |
| 2002 | 120332.7 | 60099.1 | 49.9% |
| 2003 | 135822.8 | 67260.7 | 49.5% |
| 2004 | 159878.3 | 74932.2 | 46.9% |
| 2005 | 183084.8 | 81888.0 | 44.7% |
| 2006 | 210871.0 | 93822.8 | 44.5% |
| 2007 | 265810.3 | 109532.3 | 41% |
| 2009 | 340902.8 | 170299.7 | 50% |
| 2010 | 401202.0 | 196714.1 | 49% |

资料来源：1997—2006 年，刘盾、林玳玳：《提高我国劳动报酬初次分配比重》，《上海市经济管理干部学院学报》2008 年第 5 期，第 11 页。《2007—2010 年中国统计年鉴》（因年鉴中缺乏 2008 年劳动报酬总额数据，所以表中没有 2008 年数据）。

另一方面，实际的劳动报酬也低于劳动对产出的贡献，也就是说劳动者不但没有分享到经济增长的成果，他的价值还在不公平合理的分配制度下被压低了。有研究表明，在我国，如果市场是完全竞争的，投入要素应该得到与其产出弹性相等的份额，那么劳动报酬占比应该达到 60%，但是实际劳动报酬占比却与此相距甚远，1995—2007 年 GDP 中的劳动报酬占比为

---

① 刘扬、王绍辉：《扩大居民财产性收入，共享经济增长成果》，《经济学动态》2009 年第 6 期。

50.86%，劳动所得低于其对产出的贡献。① 另一项运用 1998 年至 2009 年我国 A 股上市公司的数据对劳动份额进行的实证研究表明：从全样本生产函数的估计结果来看，劳动对产出的贡献要高于资本。在固定效应模型和随机效应模型中，劳动的产出弹性系数分别为 0.5539 和 0.5607，资本的产出弹性系数分别为 0.4461 和 0.4393。如果市场是完全竞争的，资本和劳动应该得到与其产出弹性相等的份额，那么劳动份额应该达到 56.07%，但是实际劳动份额却与此相距甚远，1998 年至 2009 年在企业初次分配中劳动份额仅为 28.7%，劳动所获得的实际报酬远低于其对产出的贡献。也就是说与产出的贡献相比，在国民收入的初次分配中，劳动者并未获得与其贡献相匹配的收入，劳力价值被严重低估。②

3. 政府部门的收入不断增加，居民福利性收入减少

许多研究都表明，政府部门在国民收入的占比呈现出了不断上升的趋势。刘晓广计算了 1978—2007 年我国国民收入的格局，在初次分配领域，政府所占份额由 1978 年的 12.8% 上升到 2007 年的 19.5%，所占份额提高了 52.5%，并且只有个别年份略为下降，总体呈现出了持续上升的特点；企业部门所占份额由 1978 年的 37.5% 下降到 2001 年的 18.1%，再攀升到 2007 年的 22.6%，呈不对称的 M 型；居民部门所占份额由 1978 年的 49.7% 上升到 1996 年的 67.2%，再降到 2007 年的 57.9%，呈倒 U 型。③ 白重恩、钱震杰以资金流量表为基础，分析了国民收入分配格局的变化。1996 年到 2005 年期间，居民部门收入占比从 66.83% 下降到 54.12%，与此同时，政府部门的收入占比从 15.36% 上升到 21.75%。④ 还有研究表明，1992 年到 2004 年，居民收入在初次分配总收入的比重（除 1995 年和 2002 年外）基本上呈逐年下降趋势，从 1992 年的 68.69% 降至 2004 年的 57.68%，降低

---

① 常进雄、王丹枫、叶正茂：《要素贡献与我国初次分配中的劳动报酬占比》，《财经研究》2011 年第 5 期。
② 常进雄、王丹枫：《初次分配中的劳动份额：变化趋势与要素贡献》，《统计研究》2011 年第 5 期。
③ 刘晓广：《试析我国国民收入分配格局失衡的表现及原因》，《中共福建省委党校学报》2011 年第 7 期。
④ 白重恩、钱震杰：《谁在挤占居民的收入——中国国民收入分配格局分析》，《中国社会科学》2009 年第 5 期。

了 11.01 个百分点。而与此同时政府收入所占比例从 1992 年占 15.53% 提高到 2004 年的 17.84%，提高了 2.31 个百分点。① 总的来说，虽然学者们的分析手段不同，所引用的数据也有差异，但是，其结论基本是一致的，即近年来，在我国的收入分配格局中政府部门的占比不断上升。

但另一方面，20 世纪 90 年代初期，我国明确了市场化改革的方向。在改革之前，居民的住房、医疗、教育、养老等项开支主要由政府承担，居民的收入主要用于其他日常开支。随着改革的进行，住房、医疗、教育、养老等支出占居民家庭支出的比重急剧增加，许多家庭因病致贫、因教育致贫，越来越多的城市居民成为"房奴"。市场化改革的基本取向是：政府承担的费用在减少，居民承担的费用在增加。与此相对应，在国民收入分配中，符合市场化改革的要求是：居民部门份额增加、政府部门份额减少。但我国国民收入演变的趋势恰恰相反，居民部门随着市场化改革所占份额日益减少，政府部门所占份额则大幅度增加。② 在这个过程中，居民的福利性收入减少了，实际上的总收入也在减少。政府部门收入的不断增长，也就意味着居民收入增长幅度的相对降低，意味着居民没有获得和经济增长想适应的生活水平的提高。

### （三）居民收入差距大

社会主义市场经济改革目标的确立和"鼓励一部分地区、一部分人先富裕起来，带动越来越多的人富裕起来，达到共同富裕的目的"政策的实施，使我国经济得到迅速发展，综合国力显著增强，人民生活水平总体上以前所未有的速度提高。但不可否认的事实是，我国收入分配的现状是，让一部分人先富起来得到比较好的实践，但共同富裕的目标并没有很好地实现，出现了比较明显的收入差距。

1. 整体性的收入分配差距

有研究指出，改革开放前，我国是一个收入分配比较平均的国家，1985

---

① 韩金华、李忠华：《白子芳改革开放以来劳动报酬占初次分配比重演变轨迹、原因及对策研究》，《中央财经大学学》2009 年第 12 期。

② 刘晓广：《试析我国国民收入分配格局失衡的表现及原因》，《中共福建省委党校学报》2011 年第 7 期。

年我国的基尼系数为0.3166，此后，基尼系数一路上扬，到1993年则突破了0.4的国际警戒钱，1995年达到了0.4112，以后基尼系数略有小幅下降，1998年以后，则一直在0.4以上，到2008年基尼系数达到了0.47。① 而国家统计局的资料表明，2003年以来，我国的基尼系数一直居高不下，从基尼系数上判断，中国社会的收入差距问题已经比较严重了。见图2-2:②

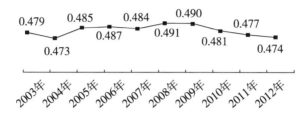

**图2-2 2003年以来，中国的居民收入的基尼系数**

董全瑞、张健从横向比较的角度分析了我国收入差距大的问题，发现我国是亚洲国家中收入分配差距最大的国家之一。亚洲国家虽然经济发展水平、宗教信仰和意识形态各不相同，但大多数国家收入分配差距都在合理的范围之内。中国、菲律宾和泰国是三个基尼系数超过0.4警戒线的国家，以中国最高，为0.469，菲律宾为0.462，泰国为0.432。2000年，俄罗斯最贫困的20%人口占有全部收入的4.9%，最富裕的20%人口占有全部收入的51.3%，基尼系数达到0.456。但到了2002年，俄罗斯的收入分配差距就得到了有效扭转。最贫困的20%人口占有全部收入的6.1%，最富裕的20%人口占有全部收入的46.6%，基尼系数降为0.399。而我国2004年最贫困的20%人口占有全部收入的4.3%，最富裕的20%人口占有全部收入的51.9%，基尼系数为上升到0.469。在转轨国家中，中国最贫困的20%人口所得占比也相对要低，表明中国底层人群的收入状况比所有转轨国家底层人群的收入状况都要差。③

总之，虽然学者利用不同资料计算出的基尼系数有所不同，但是，从基

---

① 张振家、刘洪钟:《我国收入分配不均等性实证研究》，《沈阳大学学报》2011年第3期。
② 《统计局首次透露近十年基尼系数称收入差距大亟待改革》，凤凰网，2013年1月18日。http://finance.ifeng.com/news/special/data201212/20130118/7574660.shtml。
③ 董全瑞、张健:《国民收入分配结构失衡的分析与治理》，《中州学刊》2010年第4期。

尼系数的角度考察，中国社会目前存在着明显收入差距过大的问题是不争的事实。而通过对《中国统计年鉴》中相关数据的整理分析中也可以看出我国社会有着明显的收入差距。

表2-4 1997—2010年城镇居民的人均可支配收入差距

单位：元

| 年份 | 收入最低10%群体（A） | 收入最高10%群体（B） | B：A |
|---|---|---|---|
| 1997 | 2430.24 | 10250.93 | 4.22 |
| 1998 | 2476.75 | 10962.16 | 4.43 |
| 1999 | 2617.80 | 12083.79 | 4.62 |
| 2000 | 2653.02 | 13311.02 | 5.02 |
| 2001 | 2802.83 | 15114.85 | 5.39 |
| 2003 | 2590.17 | 21837.32 | 8.43 |
| 2004 | 2862.39 | 25377.17 | 8.87 |
| 2005 | 3134.88 | 28773.11 | 9.18 |
| 2006 | 3568.73 | 31967.34 | 8.96 |
| 2007 | 4210.06 | 36784.51 | 8.74 |
| 2008 | 4753.59 | 43613.75 | 9.17 |
| 2009 | 5253.23 | 46826.05 | 8.91 |
| 2010 | 5948.11 | 51431.57 | 8.65 |

资料来源：1998—2011年《中国统计年鉴》（2002年缺乏相应的数据资料，因此没有2002年的分析）。

从上面的统计数据可以看出，在基尼系数稳定地突破0.4警戒线的1997年以后，中国城镇居民的人均可支配收入明显地出现了扩大的趋势。1997年收入最高的10%家庭的年人均可支配收入是收入最低的10%家庭的4.22倍。到2005年达到了最高的9.18倍，此后略有下降，2008年又达到了9倍以上，2009年与2010年则又略有下降，但是，总体上呈现出收入差距扩大的趋势。而农村居民的纯收入，从2002年以后，除了2004年也一直保持在7—8倍之间，2009年则将近8倍。见表2-5。

表 2-5　2002—2010 年农村居民的人均纯收入差距

单位：元

|      | 收入最低 20% 群体（A） | 收入最高 20% 群体（B） | B∶A |
|------|------------------------|------------------------|------|
| 2002 | 857.13                 | 5895.63                | 6.88 |
| 2003 | 865.90                 | 6346.86                | 7.33 |
| 2004 | 1006.87                | 6930.65                | 6.88 |
| 2005 | 1067.22                | 7747.35                | 7.26 |
| 2006 | 1182.46                | 8474.79                | 7.17 |
| 2007 | 1346.89                | 9790.68                | 7.27 |
| 2008 | 1499.81                | 11290.20               | 7.53 |
| 2009 | 1549.30                | 12319.05               | 7.95 |
| 2010 | 1869.80                | 14049.69               | 7.51 |

资料来源：2003—2011 年《中国统计年鉴》。

而且，计算城市中收入最高的 20% 群体与农村中收入最低的 20% 群体之间的收入比，则达到 20 倍以上，2009 年达到了 24 倍多。显示出收入差距的巨大。

表 2-6　城市收入最高的群体与农村收入最低群体的收入差距

单位：元

|      | 农村收入最低 20% 群体（A） | 城市收入最高 20% 群体（B） | B∶A |
|------|----------------------------|----------------------------|-------|
| 2002 | 857.13                     | —                          | —     |
| 2003 | 865.90                     | 17480.2                    | 20.19 |
| 2004 | 1006.87                    | 20174.04                   | 20.04 |
| 2005 | 1067.22                    | 22988.02                   | 21.54 |
| 2006 | 1182.46                    | 25518.15                   | 21.58 |
| 2007 | 1346.89                    | 29509.04                   | 21.91 |
| 2008 | 1499.81                    | 34931.93                   | 23.29 |
| 2009 | 1549.30                    | 37606.26                   | 24.27 |
| 2010 | 1869.80                    | 41237.81                   | 22.05 |

资料来源：2003—2011 年《中国统计年鉴》。

居民之间的这种收入差距不仅表现在人均可支配收入上，也表现在生活水平以及收入支出结余上。见表2-7：

表2-7 最高与最低收入阶层城市居民的收入消费差距

| 年份 | A | B | C | D | A-B | C-D | B:D |
| --- | --- | --- | --- | --- | --- | --- | --- |
| 1997 | 10250.93 | 7314.81 | 2430.24 | 2333.00 | 2936.12 | 97.24 | 3.14 |
| 1998 | 10962.16 | 7953.95 | 2476.75 | 2397.6 | 3008.21 | 79.15 | 3.32 |
| 1999 | 12083.79 | 8262.84 | 2617.80 | 2523.10 | 3820.95 | 94.70 | 3.27 |
| 2000 | 13311.02 | 9250.63 | 2653.02 | 2540.13 | 4060.39 | 112.89 | 3.64 |
| 2001 | 15114.85 | 9843.20 | 2802.83 | 2690.98 | 5271.65 | 111.85 | 3.66 |
| 2003 | 21837.32 | 14515.68 | 2590.17 | 2562.36 | 7321.64 | 27.81 | 5.66 |
| 2004 | 25377.17 | 16841.82 | 2862.39 | 2855.15 | 8535.35 | 7.24 | 5.90 |
| 2005 | 28773.11 | 19151.73 | 3134.88 | 3111.47 | 9621.38 | 23.41 | 6.16 |
| 2006 | 31967.34 | 21061.68 | 3568.73 | 3422.98 | 10905.66 | 145.75 | 6.15 |
| 2007 | 36784.51 | 23337.33 | 4210.06 | 4036.32 | 13447.18 | 173.74 | 5.78 |
| 2008 | 43613.75 | 26986.13 | 4753.59 | 4532.88 | 16627.62 | 220.71 | 5.95 |
| 2009 | 46826.05 | 29004.41 | 5253.23 | 4900.56 | 17821.64 | 352.67 | 5.92 |
| 2010 | 51431.57 | 31761.63 | 5948.11 | 5471.84 | 19669.94 | 476.27 | 5.80 |

A：收入最高的10%群体的年人均可支配收入（单位：元）；B：收入最高的10%群体的年人均消费性支出（单位：元）；C：收入最低的10%群体的年人均可支配收入（单位：元）；D：收入最低的10%群体的年人均消费性支出（单位：元）。

资料来源：1998—2011年《中国统计年鉴》（年鉴中没有2002年相关资料，因此表中没有2002年的数据）。

从消费差距可以看出，在2003年以后，最高收入阶层的消费性支出与最低收入阶层的消费性支出比一直保持在5以上，2005年和2006年，最高收入阶层的消费性支出是最低阶层的6倍以上，这显示出不同阶层生活水平的巨大差异。更为重要的是，二者之间的结余差距，最低阶层基本上没有结余，而最高阶层的结余则逐年升高，到2010年人居可支配收入比人均消费多出近20000元，而最低阶层则只有476元。前者是后者的41.3倍，而这种巨大的差距，由于积累效益，会进一步加大社会财富分配的不平等，使穷者愈穷，富者愈富。

## 2. 城乡居民收入差距

统筹城乡发展，缩小城乡收入分配差距是近十年来呼声最高的一个要求，但城乡差距在缩小呼声中持续扩大。见表2-8：

**表2-8　1985—2010年我国城乡居民可支配收入分配差距**

单位：元

| 年份 | 城镇居民家庭人均可支配收入（A） | 农村居民家庭人均纯收入（B） | A-B | A：B |
|---|---|---|---|---|
| 1985 | 739.1 | 397.6 | 341.5 | 1.86 |
| 1986 | 899.6 | 423.8 | 475.8 | 2.12 |
| 1987 | 1002.2 | 462.6 | 539.6 | 2.17 |
| 1988 | 1181.4 | 544.9 | 636.5 | 2.17 |
| 1989 | 1375.7 | 601.5 | 774.2 | 2.29 |
| 1990 | 1510.2 | 686.3 | 823.9 | 2.2 |
| 1991 | 1700.6 | 708.6 | 992 | 2.4 |
| 1992 | 2026.6 | 784.0 | 1242.6 | 2.58 |
| 1993 | 2577.4 | 921.6 | 1655.8 | 2.8 |
| 1994 | 3496.2 | 1221.0 | 2275.2 | 2.86 |
| 1995 | 4283.0 | 1577.7 | 2705.3 | 2.71 |
| 1996 | 4838.9 | 1926.1 | 2912.8 | 2.51 |
| 1997 | 5160.3 | 2090.1 | 3070.2 | 2.47 |
| 1998 | 5425.1 | 2162.0 | 3263.1 | 2.51 |
| 1999 | 5854.0 | 2210.3 | 3643.7 | 2.65 |
| 2000 | 6280.0 | 2253.4 | 4026.6 | 2.79 |
| 2001 | 6859.6 | 2366.4 | 4493.2 | 2.9 |
| 2002 | 7702.8 | 2475.6 | 5227.2 | 3.11 |
| 2003 | 8472.2 | 2622.2 | 5850 | 3.23 |
| 2004 | 9421.6 | 2936.4 | 6485.2 | 3.21 |
| 2005 | 10493.0 | 3254.9 | 7238.1 | 3.22 |
| 2006 | 11759.5 | 3587.0 | 8172.5 | 3.28 |

续表

| 年份 | 城镇居民家庭人均可支配收入（A） | 农村居民家庭人均纯收入（B） | A－B | A∶B |
|---|---|---|---|---|
| 2007 | 13785.8 | 4140.4 | 9645.4 | 3.33 |
| 2008 | 15780.8 | 4760.6 | 11020.2 | 3.31 |
| 2009 | 17174.7 | 5153.2 | 12021.5 | 3.33 |
| 2010 | 19109.4 | 5919.0 | 13190.4 | 3.23 |

资料来源：1997—2011年《中国统计年鉴》。

从上面的数据可以看出，城镇居民人均可支配收入与农村居民人均纯收入之比2000年为2.79∶1，2007年达到了3.33∶1，2008年略有下降后，2009年又达到了3.33∶1，人均绝对差距由1985年的341.5元增加到2010年的13190.4元，差距十分明显。

3. 地区差异

中国的经济体制改革是一个渐进的过程，在这个过程中，东部沿海地区首先实行了改革开放的政策，进而成为中国经济增长的领跑者，其居民的收入也与其他地区拉开了距离。近年来，国家实施了各种政策以期缩小不同地区之间的收入差距，但是效果甚微。

表2-9 不同区域城镇居民的人均可支配收入及收入差距

单位：元

| 年份 | 东部 | 中部 | 东北 | 西部 | 东、中、东北、西部（比） |
|---|---|---|---|---|---|
| 2005 | 13374.88 | 8808.52 | 8729.96 | 8783.17 | 1.52∶1.00∶0.99∶1.00 |
| 2006 | 14967.38 | 9902.28 | 9830.07 | 9728.45 | 1.54∶1.02∶1.01∶1.00 |
| 2007 | 16974.22 | 11634.37 | 11463.3 | 11309.45 | 1.50∶1.03∶1.01∶1.00 |
| 2008 | 19203.46 | 13225.88 | 13119.67 | 12971.18 | 1.48∶1.02∶1.01∶1.00 |
| 2009 | 20953.21 | 14367.11 | 14324.34 | 14213.47 | 1.47∶1.01∶1.01∶1.00 |
| 2010 | 23272.83 | 15962.02 | 15940.99 | 15806.49 | 1.47∶1.01∶1.01∶1.00 |

资料来源：2006—2011年《中国统计年鉴》。

表 2-10　不同区域农村居民的纯收入及收入差距

单位：元

| 年份 | 东部 | 中部 | 东北 | 西部 | 东、中、东北、西部（比） |
|---|---|---|---|---|---|
| 2005 | 4720.28 | 2956.60 | 3378.98 | 2378.91 | 1.98∶1.24∶1.42∶1.00 |
| 2006 | 5188.23 | 3283.16 | 3744.88 | 2588.37 | 2.00∶1.27∶1.45∶1.00 |
| 2007 | 5854.98 | 3844.37 | 4348.27 | 3028.38 | 1.93∶1.27∶1.44∶1.00 |
| 2008 | 6598.24 | 4453.38 | 5101.18 | 3517.75 | 1.88∶1.27∶1.45∶1.00 |
| 2009 | 7155.53 | 4792.75 | 5456.59 | 3816.47 | 1.87∶1.26∶1.43∶1.00 |
| 2010 | 8142.81 | 5509.62 | 6434.50 | 4417.94 | 1.84∶1.25∶1.46∶1.00 |

资料来源：2006—2011年《中国统计年鉴》。

从表2-9和表2-10中可以看出，中国居民的收入有着明显的地区差异。城镇居民中，中、西以及东北部居民的收入差距非常小，但是，他们与东部地区居民的差距是十分明显的。而农村居民的收入差距要比城镇居民更为明显。总的来说，东部地区的居民无论是城镇还是农村其收入都大大高于其他（中、西、东北）地区，而西部居民收入则一直处于低位。

4. 行业差距

1978年以来，全国职工平均工资从615元增加到2007年的36539元，增长了59.41倍。与此同时，行业收入差距随之扩大，并且扩大的速度整体上快于职工平均工资增长的速度，颇有愈演愈烈之势。这一点可以从社会平均工资与行业工资极值差（行业最高工资与最低工资的差距）的走势对比图（见图2-3）直观地看出。

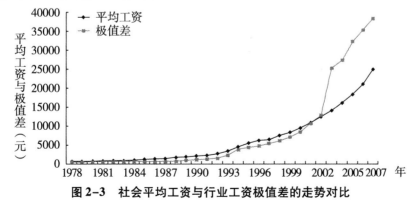

**图2-3　社会平均工资与行业工资极值差的走势对比**

资料来源：魏军：《行业收入分配的公平性解析》，《清华大学学报（哲学社会科学版）》2010年增1期。

从图中可以看出，2002年，行业工资极值差（12737元）超过了当年全国职工平均工资（12422元）本身。2005年，行业绝对收入差距本身是社会平均工资的1.8倍。在整体扩大的行业收入差距中，一个最突出的表现是垄断性行业与竞争性行业之间的差距。垄断行业的职工收入普遍较高，远远高于全国平均水平。电力煤气及水的生产和供应业、交通运输和邮电通信业、金融业等垄断行业的职工平均工资水平基本保持在前5位。农林牧渔业、批发零售住宿餐饮业、制造业、建筑业等行业的职工平均工资基本上都排在最后，低于全国平均工资水平。[①]

而根据2011年的《中国统计年鉴》城镇单位人员平均工资的数据看，行业差距的这一趋势并没有太大的改观，2010年社会平均工资与行业工资极值差为1.46倍，最高行业与最低行业收入比为4.19，收入最高的前5个行业为金融业（70146元），信息传输、计算机和软件服务业（64436元），科学研究、技术服务和地质勘探（56376元），电力、燃气及水的生产和供应业（47309元），采矿业（44196元），而排名最低的行业为农林牧渔业、住宿餐饮业和建筑业的职工平均工资分别为16717元、23382元和27529元。显然中国的行业收入差距已经形成一个较为固定的模式，垄断性行业、资源性行业的收入稳定地高于其他行业，而高体力劳动的建筑业、农林牧渔等行业的收入则持续地处于行业收入的底层。

这种行业的差距有一定的合理性，如对人力资本要求高的科学研究等行业的收入高，但是也有不合理的一面，即垄断行业的收入高。2007年和2008年的《中国统计年鉴》显示，金融、电信、烟草、石油天然气、航空等垄断行业的职工年平均工资都在4万元以上，有的超过6万元。远高于同期的全国平均水平，而且高于同行业的平均水平。以属于制造业的烟草业为例，2007年该行业职工年平均工资为52418元，2008年的年平均工资为60200元，而同期其他制造业的平均工资为19994元和23007元，2007年烟草业是同行业平均工资的2.62倍，2008年是2.616倍，显示出由于垄断所造成的收入差距不合理。

---

① 魏军：《行业收入分配的公平性解析》，《清华大学学报（哲学社会科学版）》2010年增1期。

5. 单位所有制的差异

不同所有制类型的企业在劳动力市场上并存是我国特定政治体制和经济发展的产物，这种劳动力市场的分割造成了不同所有制企业的职工并不是在统一的市场上竞争，并由此产生了不同所有制企业职工之间收入的差距。

表2-11 不同所有单位就业人员的年平均工资

单位：元

| 年份 | 平均值 | 国有单位 | 城镇集体单位 | 股份合作单位 | 联营单位 | 有限责任公司 | 股份有限公司 | 其他内资 | 港、澳台商投资单位 | 外商投资单位 |
|---|---|---|---|---|---|---|---|---|---|---|
| 1996 | 5980 | 6207 | 4312 | 7620 | 6879 | — | — | 7025 | 8557 | 10084 |
| 1997 | 6444 | 6679 | 4516 | 7712 | 7370 | — | — | 7183 | 9553 | 11216 |
| 1998 | 7446 | 7579 | 5314 | 6051 | 8431 | 7762 | 8829 | 6183 | 10330 | 12927 |
| 1999 | 8319 | 8443 | 5758 | 6709 | 9494 | 8658 | 9734 | 8571 | 11349 | 14353 |
| 2000 | 9333 | 9441 | 6241 | 7479 | 10608 | 9750 | 11105 | 9888 | 12210 | 15692 |
| 2001 | 10834 | 11045 | 6851 | 8446 | 11882 | 11024 | 12333 | 11888 | 12959 | 17553 |
| 2002 | 12373 | 12701 | 7636 | 9498 | 12438 | 11994 | 13815 | 10444 | 14197 | 19409 |
| 2003 | 13969 | 14358 | 8627 | 10558 | 13556 | 13358 | 15738 | 10670 | 15155 | 21016 |
| 2004 | 15920 | 16445 | 9723 | 11710 | 15218 | 15103 | 18136 | 10211 | 16237 | 22250 |
| 2005 | 18200 | 18978 | 11176 | 13808 | 17476 | 17010 | 20272 | 11230 | 17833 | 23625 |
| 2006 | 20856 | 21706 | 12866 | 15190 | 19883 | 19366 | 24383 | 13262 | 19678 | 26552 |
| 2007 | 24721 | 26100 | 15444 | 17613 | 23746 | 22343 | 28587 | 16280 | 22593 | 29594 |
| 2009 | 32244 | 34130 | 20607 | 25020 | 29474 | 28692 | 38417 | 21633 | 28090 | 37101 |
| 2010 | 36539 | 38359 | 24010 | 30271 | 33939 | 32799 | 44118 | 25253 | 31983 | 41739 |
| 增长幅度（倍）| 6.11 | 6.17 | 5.56 | 3.16 | 4.58 | 3.22 | 3.99 | 2.89 | 3.14 | 3.73 |

资料来源：1997—2010年《中国统计年鉴》。

从单位所有制看，国有单位的年平均工资一直高于全国的平均水平，而城镇集体单位的平均工资则大大低于国有单位和其他单位。其他单位包括股份合作单位、联营单位、有限责任公司、股份有限公司、港澳台商投资单位以及外商投资单位等其他登记注册类型，这些单位的平均工资除"其他内资"外，总体来说一直比较高，但是在 2004 年以后，与全国的平均水平逐渐持平，到 2010 年除了股份制企业和外商投资企业，股份合作单位、联营单位、有限责任公司等的平均工资已经低于全国的平均工资。从纵向比较看，国有单位从 1995 年到 2010 收入增长了 6.17 倍，集体企业增长了 5.56 倍，其他单位平均增长了 3.53 倍，全国则增长了 6.11 倍。从中可以看出，国有单位的增长幅度最大。而且，其年平均工资水平已经成为仅次于"股份有限公司"和"外商投资单位"的收入较高的单位。而集体企业的平均收入则一直处于低位。其他所有制的单位平均收入也出现了相对降低的趋势。另一方面，2011 年的《中国统计年鉴》的数据表明，2010 年城镇私营单位就业人员的平均工资仅有 20759 元，远低于全国平均水平，也比集体企业的就业人员低了 13.5%，不到工资收入最高的股份制单位的一半，仅为国有单位的 54.2%，显示出巨大的差距。总的来说，私营企业与集体企业单位的收入与国有单位、股份制单位和外资投资单位的有着明显的差距。但是股份制公司与外资投资单位的相对优势在逐渐减弱。

总之，目前我国已经成为收入差距较大的国家。而且在计划经济时期形成的集团类别，如地域、行业、所有制类型和工作单位，不仅定义了当时收入分配的规则，这些重要的制度性因素在形成中的市场经济中也得以延续，它们组成了改革以来促成收入分化快速增长和新的社会分层模式的制度性基础。[1] 同时，收入差距的凝固化，使低收入阶层被固定在底层。因此，即使近年来，中国的收入差距问题在某些领域出现了缩小的迹象，但是收入差距问题依然是影响民生的重要因素之一。首先，从经济上讲，收入分配差距扩大妨碍了社会有效需求。按照凯恩斯的观点，高收入者与低收入者的边际消费倾向有差异，收入差距扩大会导致消费需求不足，阻碍投资需求形成，进而影响社会总需求。我国收入分配差距的扩大，会在一定程度上削弱购买力，低收入人群因为缺乏购买力，消费需求得不到满足；而高收入人群的资本也因为消费需求的不足无法转化为投资，从长期上看不利于社会需求的增加、影响经济增长的潜力。其次，收入差距的扩大，还会制约宏观政治经济

---

[1] 王天夫、王丰：《中国城市收入分配中的集团因素：1986—1995》，《社会学研究》2005 年第 3 期。

策的调控效果，使经济的运行环境恶化。最后，收入差距扩大还会导致富人越富，穷人越穷，从而使得社会资源配置不能达到帕累托最优的状态。从社会因素方面讲，外国学者艾莱辛那（Alesina）和佩罗蒂（Perotti）（1996）提出了收入分配影响经济增长的社会政治不稳定机制，他们认为收入分配可能引发社会冲突，导致产权保护薄弱，从而妨碍经济增长。有研究表明，收入差距大与暴力水平显著相关，暴力程度在收入差距大、收入分配不平等的地区要远高于差距相对较小、收入分配相对公平的地区。可见收入分配差距大增加了社会动荡的可能性。从2011年"天津市民生调查"的结果看，社会公众也认为我国的收入差距过大问题比较严重。见图2-4：

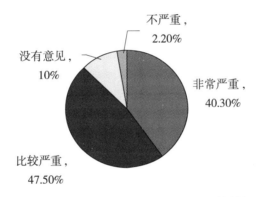

**图2-4 公众对中国贫富差距是否严重的判断**

从上图可以看出，有87.8%的被调查认为我国的贫富差距问题非常严重和比较严重，而认为不严重的仅有2.2%，而公众对我国收入差距问题的判断，会在一定程度上影响社会的和谐与稳定，引发社会冲突，必须要引起重视，加以解决。

总之，收入分配是中国目前面临的最重要的民生问题之一，并引起了社会的广泛关注。在国家采取了一系列措施后，收入差距不断扩大化的趋势在某些方面出现了变化。如前所述，东部地区与其他地区的人均收入差距有小幅缩小，不同所有制单位就业人员的收入差距也有所缩小。还有研究表明，2003—2007年，北京市居民收入差距整体呈现稳中有降的趋势，但降幅不大。另外，本研究利用天津社会科学院社会学所2005年、2008年两个年份所做的"家庭与社会变迁"调查以及2011年"民生调查"的数据，分析了天津市城镇居民的收入差距的变化趋势，表明天津市居民收入差距有变小的趋势。

表 2-12　2005—2011 年天津市居民的月收入及收入差距变化

单位：元

| 收入等级 | 2005 年 | 2008 年 | 2011 年 | 2005—2008 年增长幅度（%） | 2008—2011 年增长幅度（%） |
| --- | --- | --- | --- | --- | --- |
| 1 | 420.00 | 671.00 | 1149.00 | 60% | 71% |
| 2 | 588.00 | 973.00 | 1569.00 | 65% | 61% |
| 3 | 757.00 | 1337.00 | 1963.00 | 77% | 47% |
| 4 | 1020.00 | 1912.00 | 2816.00 | 87% | 47% |
| 5 | 2054.00 | 3898.00 | 4959.00 | 90% | 27% |

表中 1 为最低收入 20% 群体，2 为中低收入 20% 群体，3 为中等收入 20% 群体，4 为中高收入 20% 群体，5 为最高收入 20% 群体。

从上表可以看出，2005 年最高收入 20% 群体的平均月收入为 2054 元，是最低收入 20% 群体的 4.89 倍，而到 2008 年最高收入 20% 群体的人均收入是最低收入 20% 群体的 5.81 倍，到 2011 年下降为 4.32 倍。从增长幅度看，相对于 2005 年，2008 年收入增长幅度最大的是最高收入人群，增长了 90%，其次是中高收入人群增长了 87%，再次是中等收入人群增长了 77%，接下来是中低收入人群增长了 65%，增长幅度最低的是低收入人群增长了 60%。也就是说，在 2008 年，收入等级越高，收入增长的幅度就越大，收入越低，增长的幅度越小，这表明，在这个时期收入差距呈现出扩大的趋势。而到 2011 年，这种情况有所变化。到 2011 年，相对于 2008 年则是收入等级越高，增长幅度越小，收入等级越低，增长幅度越大，从上表中可以看出，2011 年，最高收入人群的收入增长为 27%，中高收入人群的收入增长为 47%，中等收入人群的增长也为 47%，中低收入人群的收入增长为 61%，最低收入人群的增长为 71%，这显示出收入差距有缩小的趋势。这也说明通过解决收入分配制度中存在的问题，是可以逐渐改善中国的收入分配状况，实现收入分配的公平合理。这种局部的改善固然可喜，但对从根本上解决收入分配总量失衡的问题的作用是十分有限的，因此，破解中国收入分配的难题，必须要对收入分配制度结构进行整体性的研究。

## 二、收入分配层次结构的结构性矛盾

### (一) 矛盾产生于经济优先增长下的渐进性改革

如前所述,市场经济条件下收入分配制度可以分为三个层次结构,即初次分配、再分配、第三次分配。三者之间适应社会经济发展要求的分工合作可以形成一个完整有序的分配结构,实现分配公正。改革开放以来,我国收入分配制度有了重大变化,通过渐进性改革的方式,初次分配、再分配、第三次分配相结合的收入分配制度体系正在完善和建立之中。

渐进主义理论由美国政策学家林德布罗姆提出。该理论认为,在现实生活中,决策由利益相关各方妥协产生。所以,在世界政治过程中,制定出来的公共政策不会发生根本性的巨大变革,而是在一些小的方面作一定的调整或改变,或者对既有的政策小规模更改。这种政策变动过程被称之为"渐进式"的决策。渐进式的政策虽然在短时期内变化较小,但经日积月累则有可能形成剧烈的根本性变革。因此,渐进主义政策模型包含两个命题:第一个是公共政策实际上是政府既有政策的延续。因为在任何一个短时期内,政府都只会对原有的政策进行局部的或边际性的变动,而且这样的变动都必须获得社会大多数群体的认同。第二个是决策是个缓慢而又持续不断且永不停息的过程。决策者必须不断地根据随时变化的政治形势和国内外环境,对既有政策作出更动。① 而我国的收入分配制度带有明显的渐进主义色彩。其基本的演变过程如下:

1. 初次分配的制度演进

从初次分配看,自从1978年中共十一届三中全会提出"打破平均主义"开始,在二十多年的时间里,经过六个阶段的政策演进,终于在"2002年,中共十六大将我国的分配制度和分配体制改革推向一个新的高度。其主要突破表现为:提出了确立劳动、资本、技术和管理等生产要素按

---

① 龚洲伟:《渐进主义与我国改革开放以来收入分配政策演进》,《致富时代》2011年第4期。

贡献参与分配的原则,完善按劳分配为主体,多种分配方式并存的分配制度"①。自此以后,要素分配成为我国初次分配的制度化原则。而2006年的十六中全会,提出了完善劳动、资本、技术和管理等生产要素按贡献参与分配的制度,要素分配制度最终被确立。见图2-5。

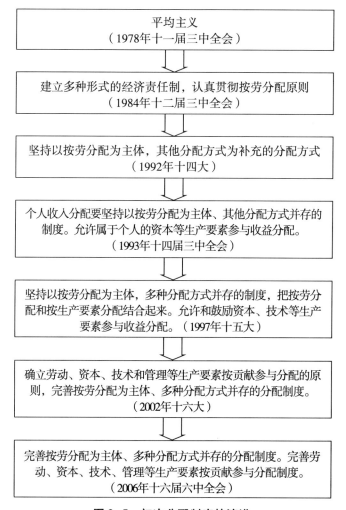

图2-5 初次分配制度的演进

---

① 汤益诚:《改革开放以来我国收入分配制度的演进》,《理论视野》2004年第1期。

## 2. 再分配的制度演进

再分配主要是建立社会保障制度，是在 20 世纪 90 年代开始提出的，2006 年十六届六中全会提出逐步实现基本公共服务均等化，2007 年十七大提出了加快建立覆盖城乡居民的社会保障体系，社会福利制度由补缺型向适度普惠型转变，社会保障与社会公共服务向均等化发展。2012 年十八大进一步明确了再分配的手段。

```
┌─────────────────────────────────────────┐
│ 积极建立待业、养老、医疗等社会保障制度      │
│            （1992年十四大）               │
└─────────────────────────────────────────┘
                    ↓
┌─────────────────────────────────────────┐
│ 建立社会保障体系，实行社会统筹和个人帐户相结合│
│ 的养老、医疗保险制度，完善失业保险和社会救济 │
│ 制度，提供最基本的社会保障。               │
│          （1993年十四届三中全会）          │
└─────────────────────────────────────────┘
                    ↓
┌─────────────────────────────────────────┐
│ 再分配注重公平，加强政府对收入分配的调节职能，│
│ 建立健全同经济发展水平相适应的社会保障体系， │
│ 完善城镇职工基本养老保险制度和基本医疗保险  │
│ 制度。健全失业保险制度和城市居民最低生活保障│
│ 制度。有条件的地方，探索建立农村养老、医疗保│
│ 险和最低生活保障制度。                    │
│            （2002年十六大）               │
└─────────────────────────────────────────┘
                    ↓
┌─────────────────────────────────────────┐
│ 在经济发展的基础上更加注重社会公平，完善公共 │
│ 财政制度，逐步实现基本公共服务均等化。健全社 │
│ 会保障体系。                             │
│          （2004年十六届四中全会）          │
└─────────────────────────────────────────┘
                    ↓
┌─────────────────────────────────────────┐
│ 再分配更加注重公平，加快建立覆盖城乡居民的社 │
│ 会保障体系，保障人民基本生活配为主体，多种分 │
│ 配方式并存的分配制度。在经济发展的基础上，更 │
│ 加注重社会公平，完善公共财政制度，逐步实现基 │
│ 本公共服务均等化。                        │
│          （2006年十六届六中全会）          │
└─────────────────────────────────────────┘
                    ↓
┌─────────────────────────────────────────┐
│ 加快健全以税收、社会保障、转移支付为主要手段 │
│ 的再分配调节机制                          │
│            （2012年十八大）               │
└─────────────────────────────────────────┘
```

**图 2-6　再分配制度的演进**

## 3. 第三次分配的制度演进

我国第三次分配制度的起步比较晚，直到 2006 年的十六届六中全会才提出了开展慈善事业,完善社会捐赠免税减税政策,增强全社会慈善意识。第三次分配制度的建立与发展开始受到重视。

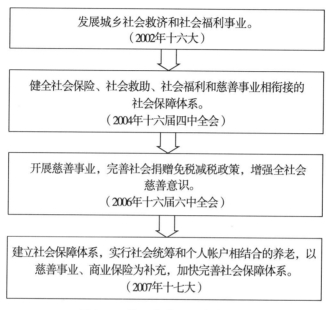

图 2-7 第三次分配制度的演进

渐进性的制度变革的优势在于维护社会稳定同时,通过局部的、缓慢而又持续的改变,实现政策目标,兼顾了稳定与发展。但是,由于渐进性的改革是既有政策的延续,新的制度不可避免地受到原有制度的影响与限制;与此同时,新制度建立的过程也是一个探索的过程,不可避免地存在着种种不足。而且,从上面制度演进的过程中可以看出,我国各个收入分配层次制度的改革与构建并不同步,所以三个层次结构之间还不能形成良好的分工合作与互补关系。在各种矛盾的交织下,我国收入分配制度并没有形成合理的层次结构,收入分配问题突出。

另一方面,我国收入分配改革还有一个重要特征:改革是国家推动型的改革,由国家结合经济发展目标掌控着制度改革的方向以及具体的分配政策的倾向。虽然这样的分配制度改革在促进经济发展方面取得了重大的成效,但却存在着对公平重视不够的问题。我国的分配制度改革伊始的目的是打破平均主义,解放生产力。此后,为了实现"让一部分人先富起来,先富带后富"的目标，选择了"效率优先"的价值取向，采取了一系列刺激经济发展的措施和相应的分配制度改革。虽然近年来，对"公平"逐渐重视，但是，在惯性的影响下，分配制度改革无论是从总体框架还是具体的实施行为看，基本还是在配合优先经济增长的目标。在这种情况下，虽然经济持续高速增长，但分配制度改革出现了种种偏差。比如，初次分配中，对"资本"要素的偏爱；再比如，20世纪90年代在教育、卫生等领域的市场化改革，导致了再分配过程中社会公众的"福利流失"，也为现在解决"民生问题"留下种种难题。

总之，在以促进经济增长为核心的渐进性制度演进过程中，我国的收入分配制度出现了种种的问题与矛盾。初次分配中，分配要素在不平等的环境下竞争从而造成了收入不合理的分配。再分配中，调节机制不健全，不仅没有有效地减少初次分配中的不公平、不合理，反而在某些方面扩大了不公平、不合理。第三次分配规模小，对分配的调节功能有限。三个结构层次自身的矛盾导致了整个分配制度功能未能有效发挥，从而使我国的收入分配格局出现了种种失衡。

### （二）初次分配中分配秩序的结构性矛盾

在社会主义市场经济条件下，初次分配主要表现为以劳动、资本、土地、技术以及管理等形式存在的生产要素按照各自在社会生产过程中所作贡献大小获得相应的报酬。[①]

初次分配是整个分配制度的基础与核心，初次分配的格局影响着政府乃至社会分配，从而影响全社会的收入差距。因此，建立公平合理的收入分配制度首先要保证初次分配的公平与合理。对于初次分配的公平至少应包括以下两层理解：第一，分配的公平可以保证一定原则下人们的付出与回报正相关，也就是程序公平下的效率原则；第二，分配的公平是实现社会稳定发展的工具，既能合理地保证效率，又能保证人们生活的差距在合理的可承受范围之内。

一方面，市场机制下的要素分配被认为是一种高效率且相对公平的分配

---

① 刘军、吴鸣：《最优分配模型与政府干预初次分配的逻辑》，《求索》2009年第10期。

机制。在市场机制的作用下，生产要素的使用者必须支付与生产要素价格相等的报酬给生产要素的提供者。至于各种生产要素的提供者能够取得多少收入，自然取决于这些要素在生产过程中效率的高低。效率高贡献大，获得的报酬就多；效率低贡献小，获得的报酬就少。在市场经济条件下，按要素分配能促使一切要素所有者将其拥有的生产要素提供给社会，使有限的社会资源最大限度地用于社会经济；能促使供不应求的稀缺要素资源自由地流向资源利用效率高的部门；能促使购买生产要素的生产经营者精打细算节约使用资源，并按市场需求组织生产，生产出满足社会和人民需要的有用产品，从而提高了资源的配置效率和利用效率。没有效率的提高就无法摆脱贫困的状态，而在贫困的状态下，社会公平的进步就失去了动力和基础。① 当然，市场机制下要素分配的效率是需要一个公平的市场环境，即机会的均等与过程的公平。首先是机会的均等。在市场活动中，所有从事市场活动的主体机会和权利都应是均等的，既不享有任何行政特权，也不依权力、地位形成某种等级差别。市场主体之间的竞争所依据的只是建立在价值规律基础上的成本与效益原则，竞争所凭借的是各自的经营实力和比较利益，在机会均等、权利公平的准则约束下积极参与市场竞争。其次是过程公平。这是指分配过程和流通过程中的规则公平。即在竞争过程中人们遵守相同的竞争规则，规则面前人人平等，任何人不得例外。在机会与过程公平的基础上，出现一定的收入差距，在一定程度上是公平与合理的。因为，结果的差异，大体反映的是人们的努力程度和资源禀赋，任何报酬的取得都必须以一定的投入（包括劳动、资本、技术、管理等要素和承担风险等）为依据，收入与投入大致对称。但是，如果没有机会的公平与过程的公平，收入分配的结果公平就无从谈起，而效率也最终被损害。

另一方面，市场机制的局限性也是很明显的。市场经济下按要素的贡献分配，虽然在某种程度上体现了分配过程和分配规则的公平，但不能保证分配起点和分配结果的公平与合理。按要素分配的首要环节，是对各种要素的获得或占有，这种获得或占有就有个公平与否的问题。在市场经济活动中，收入分配的基本依据是市场对个人贡献的界定和付酬制度，经济效益的不同

---

① 田杨群：《社会主义收入分配的效率与公平探析》，《理论导刊》2009年第5期。

必然导致收入的差距，并且产生"马太效应"。此外，市场机制下的要素价格不完全是由它的边际生产力所决定，人的博弈行为所决定的市场供求关系对要素价格也有重要影响。① 如果某种生产要素的总供给超过总需求，要素所有者要选择退出市场是困难的，为了生存只能接受不公平的分配结果。而且，要素的博弈能力也影响着分配的结果，资本的所有者和劳动的所有者天然就存在着彼此之间的基于权利的对抗，如果资本的所有者形成垄断联盟，必然会提高资本的收益，而劳动的所有者形成的劳动的垄断联盟（如工会），也必然会争取更高的劳动收益，在二者都各自结成联盟的情况下，资本和劳动的收益更多地取决于谈判，而不是生产要素的价格和生产要素的贡献。② 谈判能力弱的一方的分配公平就会受到损害。收入差距也会逐渐增加。总之，市场机制下，收入差距的扩大是不可避免的，而当这种收入与贫富差距到达一定程度后，会对经济发展产生负面影响，并不为多数人所接受时，其公平性就会受到质疑。③

所以，在市场经济中，既存在促进生产要素收入分配公平的因素和机制，也存在着导致生产要素收入分配不公平的因素和机制。实现生产要素收入初次分配公平，既需要集合各种促进生产要素收入初次分配公平的因素和机制，也需要遏制各种导致生产要素收入分配不公平的因素和机制。④ 而这既需要不断地促进市场的公平与完善，同时也需要政府在一定范围内进行必要的间接调控，以弥补初次分配的缺陷。

从我国的社会现实看，虽然改革开放以后的分配制度改革极大地解放了生产力，促进了社会物质财富的增加，但是客观上存在着初次分配收入分配差距大，收入分配不公的问题，初次分配的公平性已经在相当广泛的程度上受到了质疑。究其原因就在于在渐进性的改革过程中，初次分配的市场化机制不完善，而政府的间接调控不到位，政府与市场的双失灵，造成了现行的

---

① 李松龄、谭军良：《初次分配的影响因素与制度安排》《福建论坛》2011 年第 7 期。
② 刘卫东、杨鑫：《初次分配公平化理论与现实困境分析》，《长白学刊》2011 年第 6 期。
③ 促进形成合理的居民收入分配机制研究课题组：《促进形成合理的居民收入分配机制研究》，《经济参考研究》2010 年第 25 期。
④ 曾国安、黄勇、胡晶晶：《关于不同种类生产要素收入初次分配公平问题的几个问题》，《山东社会科学》2009 年第 2 期。

某些分配规则与市场经济条件下的"应然"的分配法则相悖而行,导致初次分配中分配秩序的结构性矛盾。

1. 机会均等与地区发展政策不平衡

从宏观上看,中国的收入分配问题主要是地区城乡之间的差距。有研究表明,居民地区收入差距主要是由地区与城乡之间的差距造成。在居民收入差距的形成中,主要归因于省内差距,这一比例占到74%,其余的26%由省际地区收入差距解释,省际地区收入差距的绝大部分又归因于东中西部地区间的收入差距。在省内差距中,城乡间收入差距之于居民收入差距的解释度超过40%,它与省际地区收入差距一起,解释了居民收入差距的四分之三。[①] 这种地区间的收入差距,固然与地区之间的自然禀赋有一定的关系,但是,中、东、西部之间,城乡之间的政策差异造成的地区、城乡之间经济发展的不平衡对居民收入差距影响更为重要。改革开放以来,根据"让一部分地区先发展起来并由此带动全国发展"的发展思路,我国实施了优先发展东部沿海地区的非均衡发展战略,形成了事实上的地区间发展机会的不平等。得益于政策、财政、税收的优惠以及稀缺资源的优先供给和自身的地理区位优势,东部地区发展成就斐然,经济飞速增长,同时拉开了与其他地区经济发展的距离。实践证明实施"让一部分地区先发展起来并由此带动全国发展"的战略是科学有效的,问题在于"先富带后富"这后半段的战略思路并没有在实施过程中体现出明显的效果,区域之间的差距不断扩大。

城市与农村之间也存在着"机会的不平等"。发展经济学家一般认为,工业化是发展中国家的根本出路。而优先发展工业化也就成为了多数发展中国家(包括中国)的战略性选则。进入信息时代以后,这些国家又面临着建立信息化社会的任务。因此,发展中国家的所面临的矛盾更为突出,而且更依赖于政府对经济的干预。借鉴发达国家的发展经验,发展中国家的政府对工业化、城市化、信息化这三个领域进行重点的支持,这也就造成了农村与农业的发展得不到应有的重视,使农村与农业的发展滞后。而农民与农业

---

① 高连水:《居民地区收入差距对居民收入差距的贡献度有多大——以2008年为例的探讨》,《当代经济科学》2011年第1期。

的滞后也成为城乡收入差距不断扩大的重要因素之一。① 进入21世纪以来，我国农业与农村发展被忽略的状态有所好转，但是，与其他产业相比，农业与农村的发展依然没有受到应有的重视。"十一五"期间，我国重点发展的行业为：电子信息产业、生物产业、航空航天产业、新技术产业、高技术服务业、海洋产业。"十二五"期间重点发展的行业为：节能环保产业、新一代信息技术产业、生物产业、高端装备制造产业、新能源产业、新材料产业、新能源汽车产业。从中可以看到，虽然"三农问题是我国经济社会发展战略中的重中之重"，但是，重城轻乡的政策倾向依然没有大的改观。以"资本市场"为例，有数据显示，我国城乡之间的金融发展水平相差极大，城市的发展水平大大高于农村。这是由于国家通过行政控制的资本市场，将资本要素重点配置到工业领域，并带动社会资本向城市集中；相应的对农业、农村和农民的资本投入却严重匮乏，使我国农村地区资本市场的发展面临着很多问题，如资金外流，贷款供给严重不足，农村金融市场竞争缺失以及价格扭曲等。这在一定程度上抑制了农村经济发展，影响了农民收入增长。② 一方面，由于城镇居民占有更多的资本，可以通过资本投资获得收益，而农村居民一方面只占有少量资本要素。另一方面，没有把资本转化为金融资产的有效途径，也就很难通过资本投资获益。因此现阶段的资本要素配置方式对城乡居民收入带来显著的"马太效应"，拉大了城乡收入差距。由此可见，政策所导致的机会不平等，对城乡居民收入差距产生了重大的影响。

2. 行业垄断与公平竞争之间的矛盾

改革开放以来，垄断行业和竞争行业的工资差距有不断扩大的趋势，行业垄断已经成为引起我国劳动者收入差距扩大的重要原因。1990—2008年间，我国行业之间的基尼系数由0.067蹿升至0.181，扩大了近两倍，年均增加6.5%，而在这期间，我国居民的基尼系数的年均增幅只有1.5%。"若不考虑从业人员比重，仅以行业特征计，则我国行业收入差距的基尼系数将

---

① 蔡昉、杨涛：《城乡收入差距的政治经济学》，《中国社会科学》2000年第4期。
② 赖文燕：《要素市场配置与我国城乡居民收入差距研究》，《当代财经》2012年第5期。

进一步上升至 0.257，这一水平即使在国际比较中也是很高的。"① 与西方国家的垄断多是市场竞争的结果不同，中国的行业垄断企业的垄断地位是通过国家的法律、政府所有权以及各种行政法律甚至产业政策实现规定的。② 行政垄断行业并非凭借高效率管理和高效率经营获取高收入，而是借用政府的名义，通过高额的垄断价格、掠夺性定价、价格歧视、变相收费等手段，侵害消费者利益，获取部门或小集团利益。这种政策性垄断差异性损害了企业市场竞争环境的公平性，垄断者凭借市场的垄断地位，滥用市场权力，一方面，损害消费者的福利，给整个社会带来较大的福利损失，另一方面也获得了超额的垄断利润，同时竞争行业则因租金损失而降低了利润，因而不同企业提供员工福利的能力很不平衡，从而导致了收入差距的不断扩大。③

同时，垄断行业的分配方式，没有体现出按劳分配和要素贡献原则。实证研究表明，垄断行业人员的高收入并不是其拥有更好的人力资本和更强的谈判能力。与非竞争行业相比，垄断行业员工所获得的高收入与其自然禀赋以及努力程度并没有关系，垄断企业员工的高收入是垄断企业攫取超额利润的产物，也是垄断行业特殊的分配制的产物。④

我国的市场经济是从计划经济时期过渡发展过来的，至今并未能够完全摆脱计划经济模式的影响，而垄断行业由于其特殊的市场地位，市场化改革对其分配制度的影响非常有限。一方面，垄断产业的国有单位没有或很少受到来自非国有企业的竞争压力，没有限制员工收入过度支出的内在动力；另一方面，垄断行业仍然沿袭计划经济时代就业模式与管理方式，为了维持企业的运行与发展，也为了自身的利益，平均主义的高收入往往是垄断企业的优先选择。⑤ 首先，在公有制企业中，所有者普遍是缺位的，其代理人几乎是在没有监督管理的状态下进行经营管理，因此也就没有有力的控制员工工资的外部约束；其次，公有制企业中企业的所获得的利润与经营者大多没有

---

① 武鹏：《行业垄断对中国行业收入差距的影响》，《中国工业经济》2011年第10期。
② 姜付秀、余晖：《我国行政性垄断的危害——市场势力效应与分配效应的实证研究》，《中国工业经济》2007年第10期。
③ 陈秀梅：《刍议行政垄断导致的收入差距扩大——基于对劳动和资本的不同影响分析》，《南京社会科学》2009年第3期。
④ 岳希明、李实、史泰丽：《垄断行业高收入问题探讨》，《中国社会科学》2010年第3期。
⑤ 武中哲：《双重二元分割：单位制变革中的城市劳动力市场》，《社会科学》2007年第4期。

关系，因此，经营者更倾向于提高职工的报酬而不是合理控制用工成本提高利润水平；再次，公有制企业对员工缺乏有效约束手段，尤其是惩罚性的手段在公有制企业很难实施，因此，物质性激励就成了员工管理的主要选择；最后，工资是企业经营者维护自身权威和获得升迁的重要手段。在公有制企业中，工资水平主要由经营者决定，高收入可以使经营者获得员工普遍的好评，既有利于其权力运行的畅通，又有利于其升迁。① 但是这种分配方式，不符合公平效率的原则，是一种不合理的分配。

更有甚者，我国的垄断企业的前身大多是政府行政机构，既有先天的地位优势，又有相关政府部门作后盾，即使经营不善，也可以有政府补贴或涨价等诸多方式将亏损转嫁给社会。而出现垄断企业一方面亏损，一方面其员工的工资明显高于社会平均水平也就不足为奇了。二者明显违背了初次分配的公平要求，违反了按劳分配的价值观念，破坏了社会公平。②

垄断行业对收入秩序的破坏的不仅体现在分配过程中，同时也体现在机会的不公平。垄断企业员工入职具有显著的关联性庇荫特征。"纵观目前的垄断企业，员工具有政府、本行业、本企业和家族等关联背景的现象比较普遍。有研究显示，在电力、电信、烟草、石油、金融等垄断企业中，近10年来进入这些企业的具有以上四大背景的员工在新增员工总数中占比达73%，其关系庇荫特征显露无遗。"③ 也就是说由于进入垄断行业的机会不平等，竞争不公平，因此，人们获取高收入的机会也是不公平的。

3. 非公领域中的"强资本""弱劳动"之间的结构性矛盾

随着我国非公经济的迅猛发展，非公经济领域中的就业人员也不断增加。在这个领域中，分配不公的主要表现为资本与劳动两个生产要素之间的地位与权利的不平等："强资本""弱劳动"。虽然，新古典经济理论认为，在假设完全竞争和规模报酬不变的情况下，劳动和资本处于平等地位，这种交换是公平而且是有效率的。但实际上完善的市场是不存在的。要素的供求

---

① 武鹏：《行业垄断对中国行业收入差距的影响》，《中国工业经济》2011年第10期。
② 杨艳东：《当前我国职业福利失序现象及其社会影响》，《理论月刊》2009年第4期。
③ 谢茂拾、唐晓曼：《我国垄断企业劳动关系中的人身依附及其治理》，《甘肃社会科学》2010年第2期。

关系，要素的议价、谈判能力等都会影响资本与劳动力之间的力量对比，进而影响到分配的公平。一般情况下，资本总是处在强势的地位，劳动者的议价能力是有限的。① 而我国的资本与劳动力之间关系不平衡则尤为突出。

首先是劳动力市场过剩，劳动力在与资本的博弈过程中处于劣势地位。供求关系是影响劳动力价格的重要因素，在劳动力过剩的情况下，资本就会在报酬分配的博弈过程中获得优势地位。目前，我国正处在工业化过程中，资本相对短缺，劳动力在一定范围内严重过剩，在资本与劳动力的交换的过程中，资本要素占主导地位，劳动力则处于被动或从属的状态。同时，大部分企业又属于劳动密集型，劳动力的可替代性比较强。严重的供大于求和弹性很大的替代需求，使劳动力市场的定价机制扭曲、变形、失灵，资本雇佣劳动的付出往往大大低于劳动力价值，而劳动者的劳动却得不到正常的报酬。

其次是劳动者议价能力弱。议价能力也是决定劳动者工资水平的重要因素。集体劳资关系是成熟的市场经济条件下劳资关系的主要表现形态和核心。劳资之间的矛盾，基本上是通过集体协商的方式谈判解决，因而劳资关系相对平衡。而我国的现实是，工会并非是职业团体，不能有效地代表劳动者维护自身的权益。工会代表劳动者与企业主平等协商、签订集体合同等基本流于形式，因此，劳动关系依然是单个的劳动者面对企业主，从而导致劳动者的议价能力弱，根本无法制衡强势资本，"强资本、弱劳动"也就成为中国社会的一个突出问题。②

再次是政策性的"重资本，轻劳动"。其突出的特征就是政府对经济发展以及经济政策的制定具有决定性的发言权。资本短缺、劳动力过剩，是改革开放以来我国经济发展中的一个突出现象，通过吸引外资来加快经济发展成为政府的必然选择。由于 GDP 的增长速度与官员的升迁有极强的相关性，并且 GDP 在政绩的考核上更容易量化，使得地方政府官员升迁的内在欲望转化为外在的追求 GDP 增长的行为，因而招商引资也就成为了地方政府的头等大事，为了这一目标，往往在税收、金融、土地政策方面给予基本优

---

① 唐任伍、赵国钦：《我国劳动与资本要素报酬差异及其对策建议》，《改革》2009 第 4 期。
② 韩喜平、徐景：《和谐劳动关系的演进逻辑及发展方向》，《社会科学战线》2011 年第 3 期。

惠。在这样的政策引导下,资本从一开始就获得特权,奠定了资本获得额外报酬的基础,也成为资本与劳动报酬差距的基础。相对于对资本的"热情",劳动者的权益往往被漠视。由于维护劳动力的利益既没有政绩加分,又可能因为"得罪"资本而使经济发展指标受损,因此在劳资双方的力量博弈过程中,各级政府往往选择不作为,或者是偏向资本,牺牲劳动,从而使劳动者的权益保障失去了一个强有力的支持。同时,在制度形成伊始,资本就凭借着自身的经济力量掌握了更多的话语权和表达机会,通过影响各种强势部门,资本首先获得了政策制定者的支持,获得了强势地位。而在政策的执行层面,政府的定位不清、职能不明,且缺乏处理市场经济条件下劳资关系的经验,因此并不能有效地贯彻相关的对劳动者有利的政策法规,其协调管理能力也有限,因此本不充分的劳动者权益保障措施不能有效落实,"弱劳动"在政策供给层面的不足,导致了"弱劳动"更弱,"强资本"更强。

非公领域中的"重资本""轻劳动"不仅是导致我国收入分配不公的主要原因,同时也是导致低收入阶层比例大的重要原因。目前,我国私营企业的就业人口不断增加,《2011年中国统计年鉴》的数据表明,2010年全国城镇私营企业就业人口为6071万人,比2006年的3954万人增长了53.5%,而2010年全国城镇就业人口为76105万人,相对于2006年的74978万人是低度增长,显然,私营企业的就业人员比例在大幅增加。但是,非公企业人员的收入水平则处在一个较低的水平。据中国统计局公布的数字,2011年全国城镇非私营单位在岗职工年平均工资为42452元,全国城镇私营单位就业人员年平均工资为24556元,二者相差了将近一倍。随着非公领域中就业人口的不断增加,"强资本""弱劳动"格局如果继续发展下去,一方面会导致财富不断向资本的集中,另一方面,也会导致越来越多的非工就业人口的收入与"国有经济"部门就业人口的收入差距逐渐扩大,从而使我国初次分配的格局愈加不合理。

4. 劳动力市场地位差异与要素地位平等之间的矛盾

改革开放以来,我国劳动就业体制发生了显著变化,计划型劳动就业体制逐渐被市场型劳动就业体制所替代。但是,劳动力市场化改革并不彻底。劳动力市场内部实际上是二元的劳动力市场——事业单位和国企分为正式的有编制的劳动力队伍和非正规的无编制劳动力队伍。由于身份的不同，二者的工资收入与福利待遇有着明显的差别。有编制的劳动者是正式工，与企业具有稳定、规范的劳动关系，可以成为"固定工"。他们可以长期任职，轻易不能被解雇。其收入报酬、社会保险、工作环境、工作时间以及职业发展等都有较高规格的稳定保障。没有编制的劳动者则主要由合同工（劳务工）、临时工、劳务派遣工等组成。他们在工资水平、福利待遇等方面有着明显的差别。保守估计，"体制内"员工的基本工资是"体制外"员工的3—4倍。福利方面，"体制内"正式职工的福利收入也是"非正式工"难以企及的。首先是各种名目繁多的补贴；其次是各种社会保险，五险齐全；再次是住房公积金，而一些高收入的企业还会为正式职工提供额外的福利补贴。如有的企业实行年金计划，为企业职工提供额外的养老保险。有的企业的公积金的缴存比例提高到20%。而这些都是变相地增发福利。而大部分的"非正式员工"劳动者的社会保险只有基本养老、医疗、失业险三项，有些甚至没有任何社会保险。城镇就业人员的养老、医疗保险参保率仅为62%和60%；农民工的参保水平更低，参加养老、医疗保险的不足20%和31%，许多劳务工的社保缴费基数低于工资水平甚至按最低工资标准计算。① 而这种差异与劳动者自身的禀赋、能力与劳动贡献之间的没有太大的关系，而是仅仅与劳动者的身份有关，这种分配方式显然与按劳分配的原则相悖，损害了分配的公平。国资委的数据显示，2009年底，有89%的央企使用劳务工，劳务工占央企职工总数的16%。可见，国有企业的"体制外"员工所占的比重不低。而且根据1996—2008年不同性质劳动者在国有企业中所占比例的变化状况的分析，可以发现近年来国有企业非正式员工的数量不断上升。② 如果，任由"工资双轨制"发展下去，在收入差距加大的同时，低收入阶层的比例也会不断扩大，构建合理的收入分配结构将越来越困难。

总之，从目前我国的初次分配制度中存在的一系列的结构性矛盾可以看

---

① 陈剩勇、曾秋荷：《国有企业"双轨制"用工制度改革：目标与策略》，《学术界》2012年第1期。

② 周婷玉、陆文军、涂铭如等：《数千万劳务工，好用就滥用》，《中国青年报》2011年12月1日。

出，初次分配并未建立起公平的市场竞争机制，处于不同位置、拥有不同分配要素的社会公众在初次分配中获得财富也相差悬殊。总的来说，在分配的过程中，拥有资本要素要优于拥有劳动力要素，在东部发达地区要优于西部地区，城市居民优于农村居民，国有垄断行业的职工要优于非垄断行业的职工。而国有垄断行业的职工拥有资本要素，以及在垄断行业获得额外的与其市场贡献不相符的财富的机会要大大高于普通的劳动者，他们的收入无论是从数量还是增长的幅度来看都大大超过普通的劳动者。而这就造成了普通的劳动者收入偏低，收入增加缓慢。在普通劳动者占多数的情况下，我国有庞大的与高收入者的收入相差甚远的低收入阶层也就不足为奇了。而初次分配格局的失衡，成为我国收入分配格局失衡的关键性因素。

（三）再次分配功能失调的结构性矛盾

再分配是国民收入继初次分配之后在整个社会范围内进行的分配，是国家的各级政府以社会管理者的身份主要通过税收和财政支出的形式参与国民收入分配的过程。从民生的角度看，公平合理的再分配要满足以下两个方面的要求：一是在再分配的过程中，应该保障基本民生投入，保障社会公众在经过再分配后，所获得的社会福利随着经济发展不断增加。二是再分配能够起到缩小收入差距的作用。由于初次分配以贡献作为准则，追求的是效率优先，这必然会导致收入差距的扩大；此外，由于各种非市场因素所导致的市场失灵，也会导致初次分配结果的不公平。因此，政府以社会管理者以及公共品供给主体的身份，"一方面，可以通过税收、转移支付等方式适当地降低高收入阶层的收入水平，改善低收入阶层的收入状况，从而在一定程度上缩小居民的收入差距；另一方面，政府在教育、医疗卫生、社会保障等公共服务方面的再分配性财政支出，在短期内能够降低居民的各种支出负担，通过提高低收入人群实际收入水平的方式缩小居民收入差距；在长期动态中，加大这类再分配性支出，可以增强普通居民的人力资本积累能力，改变居民的要素禀赋分布结构，最终促进收入分配的公平。"[①] 总之，政府再分配的功能就是通过"调高补低"来缩小收入差距，促进分配公平。从国外的情

---

① 蔡跃洲：《财政再分配失灵与财政制度安排——基于不同分配环节的实证分析》，《财经研究》2010年第1期。

况看，政府主导的收入再分配机制确实可以缩小居民收入差距。比如，"2000年之后，经过再分配调整，美国基尼系数从0.46下降到0.38，日本则从0.44下降到0.32，德国从0.51下降到0.3，法国从0.48下降到0.28，英国从0.46下降到0.34，OECD国家平均从0.45下降到0.31，下降了14个基尼百分点。而我国的再分配不仅缺乏对收入分配的调节作用，而且还在某种程度上具有'逆向调节'的作用。综合考虑地区生活成本、住房、社会保障等因素后，我国的基尼系数可能在0.48—0.49，收入差距不仅没有缩小，反而进一步拉大"①。因此，我国目前收入差距不断拉大，其主要原因在于再分配出现了分配功能的结构性矛盾，在财富的归集和支出两个方面都会出现反向调节的现象。② 一方面，在税收环节，从穷人手中获得的赋税多于从富人收入获得的赋税；另一方面，在转移支付的环节，富人的福利却多于穷人的福利。"劫富济贫"变成了"劫贫济富"。不能有效调节初次分配所产生的收入分配差距。

1. 税收环节中低收入与高税负之间的矛盾

税收是国民收入分配中极为重要的因素，"在分配过程中，税收调节体系主要通过在居民收入的形成、消费、储蓄和转让赠与等环节设置不同的税种，实现财富的归集，为再分配的收入支出积累资金，同时也影响居民的收入与支出，从而调节居民收入差距③。目前，我国税收收入已占财政收入的90%左右，即使在国民收入分配份额中亦有近20%的份额"④。但目前我国还没有形成一个能够有效调节初次分配收入差距的税收体系。

（1）个人税负的"逆调节"

目前，我国主要依靠个人所得税调节收入差距。其他能够有效调节初次分配收入差距的税种，如社会保障税、赠与税、遗产税等尚未开征。从征收的实际效果看，个人所得税并没有有效地起到缩小收入差距的作用。我国首

---

① 张车伟、程杰、赵文：《再分配调节不足：中国收入差距拉大的主因》，《中国社会科学报》2012年5月22日。
② 齐超：《制度含义及其本质之我见》，《税务与经济》2009年第3期。
③ 袁竹、齐超：《我国再分配逆向调节的成因及对策探析》，《税务与经济》2012年第1期。
④ 李渊：《税收调节初次分配的路径选择》，《河北经贸大学学报》2012年第3期。

部《个人所得税法》于 1980 年 9 月 1 日通过，个税的起征点确定为 800 元，主要征税人群为外籍人士。当时国内的月人均工资不到 50 元，法律规定意在构建完善的税制结构，实际的征收意义不大。1986 年 9 月，针对国内居民收入大幅增长的情况，国务院规定对国内居民统一征收个税，起征点定位 400 元，而外籍人士的 800 元的起征点并没有改变。1994 年由于取消了内外有别的个税起征点，统一了个税起征点为 800 元。从收入情况看，1992 年只有 1% 工薪层的人月收入在 800 元以上，而到 2002 年，有 52% 的人月收入超过了 800 元，工薪阶层成为了个税的主要群体。到 2005 年这一比例达到了 60% 左右，个税并调节收入差距的作用并未有效发挥。① 面对这一问题，2006 年 1 月 1 日起，国家将个税起征点调整到 1600 元，希望借此能够在一定程度上缩小收入差距并降低中低收入阶层负担。2008 年 3 月，个税的第二轮改革启动，个人起征点 1600 元提高到 2000 元。2011 年个税起征点又上调至 3500 元，此外，本次《个税法》修改还首次修改了税率表，超额累进税率由原来的 9 级减少到 7 级，15% 和 40% 两档累进税率被取消，最低档税率也由 5% 降低到 3%。从个税设立的初衷和几次调整情况看，国家是希望过征收个税缩小收入差距，调节收入分配。但是，从实际情况看，个税在调节个人收入方面的作用并不大。

首先，从制度设计上看，中低收入阶层是个税缴纳的主体，赋税重。我国个人所得税的征收方式是：以代扣代缴为主、纳税人自行申报纳税为辅，这种方式导致了个税基本等同与"工资税"。根据国家统计局的调查，在我国人均可支配收入中工资性收入大约占 70%，财产性收入大约占 2%。但对于富人而言，则是财产性收入要占其总收入的 70% 以上。② 而这就导致个税的来源主要是中等收入阶层，应该是纳税主要群体的富人没有相应的税收负担。个税不能真实地反映人们的收入状况，也不能起到调节收入差距的作用，甚至是一种逆向调节。据报道，"2007 年年初，全国对年收入 12 万元以上个人实行纳税申报，从申报人员结构来看，工资、薪金所得缴纳的个人所得税所占比重，从 1998 年的 49% 增加到 2006 年的近 60%，而私企老板、

---

① 邓越：《我国个税改革回顾与完善的若干思考》，《中国注册会计师》2011 第 10 期。
② 袁竹、齐超：《我国再分配逆向调节的成因及对策探析》，《税务与经济》2012 年第 1 期。

自由职业者、个体工商户等高收入者缴纳的税额比较小，其所占比重2006年与1998年相比几乎下降了一半。"① 尽管2011年6月30日新的《个税法修正案草案》被通过，但此次对《个税法》的修正仍是围绕工资薪金所得，并未涉及个税改革的实质性问题。根据我国最新《个人所得税法》规定，工资薪金所得实行7级超额累进税率，生产经营所得和承包、承租经营所得则实行5级超额累进税率，其他劳务报酬和资本所得（特许权使用费、股息、利息、红利、财产转让所得、财产租赁所得）按20%的税率征税，而资本增值所得还不用纳税。这显示出个税所设置的劳动税负重于资本税负。一般来说，资本所得具有较高的连续性和稳定性，且成本小于劳动所得的成本，与必要生活费用的相关程度低于劳动所得。因此，资本所得的负担能力大，劳动所得的负担能力小。而且，富有阶层掌握的资本多，而工薪阶层则主要依靠劳动获得收入。在当前国内收入差距主要来自财产性收入所得的背景下，个税的调整仍未达到调节收入差距的目的。

其次，从实际征收环节看，中低收入阶层容易监管，高收入阶层能够轻易"逃税""避税"。现在，私营企业发展迅速，而财务监管的不到位，为私营企业主通过将个人与家庭消费开支列支到企业开支中冲抵利润，逃避税收提供了方便。企业主们可以将购房、购车、装修、教育、家庭日常生活等各项开支列支到企业支出中，从而达到降低利润、逃避缴税的目的。另外私营企业主还会收集发票报账，这样公司利润就套了出来，而不必承担应付税赋。而一些国有垄断行业虽然有比较严格的财务管理制度，但仍然通过一些"合法"手段，为员工减少纳税。由于目前个税应纳税额是扣除"三险一金"后的金额，因此一些高收入行业为了帮助员工少交税款，就采取用"低工资""高险金"的方法进行避税。如有报道指出，山东2006年度审计报告显示，中国网通山东省分公司月均工资基数2.13万元，公积金缴存比例为15%，月人均缴存公积金6389元。② 宁夏电力系统14099名职工缴交

---

① 徐寿松、赵东辉：《税收"逆向调节"拉大收入差距》，《瞭望》2007年第52期。
② 王娅妮、张晓晶：《山东公积金比例差距达20倍　网通月人均6389元》，新浪网，2007年7月30日 http://finance.sina.com.cn/g/20070730/10143832303.shtml。

住房公积金工资基数超过银川市社会平均工资的三倍。① 而这种情况一直没有太大改变。中国人民大学郑成功教授指出，垄断行业不仅工资很高，住房公积金的比例也很高。有的住房公积金和企业年金加起来超过工资收入，很不合理。高公积金都免征个税，这对低收入群体来说是不公平的。另外，由于我国没有国民收入记录制度，税务部门实际上能够掌握的只有工薪阶层的工资收入，这就造成了税收监管在高收入阶层面前存在一定的"盲区"，高收入人群收入的重要组成部分如劳务费、讲课费、稿酬、返点、好处费、感谢费、礼金等完全脱离了所得税调节范围，游离于监管之外。有学者研究指出："从2005—2008年的三年间，游离于统计数据之外的隐性收入膨胀了91%，其中，20%位于收入金字塔上层的人们拿走了80%以上的财富，与钱权交易和垄断利益等密切相关的灰色收入高达5.4万亿。"② 而这些收入基本处于税收的监管之外。收入高的实际税负反而低，税收在收入分配上出现"逆向调节"。

此外，一些税收负担的转移，也增加了低收入阶层的税负。比如，增值税——增值税涵盖生活中大多数商品，当商品的需求弹性较低时，容易发生税负转嫁，作为需求方的社会公众要承担大部分税负。由于低收入阶层恩格尔系数比较高，其收入用于生活品的份额较大，而富裕阶层恩格尔系数比较低，其收入用于生活必需品的份额则较小。采用比例税率形式的增值税会使低收入阶层缴纳的税收占毛收入的比重高于高收入阶层，体现出税负的累退性。有研究表明：最低收入群体的增值税有效税率是15.11%，接近法定税率17%，而最高收入群体的增值税有效税率要比最低收入群体低7个分点，只有8.1%。③ 再比如有研究指出，我国企业所得税并不是不完全由资本承担的，有17%左右的企业所得税转嫁给了劳动要素。高收入人群多持有资本要素，低收入人群持有的是劳动要素。④ 因此是低收入人群分担高收入人

---

① 李佳鹏、丁文杰、武勇：《住房公积金变相成为垄断行业的高福利》，《经济参考报》2006年11月16日。
② 王小鲁：《灰色收入与国民收入分配》，《比较》2010年第3期。
③ 刘怡、聂海峰：《间接税负担对收入分配的影响面分析》，《经济研究》2004第5期。
④ 张阳：《中国企业所得税税负归宿的一般均衡分析》，《数量经济技术经济研究》2008年第4期。

群的税负，这显然是不合理的。

(2) 区域、行业、产业间赋税的不平等

区域、行业、产业间的赋税不平等，使既存的区域、行业、产业间的收入差距与收入的不合理进一步加强。在区域税负方面，我国税制结构以流转税为主。"流转税实行属地征收，即在生产地征税，税收收入由生产地政府拥有，并为当地居民提供公共服务与公共产品。但流转税是可转嫁税，税负最终却被消费地居民负担。如果商品的生产和消费发生在不同区域，就会产生税收由商品消费地向生产地的转移，而经济欠发达地区一般属于商品输入地和商品消费地，经济发达地区则是商品输出地，而这就会导致不同区域居民的税负不一样。"① 经济发达地区可以有更多的税收收入，而经济欠发达地区税收收入则相对较少。如北京百元 GDP 含地方级税收收入达到 16.9 元，而全国平均水平仅为 7.7 元。② 经济发达地区税收高、税负低，而经济不发达地区则税负高、税收少；税收的调节作用出现了逆反。在产业税负方面，第三产业的税负要比第二产业高。有的第三产业，如租赁等税负已达 30% 以上③，这在一定程度上抑制了第三产业的发展，也导致了第三产业从业人员的收入不高。从行业税负看，国有垄断行业的盈利超过了社会平均水平，但对其并没有相对应的税收调节手段，仅对国有企业的税后利润征收不超过 10% 的国有资本收益金。而这种收益金基本上有的用于该行业或企业的发展，有的就直接转化为员工的福利，并没有惠及其他行业其他人群。④ 税收调节收入分配的功能未能有效发挥。

2. 民生支出环节中低收入与低福利之间的矛盾

政府的再分配，可以用来"削高补低"来形容，在收入环节，政府通过税收降低高收入阶层的收入；在支出环节，一方面，转移支付可以适当提高低收入人群的收入，另一方面，则可以通过教育、医疗卫生、社会保障等

---

① 董再平、凌荣安：《我国财政转移支付制度均等化效应以及完善》，《当代经济研究》2008 年第 4 期。
② 付广军：《税收分配在区域政府收入中应当有所作为》，《税务研究》2010 第 11 期。
③ 魏陆：《"十二五"期间货物和劳务税改革研究》，《税务研究》2010 年第 10 期。
④ 李渊：《税收调节初次分配的路径选择》，《河北经贸大学学报》2012 年第 3 期。

公共服务方面的再分配,"在短期内能够降低居民的各种支出负担,通过提高低收入人群实际收入水平的方式缩小居民收入差距。在长期动态中,这类再分配性支出,可以增强普通居民的人力资本积累能力,改变居民的要素禀赋分布结构,最终促进收入差距的缩小"①。但从我国政府再分配的结果看,财政支出并没有起到有效增加低收入群体福利的作用。而且,高收入阶层的福利状况要好于低收入阶层,从而进一步扩大了居民的收入差距。

中华人民共和国成立后,我国的社会福利制度"依附于经济公有制和计划经济制度而发展。当时的社会福利提供与生产资料所有制形式密切相关。公有化程度越高的部门,所享有的社会福利水平也越高"②。社会福利制度首先建立在公有制部门(政府部门、文教卫部门、国有制企业等),国家制定了全民所有制部门高于集体所有制部门、公有制部门的社会福利水平一直高于私有制部门的政策,此外,在计划经济时期,中国实行的是高度集中"统收统支"财政体制,即地方几乎所有的税收和利润都上缴给中央,然后中央按其批准的各省、市、自治区的支出计划下拨,国家控制全部经济活动与社会建设。在这种情况下,我国的资源配置的普遍现象是投资从大城市到中等城市再到小城镇,呈递减趋势。社会公共服务与社会公共福利的投入也是如此,等级越高,社会公共服务的数量越多,质量越好。同时,"中国建立了城乡分割和封闭的社会福利制度,即城市和农村社会福利资源、管理、提供、接受分割,城乡体系互相封闭。城市职工单位福利水平高:单位福利设施和福利项目安排是各单位在国家统一规定下自行操办,单位福利建立在职工与单位的这种依附关系的基础之上。中国农村在农业合作化结束实行土地集体所有制后,农村逐步建立了以集体经济为基础,集体福利、家庭照顾和国家社会救助相结合的农村社会福利制度。农民接受的社会福利水平直接取决于所在集体的生产情况,农村社会福利水平大大低于城市,农村家

---

① 蔡跃洲:《财政再分配失灵与财政制度安排——基于不同分配环节的实证分析》,《财经研究》2010年第1期。
② 彭华民、齐麟:《国社会福利制度发展与转型:一个制度主义分析》,《福建论坛》2011年第10期。

庭照顾成为非常重要的私域福利"①。地域与身份的双重分割，是当时中国社会福利制度的基本特点。

一方面，改革开放后，我国对社会公共服务与公共福利体系进行改革。我国的社会公共服务福利保障系统通过社会保障资金的筹集和支付进行第二次分配，适当缩小了不同收入人群之间的收入差距，避免了贫富分化，使社会成员的基本生活得到保障。但是，在单位制以及城乡"二元"体制的背景下，我国的重大社会保障项目如养老、医疗等的建设呈现出一种碎片化的状态。养老、医疗保障的建立先是从国有企业的改革开始，逐渐推行到社会的其他方面与人群，因此，覆盖全体社会成员的，待遇基本一致的社会保障体系并没有建立起来。不同地区、行业、群体的社会保障待遇也不尽相同。城乡居民之间是有无社会保障的差异以及社会保障项目与支付金额多少的差异。在有社会保险的劳动者中，存在着公务员、事业单位工作人员与企业职工之间的待遇差距；在企业职工中，存在着垄断行业与一般性竞争行业的职业福利差异，在不同地区之间，存在着社会保障缴费率和待遇的差距。不同群体之间享有的社会保障权利的不平等，导致再分配"逆向调节"的问题在某种程度上拉大了贫富差距。

另一方面，我国的财政制度发生了重大的变化，尤其是1994年的分税制改革，界定了中央与地方的财政份额以及职权事务，居民的公共服务与公共福利也由中央统一规划管理转向地方与中央分职负担。地方财政主要负担本地区政权机关运转以及本地区经济、社会事业发展所需的支出。但由于1994年分税制改革时仍保留了维持原体制刚性和既得利益的税收返还和过渡期转移支付制度，地区间的财政能力差距日益扩大。② 而且，1994年的分税制只界定了中央与省一级的财政政务，对省以下的财政政务的划分没有明确规定，因此造成了省以下单位财权上收，事权下放的现象，造成了基层政府的财政困难，公共福利与公共服务的等级化趋势亦在延续。虽然，党的十六大、十七大提出了再分配应该重视公平，十六届六中全会提出了公共服务

---

① 彭华民、齐麟：《国社会福利制度发展与转型：一个制度主义分析》，《福建论坛》2011年第10期。
② 张万强：《中国财政体制改革的演进逻辑及公共财政框架的构建》，《财经问题研究》2009年第3期。

均等化。但是，在制度惯性下，中国的公共福利与公共服务的改观并不大。地域与身份的双重分割仍然存在，并将已经存在着收入差距进一步扩大。

（1）居民转移性收入的"逆分配"

城镇居民的转移性收入是指国家、单位、社会团体对居民家庭的各种转移支付和居民家庭间的收入转移。包括政府对个人收入转移的离退休金、失业救济金、赔偿以及价格补贴等；单位对个人收入转移的辞退金、保险索赔、住房公积金；家庭间的赠送和赡养等。总的来说，政府的转移性支出是城镇居民转移性收入中最主要的来源。而农村居民转移性收入指农村住户和住户成员无须付出任何对应物而获得的货物、服务、资金或资产所有权等，不包括无偿提供的用于固定资本形成的资金。一般情况下，指农村住户在二次分配中的所有收入。居民的转移性收入是居民收入的主要组成部分，也是政府再分配过程中财政支出的重要组成部分，是调节居民收入差距的重要手段。但是从结果看，居民的转移性收入不但没有起到缩小收入差距的效果，反而扩大了收入差距。这首先表现在城乡居民转移性收入的差距上。

表2-13 城乡居民转移性收入差距

| 年份 | 城镇居民人均收入及其比重 | | | 农村居民人均收入及其比重 | | | 城乡居民转移性收入差距 | |
|---|---|---|---|---|---|---|---|---|
| | 可支配收入（元/人） | 转移性收入（元/人） | 转移性收入比重（%） | 纯收入（元/人） | 转移性纯收入（元/人） | 转移性收入比重（%） | 绝对差距（元） | 相对差距（倍） |
| 1985 | 739.1 | 65 | 8.8 | 397.6 | 29.5 | 7.4 | 35.5 | 2.20 |
| 1986 | 870.65 | 88.4 | 10.2 | 423.8 | 28.9 | 6.8 | 59.5 | 3.06 |
| 1987 | 1002.2 | 111.8 | 11.2 | 462.6 | 21.6 | 4.7 | 90.2 | 5.18 |
| 1988 | 1181.4 | 179.3 | 15.2 | 544.9 | 24 | 4.4 | 155.3 | 7.47 |
| 1989 | 1375.7 | 220.6 | 16 | 601.5 | 30.5 | 5.1 | 190.1 | 7.23 |
| 1990 | 1510.2 | 247.9 | 16.4 | 686.3 | 29 | 4.2 | 218.9 | 8.55 |
| 1991 | 1700.6 | 272.4 | 16 | 708.6 | 33 | 4.7 | 239.4 | 8.25 |
| 1992 | 2026.6 | 236.9 | 11.7 | 784 | 38 | 4.8 | 198.9 | 6.23 |
| 1993 | 2577.4 | 325 | 12.6 | 921.6 | 41.6 | 4.5 | 283.4 | 7.81 |

续表

| 年份 | 城镇居民人均收入及其比重 | | | 农村居民人均收入及其比重 | | | 城乡居民转移性收入差距 | |
|---|---|---|---|---|---|---|---|---|
| | 可支配收入（元/人） | 转移性收入（元/人） | 转移性收入比重（%） | 纯收入（元/人） | 转移性纯收入（元/人） | 转移性收入比重（%） | 绝对差距（元） | 相对差距（倍） |
| 1994 | 3496.2 | 473.5 | 13.5 | 1221 | 47.6 | 3.9 | 425.9 | 9.95 |
| 1995 | 4283 | 586.9 | 13.7 | 1577.7 | 57.3 | 3.6 | 529.6 | 10.24 |
| 1996 | 4838.9 | 659.6 | 13.6 | 1926.1 | 70.2 | 3.6 | 589.4 | 9.40 |
| 1997 | 5160.3 | 752.7 | 14.6 | 2090.1 | 79.3 | 3.8 | 673.4 | 9.49 |
| 1998 | 5425.1 | 873.6 | 16.1 | 2162 | 92 | 4.3 | 781.6 | 9.50 |
| 1999 | 5854 | 1249.7 | 21.3 | 2210.3 | 100.2 | 4.5 | 1149.5 | 12.47 |
| 2000 | 6280 | 1432.4 | 22.8 | 2253.4 | 78.8 | 3.5 | 1353.6 | 18.18 |
| 2001 | 6859.6 | 1619.2 | 23.6 | 2366.4 | 87.9 | 3.7 | 1531.3 | 18.42 |
| 2002 | 7702.8 | 1886.9 | 24.5 | 2475.6 | 98.2 | 4.0 | 1788.7 | 19.21 |
| 2003 | 8472.2 | 1974.9 | 23.3 | 2622.2 | 96.8 | 3.7 | 1878.1 | 20.40 |
| 2004 | 9421.6 | 2158.8 | 22.9 | 2936.4 | 115.5 | 3.9 | 2043.3 | 18.69 |
| 2005 | 10493 | 2456.9 | 23.4 | 3254.9 | 147.4 | 4.5 | 2309.5 | 16.67 |
| 2006 | 11760 | 2679.9 | 22.8 | 3587 | 180.8 | 5.0 | 2499.1 | 14.82 |
| 2007 | 13785.8 | 3129.7 | 22.7 | 4140.4 | 222.3 | 5.4 | 2907.4 | 14.08 |
| 2008 | 15780.8 | 3632.0 | 23.0 | 4760.6 | 323.2 | 6.8 | 3308.8 | 11.24 |
| 2009 | 17174.7 | 4515.45 | 26.3 | 5153.17 | 397.95 | 7.7 | 4117.5 | 11.37 |
| 2010 | 19109.4 | 5091.9 | 26.6 | 5919.01 | 452.92 | 7.7 | 4638.98 | 11.24 |

资料来源：1985—2008年数据来源于王亚红：《中国城乡居民转移性收入差异及其应对策略分析》，《发展研究》2010年第6期。2009—2010年数据来源于《2011年中国统计年鉴》。

注：从概念上讲，年鉴中的转移性收入概念与我们通常所理解的政府进行收入再分配的转移性支出概念有出入，但是，从年鉴上的人均转移性收入数据来看，政府转移支付部分仍占据主导地位。

从表2-13中可以看出，城镇居民的转移性收入一直高于农村居民，而且这种差距在20世纪80年代开始一直在扩大，到了2003年达到了最高，城乡之间转移性收入差距的达到了 20.40 倍，这以后虽然差距有所下降，但是到 2010 年仍然在 10 倍以上，显示出政府再分配在城乡之间的巨大差异。这是由于，我国的社会保障体系有明显的城乡二元化的特征，社保的财政支出明显地向城镇人口倾斜，89% 的社会保障经费支付给了占人口 20% 的城镇居民，而余下的 11% 的经费则分配给了占人口 80% 的农村居民，城乡之间的差别显著。而且，我国目前的社会保障实施的是社会统筹与个人账户相结合的筹资模式，个人账户实际上扮演的是强制储蓄的角色，并不具有调节收入的作用，而社会统筹则恰恰相反，其基本功能就是收入再分配。我国的社会保障资金中很大一部分由社会统筹组成，在城乡居民收入差距较大的情况下，这种社会保障筹资模式相当于在再分配层面上再次扩大了收入差距。①

而且，居民的转移性收入存在着明显的地域差距。2010 年人均可支配收入排在前五位的省份分别是上海（31838.08 元）、北京（29072.93 元）、浙江（27359.02 元）、天津（24292.6 元）、广东（23897.8 元），而人均转移性收入排在前五名的分别是天津（8896.61 元）、北京（8434.77 元）、上海（8158.2 元）、江苏（7308.57 元）和浙江（6710.19 元）。从数据上看，人均可支配收入高的地区，其转移性收入也高。而人均可支配收入低的地区其转移性收入也比较低。2010 年人均可支配收入最低的省份是甘肃省，人均可支配收入为 13188.5 元，而其人均转移性收入位列倒数第三，为 3664.59 元。人均可支配收入位列全国倒数第二的是新疆，为 13646.77 元，其人均转移性收入也是全国倒数第二，为 2809.96 元。人均可支配收入位列全国倒数第三的是西藏，为 14980.47 元，人均转移性收入是 1203 元，为全国最低。从以上排名可以看出，人均可支配收入低的地区，人均转移性收入也低。这显示出在目前我国的财政政策下，经济发展水平高、人均收入高的地区，其财政收入也高，能够为居民提供更多的转移性收入，而经济发展相对落后的地区，人均收入低，财政收入也低，因为财力有限，为居民提供的转移性收入也低。在这种情况下，初次分配中地区差距在再分配过程中又进一步拉大。

此外，我国居民的转移收入分配还存在着另外一种不合理，既收入高的

---

① 袁竹、齐超：《我国再分配逆向调节的成因既对策探析》，《税务与经济》2012 年第 1 期。

人群其转移性收入亦高,而收入低的人群其转移收入亦低。这在农村居民中表现得尤为突出,见表2-14:

表2-14 农村不同收入群体转移性收入状况

单位:元

| 年份\收入 | 最低收入20%群体 | 中低收入20%群体 | 中等20%收入群体 | 中上收入20%群体 | 最高收入20%群体 | 最高最低比 |
| --- | --- | --- | --- | --- | --- | --- |
| 2002 | 23.72 | 45.04 | 63.85 | 101.38 | 297.02 | 12.52 |
| 2003 | 27.57 | 43.30 | 63.11 | 100.52 | 287.90 | 10.44 |
| 2004 | 41.77 | 64.63 | 84.25 | 119.92 | 307.20 | 7.35 |
| 2005 | 60.97 | 83.09 | 109.52 | 152.63 | 380.48 | 6.24 |
| 2006 | 77.67 | 109.52 | 134.84 | 192.10 | 448.20 | 5.77 |
| 2007 | 101.31 | 135.88 | 164.91 | 236.28 | 551.69 | 5.45 |
| 2008 | 159.25 | 213.72 | 265.58 | 355.42 | 718.16 | 4.51 |
| 2009 | 194.33 | 251.49 | 311.98 | 436.91 | 917.07 | 4.72 |
| 2010 | 210.94 | 288.04 | 364.82 | 502.76 | 1047.37 | 4.97 |

资料来源:2003—2011《中国统计年鉴》。

从上面的统计数据看,农村居民的转移收入与所处的收入等级明显一致,既收入等级越低,其转移性收入越低,而其收入等级越高,其转移性收入也越高。虽然,从统计结果看,收入最高群体与收入最低群体之间转移性收入比在之间缩小,但是到2010年依然接近5倍。本来应该缩小居民收入差距的转移性收入反而扩大了转移性收入。

(2) 公共服务资源配置的空间分布分异

公共服务资源尤其是优质公共资源的配置向大城市、高收入人群倾斜是我国居民再分配"逆调节"的另一重要表征。如前所述,历史积累、现实的财政能力的差异以及一直以来重点发展的思路,导致了中国的公共服务资源的配置不合理。

以教育为例。教育是最重要的人力资本,在促进收入流动、缩小收入差距方面起着十分重要的作用。很多研究都表明,教育在提升个体在就业市场的竞争能力方面具有十分重要的作用,提供均衡公平的教育是改善民生的重要途径。因此各国政府都十分重视教育投资，将教育投资作为政府最重要的工作来做。我国政府对教育事业的发展不可谓不重视，但是，目前我国教育服务的有失公平却非常明显。

一方面，由于历史的原因，我国的教育传统上是一种精英培养路线，通过建立各级重点学校，筛选出所谓的尖子生人才进行重点培养。在这种情况下，培养所谓精英型人才的重点学校获得了更多的政府投入。在经费投入、教师编制、工资及晋级制度等方面，获得了优厚的待遇。而这势必造成教育领域资源配置的不均衡，造成了不同地区、不同等级学校之间的差距。虽然，目前基础教育阶段的重点学校政策已经有所变化，但并没有实质的改变，"重点学校"与"非重点学校"之间的差异仍然明显。曾经的"重点学校"依然是财政资金重点关照的对象，同时又有着社会资源的青睐，因此，强校与弱校之间的差距依然明显，且有着代际继承的趋势。"重点学校——师资力量强、硬件设施好——教学质量高——吸引更多优秀生源，政府投入加大及社会捐赠多——教师待遇进一步提高——吸引更多优秀师资，进一步改善教育设施——吸引更多好的生源，学校发展后劲更足……相反，非重点学校在与重点学校的竞争中越来越处于不利地位：非重点学校——师资力量弱、硬件设施差——教学质量差——社会反响差——学生生源差——政府越来越不重视——教师待遇下降——优秀师资逃离——师资水平进一步下降——学校竞争力进一步下降……在重点学校制度的代际再生产机制的作用下，区域内优秀师资、硬件设施等优质教育资源不断流向重点学校，促成了区域内义务教育非均衡发展的格局。"[①] 而这种非均衡格局，与收入差距不断扩大以及住房商品化的社会背景相结合，使得高收入阶层有能力选择和争夺优质的教育资源，逐渐形成了优质教育资源向高收入阶层集中的态势。以北京市为例，北京市重点小学有33所，全部分布在中心城区。优质小学教育资源严重失衡。2009年数据表明，中心城区普通中学学校数占比为48.8%，新城地区（原来的郊区区县）占比为51.2%。普通中学的分布相对来说比较均衡。但2009年中心城区普通中学毕业生人数占比为56%；新城地区占比为44%，中心城区毕业的学生人数比新城地区要高12%。说明尽管中心城区

---

① 刘哈兰：《试析义务教育区域均衡化发展中的制度排斥与消解》，《教育探索》2012年第5期。

与新城地区普通中学学校数量大体相同,由于教育资源质量的差异,居民还是愿意送孩子到中心城区优质中学读书。从2010年数据可以看出,高中教育资源中心城区与新城区出现明显差异。示范高中与普通高中的分布均呈七三开局面。优质教育资源向中心城区集中非常明显。[1] 另有研究表明,低收入人口的分布基本上都是以中心区为核心向外围逐渐递增,大多数低收入人群占比较高的地区都位于四、五环外,呈现出边缘化、郊区化趋势,城市贫困由近郊区向远郊推进。[2] 这反映出北京市收入较高的人群仍多居住在于中心城区,也就是说收入高的人群享有更好的义务教育。

另一方面,从教育的投入机制看,在"地方负责,分级办学"的教育财政体制下,中央政府的财政预算内教育经费绝大多数都投向了高等教育,而对义务教育经费的投入很少。而这些有限教育经费只投入到"中央属"的中小学,省级财政性义务教育经费也主要用于"省属"的中小学,而各县区的中小学义务教育经费则由县(区)财政独自承担。以2008年为例,县级及以下政府负担87%的义务教育经费。[3] 而这些经费中的一部分还可能用于传统"重点学校"的建设。因此,农村地区在发展基础教育方面面临着财力不足的困境,城乡与地区之间义务教育的发展很不均衡。历年来国家对农村的财政性教育投入远远低于城市,并且绝对差距逐步扩大。据统计,2009年,农村中、小学生人均教育经费分别比全国平均水平低541.2元、329.2元,城乡差距则更大。而2009年全国6岁以上人口的人均受教育年限为8.4年,而城市、城镇和乡村分别为10.4年、8.4年、7.4年。农村人口的受教育水平显然更低。而地区之间的发展不平衡尤为明显,从学生人均预算内教育经费来看,2009年,全国小学投入水平最高的地区是最低地区的6.86倍,初中为6.67倍。小学、初中投入最多的省份投入水平分别是全国平均水平的4.33、4.07倍,而投入最低的省份投入水平分别是全国平均水平的63%、61%。以北京、山西和甘肃三省市为例来看东、中、西部的差

---

[1] 赵秀池:《北京市优质公共资源配置与人口疏解研究》,《人口研究》2010年第4期。
[2] 谌丽、张文忠等:《北京市低收入人群的居住空间分布、演变与聚居类型研究》,《地理研究》2012年第4期。
[3] 赵昌木:《义务教育资源均衡配置的政府责任》,《山东师范大学学报(人文社科版)》2012年第3期。

距，北京的小学生人均预算内经费分别是山西和甘肃的 3.53 倍、4.13 倍，初中人均预算内经费分别是山西、甘肃的 4.14 倍和 4.32 倍。而 2009 年北京 6 岁以上人口的人均受教育年限为 11.2 年，甘肃仅为 7.1 年。[①] 人口的受教育程度虽然与一个地区的历史、文化传统有很大关系，但与地区的经济发达程度关系更为密切。《2010 年中国统计年鉴》的数据表明，2009 年北京市城镇人口的人均可支配收入为 26738.48 元，农村居民的人均纯收入为 11668.59 元，居于全国第二位。而甘肃省城镇居民的人居可支配收入为 11929.78 元，农村居民的人均纯收入为 2980.10 元，均处于全国倒数第一的位置。而地区与城乡之间教育投入之间的差异恰恰是一种"逆向分配"，本来经济欠发达地区需要更多的教育投入，提高居民的教育水平，但是经济发达地区的居民获得了更多的教育投入，居民的教育水平也越高，这样城乡、地区之间人力资本差异也会进一步拉大，也就无法通过教育提升居民在初次分配中的竞争能力，从而进一步拉大收入差距。

3. 政府与居民之间的高税负低民生投入的矛盾

税收是国家履行职能的资金保障，而税收也应用于国计民生的改善。居民的税收负担应该与其获得的社会福利、公共服务相符。但是，我国目前在再分配过程中却出现了税负重、福利低的矛盾。2009 年，福布斯杂志曾发布"税负痛苦指数"榜单，其中中国税负痛苦指数为 159，在公布的 65 个国家和地区中排列第二。这引起了广泛的社会反响。虽然一些官方的统计数据并不认可这一结论，但是学者们研究则多支持中国的税收负担的状况是实际宏观税负偏高，名义宏观税负也比较高。由于政府收入形式的不规范，导致了我国企业和国民经济税费总负担相对偏重。如果将大口径的税收负担看做税费总负担，即保守的估计应在 25% 以上，一般的研究认为在 30% 左右，有的学者预测这一指标可能达到 34%。我国的宏观税负已经超过发展中国家的平均水平，在我国税费总负担偏重这一点上，大家的认识基本上是一致的。[②] 当然，对于税负水平问题的判断，既要看宏观税负，也要看税收痛苦指数，同时还要看公共服务的数量和质量，即居民所享受到的实际福利水

---

① 张艳华：《教育机会公平性失衡及其制度性原因研究》，《调研世界》2012 年第 6 期。
② 赵晋琳、叶香丽：《中外税收负担比较研究》，《财经科学》2009 年第 5 期。

平。例如，丹麦宏观税负为 49.8%，也就是说人们一半的劳动成果都给了政府，但丹麦人同时也享受着从摇篮到坟墓的社会福利。有资料显示，2007年丹麦政府支出中的社会性支出（含教育、社会保障、公共医疗卫生、住房支出）占国家财政支出的比重高达 71.6%。"德国、法国、意大利、日本和美国这一比例也分别高达 70.8%、68.5%、61.9%、66% 和 58.4%。而我国政府支出的大头是政府投资和行政开支，社会性支出的比例一般非常低。据统计，社会保障支出、医疗卫生支出和教育支出近年的平均水平分别为 17.3%、8.6%、2.9%，累计不足 30%。"[1] 这表明中国的社会公众并没有获得与税赋相应的社会福利。也有资料表明，中国的民生投入的增长速度与 GDP、税收收入、财政收入的增长不同步。1996—2009 年，税收和财政收入持续以较高的增长率增长，几乎连年以超过 GDP5 个百分点以上的水平增长，但是，社会保障投入却没有相应的增长。以教育投入为例，早在 1986 年，以厉以宁、王善迈为首的几位学者做了一份名为《教育经费在国民生产总值中的合理比例研究报告》，计算出当人均 GDP 达 1000 美元时，公共教育支出国际平均水平为 4.24%。据此，1993 年，中国政府发布《中国教育改革和发展纲要》，首次提出国家财政性教育经费的支出"在 20 世纪末"占 GDP 的比例应该达到 4% 的目标。结果，到 2010 年，也就是 21 世纪第一个十年结束之际，国家财政性教育经费支出占国内生产总值的比重才 3.66%。此后，有着"新教改"纲领性文件之称的《国家中长期教育改革和发展规划纲要（2010—2020 年）》中再一次规定，"提高国家财政性教育经费支出占国内生产总值比例，2012 年达到 4%。而历经近 20 年后，2012 年这一目标终于实现。"[2] 民生投入比例提高之艰难可见一斑。

### （四）第三次分配中分配能力的结构性矛盾

#### 1. 第三次分配规模小

所谓第三次分配是指在道德力量的作用下，通过个人收入转移和个人自

---

[1] 张萧然、朱国庆：《税负高低难辨，国民更看重税收民生走向》，《中国产经新闻报》2010 年 9 月 6 日。

[2] 马晖：《教育经费硬指标首次实现占 GDP4% 目标》，《21 世纪经济报道》2013 年 1 月 4 日。

愿缴纳和捐献等非强制方式再一次进行分配。① 初次分配追求效率，因此收入差距的扩大在所难免，需要再分配进行纠正。再分配追求的是公平，通过税收、转移支付以及公共服务的供给缩小收入差距，使社会中的每一个成员都能够获得基本的生存与发展的权利，并共享社会发展进步的成果。"但是，政府自身的利益诉求以及社会上不同利益集团的存在决定了政府政策只是各种利益集团博弈和妥协的产物，不可能满足所有利益集团的特殊利益。另外，民主政府政策的'中位数取向'说明政府只能保障大多数公民的普遍权利，不可能照顾到每个公民特别是社会中最弱势群体以及某些特殊群体的利益要求，再分配存在资源不足、覆盖面和力度不够的问题。既然市场和政府在公平分配方面都存在着失灵，既然许多弱势群体仍处在两次分配都不能覆盖的空白空间，那么第三次分配就势在必行。"② 西方社会慈善事业的发展充分证明第三次分配对实现分配公正的重要作用以及为社会福利和社会发展做出了巨大贡献。

以美国为例，2009年，美国慈善捐赠占GDP的规模是2.2%，各类基金会达到75595个，资产达到5834亿美元，2009年支出429亿美元；而且在美国公众是捐赠主体，2009年美国各类慈善捐赠达到3037亿美元，其中个人捐赠达到274亿元，基金会捐赠300多亿元，企业捐赠140多亿元。据统计75%的美国人为慈善事业捐款，每个家庭年均约1000多美元，同时富人捐赠数量多，2010年8月底，已有40多名美国亿万富翁承诺至少拿出一半的身家来做慈善。③ 美国的慈善捐助的领域并不局限于"扶贫"，教育、科研等诸多领域都有慈善捐助的参与，而慈善行为对社会的多方面的介入，也促进了美国社会事业的发展，培育了公平的社会参与责任意识，推动了美国社会的科学发展与社会公正。

虽然，近年第三次分配也引起了我国政府的高度重视，十六届六中全会《中共中央关于构建社会主义和谐社会若干重大问题的决定》明确提出"发展慈善事业，完善社会捐赠免税减税政策，增强全社会慈善意识"，这表明

---

① 厉以宁：《股份制与现代市场经济》，江苏人民出版社1994年版，第79页。
② 武晓峰：《第三次分配：实现分配公正的助推器》，《经济问题》2009第12期。
③ 杨团：《慈善蓝皮书：中国慈善发展报告（2010）》，社会科学文献出版社2010年版，第160—185页。

我国政府已经高度重视发展慈善事业的重要性和实行第三次分配的必要性。但是目前，我国的慈善事业规模很小，对促进社会公正和谐的贡献还很小。据《2011 年度中国慈善捐助报告》核心数据显示，2011 年全国接收国内外社会各界的款物捐赠总额约为 845 亿元，占同年我国 GDP 比例为 0.18%；人均捐款 62.7 元，占同年我国人均可支配收入的 0.33%。同时，我国慈善捐赠的主体主要为企业，占我国社会捐赠总量的 57.5%；另外，我国的慈善组织也不发达，截至 2009 年，中国只有 1800 个基金会，资产仅有 300 亿人民币。显示出中国的第三次分配还很不成熟。

2. 第三次分配缺乏文化制度支撑

中国的第三次分配以及慈善事业发展的不成熟具有文化与制度的双重原因。

首先是文化的原因。从历史渊源上说，我国慈善思想源远流长，在慈善思想的影响下，民众中也形成乐善好施、互助友爱的良好氛围和乐于奉献的精神。在一定的历史时期也曾出现不胜枚举的慈善家群体和连绵不绝的传统慈善活动。但中华人民共和国成立后政府包办了全部的社会事务包括对社会成员的救助，人们的慈善意识和观念长期缺失和淡漠。同时，我国公民个人过去常常以个体消费者的面貌出现，很长时间内个人收入又比较低，因此承担社会责任的意识和能力比较弱，在实践中缺乏更高的慈善表现。而且，从动机上说，行善多被认为是个人道德自律与追求，满足的是个人的理想与自我完善，强调无私奉献、不求回报。这虽然有一定的积极意义，但这种慈善并不具备外在的约束力，仅靠个人的"觉悟"，没有形成制度化的慈善运行机制与文化氛围，更没有将慈善上升到公民责任的理论支持层面，显然不能适应现代社会对慈善行为的要求。此外，中国传统的社会结构正如费孝通先生所言，属于遵循差序格局的乡土社会，即人与人之间以人伦亲疏为序，一圈一圈向外扩散。凡与自己有亲属关系的为近，无亲属关系的为远；相识者为近，无亲属关系的为远；与自己有利益关系者为近，无利益关系者为远。缘于此，中国人的慈善原则，往往也是由近及远，由亲及疏。这与现代慈善对"陌生人的伦理"的慈善精神截然不同。因此，普通中国人更愿意帮助亲戚或熟人,从而缩小了慈善对象的范围,也妨碍了普通人对慈善事业的普遍参与。① 再有,人们的财富观念也影响着慈善行为。中国公众"留财予儿"的观念非常突出,关注的是财富如何在自己家族的不断积累与传承并为家族成员所享用,而不是利用财富为社会的发展做出贡献,因此,缺乏相应的社会责任感,很少顾及社会的慈善事业。

其次是制度的原因。第一,慈善组织管理体制还处在初步建设阶段,并未形成政府有效管理、慈善组织自我发展的良性运行机制。目前政府依然对慈善组织进行直接的领导与控制。慈善组织在人事任用、财务管理以及慈善活动内容等诸多方面都受到政府行政部门的极大影响。② 这直接导致了我国慈善事业的发展滞后,社会伦理分配激励人们参与慈善、服务社会并进而缩小收入差距功能无法经由独立于市场与政府的慈善组织发挥作用。第二,目前,普遍存在各级政府行政直接干预慈善活动的现象。慈善事业依然是政绩考核的重要指标,被视为政府的"温暖工程",一方面,慈善组织被纳入政府的行政体系,慈善事业被视为政府职能的延伸;另一方面,我国的慈善组织绝大部分不是直接依托于各级民政部门建立的,就是从民政部门中分化出来的,与民政部门基本上就是两套牌子、一个单位,客观同属一个行政体系。慈善机构人员配置是政府编制的,决策层由在职政府官员组成,政府直接干预慈善活动也就成为了一种"惯习"。而人们的捐助行为并非出自内心的自觉行为,仅为应付"摊派",使人们本来就比较薄弱的慈善观更为淡化,行为与动机不统一,使社会慈善行为成为了无源之水无本之木。第三,对慈善组织的监管体制不完善。我国政府的民政部门、业务主管部门、审计部门和人民银行都对慈善组织负有监督责任,在监督中容易出现相互推诿、职能重叠、相互摩擦的状况,在实际执行中往往流于形式。同时,我国缺少慈善组织的同业自律组织,缺乏独立的第三方评估机监督机构,提供真实有效的信息为社会公众选择慈善组织提供帮助。而且还存在着问责机制以及信息公共制度缺失的问题。没有对慈善组织违反诚信的问责机制,导致了一些

---

① 杨方方:《慈善文化与中美慈善事业之比较》,《山东社会科学》2009年第1期。
② 王华春、周悦、崔炜:《中外慈善事业的政府规制比较研究》,《山西大学学报(哲学社会科学版)》2011年第5期。

人利用慈善组织谋取私利，损害了整个慈善事业的发展。再者，又缺乏慈善组织信息公开的平台和相关标准，缺乏信息公开后配套的保障制度。结果各慈善组织或因无章可循，或因实施成本太高而逃避自身的诚信和透明公开责任。这造成了公共监督因信息不对称，因而也很难对慈善组织做出有效监督。

## 三、收入分配结构性矛盾的解决

目前我国的收入分配存在种种失衡与结构性矛盾，已经在一定程度上影响了国计民生，必须通过提高中低收入者的收入水平缩小收入差距来解决。而造成收入分配结构性矛盾的原因涉及方方面面，与经济发展模式有关，与城乡二元化的社会管理体制有关，也与财政、税收体制有关，更与整个劳动力市场、社会保障问题有密切的关系，收入分配的解决也是一个系统化的过程。建立和谐的收入分配制度需要着重从以下几个方面着手：

### （一）建立以民生发展为先的经济发展方式

党的十一届三中全会以来，确立了让一部分人先富起来，先富带后富的经济发展思路，可以说，这一决策极大地解放了生产力，促进了我国经济快速发展。但是，在发展的过程中，让一部分人先富起来得到了很好的实践，而"先富带后富"的目标却在逐渐偏离，在经济发展的过程中，过于重视发展的速度，忽视了发展的质量。一系列的政策措施基本都是围绕着 GDP 的增长制定的，甚至出现为了追求经济增长的速度而损害分配公平的现象。而收入分配格局中的种种结构性矛盾，如城乡差距、地区差距、劳资差距以及民生投入不足等都与经济发展的不均衡以及为刺激发展而采取的不公平的经济刺激手段或者放任收入差距有一定的关系。因此，要实现收入分配的公平，首先要纠正单纯的以 GDP 增长为目标的经济发展模式，代之以均衡发展、促进就业的经济发展模式，并在此基础上，逐步调整相关的经济、税收、财政、社会保障等政策，才能从根本上解决收入分配问题。

### (二) 促进初次分配的公平与秩序

初次分配是居民收入分配的基础及主体渠道，其公平程度对收入结果的公平有着决定性的影响。初次分配的公平是指所有参与分配的要素都能平等地参与市场竞争。这种平等既包括不同种类要素之间地位的平等，也包括同种要素不同所有者之间地位的平等。而我国初次分配过程中的种种结构性矛盾一言以蔽之就是要素地位的不平等。这种不平等突出地表现在两个方面：一个是行政垄断；另外一个就是非公领域中，资本与劳动力之间的不平等。此外，我国长期以来阶梯式的发展模式也造成了地区之间机会的不均等。因此，促进初次分配的公平与秩序就必须要解决以上的问题。一是要治理垄断。首先要打破行业垄断，允许民间资本进入那些能够由市场进行配置资源的行业，从源头上铲除由垄断所产生过高的收入；其次要征收资源垄断税；再次要对垄断行业的工资总额、福利分配和人工成本实行财政集中控制；仅赋予企业内部分配自主权，企业可以根据员工的实际工作业绩，在国家的额定范围内进行自主分配。二是要遏制资本对劳动权益的侵犯。由于长期以来我国实行的资本密集型的经济发展模式，对于资本的依赖导致了劳动保障监管的缺位，放任了一些企业对雇员任意压低工资，延长工时，不支付加班费，使劳动者的劳所得与其提供的劳动极不相符。因此，要完善劳动合同制度与劳动保护制度，加大劳动保障监察执法力度，维护分配的公平与正义。三是要制定地区收入分配政策，需把重点放到对中西部的扶持上。政府有关部门要指导中西部地区制定针对本地区开发时期的收入分配政策，并给予相应的政策支持，逐步缩小落后地区与发达地区经济发展与竞争机会的差距，最终提高落后地区居民的收入水平。

### (三) 提高普通劳动者的收入水平

近年来，劳动报酬占初次分配比重持续下降，普通劳动者收入增长缓慢已经成为了一个突出的问题，因此，"提高劳动报酬在初次分配中的比重"被认为是缩小收入差距，改善收入分配结构的重要举措。但是，从目前的情况看，劳动者在收入分配过程中，总体上处于劣势地位。这种劣势地位既有如前所述的经济环境与政府监管不利的后天因素影响，也与劳动者先天的权能不足有着重要的关系。一方面是劳动者的人力资本不足。人力资本被认为与劳动报酬有着密切关系。市场经济为人们充分发挥自身的才能并获取相应回报创造了种种机遇。从劳动力市场看，高级管理人才、高新技术人才是稀缺要素，能够获得较高的报酬。但是，能力不足的普通劳动者则难以获得好的收入。从目前我国的现状看，多数劳动者由于受教育水平有限，很难获得较高的收入。另一方面，则是单个的劳动者的谈判能力不足。所以，要提高普通劳动者的收入水平，在严格监管资本恶意侵犯劳动权利的同时，还要提高劳动者的权能，使其具有与资本平等竞争的能力，改变强资本、弱劳动的状况。

针对劳动者的人力资本不足应该通过提高教育水平来解决。首先要抓好农村义务教育，加大资金投入，稳定农村教师队伍，保障农村义务教育的实施，减少并消除农村青少年辍学现象，提高农村义务教育就学率，为提高农民劳动力的整体素质奠定坚实基础。其次要做好城镇贫困家庭子女、进城务工农民子女的义务教育，保证他们都能享受义务教育。再次要抓好职业培训。对农民工进行进城务工的培训，对下岗失业人员进行再就业培训，以提高他们的能力素质，适应劳动力市场竞争的需要。最后要进行各类人才的开发，通过多种形式的教育，建设人才队伍。

针对劳动者的谈判能力不足，则要通过加强劳动者联盟，建立和坚持工资集体协商制度来实现。议价能力也是决定劳动者工资水平的重要因素。成熟市场经济条件下的劳资关系，基本都是以集体劳资关系为核心。劳资之间产生矛盾，通过工会或集体代表与资方谈判解决，从而使劳资关系相对平衡。为了使工资集体协商制度能够切实有效的发挥的作用需要，首先要将工资集体协商相关内容纳入政府考核内容，督促政府积极公正地推进工资集体协商制度。其次，要建立独立的工会制度。目前，在工资集体协商制度的推进过程中，工会人员存在着"双重身份"的尴尬。他们既是职工代言人，又是企业员工，自身也有"保饭碗"的顾虑，存在着工会组织"不敢谈"的问题，因此，应该采取措施保证工会具备独立性，不附庸于资本，从而能够保证工会组织切实为劳动者争取权益。最后，要培养专业的谈判人员。劳资关系日趋复杂，而且谈判本身就是一个艰难的利益争取过程，仅有工作的热情并不能保证谈判的质量，需要懂专业知识，有谈判能力与技巧的专业人员的介入，而目前我国这方面的人才还很匮乏，因此应该大力培养相关的专业人才，参与指导劳动者的工资协商以保证劳动者的权益。

### （四）建立公平的均等化的社会保障与公共服务体系

经过三十多年的改革开放，我国的经济实力有了很大的提高，民生投入从绝对值上看也有了巨大的变化。但是，从增长速度以及对实际需求的供给上来看，民生投入的增长没有与经济发展同步，不能满足社会发展与人民生活水平提高的要求。因此，应该逐渐加大民生投入，保证民生投入与经济增长同步，通过再分配进一步提高人民生活水平。同时，还要进一步完善我国的社会保障与公共服务体系，实现公共福利与公共服务的均等化。受历史因素的影响，我国社会保障与公共服务体系在建立过程中，非但没有实现"调高补低"的目标，还进一步拉大了居民的实际收入差距，因此，要改善收入分配的结构性矛盾，就要从建立公平的均等化的社会保障与公共服务体系着眼，为全体社会公众提供一个大致均等的社会保障支撑，使之能够共享社会发展进步的成果。

首先要改变以身份为基础的社会保障方式，建立起全民均等的社会保障体系。目前，我国社会保障制度是一种以身份为壁垒的碎片式的保障制度。社会成员因户籍、职业、区域的不同，其社会保障水平也不一样。概括而言，经济发达地区的"体制内"的城市居民享有最为完善的社会保障，而这些人恰恰在初次分配中收入也不低。而最需要社会保障的低收入群体如农民、农民工以及城市贫困群体由于缺乏体制的庇护，社会保障水平偏低，甚至缺失，这种社会保障状况显然有违再分配的公平。因此，应该打破身份的限制，建立起全国统一的社会保障与公共服务标准，使所有的社会公众享有大致相等的社会保障与公共服务。

其次，改革财政税收制度，为建立公平的社会保障制度提供物质基础。在目前的财政与税收政策下，经济发达地区自然地获得更多的物质资金以支撑本地区的社会保障与公共服务，而经济欠发达地区则相对资金紧缺，从而造成了社会保障与服务的差异。因此，应该改革相关的制度，依照有利于促进公平分配的原则，将义务教育、基本卫生服务等最基本的公共服务的事权划归中央。保证基本公共服务平等地惠及所有人群。对税收制度进行改革，使经济欠发达地区的税收负担有所减轻。改革转移支付方式,建立起规范透明的新型转移支付制度,加大对农村地区和落后地区的转移支付力度。要将转移支付目标定位于确保为全体社会成员提供标准大致相同的的基本公共服务,改革目前的转移支付模式,建立起纵向为主、横向为辅的纵横交错的转移支付新模式,均衡地方公共服务能力;建立科学的转移支付评价、考核和监督机制,确保财政资金使用效益的最大化。调整财政支出结构,扩大基本公共服务占财政支出的比重。

最后,加强对收入困难群体的社会保障与社会救助。社会保障更加注重的是结果公平,对收入困难群体的社会保障与社会救助是实现社会保障公平的重要措施,健全对低收入群体的就业帮扶、生活救助、医疗互助等帮扶制度,以解决困难群众的生产生活问题。

(五)鼓励社会力量参与慈善事业的发展

应该积极培育慈善组织,简化公益慈善组织的审批程序,鼓励有条件的企业、个人和社会组织举办公益事业。完善慈善捐赠税收优惠政策,使第三次分配在收入分配中作用不断加强。

# 第 三 章

# 就业的结构性矛盾研究

就业乃民生之本,是民众获得收入、维持生计和改善生活的基本前提和基本途径。解决民众的就业问题是解决民生的根本问题。扩大就业,实现充分的社会就业是全面提高人民收入和生活水平的根本保证,是建设小康社会的基础目标,是保证社会经济甚至政治稳定的基础。从现在到2020年,是我国前所未有的战略机遇期,也是全面建设小康社会、构建社会主义和谐社会的关键时期,千方百计扩大就业,解决好就业问题具有十分重要的意义。本章在分析总体就业形势的基础上,重点研究目前劳动就业中的主要矛盾——结构性矛盾,即就业需求和就业供给不匹配问题。随着就业总量供求矛盾的缓解,就业的结构性矛盾将会变得日益突出。随着经济结构战略性调整的推进,不论是产业转型升级,还是节能减排、淘汰落后产能等,也都会使就业结构性矛盾进一步加剧。在不同时期就业结构性矛盾的表现不同,当前突出表现为招工难与就业难并存,具体地说是,"民工荒""技工荒"与大学生就业难并存。本章将剖析结构性矛盾的根源,并探讨农民工、大学生、城镇下岗失业人员等主要群体就业的结构性矛盾及其原因,最后提出破解就业结构性矛盾的政策建议。本章研究框架图如下:

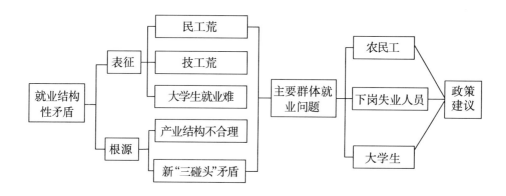

## 一、就业总体形势

近年来,党和政府高度重视就业工作,制定出台了一系列政策措施,千方百计扩大就业,保持了就业形势基本稳定。2012年党的十八大报告中提出要推动实现更高质量的就业,为就业领域提出了更高的要求。

### (一) 就业领域的成就

第一,我国就业人员总量伴随经济增长而持续增加,城乡就业规模不断扩大。

1978年,我国就业人员数只有4.02亿人,2000年增加到7.21亿人,2006年达到7.64亿人,2009年,超过7.79亿。1978年,城镇就业人员数只有0.95亿人,2000年增加到2.32亿人,2006年达到2.83亿人,2009年达到3.11亿人,年均增长率达到3.9%。[①]

第二,城镇就业占就业总量的比重迅速提高。1978年,城镇就业人员占就业总人口的比重为23.7%;之后这一比重不断上升,到1995年增加到28%,2006年达到37.1%,2011年达到47%。相应地,农业就业人口占就业总人口的比重从1978年的76.3%下降到2006年的62.9%,2011年下降到34.8%。

---

① 胡鞍钢:《中国:民生与发展》,中国经济出版社2008年版,第171页。

第三，从产业结构上来看，第一产业吸纳就业的能力下降，第二产业就业人口增加缓慢，新增就业主要集中在第三产业。1978年，第一产业的就业人口为2.83亿人，占就业总人口的70.5%；第二产业的就业人口为6945万人，占就业总人口的17.3%；第三产业的就业人口为4890万人，占就业总量人口的12.2%。① 其后，第一产业的就业人口也有增加，但增加速度低于第二产业和第三产业，其占就业总量的比重不断降低。到2005年，第一产业就业人口减少至3.39亿人，占就业总量的比重为44.7%；第二产业的就业人数为1.31亿人，占就业总量的比重为23.9%，第三产业的就业人数为2.38亿人，占就业总量的比重达到31.4%。2011年，第一产业就业人员减少到2.66亿人，占全国就业总人数的34.8%；第二产业就业人员约2.25亿人，占29.5%；第三产业就业人员约2.73亿人，占35.7%。②

第四，城镇新增就业人口规模保持稳定，城镇登记失业率上升速度放缓。根据《2010年度人力资源和社会保障事业发展统计公报》公布的数据，2006—2010年五年间，城镇新增就业人数保持在1200万左右（见图3-1）。2010年，我国共实现城镇新增就业1168万人，恢复到国际金融危机冲击前的较高水平。2011年更是达到了1221万人。2006—2010年五年间，城镇登记失业率保持在4.0%—4.3%之间，2009年城镇登记失业率为4.3%，2010年下降为4.1%，增速明显放缓（见图3-2）。

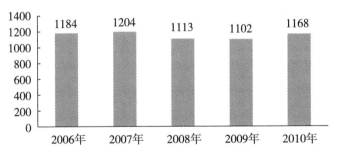

图3-1　2006—2010年城镇新增就业人数（单位：万人）

---

① 胡鞍钢：《中国：民生与发展》，第171页。
② 国勇：《去年城镇就业人员占比47%》，《企业改革与管理》2012年第9期。

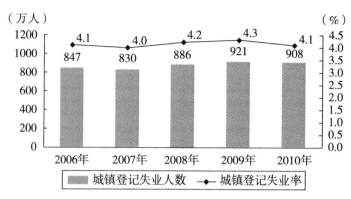

图3-2 2006—2010年城镇登记失业人数及登记失业率

资料来源:《2010年度人力资源和社会保障事业发展统计公报》,人力资源与社会保障部网站,http://www.molss.gov.cn/gb/zwxx/2011-05/24/content_391125.htm。

### (二) 依然严峻的就业形势

我国是世界上人口和劳动力最多的国家,虽然就业取得了巨大的成就,但是劳动者充分就业需求和劳动力总量过大的矛盾是长期的,就业形势依然严峻,这突出表现为:

#### 1. 劳动力供大于求的基本格局仍将持续一段时间

人口的年龄结构决定了劳动力的供给。劳动力人口是由总人口中具有劳动能力的人口构成。在我国劳动力年龄人口是指16—59岁的男性人口和16—54岁的女性人口。第六次全国人口普查显示,全国劳动力资源人口为92148万人,比10年前增加了近1亿人,占总人口比重高达70.14%。[1] 据预测,"十二五"期间,我国人口将达到13.7亿人,劳动力资源将达到峰值,城镇平均每年需要就业的劳动力大约为2500万人。在2500万劳动力中,青年学生大约占了1400万:一部分是高校毕业生,在"十二五"期间每年大约有近700万人需要安排就业;另一部分是中专、技校、初中、高中毕业之后不再继续升学的学生大约也有700万人左右。剩下的1000万余人包括军队转业人员,下岗失业需要再就业的人员和登记失业的人员。此外,

---

[1] 《普查显示中国劳动力总量10年增加近1亿人》,《河南日报》2011年4月30日。

在"十二五"期间,每年还要安排农村的富余劳动力 800 万人。① 这期间,城镇劳动力的供求缺口每年将达到 1300 多万,就业压力比"十一五"期间更大。

2. "三碰头"式就业导致就业矛盾更加突出

"三碰头"指我国劳动力就业长期同时面临城镇新增劳动力就业(大学生为主体)、农村富余劳动力转移就业和下岗失业人员再就业问题,该问题叫做"三碰头"局面。这种"三碰头"式就业局面导致就业供求矛盾更加突出。

近些年我国正处于新增劳动力增加最为迅速的时期。以 2003 年为例,这一年 16—59 岁劳动年龄人口净增 1300 多万。而且据预测,劳动年龄人口的增加还会持续 10 年左右的时间。根据各级各类学校的毕业生人数推算,每年新进入劳动力市场的人数依次为:2006 年为 1734 万人,2007 年为 1752 万人,2008 年为 1724 万人,2009 年为 1744 万人,2010 年为 1835 万人。② 新进入劳动力市场青年失业者所组成的"新失业群体",将成为解决失业问题的重点和难点。

从向城镇转移的农村劳动力来看,由于农民收入越来越依赖非农就业,向城镇转移的农村劳动力还会持续增加。目前,我国的城市化进程的年均速度为 1%。与此相伴,每年涌入城镇的农村劳动力大约有 1000 万以上。根据国家统计局的统计数据,2010 年,我国农民工总数达到 2.42 亿,其中外出农民工 1.53 亿。预计今后几年农民劳动力进城务工的人数还将进一步增加。由于城镇地区人口增速下降大大快于农村地区,城镇新增劳动力数量无法满足自身需求,农村劳动力转移已成为我国城镇劳动力供给的主要来源。

就城镇下岗人员而言,与前些年国企改革,大批职工下岗相比,目前下岗的人数有所减少。2003 年全国国有企业下岗职工为 260 万人,比 2002 年底减少 150 万人。③ 2004 年国有企业下岗职工人数为 153 万人,比 2003 年

---

① 姜赟:《中国劳动力市场仍然供大于求 就业形势非常严峻》,《人民日报》2011 年 3 月 21 日。
② 张车伟:《当前就业新趋势与对策建议》,《中国经贸导刊》2006 年第 9 期。
③ 白天亮:《再就业力度加大 国企下岗职工减少至 260 万人》,《人民日报》2004 年 2 月 17 日。

底减少107万人。① 这在一定程度上使就业压力得到缓解,但是城镇下岗职工的再就业问题仍不容忽视。

总的来看,上述三大群体的就业压力仍然存在,有些群体的就业压力还会有所增加。从需求方面来说,经济增长对就业的拉动作用呈现减弱的趋势。在改革开放初期,经济每增长一个百分点会带动约0.4%的就业增长,但到了2000年,这一拉动作用降低到只有0.1%,到2007年时已降至0.06%。② 目前我国经济发展的特征是高增长、低就业,社会整体劳动力需求不足。而在未来十几年间,农村人口增长将远远快于城市,潜心务农者会日益减少,加上土地资源减少和农业技术进步,农业剩余劳动力将日益增加。结合我国当前的宏观经济形势,可以预见,城乡两种劳动力交织发生的就业矛盾仍将持续一段时间。

## 二、就业中的结构性矛盾

在就业总体形势依然严峻的情况下,就业的结构性矛盾越来越突出,已经成为就业的关键性困局。据人口专家预测,如果不考虑65岁及以上人口的就业,到2016年将达到从业人员的高峰7.58亿,其后持续减少,15—24岁、25—44岁经济活动人口数量绝对减少,45—59岁经济活动人口开始缓慢减少。③ 这表明,几年之后,中国的劳动力供给压力将会有所减轻。随着就业总量供求矛盾的缓解,就业的结构性矛盾将会变得日益突出。随着经济结构的战略性调整,无论是节能减排、淘汰落后产能,还是产业转型升级都会对就业结构产生深刻影响,技能人才短缺问题势必更加突出,结构性失业问题也会有所加剧。如何实现就业岗位和需要就业人员之间的匹配成为"十二五"时期就业的主要矛盾。这一矛盾不解决,扩大就业的目标只能是"纸上谈兵"。

---

① 全晓书:《去年国有企业下岗职工人数比上年减少100万》,人民网,2005年2月1日,http://www.people.com.cn/GB/jingji/1039/3161006.html。
② 赵燕青:《就业增长与空间政策》,《城市发展研究》2006年第2期。
③ 王金营、蔺丽莉:《中国人口劳动参与率与未来劳动力供给分析》,《人口学刊》2006年第4期。

## (一) 招工难与就业难并存是就业结构性矛盾的突出表征

我国就业的主要矛盾已从数量矛盾转为结构矛盾。就业结构性矛盾即就业需求和就业供给不匹配。一方面，一些企业在劳动力市场上很难招收到急需的具有一定知识、技能和专业特长的技工人员。另一方面，大量的求职者因为不具备相应的知识、技能和专业技术而找不到工作。简单地说，就是"有人没事干，有事没人干"，招工难与就业难并存。结构性矛盾在不同时期的表现不同，当前突出表现为"民工荒""技工荒"与大学生就业难并存，即以大学毕业生为代表的高知劳动力过剩，而从事低端劳动密集型产业的劳动力和具有专门技术的劳动力却出现短缺。

1. "技工荒"

随着我国国民经济长期的高速增长，对技能型人才的需求越来越旺盛。上海、北京、天津、深圳等许多城市都出现了技能型工人的巨大供需缺口。如天津市，随着滨海新区的开发开放，对技能型人才的需求大幅增加。其中镗工、铣工、钣金工、安装工、氩弧焊工、装配钳工、喷漆工、机加工、数控等都是高级蓝领紧缺的行业。技术研发、工艺质量管理、设备工程师等岗位的人员缺口也较大。仅天津人力资源开发服务中心负责代理的300家企业，2011年的技工需求缺口就在1万多人，主要分布在机械、纺织、化工、医药、能源等9大行业。调查显示，目前天津市企业对高级技师、技师、高级工、中级工和初级工的需求人数与求职应聘人数之比分别是2.4∶1、2.1∶1、1.8∶1、1.5∶1和1.5∶1。[1] 据中国劳动力市场信息网监测中心对全国93个城市的劳动力市场职业供求信息进行的统计分析表明，即使是在劳动力市场明显受到金融危机冲击的2008年第四季度，各技术等级的求人倍率[2]职位空缺数与求职者数之比均大于1，劳动力需求仍大于供给，其中高级技师、

---

[1] 《准技工被"抢光" 十万年薪难求高级技工》，新华网，http://www.tj.xinhuanet.com/2010-07/26/content_20443167.htm。

[2] 求人倍率是劳动力市场需求人数与求职人数之比，它表明了劳动力市场中每个岗位需求所对应的求职人数。如果求人倍率数字大于1，说明人才供不应求；如果求人倍率数字小于1，说明职位供不应求。

技师和高级工程师的求人倍率较大，分别为 1.94、1.81、1.57。① 人力资源与社会保障部发布的 2004—2008 年部分城市按技术等级分类的劳动力供求数据表明，各技术等级的劳动力求人倍率一直呈上升趋势，劳动力供求市场上技能型人才供不应求和短缺的问题十分突出。2011 年第一季度，中国人力资源市场信息监测中心对全国 101 个城市的公共就业服务机构市场供求信息的统计分析发现：从供求状况对比看，各技术等级的岗位空缺与求职人数的比率均大于 1，劳动力需求大于供给，其中高级工程师、技师和高级技师岗位空缺与求职人数的比率较大，分别为 2.29、2.19、1.89。② 据媒体报道，我国现有技术工人 8000 万人，其中高级技工占 4%，技师和高级技师也只有 200 万人左右，上海、武汉、太原、重庆等产业工人较集中的城市都不同程度存在着技师断层现象。技师职称在技工中所占比例很小。企业中普遍存在"两多一少"问题，即管理人员多、普通型工人多、技师少。据统计，当前中国获得国家职业资格证书及具有相当水平的技能劳动者仅占所有城镇从业人员的 33%，包括高级技师、技师、高级技工在内的高技能人才仅占技能劳动者的 21%；而发达国家的这两个比例分别是 50% 以上和 30%。③ 上海对 60 家企业进行的调查表明，在企业的技术工人中，高级技师的比重仅为 0.1%，技师和高级技工也仅仅各占 1.1% 和 6.1%。同时，高技能人才的老龄化趋势日益突出。不少企业的技术骨干都已年过 40 岁，技能人才呈现青黄不接、后继乏人的局面。技工的匮乏严重影响到企业的发展，有的企业因为车床操作缺人，不得不将部分"白领"工程技术人员派到车间顶替技工工作，但仍杯水车薪。不少企业家都在呼吁加速培养技工人才。技工的断层、人才结构的不合理严重制约生产的发展，且已经使我们付出了高昂的代价。资料显示，1/3 的亏损企业是由于管理跟不上或工人技术素质差导致。中国高技能人才数量不足、结构不合理的状况已经无法满足经

---

① 中国劳动力市场信息网监测中心：《2008 年第四季度部分城市劳动力市场供求状况分析》，中国就业技术培训指导中心网，http://www.chinajob.gov.cn/DataAnalysis/content/2009-01/22/content_291688.htm。

② 中国人力资源市场信息监测中心：《2011 年第一季度部分城市公共就业服务机构市场供求状况分析》，http://www.mohrss.gov.cn/SYrlzyhshbzb/zwgk/szrs/sjfx/201107/t20110723_66143.htm。

③ 柳晓森、周婧：《"中国制造"缺"人"造 高技能人才仅占技能劳动者的21%》，《人民日报》2006 年 10 月 18 日。

济社会飞速发展的需要。

2. "民工荒"

这里所说的"民工荒"是指与"技工荒"相对应的"普工荒"。目前劳动力市场不仅技工严重短缺，而且普工紧缺也呈常态化；季节性用工短缺与一些行业常年性缺工并存。

"民工荒"存在已久。早在2004年，"民工荒"现象就开始在广东、福建、浙江等东南沿海地区的出口企业出现。我国从事低端劳动密集型产业的农民工日渐短缺已经成为不争的事实。经历了金融危机，2009年下半年以来的"用工荒"来势异常凶猛。2009年9月21日，《赢周刊》发表了《"民工荒"再袭珠三角》的报道，指出：服装、玩具、制鞋、电子等大批制造企业在2009年下半年迎来了经济提前复苏的曙光，海外市场库存基本耗尽，集聚良久的需求正集中释放，短期订单纷至沓来，这让很多刚完成大规模裁员、没有充足劳动力的制造企业有些措手不及。浙江省人力资源市场2009年7月供求报告显示，企业需求总人数60.3万人，求职总人数35.4万人，用工缺口达25万人。深圳市2009年4月用工缺口2.3万人，到6月份用工缺口超过6万人。[①] 2010年春节期间，珠三角首先传来了"用工荒"的消息。2010年2月24日广东省人保厅召开新闻发布会称，目前广东缺工约90万，其中广州缺工15万，深圳缺工20万，东莞缺工20万。广州市人力资源市场服务中心的数据显示，2012年广州用工缺口达11.38万。[②] 广州市人力资源市场服务中心针对全市330家用工在200人以上企业的问卷调研显示，86.31%的企业在2012年春节后三个月有招工需求。调查显示，2013年珠三角各大城市用工缺口形势比往年更严峻。其中广州缺工15万、深圳缺工20万、东莞缺工20万，广东全省累计缺口近100万，主要集中在制衣、制鞋、纺织等劳动密集型领域。[③] 近几年来，用工短缺不仅仅出现在沿海发达地区，中西部地区也同样出现用工缺口。截至2010年底，安徽全省缺工

---

[①] 马传兵：《新"民工荒"不"慌"经济》，《环球财经》2010年第5期。
[②] 刘其劲：《年后广州用工缺口11.38万人　用工难将成常态》，《南方都市报》2012年2月12日。
[③] 朱卫卫：《珠三角或现最严峻用工荒　调查称广东缺口100万》，《赢周刊》2013年1月18日。

超过 50 人的企业达 2300 余户，缺工总数达到 25 万人左右。① 2011 年初，贵州本土企业用工缺口达万人次，缺工现象十分严重。② 2011 年 3 月《中国信息报》报道，国家统计局四川调查总队在成都、宜宾、内江、乐山、绵阳、南充、眉山等城市就春节前后企业用工情况的调查显示，在这些城市，目前约有一半的企业存在缺工现象或难以招到合适的人员。③ 近几年尤其春节前后，抢工大战频频上演。2011 年春节黄金周刚过，在上海，就有 400 辆长途大巴奔赴安徽、江苏、河南、湖北等地，到"家门口"接回农民工，充分体现了上海诸多企业对农民工的"饥渴"。④

目前的"用工荒"呈现出一些新特点：一是"荒"在全国，不但波及几乎所有沿海地区，而且蔓延到内地经济发展水平相对落后的中西部地区，四川、安徽、湖北等传统的劳务输出大省也出现用工短缺，"用工荒"成为全国性现象。二是"荒"在普工，从深圳、东莞、广州、沪苏浙闽等地来看，大量缺乏的仍是普工，例如在有"世界工厂"之称的东莞缺工近 30%，人数在百万之上，已接近金融危机前的状态，缺工最严重的还是电子、家具、制衣、玩具等劳动密集型企业生产线上的普工。三是"荒"在"80后"和"90后"，即称作"农二代"的新生代农民工。用工单位最需要也最难招的是新生代农民工。2011 年国家统计局四川调查总队在成都、宜宾、内江、乐山、绵阳、南充、眉山等城市就春节前后企业用工情况的调查显示，"21—30 岁"和"31—40 岁"是企业缺工最严重的两个年龄阶段。⑤ 四是"荒"在不返回，如 2009 年初金融危机时，东莞企业有 60 万农民工失业、百万农民工离莞，到下半年订单恢复时，99% 以上的企业招工困难，离莞的农民工不再如候鸟般大批返回，致使这些企业有单不敢接。

3. 大学生就业难

与"民工荒""技工荒"形成鲜明对照的是，大学生就业异常艰难。随

---

① 成展鹏：《安徽缺工人数达 25 万　节后打响"抢工"大战》，中国新闻网，2011 年 2 月 13 日，http://news.163.com/11/0213/14/6SPEEJGL00014JB6.html。
② 黄烨：《民工荒：由东慌到西》，《国际金融报》2011 年 2 月 17 日。
③ 《"用工荒"正向内地蔓延》，《中国信息报》2011 年 3 月 30 日。
④ 黄烨：《民工荒：由东慌到西》，《国际金融报》2011 年 2 月 17 日。
⑤ 《"用工荒"正向内地蔓延》，《中国信息报》2011 年 3 月 30 日。

着1999年高校扩招，大学生数量激增。随之而来的是大学毕业生就业市场开始发生根本变化，曾经的"天之骄子"而今已供过于求，就业形势异常严峻。

2002年，全国大学毕业生133.7万人，就业率80%，等待就业数26.7万人；

2003年，全国大学毕业生187.7万人，就业率70%，等待就业数56.3万人；

2004年，全国大学毕业生239.1万人，就业率73%，等待就业数64.6万人；

2005年，全国大学毕业生306.8万人，就业率72.6%，等待就业数84.1万人；

2006年，全国大学毕业生413万人，就业率70%，等待就业数123.9万人；

2007年，全国大学毕业生495万人，就业率70%，等待就业数148.5万人；

2008年，全国大学毕业生559万人，是扩招前2001年毕业生的5倍；

2009年，全国大学毕业生611万人，约占城镇新成长劳动力总量的一半；[①]

2010年，全国大学毕业生630万人，未就业者约300万人……

"十二五"时期应届毕业生年平均规模将达到近700万人。2003年以来，只有一半左右的大学毕业生可以实现正规就业，而且大学生的起薪连年走低。2003年、2005年和2008年的数据显示，大学毕业生平均起薪保持在每月1500元左右。近两年，人才市场甚至出现了大学生工资不如农民工的情况。在2011年成都春季特大型招聘会上，不少单位针对大学生开出的待遇基本上都低于2000元。其中，行政文员，试用期月薪1400元，转正1700元；人力资源专员，月薪1800元。而不少工厂给农民工开出的待遇都在每

---

[①] 游钧主编：《2008—2009年：中国就业报告——金融危机下的就业之策》，中国劳动社会保障出版社2010年版，第132—133页。

月2000元以上，还特别注明了休假、加班工资等福利待遇。① 大学生工资不如农民工并非不合理，恰恰反映出市场对大学生的需求疲软。

### （二）就业结构性矛盾的根源

#### 1. 劳动密集型产业为主的产业结构

大学生就业难和"民工荒"这种结构性矛盾突出地表现为劳动力市场对生产性人员的需求旺盛，而对非生产性人员的需求疲软。它的产生与我国二元经济的发展息息相关。由于开始时劳动力供给过剩，农村劳动力工资相对较低，我国（尤其是我国南方）逐步形成了以劳动密集型为主的产业结构。这主要表现在两个方面：一方面，随着城市化的不断发展，人们对住房和城市基础设施的需求不断增加，基建行业得到空前发展，对非熟练的、体力劳动者有很大需求；另一方面，工业制造业的不断发展也增加了对非熟练劳动者的需求。特别是加入WTO以后，我国以劳动力资源禀赋的比较优势为基础的出口产业，在国际市场上具有非常强的竞争力，使得我国这种产业结构更加趋于稳固。② 作为世界工厂，我国企业主要承担产品的生产，这决定了就业机会主要分布在生产性领域和部门，对低端劳动力需求旺盛，与产品研发、设计和营销相关联的适合大学生的就业岗位则严重不足，劳动力市场对高级劳动力吸纳能力有限。我国企业集中于产业链条的低端，需要大量的廉价劳动力，而知识层次相对较高的大学毕业生既不能和农民工形成差异化的就业竞争，又不具备制造业的就业成本优势，于是就形成了一边是"用工荒"、另一边是就业难的奇异现象。伴随着城市化、工业化的二元经济发展过程，我国以劳动密集型产业为主的产业结构得到不断强化和巩固。而且这种产业结构很难在短时间内得到有效调整，会继续存在很长一段时间。这种产业结构带来的主要后果就是劳动力需求结构产生分化。由于劳动密集型产业对劳动者的文化素质要求不高，而只需要其有较好的体能，因此对农村劳动力的需求相对较多，而对大学毕业生的需求相对较少。随着这种

---

① 姚长寿、徐越：《工资不及农民工 45%应届生认为正常》，《华西都市报》2011年2月27日。
② 苏剑、盛磊：《刘易斯拐点、大学生就业难和"民工荒"问题研究》，《广东商学院学报》2010年第3期。

产业结构的发展，最终在我国经济发展阶段达到刘易斯拐点时，就会出现"民工荒"和大学生就业难并存的状况。所以以劳动密集型产业为主的产业结构造成了我国大学生就业难和"民工荒"问题同时存在。这种产业结构是根本原因，也是趋势性的因素。两种现象的同时存在是有着内在的紧密联系的，它们是同一个原因（以劳动密集型产业为主的产业结构）在不同劳动力市场上的反映。

2. 深层次的新"三碰头"

就业的结构性矛盾还源于我国经济社会发展中深层次矛盾的新"三碰头"。新"三碰头"是由国家信息中心经济预测部高级经济师陈明星提出的，具体指产业结构升级与劳动力整体文化素质较差的矛盾、新兴劳动力市场现实与传统就业观念落后的矛盾、市场经济发展要求与宏观管理改革滞后的矛盾。这三方面的矛盾加剧了我国就业领域的结构性矛盾。

（1）产业结构升级与劳动力整体文化素质较差的矛盾

在经济全球化日益深化的背景下，我国深入参与国际产业分工的基本趋势不会改变，对外贸易的稳健增长仍然是经济发展的必然要求。保持对外贸易的比较优势要求我国调整出口产品结构，提高出口产品的附加值。这意味着必然要调整产业结构，推动产业升级。产业升级对劳动者的素质提出了更高的要求。未来劳动力市场对中高级技术人员和高级技能人才需求比较大，特别是迫切需要具有技能和技术双重特征的劳动者。2011年第一季度，中国人力资源市场信息监测中心对全国101个城市的公共就业服务机构市场供求信息进行了统计分析，发现：从用人单位对求职者文化程度的要求来看，约86%的用人单位对求职者的文化程度有要求，要求高中文化程度的用人需求占总体需求的38.2%（其中对职高、技校、中专文化程度求职者的需求占54.5%）；对初中及以下文化程度求职者的需求比重为23.7%；对大专文化程度求职者的需求比重为16.4%；对大学及以上文化程度求职者的需求比重为7.8%；从需求看，对技术等级有明确要求的占总需求人数的50.5%，主要集中在初级技能人员、中级技能人员和技术员、工程师，其所占比重合计为42.3%。① 目前在我国4.8亿农村劳动力中，小学及以下文化程度占37.3%，初中文化程度占50.2%，高中文化程度占9.7%，中专文化程度占2.1%，大专及以上文化程度占0.6%，即初中及以下文化程度的劳动力占九成，达到4.2亿人。② 农村劳动力的教育程度不足、科技文化素质低下，无法满足城镇工业化和信息化的要求，严重影响着农村富余劳动力向城镇和二三产业转移就业的进程。据统计，目前我国从业人口中，高中及以上文化水平的仅占25%，而同一指标美国为86%、韩国为66%，差距巨大。这种状况对劳动力市场供求失衡的影响是核心性的——大量初级劳动力缺乏就业岗位而许多需要一定技能和文化的就业岗位空缺。

（2）新兴劳动力市场现实与传统就业观念落后的矛盾

这个矛盾更多的是集中体现在城镇劳动力——存量劳动力和增量劳动力上，主要包括国有企事业单位下岗分流人员和大学毕业生等新增劳动力的就业问题上。例如，目前大学毕业生的就业存在着"到大机关、大公司、高等学校的多，愿意去基层、中小（乡镇）企业的少，到效益好、收入高的东南沿海地区的多，愿意去艰苦行业、老少边穷地区的少"的普遍现象。我国的大学教育已经从精英教育走向大众化教育，逐渐普及。而大学毕业生缺乏正确的就业观念，就业期望值偏高，形成毕业生个人期望值与社会需求之间的严重背离。国务院发展研究中心发布的《八大因素影响就业》一文分析指出：大城市居民、国企职工观念上还不适应新的就业机制；由于在旧体制下长期形成的福利和就业捆在一起，国企职工普遍不愿意去非公有制企业就业；服务业大量吸纳劳动力，但很多人不愿意做被认为是"伺候人"的服务性工作。传统就业观念落后与新兴劳动力市场现实的矛盾，对劳动就业有着深刻和重大的影响，这也是为社会所普遍公认和感受到的。

（3）市场经济发展要求与宏观管理改革滞后的矛盾

这主要指我国宏观管理制度不适应市场经济发展的需要，对劳动就业有很多的消极或制约性影响。宏观管理制度的不适应突出表现为：

---

① 中国人力资源市场信息监测中心：《2011年第一季度部分城市公共就业服务机构市场供求状况分析》，http://www.molss.gov.cn/gb/zwxx/2011-04/26/content_391123.htm。

② 姚润丰：《中国4.2亿农民文化程度初中以下》，《人民日报（海外版）》2005年11月16日。

其一，我国长期存在着二元劳动力市场，造成大学生就业难与"用工荒"同时并存。二元劳动力市场，即劳动力市场存在城市与农村的分割，同时城市内部也存在主要劳动力市场和次要劳动力市场的分割。主要劳动力市场收入高、工作稳定、工作条件好、培训机会多、具有良好的晋升机制；而次要劳动力市场则与之相反，其收入低、工作不稳定、工作条件差、培训机会少、缺乏晋升机制；主要劳动力市场和次要劳动力市场之间的流动较少。大学毕业生集中在城镇主要劳动力市场寻找工作，而农民工主要在城镇内部次要劳动力市场就业。次要劳动力市场与主要劳动力市场一直存在严重的分割，农民工与大学生的就业不具有相互替代性。这也造成两个群体截然不同的就业局面。

其二，二元户籍管理制度改革滞后妨碍了农民转移就业的稳定性。尽管农民工在城市就业已经成为常态，但是他们却无法享受城市的公共服务和社会保障，因而流动性极大，就业极不稳定，造成目前企业年年难招年年招的局面。虽然很多省市都进行了户籍制度改革，但是附加在户口上的择业、薪酬、医疗、教育、住房待遇、社会保障、福利等没有剥离。农民虽然与市民没有了户口的差别，但是却无法享有同等的福利保障和公共服务。这样的户籍制度改革并不具有实质意义，对城乡一体化建设也没有真正产生有益的影响。中国的城乡二元户籍，实际是公共服务、社会保障的二元化。真正的户籍制度改革，无论是在国家层面或地方层面上的，必然是一体化公共服务、社会保障体系方面的改革。

### 三、主要就业难群体的就业问题研究

我国宏观就业领域存在着突出的结构性矛盾，具体到不同的就业群体中，其就业也同样存在着结构性矛盾。如在农民工群体的就业中，一方面是用工地区"民工荒"愈演愈烈，另一方面是大量农村剩余劳动力赋闲在家，工作难觅，这就是所谓农民工就业的结构性矛盾。在大学生群体的就业中，一方面是日益严峻的就业难，另一方面是企业"高知高管荒"和中西部高端人才难觅，这就是所谓大学生群体就业的结构性矛盾。在城镇下岗失业人员的再就业中，也同样存在着再就业困难与大量岗位空缺的结构性矛盾。

## (一) 农民工就业问题研究

农民工就业领域中同时存在招工难和找工难的结构性矛盾。究其原因，主要有以下几个方面：

### 1. 城乡分割的制度体系

城乡分割的制度体系使农村劳动力转移的长效机制难以形成，是造成农民工就业结构性矛盾的关键因素。第六次人口普查资料显示，2011年我国按城镇常住人口衡量的城镇化率达到51.27%，扣除流动人口，户籍人口城镇化水平在35%—40%之间。① 这说明我国目前大约有2亿多流动人口虽然居住在城镇，但没有城镇户口，无法和城里人享受同等的公共服务和社会保障，不能把打工地当做自己的永久居住地，不能实现完全的城市融入，不仅经常性、季节性地返乡，还把农村作为养老归宿。这样，劳动力市场就形成了一种地理意义上的割裂：劳动力需求在沿海地区和城市，劳动力供给在中西部农村。这种分割妨碍了劳动力市场发挥自发调节供求和重新配置资源的功能。例如，在金融危机冲击的初期，当东莞有大量农民工失业返乡时，泉州等地仍然遭遇"用工荒"，就是由此造成的。几乎每年春节过后，多数农民工都要做出是否继续外出的选择。据人力资源和社会保障部的调查，2010年仅有62%的返乡农民工明确表示春节后要继续外出务工。② 这些准备继续外出人员中，超过1/4的农民工不打算回原企业工作，需要重新找工作。2012年的调查显示，被访农民工中，30岁以下占69.7%；38.2%的人在最近单位工作时间少于一年，25.8%为1—2年，仅有17.4%的人超过4年。③ 农民工的这种高流动性、短工化加剧了摩擦性失业的可能性，是企业招工难的制度性根源。中国城乡的二元结构，存在各种针对农民进城就业的歧视性规定和不合理限制，部分地区还经常以解决城镇劳动力就业为由清退和排斥

---

① 原新：《中国人口问题的承上与启下——"六普"数据的人口学意义透视》，《探索与争鸣》2012年第5期。
② 刘声：《人保部：七成企业反映招工难继续外出务工者仅占六成》，《中国青年报》2010年2月25日。
③ 《2012年用工形势：高流动性突出 短工化趋势明显》，苏北英才网，http://www.job51.com/linyi/linyi5630.html。

农民工，严重阻碍了农民工的顺利就业，也加剧了农民工真正融入城市的困难，而这反过来又加剧了招工难。

2. 农村转移劳动力的文化技能较低

我国经济正从过去的粗放型发展模式向集约型的发展模式转变，对劳动者的素质水平提出了更高的要求。用人单位由于产业结构的升级和企业发展的需要，对农民工的文化程度和技能水平都提出了较高的要求。但是在农村4.8亿劳动力中，初中及以下文化程度的劳动力占九成，达到4.2亿人。较低的素质和技能水平严重地影响着这些农村外出务工人员的就业机会。东南沿海地区所出现的缺工现象主要是缺乏有一技之长的劳动者。目前，中国每年有1100万人左右的初中及以下受教育程度的毕业生进入劳动力市场，其中绝大部分都来自农村。这些初中毕业生无论从身体状况、年龄还是从能力来说，在劳动力市场上都处于劣势，他们的就业面临着极大困难，难以找到收入、保障都较理想的工作。据人力资源与社会保障部2007年的调查显示，农民工中有技术等级的比重为58.5%，而且技能人才以初级工、中级工为主（分别占25.9%和24.3%），高级工、技师和高级技师的比重相当低（分别占5.4%、2.3%和0.7%）。[①] 目前新生代农民工的文化技能素质较老一代农民工有所提高，但其技能素质与用人单位的需求仍相脱节。2011年国家统计局四川调查总队的调查表明，40%的缺工企业认为"劳动者技能与就业岗位要求不符合"是造成本企业缺工的原因之一。[②] 部分企业表示："企业招聘的工种需要一定的专业技能，如车工、钳工、钻工、水电工等，拥有这些技能的应聘者太少了；服务行业和销售岗位对相关工作经验有一定要求，满足条件的人也不多。许多'40、50人员'无法找到工作，主要是因为缺乏一技之长，不能满足企业的用工条件；许多年轻人也无法签到合同，除了其自身对待遇的要求过高以外，缺少工作经验和特长、技能也是一大阻碍因素"[③]。从2009年3月份辽宁省登记求职者的文化程度上看，高中、初中及以下学历为主体，占总数的74.65%，而从技术等级或职称分组

---

[①] 游钧主编：《2008—2009年：中国就业报告——金融危机下的就业之策》，第164页。
[②] 《"用工荒"正向内地蔓延》，《中国信息报》2011年3月30日。
[③] 同上。

的供求对比上看,各技术等级的求人倍率均高于1,有技术等级的劳动力供不应求,无技术等级的劳动者求职倍率仅为0.41,求职较为困难。其中对300名城镇失业人员和农民工问卷调查显示,在回答所应聘的工作岗位时,有54.9%选择的是普通工人。可见就业难的问题主要存在于缺少技能的人群。

长期以来,我国职业教育发展举步维艰,得到的公共经费很少,而企业的教育、培训责任也体现得远远不够,投入太少且功利性太强。雇主寻求"利润最大化",且考虑到农民工的流动性太大,不愿意在劳动力培训上多投入成本。诸多原因让农民工这一群体的劳动力技能迟迟得不到明显提升,在某种程度上影响了全社会整体劳动力素质的提高,难以适应经济持续发展的需求。

3. 工资福利等就业环境落后

工资福利等就业环境落后使务工者频繁更换工作,缺乏稳定性,也是造成农民工就业结构性矛盾的重要因素。在天津市2011年民生问题调查中询问过这样的问题:"现在有的人找不到工作,有的工作招不到人,您认为造成这种情况的最主要原因什么?"得到了如下回答:

表3-1 现在有的人找不到工作,有的工作招不到人的最主要原因

|  | 人数 | 百分比 |
| --- | --- | --- |
| 就业信息不畅通 | 162 | 16.9 |
| 就业者文化水平低 | 92 | 9.6 |
| 应聘者缺少相应的技能 | 131 | 13.7 |
| 用工单位待遇低 | 290 | 30.3 |
| 工作没前途 | 40 | 4.2 |
| 用工单位要求太高 | 103 | 10.8 |
| 应聘者期望过高 | 136 | 14.2 |
| 其他 | 2 | 0.2 |
| 合计 | 956 | 100.0 |

从表3-1中可以看出,高达30.3%的民众认为用工单位待遇低是导致

就业难的最主要原因,可见民众对用工单位待遇低的感受是最强烈的。与此相对应的,在问到"您认为在找工作时最应该注重什么?"时,选择最多的是工资待遇,比例高达41.4%(见表3-2),所以用工单位的工资待遇高低对务工者的吸引力有关键作用。

表3-2 找工作时最应该注重的因素

|  | 人数 | 百分比 |
| --- | --- | --- |
| 发展前景 | 366 | 38.2 |
| 工资待遇 | 397 | 41.4 |
| 单位性质和规模 | 77 | 8.0 |
| 工作地点 | 24 | 2.5 |
| 兴趣爱好 | 24 | 2.5 |
| 专业对口 | 66 | 6.9 |
| 其他 | 4 | 0.4 |
| 合计 | 958 | 100.0 |

用工单位待遇低更明显地体现在农民工身上。长期以来,农民工工资水平远远低于城镇单位就业人员的工资水平,同工不同酬的现象严重。在近20年时间里,我国农民工的工资水平未出现实质性增长。从1992—2004年的12年,在经济增速最快、用工需求最大的珠三角地区,农民工平均月工资只增长了68元,剔除物价因素后,农民工实际工资水平实际呈下降趋势,没有呈现出随经济增长而上升的同步性特征。[①] 在2004年国家颁布《最低工资规定》后,虽然农民工工资水平出现过表面的增长,2003—2006年间,农民工月平均工资从781元增加到953元,增长了22%,之后工资也逐年增加。但是农民工工资基本上接近或略高于最低工资水平。许多企业,特别是私营企业支付给农民工的工资只是略高于最低工资。农民工的低工资原因之一是我国农民素质较低。各种历史原因使我国农民没有太多人力资本投资。如农村没有良好的教育机构,农民自身也没有经济条件和机会接受较高等的

---

① 刘洪银:《从"民工荒"看我国"刘易斯转折点"与农民就业转型》,《人口与经济》2012年第1期。

教育。另外，农民到城市做工，因为户籍地和工作地分离，劳动力维持成本低，在城市很少安家，靠自己进行医疗和靠儿孙养老。新《劳动法》出台前，由于法律和行政监管缺位，我国企业为了产品能在国际市场保持低价格优势，压低工人的工资待遇，偏爱没有保障需求的低廉雇佣劳动，并形成了雇用廉价工惯性，出现了低成本依赖。

较低的工资增长不仅影响了农民工家庭的收入和生活水平，还直接影响到他们就业的积极性。2009 年第四季度人力资源市场信息监测中心对广东省 500 家企业的检测显示，300 多家缺工企业月工资水平比不缺工企业低 200—400 元，且工作时间明显长于不缺工企业；而月工资水平达到 1800 元以上、福利待遇较好的企业基本都不缺工。① 人力资源和社会保障部 2010 年 2 月关于农民工就业情况调查分析结果显示，有 8% 返乡农民工表示不再外出打工，原因是收入太低（占 49%），加班太多（占 18%）和没有发展前途（占 14%）；调查还显示，2010 年 72% 的企业预计人工成本比上年上升 9%，而农民工期望的工资涨幅是 14%，两者相差 5 个百分点。② 2011 年国家统计局四川调查总队就春节前后"用工荒"的调查发现，大型工业企业和其他行业的龙头企业职工社会保障和福利制度比较健全，一线工人基本都享受了"五险一金"待遇，但中小企业的情况则不容乐观：大部分规模以下工业企业都只为职工购买了 1—2 项保险，部分餐饮和社会服务业企业没有为员工买任何保险，并且绝大多数企业没有加班补贴。③ 各项福利及保障制度的不完善导致部分中小企业出现招工难。从全国看，单位或雇主为新生代农民工缴纳了养老保险、工伤保险、医疗保险和失业保险的比例分别为 7.6%、21.8%、12.9% 和 4.1%。④ 农民工和企业签订劳动合同的比例也很低，新生代农民工没有与雇主签订劳动合同的比例高达 54.4%。由于企业和劳动者之间缺乏劳动合同的约束，不仅劳动者的权益得不到保护，企业也

---

① 白天亮：《劳动力供求拐点远未到来 "招工难""就业难"长期并存》，《人民日报》2010 年 7 月 26 日。
② 姜欣欣：《"民工荒"的原因和启示》，《金融时报》2010 年 4 月 12 日。
③ 《"用工荒"正向内地蔓延》，《中国信息报》2011 年 3 月 30 日。
④ 蔡昉主编：《"十二五"时期挑战：人口、就业和收入分配》，社会科学文献出版社 2011 年版，第 12 页。

缺乏稳定的劳动力队伍,不得不年年重新招人。企业低工资、低福利、无保障的短视的用工方式是造成企业招工难的又一重要原因。

4. 新生代农民工诉求多元化

新生代农民工是指1980年以后出生、20世纪90年代中后期外出务工、主要从事第二、第三产业劳动,但户籍身份是农民的劳动者。据国家统计局的统计,在目前1.53亿外出农民工中,新生代农民工总人数为8487万人,占58.4%,已成为农民工群体的主体。[①] 如今,老一代农民工年龄已步入35—50岁,一方面他们的年龄已经不符合企业的雇用条件,另一方面他们面临子女教育、父母赡养等问题,进城打工的机会成本上升,很多人已经解甲归田。与老一代农民工相比,新生代农民工在数量上有所减少,而且他们的文化程度提高,大多数不再"亦工亦农",而是主要在城市从事二、三产业的工作,不仅对工资有较高的要求,而且对工作环境和职业前景的要求也更高,对工作不是来者不拒,而是希望找一份自己满意的工作。他们以"三高一低"为特征,即受教育程度较高,职业期望值高,物质和精神享受要求高,工作耐受力低。他们和老一代农民工相比已经完全不同了:"60后""70后"的农民工注重的是"我不怕辛苦,只要能赚钱";但"80后""90后"们觉得"我不要钱太多,但是第一要健康,第二要好玩"。与父辈相比,他们更注重生活品质、工作轻松自由和个人发展前景。

新生代农民工较之老一代农民工而言,普遍受过相对规范的教育,受教育程度更高,特别是中专和大专及以上文化程度的比例(15.4%)、平均受教育年限(9.8年)以及参加职业培训的比例(30.4%)均明显高于上一代农民工。他们普遍接受过更好的教育,也让他们有了更多选择职业的范围和空间,也拥有了更多讨价还价的能力。同时,由于新生代农民工具备一定的文化知识,不仅容易接受新事物,而且可以通过书刊、网络等传播媒体寻找就业信息,降低寻求就业的成本。他们强调职业认同感、职业前景和职业声望,希望得到尊重和公正对待。他们的诉求更加多元,对工作选择性更强。2011年国家统计局四川调查总队的调查表明,77.8%的缺工企业认为

---

① 蔡昉主编:《"十二五"时期挑战:人口、就业和收入分配》,第2页。

"劳动者对待遇的要求与企业提供的条件不符合"是造成本企业缺工的主要原因。① 求职者中，电工等技术工种对薪酬的要求明显高于其他普通工人，基本要求都在 2400—3000 元之间，比公司提供的高出 50% 以上，与之矛盾的是，由于近年来原材料的不断涨价，企业生产成本攀高，利润不断缩水，这样的薪酬要求企业难以完全接受。② 企业待遇与务工者的需求对接不上是造成"用工荒"的关键因素。

5. 农业剩余劳动力有限供给

近几年，随着"用工荒"的加剧，许多学者都对我国农业剩余劳动力进行了调查和测算。结果表明，我国的农业剩余劳动力已经由无限供给向有限供给转变，农民工不再是无限供应。中国社会科学院人口与经济研究所所长蔡昉及其课题组的调查结果显示，劳动年龄人口增长速度将越来越慢，到 2013 年，我国劳动年龄人口增加将接近顶峰，农村剩余劳动力向外转移也将接近尾声，"人口红利"消失，人口老龄化趋势不可逆转。虽然目前 15 岁到 64 岁的劳动年龄人口比例仍然有提高的趋势，例如 2005—2006 年期间，从 72.1% 提高到 72.3%，2007 年提高到 72.5%，但城镇人口的这一比例已经开始下降。从 2009 年开始，全国劳动年龄人口的比例停止提高，预计稳定若干年后开始下降。可见，"民工荒"因有其背后的人口结构变化基础，因而不是短期或周期性现象，而是一种趋势。

通过观察农村劳动力的配置格局，也可以验证这一判断。在 2005 年农村 4.85 亿劳动力资源中，按照保守估计，有大约 2 亿通过就地或外出，实现了向非农业产业的转移，农业仍需要 1.78 亿劳动力，剩余大约 1 亿劳动力中，有一半超过了 40 岁。也就是说，按照目前的激励机制和激励力度，农村劳动力向外转移的规模必然不足以满足经济高速增长的需要，从而形成各地普遍的"民工荒"。据统计，2008 年以来，农民工后备力量共减少了 2000 万人左右。从农村分年龄段人口比重的变化趋势来看，15—39 岁青壮年劳动力的比重逐渐下降，而 40—64 岁中老年劳动力的比重则出现上升态势。2005—2010 年，这两个指标分别从 36.54% 和 31.95% 变为 35.02% 和

---

① 《"用工荒"正向内地蔓延》，《中国信息报》2011 年 3 月 30 日。
② 同上。

36.32%。青壮年农民工的短缺化趋势意味着农村剩余劳动力的释放空间已经比较有限。在经济保持稳定增长的情况下，人口增长速度的放缓使劳动力供给相对不足。出生于20世纪六七十年代的老一代农民工一方面不再愿意从事高强度的劳动，另一方面也面临子女教育、父母赡养等现实问题。背井离乡成本提升，加上外出务工工资较低，导致他们更愿意返乡就业。现在作为求职主体的新生代农民工，主要出生于实行计划生育政策后的20世纪八九十年代，人口数量明显下降。统计表明，15—34岁人群的数量已经从1995年高峰期的4.5亿人下降至目前的4.1亿人，占我国总人口的比例也从38%下降到30%。随着农业剩余劳动力数量由无限供给到有限供给的转变，劳动力成本上升，"用工荒"将成为一个长期趋势。

6. 区域用工竞争加剧

2010年，国家加大了惠农政策的力度，除了从税收、金融、财政等方面对"三农"的发展提供支持外，还加大了对农民就业的扶持力度。充分挖掘农业内部就业潜力，积极推进乡镇企业产业升级，扶植发展休闲农业、农村服务业、乡村旅游等。此外，还在税收减免、贷款发放、信息咨询、工商登记等方面对农民返乡创业提供支持。这些促进农民就业创业的优惠政策，使得农民外出打工的意愿大为下降。2010年仅有62%的返乡民工明确表示春节后要继续外出务工，与2008年同期相比下降低了6个百分点。①

2009年以来，中西部许多劳务输出大省基础设施和产业配套条件日趋完善，抓住国际金融危机带来的机遇，承接了东部沿海地区劳动密集型产业的转移，使中西部地区用工需求明显增长，加之各地出台了一系列政策鼓励本省的农民工就地创业和就业，从沿海地区分流了大量农民工。2009年东部地区平均每个企业计划新招工与2008年基本持平，但中西部地区平均每个企业计划新招61人，比2008年同期增加16%。随着用工需求的增加，中西部地区的工资涨幅明显加速，与东部地区的工资差距逐步缩小。根据国家统计局2009年的调研，东部地区外出打工者的月收入为1455元，中部地区为1389元，西部地区为1382元。东部地区比西部地区仅高5%，而5年前

---

① 姜欣欣：《"民工荒"的原因和启示》，《金融时报》2010年4月12日。

东部地区工资比西部地区平均高 15%。但农民工在东部地区打工的成本比中西部地区高 25%，还有背井离乡的隐性成本，导致农民工去沿海打工的积极性下降。河南省人力资源和社会保障厅农民工工作处处长吕志华说："以前，80%的新增劳动力在省外就业；2008 年国际金融危机之后，每年 80%的新增劳动力开始在省内就业。"[①] 调查显示，2012 年河南七成劳务工就业意愿是"足不出省"。根据人保部调查分析，2009 年，去东部沿海地区打工的农民工比往年下降了近 7 个百分点。根据对 103 个城市的就业市场供求信息统计，目前东、中、西部的岗位空缺与求职人数的比率分别是 1.01、0.92、0.93，表明招工难主要出现在东部地区，而在东部地区中，珠三角、闽东南、长三角、环渤海的这一比率分别是 1.26、1.14、0.99 和 0.95，显示招工难主要集中于珠三角和闽东南地区，特别是广州、深圳、东莞、泉州等地。[②] 随着沿海劳动密集型企业向内陆地区转移，如新落户四川的巨腾国际、富士康等大型企业在成都、绵阳、宜宾、乐山等市均以任务的形式下达招工计划，还有不少沿海企业直接到各市州的乡镇招聘。中西部与东部的劳动力资源争夺日趋激烈，区域用工竞争明显加剧。

### （二）城镇下岗失业人员再就业问题研究

作为一种历史现象，下岗工人出现的起止时间模糊，具体数字难以统计。下岗工人在 30 年改革开放的中期出现，在 1998—2001 年国企改革向纵深发展时期出现高峰。其间，年均下岗工人都维持在 700—900 万之间。根据相关统计，中国历年累计的下岗职工人数近 4000 万。下岗职工在地域上主要集中在老工业基地和经济欠发达地区，其中东北三省占 1/4，主要集中在煤炭、纺织、机械、军工等困难行业。近几年，城镇下岗失业人员问题有所缓解，2009 年职业介绍工作情况中的登记下岗职工为 334.5 万人，[③] 但是也仍然存在着不容忽视的再就业难题。下岗失业人员再就业同样存在着结构

---

① 《2012 年用工形势：高流动性突出 短工化趋势明显》，苏北英才网，http://www.job51.com/linyi/linyi5630.html。
② 姜欣欣：《"民工荒"的原因和启示》，《金融时报》2010 年 4 月 12 日。
③ 国家统计局人口和就业统计司、人力资源和社会保障部规划财务司编：《中国劳动统计年鉴 2010》，中国统计出版社 2010 年版，第 117 页。

性矛盾。这主要缘于以下几方面的原因：

1. 下岗失业人员就业观念落后

相当部分下岗失业人员就业观念依然保守落后，认识上存在一些误区："有的在重新就业过程中不能客观面对现实，还抱有等待政府大包大揽的幻想；有的不能正确地认识自己的技能水平、工作能力，对工资奖金、福利待遇存在不切实际的要求；有的认为职业有高低贵贱之分，认为到国家机关、大的公司、大的企业才算就业，或者到一个单位干上一年半载才算就业，不能做到见缝插针；还有的存在主人翁地位的失落感，面对激烈的市场竞争有心理恐惧感等。"[①] 2009 年对北京西城区十个街道 300 多名失业人员的调查表明，失业人员对自身缺乏足够的了解，且将不能成功就业的原因过多地归结于外部环境因素。下岗失业人员认为阻碍成功再就业最大的因素依次有：外地劳工太多（50.4%）、市场不规范（42.7%）、自己缺乏市场所需技能（39.3%）、市场缺乏工作岗位（34.0%）、自己关系不够（33.2%）、政府政策帮助不够（30.8%）、不知道怎么去找工作（21.0%）、自己身体不好（20.4%）、要照顾家庭（19.1%）。[②] 在长期计划经济体制中，他们逐渐养成循规蹈矩、因循守旧的观念，缺乏市场知识和市场经验，缺乏开拓进取、敢闯敢干的精神和现代市场的竞争意识。受传统就业体制的影响，一些下岗失业人员对"单位就业"依然有着强烈的择业取向，一切靠单位、靠政府的思想较为浓厚，难以割断与国有集体企业的心理联系，仍然存在着明显的职业评价偏见与不合理的就业倾向。他们渴望重新就业，但大多数拒绝进入市场，对非公有制领域，特别是个体私营经济领域，表现出一定的排斥态度，这严重束缚了他们实现再就业的步伐。据扬州市妇联 2006 年对 1000 名下岗女工的调查表明，怕丢面子、怕失身份、怕社会议论等心理问题，使 79% 的已找到新工作的下岗女工辞去新工作。2004 年 6 月 19 日的《金陵晚报》报道，在前日晚报与市总工会职介中心、市安德门民工就业市场、安德门人力资源有限公司合办的百家用人单位援助下岗失业、民工进城务工大

---

① 郑京平：《就业与再就业：来自时代的要求》，http：//business.sohu.com/77/01/article203570177.shtml。
② 牛雄鹰：《全球化背景下我国失业人员再就业问题研究》，中国经济出版社 2010 年版，第 58 页。

型现场招聘会上,难觅本市下岗失业人员的踪影。下岗失业人员碍于面子,怕降低身份,不愿意到民工市场应聘。他们认为民工市场就是为帮助一些偏远山区来打工的民工应聘找岗,而且提供的都是高强度的体力活儿岗位。①

### 2. 下岗失业人员文化技能不具竞争优势

下岗工人多是"40、50人员",年龄偏大。由于历史原因,他们所接受的教育较少,文化水平较低、知识结构落后,参与市场就业不具竞争优势,难以适应新的工作岗位,这无疑是他们实现再就业最不利的因素。2010年8月吉林省洮南市下岗职工再就业状况调查表明,下岗职工"教育水平"在初中文化的占总数的63%,而大专文化程度的职工占比例2.5%,大学本科及大学以上文化的一个都没有,同时四分之三的职工在下岗前没有任何职称或技术级别。② 他们在市场竞争就业中难度更大。由于文化素质低下,他们难以在短期内更新知识技能,也因此使很多人丧失信心,进而使他们的就业形成恶性循环。

另外,大多数下岗失业人员技能单一,难以适应新的岗位。从全国看,煤炭、纺织、军工、森工、机械等行业下岗职工比例最高。这些产业工人在社会化大生产下只掌握较为单一的技能,且技术陈旧老化,行业性的不景气使他们难以在本行业内迅速找到工作,跨行业转移,由于技能不适应有较大的难度,而转业转岗培训无论在时间、资金还是在职工本身素质上都存在许多困难,制约了他们的再就业。

### 3. 用工单位门槛高且忽视职工的合法权益

用工单位在招聘员工时,有些岗位对年龄、技术、技能要求并不高,但企业还是设置较高要求。如清洁工岗位,年龄小的失业女工不愿干,而愿意干的大龄下岗失业女工得不到应聘机会。近几年,一些用工单位在招聘时均把招工年龄放得较宽,但在实际招收时,大部分大龄下岗失业女工还是被拒之门外。另外,一些个体私营企业存在急功近利的心理,过多考虑眼前利益,忽视职工的社会保障问题,不能保障职工的生产安全和合法权益。也有

---

① 苏丽萍:《因碍于面子,下岗职工不愿到民工市场找活》,《金陵晚报》2004年6月19日。
② 《吉林省洮南市下岗职工再就业状况调查》,http://www.docin.com/p-508121319.html。

一些企业让劳动者工作一段时间后，等要转正了就辞掉，再重新进行招聘。这造成了失业人员再就业后工作仍不稳定，而连续的失业对于他们的心理状态有更大的消极影响，严重挫伤了他们的积极性。

4. 再就业服务部门功能发挥不够

下岗人员大多数文化水平偏低、年龄偏大、无专长或专业单一、缺乏再就业信息和渠道，都需要社会对其给予服务和帮助。目前我国人力资源市场还不规范，各种名目的社会培训和职业中介良莠不齐，下岗失业人员难以辨别，这就造成一方面很多岗位"虚席以待"，另一方面很多劳动者"求职无门"。2011年扬州市的调查发现，有60%以上的大龄下岗失业女工希望再就业，但由于信息不灵，找不到用工单位，只好待在家里，用她们的话说就是"不知道哪儿用人"①。在2009年对北京西城区十个街道300多名失业人员的调查中，只有32%的人认为职业介绍机构的职业指导对促进再就业的帮助比较大，而有64%的人认为职业指导对下岗失业人员的帮助不大。② 此次调查求职的主要信息来源也得到了同样的结果，求职的主要信息来源依次是：朋友（61.5%）、居委会（60.5%）、亲戚（52.6%）、职介所（44.2%）、报纸（31.2%）、单位同事（22.0%）、邻居（16.2%）、上网（14.7%）、其他（4.8%）。③ 从中可以看出，下岗失业人员在求职的过程中，主要依赖的是朋友、居委会和亲戚。一些再就业服务部门存在效率低下、人浮于事、自我服务的倾向，严重影响了下岗失业人员的再就业工作。

### （三）大学生就业问题研究

我国目前的高等教育毛入学率已经超过26%。按国际惯例，可以说整个国家已经进入高等教育的大众化阶段，并朝普及化阶段迈进。2001年全国普通高校毕业生为115万，2002年为145万，2003年为212万，2004年为280万，2005年为338万，2006年为413万，2007年为495万，2008年

---

① 《扬州大龄下岗失业女工再就业问题调查》，电气人才网，http://job.byf.com/job_news/15808.shtml。
② 牛雄鹰：《全球化背景下我国失业人员再就业问题研究》，第58页。
③ 同上书，第44页。

为559万人，2009年为610万，2010年为630万，2011年为660万，2012年为680万。大学毕业生人数逐年递增，加之历年来沉淀下来的未就业毕业生人数，我国大学生就业形势十分严峻。从近年来的大学毕业生就业率看，从1996到2007年依次为93.7%、97.1%、76.8%、79.3%、82%、90%、80%、70%、73%、72.6%、70%和70%，呈现着逐年下降的趋势。最近几年的公务员招考人满为患，有些岗位被数千人争抢。相反，调查表明，在中国各专业领域的大学毕业生当中，适合为外企工作的还不到10%。① 一些跨国公司需求大量经营管理和技能人才，因中国本土难以招募到合格人才而不得不花更高的代价从海外雇佣。据麦肯锡咨询公司估计，中国有2.5万家国有企业，430万家私营企业。仅那些希望在未来10到15年中拓展国际业务的中国公司就需要7.5万名具有国际经验的企业领袖，而目前，在中国这样的人大约只有3000到5000人。现实表明，大学生就业领域同样存在结构性矛盾，有的大学生找不到就业岗位，而有的岗位招不到大学毕业生，求职难与招聘难并存。这种结构性矛盾的成因主要有以下几方面：

1. 对大学生的有效需求降低

在合理的经济增长方式下，需求结构中的消费、投资与出口是协调拉动经济增长的"三驾马车"。多年来我国经济一直高速增长，但消费、出口和投资对经济增长的拉动作用却很不明显，其中出口和投资需求增长过快，而消费需求增长乏力，没有出现同步提高。虽然劳动力投入与就业人数在增加，但经济高速增长主要还是依赖资本的高投入，劳动要素投入的增长却逐年降低。在改革开放初期，经济每增长一个百分点会带动约0.4%的就业增长，但到了2000年，这一拉动作用降低到只有0.1%，到2007年时已降至0.06%。在不改变经济增长对投资高度依赖的情况下，低就业高增长的状况也就难以改善，经济增长对大学生就业的有效吸纳也相应降低。此外，从经济结构来看，我国过去过重依赖以中低端劳动力需求为主导的制造业、建筑业和传统服务业，而以大学生需求为主体的中高端制造业和新型现代服务业发展则严重滞后，以低端劳动力需求为主导的外贸增长方式和经济增长方式

---

① [美]戴维·拉盖：《在中国寻找人才越来越难》，《国际先驱论坛报》2006年4月24日。

严重制约了以中高端劳动力需求为主导的新兴劳动力市场规模的发展，导致对大学生的有效需求不足。

2. 大学生就业意愿扭曲

由于受户籍、社会保障等特定制度的安排，我国经济社会的二元结构将劳动力市场分割成为正规部门与非正规部门、城市与农村、发达地区与落后地区的区别，不同城市或地区占有的资源极不平衡，总体上呈现城市多于乡村，东部地区多于中西部地区，中心城市多于一般城市的态势。前者拥有远比后者更优越的信息、服务、社会保障以及教育等各类资源。

有一项针对2003届大学毕业生的研究表明[1]，大学毕业生在不同地域的收入差别是很大的：在大中城市平均月收入1644.0元，县城为1224.5元，乡镇为1313.7元，农村为1200元。而同样在本科学历的情况下，不同省市毕业生的起薪差别也很明显。北京高校毕业生的起薪最高，达到2160.5元，广东其次，为1973.4元，湖南、陕西分别为1665.2元、1520.1元，而山东、广西、云南高校毕业生的起薪分别只有1267.6元、1238.0元、1130.7元。2012年的调查数据显示，按地区横向比较，不同地区高校毕业生的起薪差别也很大。其中华北地区起点薪酬水平高于其他地区，华中地区起点薪酬水平最低，华东和华南地区毕业生起点薪酬接近，西南和西北地区毕业生起点薪酬水平接近，东部沿海经济发达地区起点薪酬水平仍具有显著优势（见表3-3）。由此可见，毕业生就业时因地域不同其收入也会有很大的不同，地域的差距不仅仅表现在收入上，个人的发展前景、社会保障、生活环境、乃至教育资源等都是影响很大的因素。资源的不平衡性直接影响了大学生的就业观念，并导致了大学生就业选择的地域偏好。大学生毕业后都希望在城市与发达地区以及正规部门就业，而不愿意去农村和落后地区以及非正规部门就业。这就造成城市和发达地区大学生扎堆，出现供过于求；而广大农村和中西部落后地区则人才紧缺，供不应求。这种由于资源不均衡带来的就业选择偏好在地域分布上的失衡则反过来进一步强化了我国的二元结构问题。即便在就业形势异常严峻的情况下，大学生就业观念中的"重正

---

[1] 北京大学课题组：《2003届高校毕业生就业状况调查的初步统计》，《中国科学家教育家企业家论坛》2003年10月。

规,轻非正规""重东部,轻西部""重城市,轻农村"的就业偏好仍未得到显著改变。报告显示,2012年,在毕业后1年内选择留在一线城市的大学生为63%,占比最高。其中,东部南部发达地区是大学生选择的热门地区,比重为20%,而选择中部二线城市的大学生仅占6%,只有不到4%的大学生愿意到其他城镇、非城镇工作。① 天津市2011年民生问题调查中,在被问及"对于大学生就业难,您是否同意大学生本人期望太高?"时,高达76.1%的人都持同意态度,其中非常同意的占26%,比较同意的占50.1%(见表3-4)。可见民众普遍认为大学生的期望太高是造成其就业难的重要原因。而实际的用人需求情况则恰恰相反。2010年全国105个城市的公共就业服务机构的监测显示,从用人单位看,96.9%的用人需求集中在企业,机关、事业单位的用人需求比重仅占0.8%。从企业来看,与上季度相比,内资企业的用人需求增加21.0万人,增长了5.4%,但港澳台商投资企业,外商投资企业的用人需求则分别下降了10.8%和15.5%。② 在就业与择业的二重困难中,甚至有一部分大学生选择了自愿性失业,即不愿意接受低于其期望值的工作。

表3-3 我国分地区高校毕业生起点薪酬比较

单位:元/月

| 地区类型 | 本科 | 研究生 |
| --- | --- | --- |
| 东北地区 | 2570 | 4583 |
| 华北地区 | 2618 | 4500 |
| 华东地区 | 2550 | 4343 |
| 华中地区 | 2306 | 2799 |
| 华南地区 | 2728 | 4270 |
| 西南地区 | 2081 | 4212 |
| 西北地区 | 2225 | 4375 |

资料来源:中国劳动保障科学研究院:《"工资收入与分配制度改革"专题》,《成果摘要》(第二期),2013年2月8日。

---

① 邱晨辉:《一线城市仍是大学毕业生就业首选》,《中国青年报》2012年9月17日。
② 王羚:《就业结构性失衡仍存》,《第一财经日报》2010年7月23日。

表 3-4 对于大学生就业难，您是否同意大学生本人期望太高？

| | 人数 | 百分比 |
| --- | --- | --- |
| 非常同意 | 258 | 26.0 |
| 比较同意 | 497 | 50.1 |
| 没有意见 | 184 | 18.5 |
| 有些不同意 | 47 | 4.7 |
| 非常不同意 | 6 | 0.6 |
| 合计 | 992 | 100.0 |

我国目前劳动力市场分割的状况已有所改观，但与统一规范的劳动力市场相比，仍然有许多地方有待完善。因劳动力市场分割而导致的结构性失业是我国当前的大学生失业的一个重要原因。一些制度及非制度因素仍然是许多毕业生就业的阻碍。一是各种歧视因素，表现为户口歧视、性别歧视、学历歧视等。虽然自 2001 年起，我国的户籍制度有所松动，但还没有实质性的突破，严格的户口制度仍然是许多毕业生就业时的重要障碍。据调查，2/3 的毕业生找工作时因户口问题感到压力。二是形形色色的地方保护主义。如北京市在 2003 年接收非北京生源应届毕业生的通知中规定：进京的京外生源本科学历应届毕业生要在规定的 286 所院校和紧缺专业目录范围内，同时对外地生源进京指标和用人标准做出调整，主要是由于高校毕业生就业形势严峻，同时也是为了保证北京生源毕业生就业率达到理想水平。[①] 这种明显的地方保护主义设置了不公平的就业门槛，限制了人才的自由流动，同时也助长了某些用人单位的"人才高消费"倾向。三各种制度障碍。现行高校毕业生就业制度、干部人事制度与市场就业机制还不完全匹配。毕业生在不同地区之间、省市之间、企业与机关事业之间流动仍然存在障碍，毕业生身份转换困难，就业渠道不通畅。基层教育、医疗、农业等部门急需人才，但由于编制限制等原因，对毕业生的吸纳能力有限，这就进一步加剧了大学毕业生就业的结构性矛盾。

---

① 夏伟荣：《"进京学校名单"：不公平的就业门槛》，《南方都市报》2002 年 12 月 17 日。

### 3. 大学生素质与市场需求不符

我国大学生就业难的根本原因是教育体制改革滞后。瑞士洛桑国际管理发展学院（IMD）2002年度的《世界竞争力年鉴》中，对中国"国民素质竞争力"中的"教育体系适应性""高等教育适应性"两个指标的排名，分别排在49个国家和地区的第39位和第42位。相应地，对我国"工程师适应性""信息技术技工适应能力""称职高管人员""市场获得最适合管理者"等反映国民素质竞争力和企业竞争力的指标，都排在49个国家和地区的最后一名。[①] 这反映出我国教育体系存在着比较严重的问题。高校在大规模的扩招的同时并没有相应推进教育行政体制及办学培养模式的变革，只关注招生规模的扩大，而没有注重学生培养质量的提高，从而导致各类人才培养结构与市场需求的严重不匹配。2011年天津市民生问题调查中，高达61.3%（其中非常同意的占18.2%，比较同意的占43.1%）的民众同意：教育质量还不能满足就业市场的需要（见表3-5）。

表3-5 您是否同意：教育质量还不能满足就业市场的需要？

|  | 人数 | 百分比 |
| --- | --- | --- |
| 非常同意 | 180 | 18.2 |
| 比较同意 | 425 | 43.1 |
| 没有意见 | 306 | 31.0 |
| 有些不同意 | 68 | 6.9 |
| 非常不同意 | 8 | 0.8 |
| 合计 | 987 | 100.0 |

目前，我国高校虽然对专业结构设置有了一些调整，但仍然不能及时地根据就业市场的需求变化而做出相应的调整，造成不同专业毕业生面临着不同的处境，有的专业的毕业生供不应求、需求旺盛，而有的专业的毕业生则出现供给过剩、需求疲软。另外，大学扩招稀释了本已稀缺的高等教育资源，众多大学生难以分享优质的师资、设备等，知识的传递与扩展通道难以

---

① 赵建国、苗莉编著：《城市就业问题研究》，高等教育出版社2005年版，第142页。

保障，造成大学毕业生素质下滑、就业艰难。据暨南大学课题组对高校大学生就业竞争力的实证研究发现：用人单位招聘大学生时主要看重的是他们的实践能力、合作能力、沟通能力和分析能力等内在的能力。[1] 在整个大学教育中，知识教育占非常大的比重，理论功底及其相应的分析解决问题能力的构建则极为薄弱。加之高校职业指导普遍不足，职业指导与课程、专业设置相脱节，导致大学生从学校到工作的转换中缺乏系统的职业指导与职业规划，缺乏"市场能力"——获取职业信息，展示专业的能力，适应实际工作以及应对职业转换的能力等，导致大学毕业生无法有效满足市场的需要。中国人民大学劳动人事学院发布的《中国就业战略报告2008—2010》指出，高校毕业生能力普遍达不到用人单位要求是大学生就业难的一个主要原因。在对待业大学生的一项调查中表明，在对就业难问题的看法上，59.3%的待业大学生认为"自身能力不足"是导致就业难的原因。[2]

目前，部分大学毕业生在就业市场上难以找到理想的工作，而作为人才的接收方，一些用人单位也招不到合适的人才。《2009年中国大学生就业报告》数据显示，"2008届本科院校毕业生就业量最大的前50位城市当中，有38个城市需求指数最高的职业与该城市就业指数最高的专业存在显著差异，只有12个城市需求指数和就业指数基本匹配其中，毕业生需求指数与就业需求指数匹配的仅有24%，不匹配的占76%。以北京市为例，就业最多的职业是行政秘书和行政助理，而在该市求职最多的专业却为计算机科学与技术"[3]。这种就业与市场需求之间的不匹配，表明大学毕业生就业结构性矛盾十分突出。高校扩招之后，许多高校不顾社会实际需求，盲目增设学科专业，造成了专业设置与社会经济发展需求的脱节，从而进一步导致人才培养与市场需求之间的供需失衡。《2009年中国大学生就业报告》显示，全国2008届本科院校专业与就业匹配度平均为71%，而在2008届本科各专业大类毕业生的专业与就业匹配度的分析中，法学与哲学专业的毕业生专业与就业匹配度只有47%和32%，经济学、历史学、农学、理学、教育学专业

---

[1] 洪莹、吴健豪：《高校大学生就业竞争力实证研究及思考》，《人口与经济》2011年第2期。
[2] 龚瑜：《六成被调查对象认为自身能力不足导致就业难》，《中国青年报》2010年8月28日。
[3] 赵珍：《大学生就业的供求矛盾分析及对策研究》，《生产力研究》2008年第3期。

毕业生的专业与就业匹配度均低于70%。①

目前,大学教育体系与劳动力市场之间存在严重脱节。高等教育结构不合理,专业趋同,课程内容和设置僵化雷同。过分趋同的高等教育模式和教学内容,必然造成大学层次定位不清,分工不明,造成培养的劳动者千人一面,同质化竞争严重,就业能力差。毕业生都在争抢同样或同一就业岗位,而企业需求的专业技术人才和技术工人奇缺。技能型人才短缺的"技工荒"与大学生失业并存也恰恰反映出我国高等教育培养结构与市场需求脱节的关系。一些大学培养的学生成了有文化的无技能者,影响了就业成功的几率。《基于网络求职大学生初次就业与职业发展调研报告》显示:2005—2007届高校毕业生中,高达52.8%的毕业生目前所在行业与期望并不一致。除了在办学和课程设置方面存在一些问题之外,很多高校都热衷培养热门专业的"高级人才"。据统计,全国326所高校都开设有经济学专业,其目标都是培养"能在综合经济管理部门、政策研究部门、金融机构和企业从事经济分析、预测、规划和经济管理工作的高级专门人才"。全国510所高校都有法学专业,都是要培养"在国家机关、企事业单位和社会团体,特别是能在立法机关、行政机关、检察机关、审判机关、仲裁机构和法律服务机构从事法律工作的高级专门人才"。这种盲目增设热门专业的做法,最终造成热门专业的高级人才饱和,热门专业不是就业热门,从而加剧了就业市场的供需失衡。

4. 有效的供求信息对接平台缺失

大学生就业的供求之间缺乏有效的衔接沟通平台。调查显示,网络是大学生求职的主要手段之一。通过对2006年毕业生的调查显示,超过六成的大学生曾网上求职,但成功者却不足20%。大部分的毕业生在求职时采取网上海投的方式,在网络上盲目地投简历,但成功率却极低。目前,高等学校虽然开设了一些就业信息网络,但与计划和人事部门的就业市场缺乏整合,存在信息梗阻,使学生不能很好地搜集到用人单位的足够信息,不知道有哪些单位需要自己。有的找到了合适的信息,但由于就业网络还不规范,对信息的准确性难以判断,使得多数毕业生仍然带着自我推荐表到处跑供需

---

① 赵珍:《大学生就业的供求矛盾分析及对策研究》,《生产力研究》2008年第3期。

见面会,就业成本高,影响学生在更大的范围内选择职业。而且某些行业的就业环境不公平问题仍然较为突出,用人信息不透明、不公开,招聘人员多为"关系户",这更是限制了对大学生的有效需求。在天津市2011年民生问题调查中,问到"您认为获取工作最有效的途径是什么?"时,高达40.8%的人选择亲戚或朋友介绍(见表3-6)。这说明在我国,非正式求职网仍然被高度依赖,而正式的求职网络却缺乏有效性,有效的大学生供求信息对接平台缺失。

表3-6 您认为获取工作最有效的途径是什么?

|  | 人数 | 百分比 |
| --- | --- | --- |
| 专业中介组织 | 82 | 8.5 |
| 校园招聘会 | 89 | 9.3 |
| 报纸、广播、电视等新闻媒体 | 47 | 4.9 |
| 亲戚或朋友介绍 | 392 | 40.8 |
| 人才市场招聘会 | 283 | 29.4 |
| 就业网页 | 62 | 6.5 |
| 其他 | 6 | 0.6 |
| 合计 | 961 | 100.0 |

## 四、就业结构性矛盾的破解之策

结构性矛盾已经成为我国就业的主要困局,只有尽力破解就业结构性矛盾,一系列就业目标才能得以实现。而就业结构性矛盾的解决需要多管齐下,多方努力。

### (一)转变经济增长方式

就我国现在的劳动力市场的供需变化态势而言,虽然目前的"民工荒"是一种结构性短缺,但是,随着我国人口出生率明显下降,劳动人口增量逐年减少,我国劳动力供给正由"无限供给"变为"有限剩余"。随着劳动力成本不断上升,我国在生产领域的劳动力成本优势正在被削弱,靠生产部门扩张推动经济增长的模式也无法永远维持，这就要求我国的经济必须增强内生的增长动力，寻找新的经济增长点。经济发展方式转变需要产业结构的转型和升级。劳动力的供给主要由人口结构和劳动力结构的变化决定，劳动力需求主要由产业结构变化决定。因此，制定产业发展战略要考虑人口结构和劳动力结构的变化，使产业结构的转变速度与劳动力结构的转变速度相适应。构建新的产业链必须减少低端的生产制造环节，增加高端的创意设计、销售、服务等环节，必须尽快从低端劳动力密集型的产业结构调整到中端劳动力密集型的产业结构，以减少对低端劳动力（主要是农民工）的需求和增加对高端劳动力（主要是大学生）的吸纳。要尽快实现产业结构升级，要改变过去过度依靠外需和投资的经济增长方式，促进经济增长向依靠消费、投资、出口协调拉动转变。2009年，三大需求占GDP的比例分别为：最终消费率48%，投资率47.7%，净出口率4.3%，对经济增长的贡献分别为：45.4%，95.2%，－40.6%。转变经济增长方式要求创新成为推动经济增长的重要动力。创新能力的增强意味着更多高端服务业岗位的增加，意味着中国经济增长的内生动力将增强，这些岗位需要更多高层次劳动者去承担，大学生就业难问题因此会得到缓解。转变经济增长方式在改善就业结构性矛盾的同时并不会削弱经济增长创造就业的能力。经济增长方式转变还意味着经济增长要向依靠一、二、三产业协同带动转变。这样的协同意味着要加大服务业对经济增长的贡献。2009年，一、二、三产业的比例分别为10.3%，46.3%，43.4%；三次产业对经济增长的贡献率分别为4.5%，52.5%，42.9%；创造的就业机会分别是：第一产业减少946万，第二产业增加575万，第三产业增加886万；三次产业的就业弹性分别为：－0.74，0.27，0.37。2008、2009两年，第三产业的就业弹性都高于第二产业，2008年分别为0.24和0.31。① 第三产业的就业弹性高于第二产业。在第三产业中，房地产业、批发和零售贸易餐饮业、交通运输业、仓储及邮电通信业、社会服务业和金融保险业的发展对这些行业内部的就业增长具有显著作用。依靠第三产业的发展非常有助于解决我国的就业问题。第三产业的发展不仅能够创造出较多的就业机会，而且这些就业机会受外部冲击的影响较小，将

---

① 张车伟：《"十二五"时期的就业难题与经济发展方式转变》，《中国就业》2011年第1期。

会使就业稳定性增强，有利于劳动力市场的健康发展。

### (二) 完善基本公共服务体系

近些年来，地方政府对户籍制度改革的力度明显加大。到 2007 年，全国已有 12 个省、自治区、直辖市，相继取消了农业户口和非农业户口的二元户口性质划分，统一了城乡户口登记制度，统称为居民户口。另外，很多城市进一步放宽落户条件，以准入条件取代各类进城人口控制指标。但是户籍登记方式的改变并没有实质意义，即作为统一的居民户口中居住在农村的那部分人口，甚至按照条件落户在城市的新居民，仍然不能平等地享有城市人口所享有的社会福利、社会保障和公共服务。大力推进社会管理制度改革，完善基本公共服务体系，从而减少制度性的失业和就业选择偏好是缓解就业结构性矛盾的关键环节。基本公共服务体系具体内容包括公共就业服务、各类基本社会保险和社会救助在内的社会保障、基本医疗和公共卫生、基础教育、保障型住房和公共安全等。

从促进就业的角度来讲，完善公共服务体系的重点之一需要提高政府的保障能力，使基础性的社会保障与就业单位类型、所有制相分离，将全体社会成员纳入社会保障体系。尤其是农民工的社会保障问题亟须加强。要适应农民工流动的需要，积极探索社会保障制度在城乡间的联系和衔接问题。要从实际出发，着眼于让更多的农民工参保，坚持低标准准入，实行低费率、低费基，尽量让农民工个人少缴或不缴费，提高其参保的积极性。同时要采取逐步推进原则。越来越多的农民工在年老或生病后面临丧失生活来源的风险，也面临工伤、职业病以及其他疾病等风险，同样需要规避各种社会风险。但由于他们缴费能力较弱，国家的财力也还有限，因此，应根据农民工的自身需求及有关风险的危害程度，按照分类指导、分步推进的原则，先解决农民工迫切需要的保障需求，逐步解决农民工的社会保障问题。

完善公共服务体系的重点之二需要建立和完善统一的劳动力市场，完善公共就业服务，减少劳动力就业的实际成本和机会成本，从而引导劳动者合理有序地流动。要彻底消除城乡分割、区域阻塞、部门分割、行业封锁，逐步建立健全适应现代化经济建设的统一开放、规范有序、平等竞争、优质高效、城乡一体的人力资源市场。完善公共就业服务，需要坚决取消不合理的行政审批和收费,统一就业准入标准,逐步将免费职介、培训补贴、小额贷款、社保补贴、就业援助等就业扶持政策扩大到进城务工者,增强政策的普惠性。整合就业服务资源,健全服务优质、便民高效的就业服务网络。加强信息服务,畅通劳动者求职就业渠道。加强信息网络建设,做好对不同地区职业供求信息的收集和发布,借助网络、电视等各种传播媒介,形成劳动力市场的信息搜集和传递机制,提高招聘与求职的匹配效果。

### (三) 加大人力资本投资

就业结构性矛盾的原因之一是我国劳动力的素质技能无法适应经济社会发展的需要。所以加大人力资本投资,提高劳动者的素质技能尤为关键。

1. 加大教育投入,普及高中阶段教育

人力资本投资是提升劳动者就业能力的关键。研究表明,在现在的基础上,如果将制造业中职工的学历全部提高到高中程度,企业劳动生产率则可以提高24%。如果把目前城乡劳动力受教育年限提高至12年,即完成高中教育,城镇劳动力教育收益率可提高17%,农村劳动力教育收益率则可提高21.1%。所以加大教育投入,普及高中教育,提高劳动力受教育水平,对劳动者个人的收益和企业的收益都是巨大的。这既是短期扩大内需的一个着力点,更是实现长期经济增长的一个支撑点。公共财政支出占全社会教育支出的比例,发展中国家在75%左右,发达国家为86%,全世界平均为80%左右,而我国仅为46%。这就表明,按照国际标准,我国公共财政支出占教育支出的比例太低,而私人支出占教育支出比例却异常得高。教育投入过度依赖家庭和个人,严重挤压了私人消费,导致社会其他需求不足,抑制了我国经济增长的内在动力。因此,要加大人力资本投资力度,确保教育投入优先到位,争取近期实现教育经费总投入占GDP的比重达5%以上。同时需要普及高中阶段教育,这不仅可以缓解未来就业压力,而且可以增加下一代人的知识资产、提高未来就业能力。

2. 加大技能培训力度,提高培训成效

其一,改进培训方式,坚持就业导向,注重培训实效。要以市场为导向,以提高就业能力和就业率为目标,合理确定培训规模,优化配置培训资源,统筹规划培训工作,科学制订培训计划,探索有效培训模式,通过"订单式"培训、委托培训等方式,实行培训与学历教育、培训与技能鉴定、培训与就业的三结合,增强培训的针对性和时效性。对大学毕业生、"两后生"(城乡未能升学的初、高中毕业生)等新成长劳动力,进行就业技能培训,力争"培训一人、就业一人"。对企业在岗职工包括农民工,开展多种形式的岗位技能提升培训和高技能人才培训,提高其职业素质和工作能力,做到"就业一人,培训一人"。面向创业者开展创业培训,帮助他们掌握创业所需的核心技能,实现"创业一人、带动一批"。

其二,完善普惠制培训制度,减轻用工单位岗前培训负担。对照属地管理原则,各地就业主管部门应定期征求本地企业用工需求意见,有针对性地开展就业培训,并积极支持企业开展上岗前培训。制定和实施优惠政策,鼓励企业和其他用人单位开展职业技能培训。如对企业用于技能培训的费用给予补贴和优惠,对困难企业开展培训给予工资补贴等。同时,针对农民工流出方向,与流入地企业取得联系,签订定向培训协议,对农民工进行定向专业培训,为企业输送熟练工人。由于培训具有社会效益,所以公共财政支出应该承担更大的责任,完善普惠制培训制度。

其三,加快职业技能培训工作法制化、现代化的进程。加快职业技能培训工作的法制化和现代化已是当务之急。首先,把职业技能培训纳入国民经济和社会发展规划中,明确各类主体的权利和义务,建立稳定的财政投入机制。其次,加强职业培训的资金监督与管理,效果的评估与绩效考核。最后,未来的职业培训应尽快采用互联网等高新技术,提高职业培训的现代化手段。针对我国人口众多、地域辽阔以及资金不足的特点,应加快发展并推广其他各种方式的远程教学方式,积极构建培训平台以及各种配套辅助系统。

### (四)继续深化教育改革

继续深化教育改革,实现人才供给与市场需求的对接是解决就业问题的根本出路。深化教育改革,首先要推进高等教育体制改革,实现高等教育与经济发展的良性互动,达到教育结构与产业结构的动态平衡。扩大高校自主办学权力,逐步建立高校教学质量外部考评机制,指导高校加强实践教学,着力培养学生的综合素质和动手能力,提高人才培养质量。建立健全高校毕业生需求预测与发布制度,完善就业状况的反馈机制,引导高校合理调整专业设置。建立高校毕业生就业和重点产业人才供需对接机制,努力实现人才培养、社会需求和就业的良性互动。

深化教育改革,还需要大力发展职业教育。目前我国职业教育发展不足,在办学目标、培养模式、专业和课程设置方面与实际需求相差较大。实现职业教育更好的发展,关键在于转变观念、创新方法。"引导社会各界逐步消除轻视职业教育的观念,不断提高技能型人才的社会地位;继续深化劳动人事制度改革,改变劳动用工、人才选拔中重学历轻技能的做法,逐步形成有利于职业教育发展和技能型人才成长的激励机制;健全面向全体劳动者的职业教育培训制度,加强劳动力转移培训和实用人才培训,建立统一规范的人力资源市场,形成城乡劳动者平等就业制度;大力发展成人教育、继续教育、社区教育,为在职人员、转岗下岗人员、农村进城务工人员、社区居民等提供多种形式的教育和培训,不断拓展职业教育的渠道,增强职业教育的社会影响力。"[①] 一是创新人才培养模式,切实开展"订单式"培训,大力推行校企合作、工学结合、顶岗实习的培养模式。二是根据行业结构、技术结构调整所带来的劳动力市场变化,合理设置专业和课程,不断优化专业结构。三是加强就业与创业指导,引导学生转变就业观念,拓宽就业渠道。四加强职业教育实训基地和校外实习基地建设。五是健全职业资格确认和就业资格准入制度,规范劳动用工行为,切实保障就业人员的合法权益。

### (五) 强化企业的社会责任

企业是解决就业的主要渠道,也是支撑经济发展重要的微观主体。企业不仅担负着推动经济增长、创造社会财富的重任,而且负有改善职工生活、促进职工全面发展的义务。保障职工的各项合法权益、稳定员工队伍也是促进企业健康发展的必需手段。因此要强化企业的社会责任,改善用工环境,特别是在薪酬待遇、劳动条件、劳动合同以及人文关怀等方面加大措施,建立双赢的劳资关系格局。要积极探索更有效合适的劳动合同形式,推进集体

---

① 谢海燕:《进一步推动职业教育改革发展》,《人民日报》2008年7月21日。

合同制度，推进企业民主管理。弘扬企业文化，提升企业的凝聚力和员工归属感；丰富员工的文化业余生活，尤其要关注新生代农民工思想观念和需求变化；改善工作环境，加强安全生产和劳动保护。"建立工资增长机制，推动职工工资随企业效益提高及其他有关因素的变化而相应调整；建立最低工资标准调整机制，实现最低工资标准与经济发展水平、物价等因素的联动增长；建立工资支付保障机制，确保企业职工特别是农民工能够按时足额领到工资；建立职工不满申诉处理机制，形成多渠道和多层次的社会化劳动争议调解网。"①

---

① 劳动保障部第五课题组：《关于农民工社会保障问题研究报告》，《社会保险研究》2005年第8期。

# 第 四 章

# 教育的结构性矛盾研究

　　教育需求是我国民生方面的突出需求。随着改革开放的深入，经济的发展和人们物质生活水平的提高，人们的教育需求也在不断增长。进入 21 世纪，我国教育发展取得了巨大进步，城乡免费义务教育全面实现，职业教育快速发展，高等教育进入大众化阶段，农村教育得到加强，教育公平迈出重大步伐。2013 年 3 月 5 日温家宝总理在政府工作报告上说："坚持优先发展教育，中央财政已按全国财政性教育支出占国内生产总值的 4% 编制预算，地方政府也要相应安排，确保这一目标的实现。"① 但同时我国教育也存在许多不尽如人意之处，矛盾突出，从表象上看有如"上学贵，上学难""课业负担重""择校费""就业难""教育不公平"等。但如果我们深入思考就会发现，这些教育问题的症结主要在于我国教育发展中存在的结构性矛盾，这些结构性矛盾严重影响了我国教育事业的和谐发展，成为重大的民生问题。

　　本研究以结构—功能理论为依据，力图深入剖析进入 21 世纪以来我国存在的教育结构性矛盾及这些矛盾对民众生活的重大影响，从教育作为关系和谐社会发展的民生事业出发，提出优化我国教育发展结构，着力解决教育事业发展中存在的民众反映强烈的重大矛盾的对策与建议。

　　自古以来，我国有重视教育的传统，如"学而优则仕""满朝朱紫贵，尽是读书人"等名言就描绘了一幅中国古代社会的文化政治图景，教育是获取权力、财富、声望及其他重要社会资源的方式之一。以科举制为代表的

---

① 温家宝：《政府工作报告——2013 年 3 月 5 日在第十二届全国人民代表大会第一次会议上》，《人民日报》2013 年 3 月 19 日。

文官选拔制度，更将教育促进社会流动的功能推向了极致，影响深远，至今我们仍然可以从高考、公务员招考等考试中觅得传统科举制的影子。即使在外敌入侵、朝代更替、战事不断的19世纪末和20世纪上半期，教育推动个体向上流动的渠道都没有堵塞。从1949年到1976年的27年间，是共产党领导的新中国的教育整顿、改造和探索时期，期间有良性发展阶段、也有盲目冲动时刻，更有人为制造混乱时期，如"文化大革命"对教育事业造成了毁灭性破坏，致使我国人才培养出现了10年断层。1977年，我国恢复了因"文化大革命"中断了11年的高考，教育发展开始进入良性阶段。全社会重视教育，高考、上大学、接受高等教育一直是我们这个时代的重要话题，承载着千百万家庭的喜怒哀乐和每一个青年的梦想。对优质高等教育资源的竞争波及对优质中等、初等甚至学前教育的竞争。教育话题已经成为一个社会话题，人们对教育的重视和热情已经达到了无以复加的程度。这样人们对教育发展提出了更高的要求，对教育的不满也逐年增强，究其根源在于我国教育发展中存在的结构性矛盾。

这些结构性矛盾从宏观上说包括教育发展类型结构的矛盾：职业教育发展滞后于普通教育。我国普通教育发展较好，而职业教育发展无论从数量还是质量上都存在很多问题；教育发展的城乡结构矛盾：农村教育落后于城市教育。由于我国长期存在的城乡二元结构，使得城市教育与农村教育存在显著差别，导致城乡教育结构失衡；社会教育落后于学校教育，教育发展的形式结构矛盾：造成我国正规的学校教育发展迅速，但与之对应的非正规的社会教育发展缓慢，学校教育承担了许多应该由社会教育承担的任务和责任，学校教育已经不堪重负。

这些结构性矛盾从中观上说包括教育发展的人才培养结构矛盾：学校创新型、实用型人才培养落后于学术性、学科性人才。经济高速发展、产业结构升级和高科技的冲击，使得社会对创新型、实用型、技能型人才需求越来越强烈，我国传统的学术性、学科性人才培养方式改革迫在敏捷；教育发展的学校布局结构矛盾：学校与学校间差距大，发展不平衡。在政策、地域、历史等综合因素影响下，我国的学校间存在发展不平衡现象，不同区域学校如东部和西部、城市和农村等发展不平衡，甚至同一区域学校发展也相差悬殊，如重点校与非重点校。"择校热""高考移民"等现象民众也反应强烈。

这些结构性矛盾从微观上说包括教育发展的个体性结构矛盾。对处境不利个体的教育救助体系不完善，民众教育不公平感强烈。教育公平不仅要求平等地分配公共教育资源，还要求公共教育资源的分配适当地向各种社会处境不利的个体倾斜。前者体现了分配正义的要求，后者体现了矫正正义的要求。建立在矫正正义理念基础上的教育补偿使得真正教育公平的实现成为可能；教育发展的成才观结构矛盾，管理者、教师、家长等教育者的教育观念偏颇，压抑学生个性发展，素质教育推进难。由于我国民众成才观存在偏颇，"学习好""考大学，考好大学"是唯一标准，忽视人的全面发展。教育管理者、教师和家长的教育观念落后，学校教学内容和教学方法陈旧，"学生课业负担""个性发展""多元成才观"是关注的重点。

根据上述研究思路，本篇的研究框架设计如下：

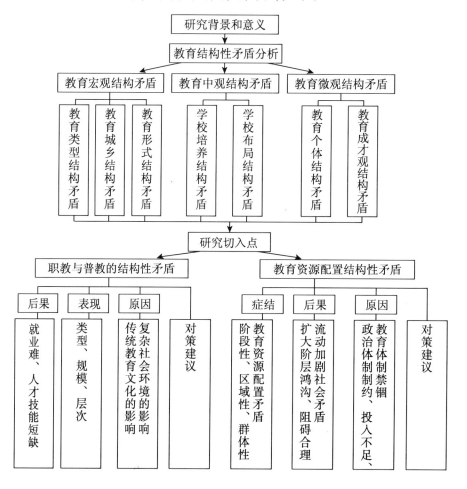

根据本书的总体安排，本章不可能对所有提出的教育民生问题中的结构性问题逐一进行研究，只选取了其中两个问题，即职业教育和普通教育之间的结构性矛盾、教育资源配置中的结构性矛盾进行分析研究。

## 一、普教与职教之间的结构性矛盾

普通教育和职业教育是我国教育体系中的两个重要组成部分，二者互为补充。普通教育担负着为社会培养学术型和工程型专门性人才的重任。职业教育担负着培养能够适应生产第一线要求的具有相关知识和技能的技术性人才。我国普通教育与职业教育在长期发展中形成了各自的两个界线分明的独立体系，走着各自不同的轨道，没有交集，没有融合。普通教育与职业教育不仅有各自的管理部门和行政机构，而且还有不同的发展目标和课程体系。一直以来，我国的国民教育体系主要以传统普通教育为主体，形成了以纯知识理论形态的考试为选拔标准的体系，职业教育由于历史和现实的影响，其发展比较薄弱。普通教育与职业教育存在发展不平衡的结构性矛盾。

### （一）从"就业难"和"招工难"同时存在说起

1. 普通教育与职业教育失衡带来的就业难

在就业问题上"就业难"和"招工难"同时存在，是一对结构性矛盾，反映在教育上则是普通教育与职业教育的失衡。据《2007中国劳动力统计年鉴》显示，在全国城镇失业人口中，毕业后未工作的人口占失业人口总数的比例分别是：大专以上学历27.9%，本科生8.4%，研究生0.3%，大学毕业生"毕业后失业"已然成为事实。同时，在各级行政机关、事业单位却出现了高学历毕业生与低学历毕业生抢同一岗位的现象。而逐步市场化的劳动力市场则频频出现高技能应用型人才告急现象。据报道，我国长三角、珠三角等企业开出高薪也很难招到各类高技能应用型人才。苏州市劳动就业管理服务中心发布的《苏州市2010年企业用工需求抽样调查报告》显示：目前，企业用工对文化程度的要求中，大专以上、高中及技职校、初中和无要求的比例分别为5.6%、72.2%、14.5%和7.7%，高中及技职校文化程度已成主流需求。由此可见，我国劳动力市场存在很大的技能渴求。这一方面和我国目前以劳动密集型为主的产业结构有关；另一方面凸显出我国的传统教育结构与社会人才需求之间的尖锐矛盾，我国高等教育培养学术型人才，中等专业学校培养中等层次的技术应用型人才、职业中学承担较低层次应用型人才的培养任务，更低层次的应用型人才来自文化程度较低的、基本没有技术培训的其他社会成员。目前，我国高等教育蓬勃发展，而职业技术教育发展相对滞后，普通教育与职业技术教育之间的结构失调明显，尤其不利于高级应用型人才的培养。①

2. 普通教育与职业教育的失衡造成就业人员技能短缺

就业人员技能短缺在我国并非商业周期作用下的短暂现象。虽然没有一个可对比的标准，但2001—2010年劳动力市场的供求数据清晰表明，我国"技工荒"的程度在年年攀升，已经在持续时间内形成了一定规模（见图4-1、图4-2）。我国已经面临较为严峻的技能短缺状况：总体劳动力供给大于需求，但高技能人才持续供不应求，技能短缺覆盖范围不断扩大。

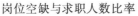

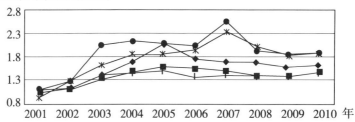

**图4-1 2001—2010年份技术等级供求变化（岗位空缺与求职人数的比率）**

（数据来源：中国人力资源市场信息监测中心：《2010年度部分城市公共就业服务机构市场供求状况分析》。）

---

① 李娣：《实现职业教育与普通教育均衡发展的思考——基于人才供需矛盾的视角》，《职业技术教育》2010年第25期。

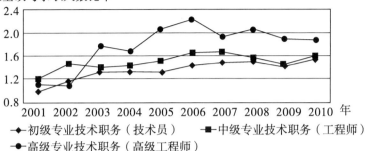

**图 4-2　2001—2010 年份专业技术职称供求变化（岗位空缺与求职人数的比率）**

数据来源：中国人力资源市场信息监测中心：《2010 年度部分城市公共就业服务机构市场供求状况分析》；魏晓艳等：《我国技能短缺状况下高职教育改革探析》，《职业技术教育》2011 年 16 期。

### 3. 普通教育与职业教育失衡的源头

在我国，一方面是就业难，学历高者反而失业率高；另一方面是高技能人才缺乏，供不应求，我们可以从普通教育与职业教育的失衡的源头上找到它的原因。考察 20 世纪 90 年代以来中国中等职业教育的发展历程，可以看到中国中等职业教育的发展并不是直线式的，其发展经历了从 1998 年后连续 7 年的回落，回落的趋势直至 2005 年才开始回转（见图 4-3）。① 而在中职教育不平坦的发展历程中，始终伴随着中职与普通高中教育价值的争议。相比普通高中教育，中职教育面临着扮演社会分层的角色，课程传授专门技能的同时削弱了适应力强的通用能力的培养，学生可能获得短期收益而长远收益受到影响等多方面的质疑与挑战。

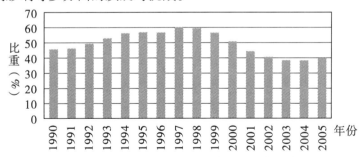

**图 4-3　中等专业教育在校生占全国高中阶段教育在校生比重**

---

① 丁晓洁、李莹：《中国城镇中等职业教育就业状况分析》，《教育科学》2008 年第 4 期。

上述分析中我们可以知道普通教育与职业教育的失衡带来的就业难与择业难同时存在，普通教育与职业教育的失衡造成的就业人员技能短缺，普通教育与职业教育结构失衡的源头来自于中等职业教育的发展和普通高中教育的发展不对称。要深入解读这个问题必须深入研究当今教育中的结构性矛盾。

### （二）普教与职教——当今教育结构性矛盾之解读

我国是个教育大国也是人力资源大国，改革开放后我国的普通教育和职业教育都有了长足的发展，尤其是普通教育，其成绩更是斐然。普通教育与职业教育的大发展为我国经济社会发展培养了大批人才，做出了突出贡献。但随着多年的积累，我国专业人才的需求已经且正在悄然发生变化，正在从数量紧缺逐渐转向结构性紧缺，即技能性人才紧缺，学术性人才过多。可以说，造成人才这种结构性紧缺的原因是普通教育与职业教育发展不协调，也就是普通专业性知识人才与实用技能性人才比例不协调、不平衡，存在结构性矛盾。

1. 人才培养类型上的结构性矛盾

当前我国普通教育与职业教育存在的最大结构性矛盾是人才培养类型上的矛盾，即普通教育培养的知识性学科性人才过多，职业教育培养的技能性实用性人才过少。

从培养目标的角度看，现代社会的人才一般分为两类四型：科研类（学术型和工程型）、职业类（技术型和技能型）。普通教育培养的是科研类人才，即培养学术型和工程型的高级专门"通才"，职业教育培养的是职业类人才，即具有一定理论知识水平和较强岗位工作能力的"专才"。

普通高等教育以知识为人才培养目标，其目的是使学习者获得相关学历和学位，因此突出学科知识的深度和系统性，培养的是学科性研究型人才，重在发展学生的思维能力，教给学生的是对事物的深层次理解，即教会学生研究和应用某学科知识的方法。普通高等教育更强调学科知识的相对完整性和系统性，充分体现了厚基础和宽口径的培养目标。

职业教育以能力为人才培养目标，培养的是生产、建设、管理、服务一线的专门性及技术性人才，目的是要教会学生掌握某种谋生手段。职业教育培养人才以职业能力为本位，面向技术应用和开发能力，强调岗位能力的培养。职业教育更强调学科知识的相对独立性和职业针对性及与生产的直接相关性。

在办学定位上，长期以来，我国计划经济体制下形成的培养学科性人才的办学思想影响深远，高等教育始终把培养"学术性"人才作为最终目标，在"研究性"思想指导下，人才培养模式重学历轻职业，重理论轻实践，重学习能力轻技术能力，久而久之，出现了学生学有专业而无专能、社会有专岗而缺专才的尴尬现象。

2. 人才培养规模上的结构性矛盾

普通教育主要培养学术型人才，职业教育主要培养技能型人才，而长期以来的重普教轻职教的现状，使得我国技能性人才培养没有得到应有重视，出现了学术型人才和技能型人才在培养规模上的结构性矛盾。

当今时代，我国的现代制造业和服务业发展迅速，劳动力市场对高技能人才的需求日益增长。目前中国已成为全球最大的加工制造基地，但我国技能劳动者尤其是高技能人才严重匮乏，这已经成为制约企业可持续发展和阻碍产业升级的"瓶颈"，威胁着"中国制造"产品在国际上的竞争力。

2011年，全国普通教育培养的人才数量（包括研究生、本科生、普通高中生）为5501万人，全国普通教育学校数目（包括研究生培养机构数、本科院校数、普高学校数）为17581所；全国职业教育培养人才数量（包括高职和中职）为2205万人（其中还含有部分普通专科毕业生数），全国职业教育院校数（包括高职院校和中职学校）为13093所。[①] 从以上数据可以看出，普通教育与职业教育不论从人才培养数目还是人才培养机构数目看，职业教育都处于弱势。除了绝对数目可以说明一定问题外，人才培养质量也值得我们关注，由于长期重知识轻技能人才培养思想的深入影响，虽然职业教育理想的人才培养目标是技能性人才，但在实际操作过程中职业教育普通化严重，不论是专业设置还是课程结构还是师资力量，职业教育的知识化、理论化倾向明显，这直接导致了我国职业教育培养的技能性人才不仅数

---

① 教育部：《2011年全国教育事业发展统计公报》，《中国教育报》2012年8月31日。

量上不足，质量上也不能满足社会发展需要。当前，我国的劳动力市场陷入一种怪圈：一方面是大量的结构性失业，许多无技术专长的下岗职工难以再就业；另一方面高级技能型人才严重匮乏，高薪聘不到高级技工。在新型工业化的大背景下，这给我们提出了一个日益沉重的问题。随着我国由跨国公司的加工组装基地向世界制造业基地的转变，今后一段时期对高技能人才的需求会越来越大，企业呼唤"能工巧匠"，高技能人才的短缺将成为制约经济持续快速增长的重要因素，成为迫切需要解决的问题。

3. 人才培养层次上的结构性矛盾

改革开放以来，我国逐步进入学历社会，文凭被追捧。这一方面是由于改革开放后我国逐步进入工业化社会，对人才、对知识的需求与日俱增，且劳动力市场也逐步走向成熟，文凭作为个人受教育与训练的凭证，就像贴在商品上的商标或质检证，一定的文凭代表着拥有它的人具有一定的技能和知识，因此文凭在劳动力市场上具有交换的价值，成为获得理想职业的敲门砖。另一方面，改革开放后我国的干部人事制度也加速了文凭社会的形成，也即只有拥有一定学历文凭的人才能在"提干、晋级、福利待遇"等方面拥有优先权，曾一度拥有"高文凭"的人必然地可以获得"干部"身份，这使得文凭的优越性更加凸显。

相对于文凭的被热捧，职业教育被冷落也在情理之中，因为就目前我国的教育体系而言，从人才培养层次上看，职业教育是一种终结性的低端层次的教育形式，职业教育只有中等职业教育和专科层次的高等职业教育；普通教育是一种可延伸的高端层次的教育形式，普通教育有从初等、中等到有着学士、硕士、博士学位的高等教育自然衔接的体系。这样，在社会中就形成了这样一种思想，接受职业教育就低人一等，接受职业教育只能进工厂当工人，做一些又苦又累且报酬低廉的工作；而接受普通教育，就有希望获得高文凭，有机会成为"人上人""天之骄子"，可以进入机关、事业单位、大企业，成为"干部"，坐办公室，拿高工资。这一社会现实，使得人们在面临普通教育与职业教育的选择时，首选是普通教育，只有那些学习不好、能力素质稍微差一些或者家庭背景不太好的人，才会无奈地选择职业教育，这也使得职业教育先天不足，不好发展，成为非主流的教育形式。

## （三）普教与职教历史的分裂——传统教育文化的影响

我国具有源远流长的中国封建社会文化教育传统，传统教育文化的价值观已经深植于人们的思想意识，成为中华民族的一种潜意识流。中国传统教育文化主张内圣外王，这也是中国古代知识分子理想的自我形象，以达到"诚意、正心、修身、齐家、治国、平天下"为人生的最终追求。传统教育文化还认为，作为一个有志知识分子，他不应只以做到"君子"为满足，而必须做"官"。因此，传统教育文化不在于一技一艺，而是培养经典文化人，培养人文精神。因此传统教育文化中一个最显著的价值观念是"反职业主义"。

虽然当今社会生产力水平、科技水平有了很大发展，我们已经进入了信息时代，培养高技术的应用性人才成为时代发展的必需，而不是只培养"述而不作"的"大儒""君子"。然而几千年文化的积淀不是一朝一夕就可以消融的，它至今还冲击着人们对职业教育和实用性高级人才在当代社会的必要性的理性认识。如，人们普遍认为职业学校是"落榜生""差生"去的地方，那些"优秀生"应该去普通高等学府深造；有人认为从职业学校出来的学生只能做普通劳动者，只能在一线做工人，就低人一等，而不是像从普通高校出来的学生那样"坐办公室""当干部"。由此造成社会民众把进职业学校作为最末等的无可奈何的选择。另外，一些企事业单位的人才观念与用人制度也存在偏颇，盲目追求高学历、名牌大学的学生，而忽视了人才的实际应用能力和本单位实际缺乏的工作岗位人员。因为思想是行动的先导，思想观念上的错误认识必然导致实践活动上的偏差，人们从思想层面上存在的对职业教育的鄙薄态度，就成为了阻碍我国职业教育顺畅发展的障碍之一。

传统文化的价值取向和文化教育观对中国教育的发展有着深刻的甚至是决定性的影响作用，这也决定了我国的职业教育与普通教育一直存在着历史性的结构性矛盾。

### 1. 传统教育文化的培养目标是从政君子，而不是生产劳动者

我国传统主流教育文化提出由平民中培养德才兼备的从政君子的教育目标，这可以概括为"学而优则仕"。传统主流教育文化认为学习是通向做官

的途径，培养官员是教育最主要的目的。而一介草民要想飞黄腾达，光宗耀祖，只有刻苦攻读，金榜题名，所以学习成绩优良就成为了做官的重要条件，甚至是唯一条件。我国传统教育文化重要代表人物之一的孔子对"学而优则仕"的态度也是非常明确的，他说：先学习礼乐而后做官是平民，先有官位而后学习礼乐是贵族子弟。学习与做官之间有了密切的联系。传统文化培养统治型人才这一教育目的的确立对我国教育产生了深远的影响，尤其是极大地冲击了我国职业教育与普通教育相互间健康和谐有序的发展。

职业教育的培养目标是经世致用的实用人才、科学技术人才、生产劳动者。而受传统教育文化影响，孔子以后的两千多年，中国教育界一直盛行"读书做官论"。统治者也把教育作为巩固自己统治的工具，实行科举制度来选拔人才。许多书生一生奋斗，寒窗苦读，为的只是中举、做官；而当今我国的高考制度可以说还能或多或少觅得传统科举考试的影子，谁又能够否认二者之间的继承性联系呢？

受传统教育文化的极大影响，中国教育几千年来为生产实践服务不足；培养有文化、有技术的劳动者不足；更无从谈起构建系统、正规的职业教育体系了。因此，传统教育文化"学而优则仕"的培养目标严重阻碍了我国职业教育的发展。

2. 传统教育文化的教学内容重伦理道德教育，轻科学技术生产劳动教育

传统教育培养的既然只是君子，而不是生产劳动者，那么教育内容就只需伦理道德知识，而不需要科学技术知识和劳动生产知识了。传统教育文化代表人物孔子继承并发展西周贵族"六艺"教育传统，即《诗》《书》《礼》《乐》《易》《春秋》。这些文化典籍主要教育学生要做一个有道德的人，其次才是学习以提高文化知识，即"学有余力，则以学文"。道德教育居于首位，通过文化知识的传授，灌输道德观念，为道德教育服务，最终为巩固统治阶级的政权服务。

封建教育文化中，作为最重要的选拔人才的方式——科举制，也是主要以"四书""五经"这些文化典籍作为考试内容，这些书都是政治化的伦理和伦理化的政治，除此之外便没有其他内容了。至于科学技术知识、劳动生

产知识在传统文化教育中涉及很少,甚至还受到轻视。因为传统教育文化培养的是"治人"的从政人才,不是从事农工的劳动者。传统文化大师孔子认为社会分工有君子之事,有小人之事,"君子谋道不谋食""劳心者治人,劳力者治于人"。君子与小人职责不同,君子不必参与小人的物质生产劳动,孔子从根本上反对弟子学习生产劳动技术。其弟子樊迟要学习种田、种菜,他当面拒绝,背后还骂樊迟是"小人"。这种观点对后世教育产生的影响是不可小觑的。两千多年的封建社会,传统教育文化这种官本位的思想倾向和价值观深深地渗透到了当时社会的各个阶层,形成了"万般皆下品,唯有读书高"的社会意识流和"三纲五常"的教育内容,以及"唯书""唯上"的教育思想。因而,传统教育文化的重视伦理道德轻视科学技术实践知识的教育内容在客观上也阻碍了我国职业教育的发展。

3. 传统教育文化在教学方法上重论辩,轻社会生产实践

传统教育文化的主要内容是一些伦理道德,治国方略,不是科学技术知识;在教育方法上也主要是进行课堂灌输与讲解,进行理论思辨,而不是进行生产实践和科学实验。如,孔子认为道德修养不是依靠外在强制,而是依靠自觉努力,要"立志""克己""内省"。在传统的教育文化经典中,涉及科学实验、劳动实践等具体操作性的教育方法很少。孔子虽然也强调知行统一,学以致用,但孔子所说的"行"主要指"为政"和个人的人生经历。当谈到生产劳动时,孔子立即把它贬为卑贱的活动,他说:吾少也贱,故能多鄙事。

另外,在中国存在了1300多年的科举制度,其考试方法也迫使人们在学习时要死记硬背。导致了学校教育中重文辞少实学,形成了教条主义、形式主义的学习风气。广大知识分子终日埋头于经书典籍,不是研究现实学问及自然科学知识;同时这种教学方式也使他们失去了独立思考的能力,窒息了思想活力,形成了重权威轻创新、重继承轻发展的思维方式。

"冰冻三尺,非一日之寒。"长期存在的阻碍我国职业教育发展的鄙薄认识不是一蹴而就的,更不是无源之水,无本之木,是与我国传统教育文化对职业教育的轻视相关联的。传统教育文化中轻视劳动实践、科学技术生产实践的思想严重束缚了人们对职业教育的正确认识,阻碍了其发展,也在一定程度上影响了普通教育与职业教育的平衡发展,是造成当前普通教育与职

业教育结构性矛盾的重要历史原因之一。

**（四）普教与职教现实的分裂——复杂的社会环境的影响**

这几年在国家教育政策的推动下，我国职业教育有了飞速发展，严酷的就业现实也使许多人认识到职业教育的重要性，但是观念和行为的形成是个漫长的过程，而已成惯性的观念及与之相应的行为若想改变也不是一蹴而就的。我国职业教育与普通教育的结构性矛盾，细细分析其形成的现实原因，可以从以下几方面得到一些启示：

首先，偏差的人才观。由于"文化大革命"十年对知识分子和教育体制造成了毁灭性打击与破坏，改革开放后，国家百业待兴，需要大批的管理型、知识型人才，1977年高考制度的恢复，在知识型人才的培养上具有里程碑意义。20世纪80年代中期，邓小平提出了干部要"革命化、年轻化、知识化、专业化"的组织人才标准。此后"尊重知识、尊重人才"逐步成为社会风气，一改"文化大革命"时期知识分子是"臭老九"的局面，这些教育政策和人才政策为我国的社会主义建设做出了巨大贡献。其中的年轻化、知识化和专业化可以说就是为高学历人才量身定做的人事政策。但是，这种对高学历人才的重视和渴求久而久之却使社会中出现了一种偏见，即轻视专业技术、重视高等学历。年轻人普遍认为当技术人员、当工人收入少，社会地位低，技术人员、工人的名称不再是一种荣耀。因此学生不愿报考职业技术类学校，许多高中生宁愿留级或者复读也不愿到职业学校上学。另外，当前职业学校的招生分数一般都比较低，致使人们普遍认为职业学校的学生比本科院校的学生素质低，不优秀。由于这种偏差的人才观念普遍存在于人们的心中，人才评价错位，造成了高技能人才的培养对象缺乏。而高校为了迎合民众的这种需求，也把培养具有高学历的"通才""精英"作为目标，重视学科性理论知识的学习，忽视技能性知识的学习与实践。从教育模式到专业目录千人一面，造成了人才的严重同构化，很难满足就业市场各种层次、类型的需要，造成现在人才市场的结构性失调。

其次，国家政策导向失调。国家在对职业教育与普通教育的资金支持、人事支撑、招生政策等方面的不平等，致使改革开放以来在普通教育大发展、大繁荣，节节攀升之时，职业教育资源不断流失，职业学校不断下放，甚至被停办。如在招生政策上，中考时，考分高的学生进入普通一、二、三类高中，所有普通高中录取完毕后，剩下的低分考生才进入不同的职业中学（职高、中专、中技）。同样，在高校招生中，本科层次几乎没有职业教育，职业教育基本只能参与专科阶段的录取，这一政策最严重的后果是，职业教育只能录取低分考生，这种带有倾斜性的招生导向，实际上是进一步强化了"重普轻职"的思想。另外，职业教育长期以来是一种终结性教育。普通教育有从小学、初中、高中、专科、本科、硕士研究生、博士研究生的完整的教育发展路径，而职业教育只有小学、初中、高中（中专、中师、中技）、专科（虽然近年来有了专升本这一高职专科生的继续升学的途径，但只有很少部分学生能继续攻读，且主要考察知识性内容，而不是高职生擅长的技能性内容），这种双轨制的教育体制对职校生来说是不公平的。国家的干部人事制度对职业学校毕业生长期存在轻视性。20世纪80年代是一个社会经济等各方面复苏的年代，学历文凭成为人们发展的最大资本。当时，各单位里的本科生可谓凤毛麟角，考上大学就等于进了保险箱，饭碗不愁，而且大学毕业生理所当然一毕业就是"干部"待遇，占职业教育绝大多数的中技、中专的毕业生，参加工作后只能是"工人待遇"，这无形中在社会上给职业教育打上了"低人一等"的烙印。

最后，人才激励机制不够完善。从20世纪90年代开始，我国企事业单位的人才激励政策存在一些偏颇，工资待遇明显偏向于或有学历或有地位的"干部"，而普通的技术工人甚至是高级技术工人的收入与"干部"差别较大。有学历的干部分别由组织部门和人事部门管理，而工人则由劳动部门管理。不同的管理形式所包含的则是工作岗位、政治待遇、工资福利、住房、个人升迁乃至退休后的各种不同待遇。这些不同的要素构成了干部和工人社会地位的巨大差别。这样的社会环境是不利于技术工人的培养、培训、教育和发展的。

### （五）普教与职教——教育结构性矛盾之解决

当前中国教育中普教与职教之间的结构性矛盾不是中国特有的问题，而是世界性的问题。纵观世界发达国家，许多国家都遇到过这样的问题。我们在借鉴其他国家经验基础上，提出了解决我国普教与职教结构性矛盾的建议。

1. 普教与职教间矛盾解决的世界经验

(1) 英国的双轨制——普教与职教融合之路漫漫

英国是一个具有浓厚封建主义传统的国家，也是一个在传统上学术性教育与职业性教育分离的国家，即其教育发展早期实行著名的双轨制：一轨是下层阶级（劳动人民）子女接受教育的途径，即进入幼儿学校、小学、高等小学、职业性学校，然后就业，加入劳动者阶层；一轨是为上层阶级（贵族、大资产阶级）子女准备的教育体系，即在家庭延聘私人教师接受初级教育，进入预备学校（为升入学术性中学准备），升入公学、文法学校等中学（主要教授古典语言和文法，以满足贵族和上层社会职业如医师、法官、辩护士及乡绅的需要），最后升入牛津、剑桥等传统名牌大学，获得了进入上层社会的通行证。

"第二次世界大战"以后，由于文明的进步，人民民主意识的增强及经济社会发展对人才多样化的需求，英国这种具有明显不平等色彩的双轨制学校教育体系为社会民众所诟病，改革已势不可挡，于是英国政府在加强普通初等教育之时，重点进行了中等教育改革，在传统的为上层阶级准备的文法中学、公学等普通教育形式之外，陆续又增设了技术中学、现代中学、综合中学等中等职业教育形式，后三种教育力图把普通的文法教育与职业教育综合起来，安抚民众的不满情绪。

中等教育的分轨必然造成高等教育的分轨，从文法中学、公学毕业的中学生大多进入牛津、剑桥、伦敦大学等古典、近代著名大学继续深造，而从技术中学、现代中学、综合中学毕业的中学生，只有很少部分能够进入这些名牌大学，大多进入技术大学、开放大学、第三级学院等职业教育性质的高等教育机构。

20世纪后期，英国政府逐渐认识到普通教育与职业教育分离的弊端，政府采取了不少措施，仍未能消除职业教育和普通教育之间的对立状态。其根本原因在于这两种教育价值取向的对立。有学者提出批评认为，英国与以往相比之所以经济发展相对滞后，缺乏竞争力，是因为英国教育体系存在的实质性的不平等状态，政府部门还在一定程度上顽固地偏爱传统的学术教育，轻视职业教育。

面对这种状况许多学者提出了批评意见和改革建议，1990年英国公共政策研究院的报告《一种英国毕业证书：教育和训练对立的终结》引用了艾伯特（Friedrich Ebert）的话："普通教育是上层阶级的职业教育，职业教育是工人阶级的普通教育。"[1] 他指出双轨教育制度造成学术性教育过于狭隘、职业教育发展不足，因此主张以单一的高级文凭代替学术资格和职业资格的分离。虽然这一建议因为触动了上层阶级保持其学术传统优势的利益而遭到抵制，但其仍然对学术教育与职业教育的融合产生了巨大影响。于是英国政府提出一个妥协的三轨的教育资格体系即以学术教育（A Level）、国家职业资格制度（NVQ）、普通国家职业资格制度（CNVQ）为基础的国家资格体系。

为融合学术教育与职业教育，英国对一系列的职业资格体系做了改革，成效显著。但也存在很多问题，因为这一系列的改革都以学术资格的标准不被动摇为前提。虽然国家资格体系还为职业资格和学术资格之间的转换提供了可比的标准，使学生在技术上在两种资格体系间自由转换成为可能，努力使职业资格与学术资格具有同等的社会地位，但是国家资格体系却使三类资格之间的对立更加明显，不但学术资格和职业资格的鸿沟没有被填平，连普通国家职业资格证书（CNVQ）和国家职业资格证书（NVQ）也界限分明。因为三种资格之间的目标截然划分使资格体系的统一只能流于形式，而且各种资格课程不同的学习和评估方式使它们不可能融合在一起。

英国学术教育独尊的教育传统注定了其普通教育与职业教育的融合不是简单的过程，因为两种教育形式在基本的目标和价值观上是分离的。英国是个具有典型等级分化传统的国家，学术教育与职业教育的分离是一种政治需要，而经济社会发展又需要二者的统一，英国政府就在这种分离与融合的矛盾选择中不断寻找二者的平衡点，这也注定了二者的统一绝非一朝一夕之事。

---

[1] Tom Whiteside, Alan Sutton etc., *16-19 Changes in Education and Training*, David Fulton Publishers, 1992, p. 14.

(2) 日本的螺旋发展式——普教与职教的"分—合—分—合"

日本与我国一衣带水，在文化上有着千丝万缕的联系，在教育制度方面也有许多相似之处。作为传统的封建国家，日本也实行重视普通教育而轻视职业教育的双轨教育体制，在普通教育与职业教育孰轻孰重上也经历了一个纠结的过程，或者更确切地说普通教育与职业教育经历了分离、合并、再分离、再合并的螺旋式发展过程。

职教与普教的分离。经过明治维新，日本的经济有了很大发展，对实用技术人才的需求逐步增加。1872年，日本颁布第一个《学制令》，首次确立了职业技术教育在整个教育体系中的位置。受西方先进生产技术和文化的影响，近代技术的移植和培训是明治初期职业教育的基本特点。当时职业技术教育相对于普通教育还很薄弱，未形成统一的有体系的职业教育制度，作为主管教育的文部省没有余力开办实业学校，这方面的工作是由其他政府部门来分别管辖的。此时，文部省的主要任务是优先发展旨在提高全民文化水平的普通初等教育和旨在培养国家干部的高等教育。同时日本的双轨学制使得出身地位低下和家庭贫困的学生在接受完小学或初等中学教育后分流到职业学校，毕业后成为技术工人。而出身贵族和家庭富有的学生却可以继续读完高等中学然后进入帝国大学接受高等教育，成为国家高级管理阶层。教育体制的这种双轨学制，使得职业教育备受轻视，职业教育与普通教育地位不平等，相互分离。

普通教育与职业教育的初步融合。到了明治中后期，借助甲午战争和日俄战争的契机和西方先进生产技术，日本工业生产增加1.5倍，对技术工人的需求增加。迫于形势，日本颁布了一系列职业教育法规，促进了职业教育的大发展。此阶段，职业教育虽然有了很大发展，但与普通教育比起来还相差甚远。

受世界性经济危机和"第二次世界大战"的影响，日本意识到培养实用技术人才的重要性，颁布了一系列法令加强职业教育，如《青年学校令》《国民学校令》《中等学校令》等，在中小学的普通教育中加设职业课程，并把职业科的地位由专修科上升到必修科，同时在职业学校中加强文化理论课的学习，职业学校和普通学校可以相互转学，学分互通。在学校类型上建立起了新制综合高中，进一步加强了普通教育与职业教育的结合。在高等职业教育方面，升格旧制专门学校为大学，不具备转换条件的学校暂定为短期大学。同时设立了专科性质的工业技术专门学校，培养骨干技术人才。"第二次世界大战"后，受美国教育体制的影响，日本由战前的双轨制改为单轨制，打破了帝国大学的特权，高等职业教育得到了发展，普通教育与职业教育的结合从初等教育到高等教育逐步系统化。

普通教育与职业教育的再度分离。1947年，日本国会颁布了《学校教育法》，建立起了美国式单线型的"六三三四"的学校制度。开始形成了学区制、综合制、男女共学制的新高中制度，但在新制高中，传统思想影响仍然存在，普通教育受重视，职业教育受轻视，这与图经济自立而必须大力发展职业教育的客观事实产生了矛盾，社会各界要求振兴产业教育的呼声日高。1952年文部省将385所职业学校从综合高中独立出来，单独设置以职业教育为重点的高中，同时在高中学校教学中减少了普通科，充实和加强职业科，使实施普通教育的高中和实施职业教育的高中再度分离。这一时期，国库还拨专款补助初中、高中、大学里的职业教育，重点是高中，一时职业教育备受社会瞩目，其在校生人数逐年增加，就业率大幅提升。可以说，这一时期普教与职教的分离是为了职业教育更好发展，是暂时的、阶段性的。随着战后日本经济高速发展期的到来，普教与职教关系进入深入调整期。

普通教育与职业教育深度综合。20世纪60—80年代，日本经济高速发展，职业教育发展与社会经济发展越来越不相符合。1972年日本教育制度研讨委员会编辑的《如何改革日本的教育》报告，提出废止当前普通高中和职业高中分离的做法，办综合高中，实行一学区一综合高中制度。可以说职业教育普通化是日本职业高中的发展趋势。

虽然当前日本仍然没有改变偏重普通教育，轻视职业教育的顽疾，但综观日本职业教育与普通教育关系的发展历程，普教与职教的融合是大势所趋，也在日本教育改革实践中逐步走向成熟，为日本的产业发展、经济腾飞作出了巨大贡献。

（3）美国的生涯教育——普教与职教之范式转变

美国从19世纪上半期产业革命开始后，为适应工农经济发展需要，颁布了一系列法令，如，1862年的《莫雷尔法案》，1917年美国颁布了著名的《史密斯—休士法》，连续开办了各种专门的职业教育学校。从此，美国职业教育蓬勃发展起来，建立了机构庞杂的职业教育体系，按层次可分为两大类：一类是以综合中学为主体的中等职业教育，主要培养熟练工人和初级从业人员；另一类属于高中后阶段，以社区学院为主，主要培养技术员类的人才。

美国职业教育的发展是在两种范式的转换中发展起来的，即传统范式和现代范式。1917年《史密斯—休士法》的基本理念是：职业教育是培养特定职业技能的，是为特定工作做准备的，职业教育是独立于普通教育的，是与传统学术教育相分离的。这些理念一直是美国职业教育发展的基本假设，深刻地影响着美国职业教育的发展，构成了美国职业教育发展的传统范式。传统范式确保了职业教育的独立地位，促进了美国职业教育的迅速发展，但也导致了职业教育与普通教育的割裂，导致了理论教学与实践教学的割裂。随着经济的发展，这种传统范式的局限性越来越明显。

1963美国颁布了《职业教育法》，它重新确立了美国职业教育的目标，打破了以往职业教育拘泥于几个十分狭窄职业的局限，扩大了职业教育对象的范围。标志着其职业教育政策从排他性的为特定工作做准备的教育，转变为同时满足经济需要和社会需要的教育，同时职业教育的普遍性得到凸显，标志着美国职业教育进入了深刻的范式转换阶段。

20世纪70年代美国经济进入"滞涨"状态，失业不断增加，学校教育受到批评，大量的普通学校毕业生没有掌握基本的职业技能就被抛向就业市场。在这种背景下，以当时美国教育总署署长马兰为首的生计教育倡导者进行了改良职业教育的尝试，掀起了生计教育运动。马兰提出的生计教育计划的理念是职业教育应该贯穿整个教育的始终。生计教育不只是狭义的"职业教育"或"普通教育"或"大学预备教育"的代替物，而是将三者融合成一种全新的课程贯穿于整个教育体系中，要求每个学生必须学习。它试图消除狭窄的职业教育与普通教育之间的鸿沟，强调教育与现实生活的联系。之后，"生计教育"又被发展成"生涯教育""终身教育"，现在仍深深影响着民众的教育思想。

可以说，美国职业教育发展的传统范式基于一种僵化的、割裂的工具主义思维，非常强调职业教育的"独立"，结果在获得独立性的同时也遭到了"孤立"，其内涵越来越狭隘。新范式则用完全开放的、包容性的、整合的思维看待职业教育，其视野宽广得多。这种开放的思维给美国职业教育理论带来了广阔空间，大大丰富了其内涵，也促进了美国职业教育实践的大发展。美国职业教育的两个范式具有典型性，世界各国的职业教育基本是在这两个范式下进行演绎的。

2. 普教与职教矛盾解决的中国对策

针对大学生就业难，我们认为中国应重视职业教育。全球经济衰退给中国的两种人带来了最大冲击，一种是农民工，另一种就是大学毕业生。大学毕业生逐渐发现，学费昂贵的高等学位，特别是MBA学位，不再是致富和就业的捷径。农民工也发现，1个月的职业技能培训，如计算机基本操作，也能说服老板雇用自己。教育侧重点发生转变的一个显著迹象出现在2009年夏天的高考中。2009年的高考考生数量减少了30万，降至1020万人。许多放弃高考的学生在进入职业学校后看到了更加光明的就业前景。教育部2010年5月公布的统计数据显示，在接受过2—4年职业教育的中职毕业生中，只有不到5%的人没找到工作。中国进入职业学校的适龄学生不到40%，低于韩国和日本50%的比例。在许多方面，中国仍然是一个工人阶级国家，蓝领行业才是就业机会所在。为了弥补技能缺陷，许多公司自筹资金，让新员工在工作前参加1—2年特定的职业培训课程，这被称为"订单式"培训。目前，实用技能培训没有MBA学位那样令人羡慕，所保证的就业机会也没有跨国公司职位那么吸引人，但在这样的艰难时期，只要找到工作就是胜利。越来越多的中国人会努力实现这个目标。[①]

其实尽管普通教育在中国很火热，人们一般都希望自己的子女在接受义务教育后继续升高中，上大学，获得相关大学学历和学位，但人们面对实际，仍然对社会需求，对职业教育的发展有比较清醒和明确的认识。在2011年天津市民生调查中曾经询问过市民这样的问题："您认为职业教育和普通教育那个应加强"，得到了如表4-1的回答。

---

[①] 《美〈新闻周刊〉：中国重新发现职业教育价值》，2009年8月14日，搜狐新闻，http://news.sohu.com/20090814/n265962494.shtml。

表 4-1　您认为职业教育和普通教育哪个应加强

| 答案 | 人数（人） | % |
|---|---|---|
| 普通教育 | 95 | 9.5% |
| 职业教育 | 179 | 17.9% |
| 都应加强 | 694 | 69.4% |
| 无回答 | 32 | 3.2% |
| 总计 | 1000 | 100% |

从回答中我们可以知道，认为职业教育和普通教育都应该加强的人的比例最高，占到近70%。而主张职业教育应加强的人比主张普通教育应该加强的人更多，分别为17.9%和9.5%，这既是民众对教育的认识，也是民众对教育的需求。

综合国内的情况，借鉴国外职业教育与普通教育融通的发展经验，结合我国具体国情，提出解决我国职业教育与普通教育发展过程中的结构性矛盾的建议如下：

（1）公正与平等共进——构建科学的教育体制

长期以来，人们对教育的认识局限于普通教育体系，还没形成符合时代特征的人才观、教育观。现代的人才评价标准应该不唯学历，不唯职称，不唯身份，不唯资历，评价高级人才的标准在于创新能力和实践能力；评价一般性劳动者的标准，则是已有的适应性能力和可教育与培训的基础。只有在正确人才观指导下，教育的组织者和接受者才能形成正确的教育观，才能改变尊崇普通教育、鄙薄职业教育的观念，才能把普教与职教放在平等地位，认识到他们只是教育类别的差异，没有尊卑之差。目前我国的职业教育只有中等职业教育和专科层次的高等职业教育，是一种终结性的教育。这是使职业教育与普通教育不能协调发展的原因之一。职业教育和普通教育应在教育结构沟通的基础上，建立职业教育自身的更高层次的学制体系，改变目前在客观上形成的职业教育是终结性或非主流性教育的形势。另外，还应该构建职业教育与普通教育平等招生的体制，这要首先解决职业高中和普通高中分等级、分时间段的招生录取方式，鼓励学生按照自身的发展兴趣选择学校。其次，将目前高职院校主要招收普通高中毕业生，改为以中职毕业生为主普通生及其他毕业生为辅的招生政策，使高职招生主要面向"高考落榜生"转向中职毕业生，利用中、高职衔接的政策优势，拓宽中职学校毕业生升学的渠道。最后，建立高职学生升入本科院校的更宽广的渠道，构建职业教育的学士、硕士、博士顺畅而自然的学位体制。

(2) 历史与现实并重——规划职教与普教的融通

长期以来，我国的普通教育与职业教育是相互割裂、相互分离的，各自有各自的发展轨道，他们有不同的教育管理体制、人才培养目标、课程体系和评价方式，这一现实也从根本上导致了我国劳动力市场的结构性矛盾：一方面普通教育培养的人才在就业市场上缺乏竞争力，出现就业难；另一方面，企业招不到合适的人才，技术工人短缺。还有一个问题应该引起我们的注意：就是职业教育培养的人才在职业迁移能力、核心技能、关键技能把握上还存在一定欠缺。基于以上现实，加强职业教育与普通教育的融合，打破历史的羁绊，是当前解决我国劳动力就业市场结构性矛盾的必由之路。

全面推行职业教育与普通教育融通的教育体制，是中国特色教育模式的创新与发展。普通教育与职业教育的融通涉及教育的众多方面，包括制度融通、学制融通、课程融通等。制度融通涉及普通教育管理、职业教育管理、职业资格管理间的关系协调和政策认同问题。首先是管理体制融通，从教育部来说，普通教育由基础教育司、高等教育司主管，职业教育由职成司主管，职业资格由劳动与社会保障部主管，这种分而治之的局面严重限制了职业教育、普通教育和职业资格制度之间的融通、互认，加强三者的融通与合作，是解决问题的关键。其次是学制融通，在学制上，我国一直实行"双轨制"，即普通教育一轨——小学、初中、高中、学士或高职、硕士、博士，职业教育一轨——小学、初中、中职（少部分升入高职）、就业。两轨各行其道，互不干涉，互不交融，这严重影响了职业教育和普通教育的协调发展。因此建立普通教育与职业教育之间的学分互认、学制衔接是当务之急。最后是课程融通，从普通教育与职业教育的性质和特点出发，整合教材，进行综合评价。因为当前普通教育设置的专业大类中包含着诸多的专业方向，同样在职业教育的行业分类中有适应多种岗位群的培训包，两种教育的专业课程都有许多共通之处，重点是专业文化理论知识与专业技能的权重分配，建立科学的能力标准与国家资格证书等级相对应的教育体制。

(3) 理论与实践结合——加强培养高素质人才

从英国、日本、美国等国的职业教育与普通教育结构性矛盾的解决来看，有一个大的趋势是普通教育增强职业知识的培训，而职业教育加强普通知识的教养。普通教育主要传授普通知识，普通知识又称科学文化知识，是指关于自然、社会、人类自身的一般性知识，它往往表现为一系列事实、概念、原理、公式；职业教育主要传授职业知识，职业知识是从职业实践中总结出来的生产经验、劳动技能、操作技艺，它直接与某一专门职业相联系，主要体现为种种特殊的行动性知识。一般地讲，普通知识有助于人们对世界的认识，旨在提高人的基本素养；而职业知识主要直接服务于某一行业或职业的生产劳动，为人提供谋生之道。当前，在我们的教育体系中普通知识和职业知识是分离的、割裂的。普通教育体系忽视了职业知识的传授，学生就业难，而职业教育体系中又忽视了普通知识的传授，学生职业迁移能力有限，就业面窄。更由于我们对职业教育长期不重视，职业教育体系极度不发达，现有的职业教育不仅培养的实用技术人员量少，且许多还不合格，不合格的主要原因在于学生缺乏实践动手能力。当前阻碍我国职业教育尤其是高等职业教育发展的最大障碍是实践培训实力不够。因为职业教育要与社会生产实际相联系，要跟上生产一线的技术、设备更新，这需要大量的资金、设备、师资，而我国职业教育基础薄弱，恰恰缺乏的就是这些。

可以说，职业教育与普通教育最根本的区别在于培养目标，而培养目标主要通过课程得以实现，"职业教育普通化、普通教育职业化"是今后的趋势，在职业教育中加强基础课程，在普通教育中加强职业课程势在必行。那么为了培养出高素质的、具有高就业能力的人才，理论与实践的结合即"工学结合"是我们可以选择的路径。职教与普教融通既要研究系统理论知识传授的课堂教学，同时还要研究专业技术和应用能力培养的实践教学，从学校课堂到生产一线，实现"工学结合"。除了职业教育为实现高质量、可持续发展，要加强工学结合，培养合格的实用人才外，普通高校毕业的大学生要实现与行业的无缝对接，从根本上解决就业难和技术人才缺的矛盾，普通高等教育也要把"工学结合"纳入其发展体系中。

(4) 灵活与多变结合——实现"两教"资源互补重组

当前我国普通教育与职业教育的这种结构性矛盾存在的最重要的原因是

普通教育与职业教育没有交集，是两个独立的体系。那么，要实现普通教育与职业教育的衔接和沟通，一方面，普通教育可实行学分制，让在校学生能抽出时间去接受各种职业教育培训，提高职业技能；另一方面，职业教育应允分发挥其灵活弹性、丰富多样、开放融通的特征，在招生、入学、学制等方面灵活化、多样化。职业院校可采取提前招生和自主招生，集中录取和多次录取相结合，允许推荐入学和注册入学；推行弹性学制和学分制，积极探索按学分收取学费的操作办法；课程教学弹性化，可以随时入学，也可以随时退出，推行模块化教学，也承认普通学校的学分等。还可以利用现有的普教与职教资源，实行资源重组，学校合并。如，可以将办学条件和质量比较差的普通学校和较好的职校合并，办学条件优异的职校往往因各种原因而闲置资源设备，普校却缺乏教育资源，将其合并不仅实现了教育资源共享，而且普校严谨的求学风气会带动职校生求知的积极性。另外，普校依托职校的办学模式，将普校移至职校内，一校两科，教学与管理相对独立，资源设备共享，职业课和普通科学区分互认，课程共享。这样办学有很大好处，它能充分发挥现有教育资源的作用。

（5）企业与学校齐心——调动多方力量参与人才培养

企业作为用人单位，对人才培养最有发言权，因此，调动企业参与人才培养积极性具有重大意义。有企业的指导，学校可以按照社会需求办专业，让教学主动为经济服务、为企业服务。学校要建立定期调查企业需求的制度，建立"产教结合委员会"，邀请各大企业人力资源负责人参加，分析产业动向，了解企业对员工的需求状况，提出专业调整的意见。坚持以就业为导向，以能力为本位，突破办学模式，坚持产教结合，校企联合，携手育人。

学校与企业应共同携手办好专业，定期研究办学中的问题；成立专业建设委员会，邀请企业的专业主管和技术精英参加，审议专业教学计划和课程教学大纲，研究教学的组织实施方案；从企业聘请一批既有理论又有实践经验的工程技术人员和管理人员担任客座教授或兼职教师，直接参与职业院校的专业教学；共同建设专业实习培训中心，在联办企业设立挂牌校外实习培训基地，为学生上岗创造条件，校企共同安排学生的生产实习，使学生"零距离"接触先进技术，直接参与企业生产；根据企业人才需求计划，学校和企业签订人才培养意向，实现"订单式"培养。

## 二、教育资源配置的结构性矛盾研究

教育投入不足和教育资源分配的不合理是我国教育发展同时存在的两大问题，但教育经费的短缺往往掩盖了后者。教育资源配置主要针对效率，也即是合理地配置使用教育资源，以此产生最大的社会经济效益。但目前我国的教育资源配置呈现不均衡状态，不仅有失公平，从一个方面助长了客观存在的城乡差距、地区差距，同时也加重了民众的负担。

### （一）教育资源配置中的结构性矛盾

我国教育资源配置不均衡，导致出现结构性矛盾，突出地表现为城乡教育二元分治、东西部教育水平分异、校际差距、学前教育较之基础教育和高等教育发展滞后、流动人口和常驻人口教育供给不均等方面。

#### 1. 教育资源配置的阶段性结构矛盾

学前教育、基础教育、高等教育是我国国民教育的阶段组成。这三个教育阶段的健康、协调发展需要合理、科学的资源投入。在我国，同时存在着不同阶段和同一阶段内部教育资源配置的不均衡，这些都属于教育资源配置的阶段性矛盾。

（1）学前教育投入过少——入园难

我国的学前教育较之其他阶段教育发展滞后，这凸显了我国教育资源不同阶段配置的结构性矛盾。

由于发展经济对于人才的需要，以及国情的制约，相比较学历教育，我国对于学前教育的支持力度一直比较低。这导致学前教育成为整个教育体系中发展最为薄弱的环节。学前教育是国民教育的重要组成部分，是个人受教育的起始和奠基阶段。随着终身教育理念的确立，学前教育日益受到人们的关注。面对公众日益增长的学前教育需求，投入不足导致学前教育出现了许多新的问题，例如入园难、入园贵、幼儿园小学化倾向、学校教育发展不均衡等。其中，入园难是当前最为突出的问题。入园难的本质在于国家提供的学前教育资源不能满足公众日益增长的学前教育需求。这种缺乏存在相对缺乏和绝对缺乏两种情况,绝对缺乏是"没有充足的幼儿园",而相对缺乏是"没有合适的幼儿园"。

绝对缺乏表现为幼儿园数量的不足。1997—2000 年间我国幼儿园总数一直保持在 18 万所左右,由于学前教育兼有教育事业和社会福利事业的属性,因此,其中有相当一部分幼儿园是国有企业和事业单位创办。经济体制改革后,国有企业纷纷将所属幼儿园停办或转让,2001 年,全国幼儿园总数锐减至约 11 万所。随着国家、社会对学前教育的重视及投入,民办幼儿园数量逐渐增加。2009 年幼儿园总数虽恢复到 13.8 万所,仍比 1997 年减少了近 25%。

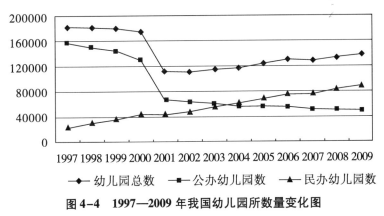

**图 4-4　1997—2009 年我国幼儿园所数量变化图**

资料来源:柏檀、熊筱燕等:《我国学前教育财政投入问题探析》,《教育与经济》2012 年第 1 期。

其中,由于国家对于学前教育相对不够重视,加之中西部贫困地区和农村的经济发展水平落后,这些地区的学前教育设施严重不足,导致其入园率也较低。"中央教育科学研究所 2010 年发布的《中国学前教育发展战略研究》显示:中西部贫困地区和农村地区学前一年的入园率为 60%—80%,学前三年入园率大约为 35%—55%。换言之,2010 年仍有大约 20%—40% 的幼儿不能接受学前一年教育,45%—65% 的幼儿不能接受学前三年教育。"[①]

---

① 佘宇:《用好财政资金,促进学前教育按需发展》,《中国经济时报》2012 年 7 月 17 日。

幼儿园总量不足，是造成现阶段"入园难"问题的直接原因。而学前教育相对不足，即优质幼儿园数量过少更是加重了"入园难"这一社会问题。近些年来，对于优质学前教育资源的竞争异常激烈。许多家长为了使孩子上好的幼儿园提前半年甚至一年预约，找关系托熟人、支帐篷连夜排队报名的现象也屡见不鲜。在我国，质量较好的幼儿园大多是一些公办幼儿园，这些幼儿园创办较早、发展稳定、师资水平较高，是家长们的优先选择。但由于国家缺乏对学前教育的支持，公办幼儿园数量较少，民办幼儿园成为学前教育的主体力量。如下表所示：

表4-2  2011年我国幼儿园创办情况简表

| 创办主体 | 数量（所） | 比例 |
| --- | --- | --- |
| 公办 | 51346 | 30.8% |
| 民办 | 115404 | 69.2% |
| 总计 | 166750 | 100% |

资料来源：中华人民共和国国家统计局：《2012年中国统计年鉴》，第750页。

经费是办学的主要前提，"入园难"问题的症结归根结底还是学前教育投入过少。我国的学前教育经费是从教育总经费中划拨的，由于政府对学前教育重视相对不够，学前教育的经费经常被挪用，得不到保障。而且拨款总量也不足，2010年，我国学前教育财政性教育经费为2443526万元，占整个教育投入的1.6%，而经济合作与发展组织国家的这一比例平均为8.09%。学前教育投入占国民生产总值的比例更是少，2010年我国学前教育投入约占当年GDP的0.06%[①]，远低于发达国家1%的标准。

（2）义务教育投入不均——择校热

在每一个社会中，都有关于人在智力、道德、身体应该达到的特定水平的规定，这种"同质化"是针对于全体公民的，也即是说这种要求对每个人来说都是相同的。这种同质教育对于提高国家民族文化水平，以及维护国家稳定极为重要，因此世界各国在社会经济发展到一定阶段，都将其定为普及的目标。这也就是义务教育。

---

① 中华人民共和国国家统计局：《2011中国统计年鉴》，中国统计出版社2010年版，第777页。

目前，我国义务教育已经基本实现了全面普及，但由于我国教育是分区域、分级管理，义务教育发展呈现不均衡状态。义务教育投入不均主要有区域、校际两种情况。区域主要是指行政区域，或者是经济区域，如东部、西部、城乡。刘新波、张丽华通过因子分析评价得出，义务教育发展水平和普及情况在地区间还存在着较大差距。"1998—2005 年农村小学生均预算内教育经费支出的均值是：东部>西部>中部，但西部的年平均增长率是最低的，只有 18.93%，比中部和东部低了将近 5 个百分点。"[1] 刘书祥等指出由于义务教育管理过分地方化导致义务教育发展的地区差距不断拉大，东部、中部、西部三大区域的差距更为明显。东部的教育投入、生均经费明显高于中部和西部。中、西部由于教育需求满足程度相对较低，由教育投资形成人力资本的外部效应较高。[2]

由于我国地域之间的社会、经济、文化等方面都存在着较大差异，从国家大区域层面探讨义务教育均衡发展是否适合我国实际还是个问题。义务教育均衡发展的基础应该建立在地区义务教育发展的实际之上。同时区域、城乡的差距在下文中会集中谈到，因此此部分将着力探讨义务教育校际之间的不均衡。

20 世纪七八十年代，国家为了多出人才和快出人才制定了"重点校"政策，被列为重点建设的学校由此在教育发展战略规划、评审制度，以及各种获得政府和教育管理部门设立的奖励等方面处于了优先地位。这直接造成了校际之间的差距。随着"普九"任务基本完成，国家开始注重义务教育的均衡发展。但均衡基础教育的发展，不能以牺牲优质学校为代价，因此，创造更多的优质校便成为教育均衡发展的主要途径。20 世纪 90 年代中期，国家教育委员会做出在全国建立 1000 所示范高中的决定，随后，义务教育阶段也开始兴建示范校、历史名校。这些示范校有一流的物质设备和高水平的师资，保证学校可以招收到优良的生源。同时，政府为了保证示范校的建设，也会给予它政策的倾斜和财力的支持。在一定程度上，这仍然可视为

---

[1] 刘新波、张丽华：《农村义务教育非均衡发展制度根源的实证分析》，《云南财经大学学报》2009 年第 2 期。

[2] 刘书祥、童光辉：《财政分权软预算约束与地区间义务教育差异分析》，《地方财政研究》2008 年第 15 期。

"重点校"政策的延续。义务教育阶段的校际差异仍然存在。

为了更好地保证儿童的受教育权利,实现教育公平。我国于1986年通过的《中华人民共和国教育法》第九条规定:地方各级人民政府适当设置小学、初级中等学校,使儿童、少年就近入学。据此,国家相关部门做出了"取消中招考试,按照学籍管理规定,使小学生就近入学"的规定。也即是说,适龄儿童必须在居住地所属的学区内就学,但中国城市中的义务教育资源却是不均衡的。在中国招生考试制度以及人才选拔制度下,跨入重点中小学的门槛意味着将在高考的比拼中占领先机,埋下成功的种子。这些方面共同促生了义务教育阶段的"择校热"。

在中国,高考是改变个人命运、实现梦想最为现实的途径,有时也是唯一的途径,比拼的表面是成绩(分数),然而实际上却是政治资本(权力)、经济资本(金钱)、社会资本(关系)的综合体现。因此,进入重点中小学即是迈出了高考的第一步,家长不惜任何代价为之"努力",也在情理之中。为了使子女进入重点学校,许多家长托关系、找人挂靠重点学区的户口、交择校费、购买学区房等。随着择校诱发问题日益增多,我国于1995年将解决择校问题列入公共政策中,此后每年都会出台相应的治理政策,明确禁止择校行为,不准学校招收"择校生",同时严禁学校收取择校费。然而现实情况是择校行为仍"屡禁不止",择校违反了就近入学的原则,也有损于教育公平。根据北京教科院的研究显示,由于北京市义务教育资源分布不均,导致近14万学生跨学区上学。[①] 另外,天津社会科学院的"天津市中心城区义务教育资源差异的社会评价及对居民教育负担影响"的调查报告指出,天津市六区教学质量较好的小学的家长有12.2%买了学区房,有58.8%家庭的孩子的居住地不在学区内,32.5%的家庭居住地与孩子户籍地不一致。

(3) 高等教育资源配置区域失调——高考移民

中华人民共和国成立初期,我国125所大学中的41%设在北京、上海、天津、南京、武汉、广州6个大城市,边远和少数民族地区则极少。20世

---

① 邓兴军:《北京教育资源分布不均,近14万中小学生跨区就学》,《北京青年报》2009年12月4日。

纪五六十年代，我国对高等教育采取择优扶强的政策，形成了一批重点院校，但也造成了高等院校之间的差距。20世纪八九十年代，我国又对高等教育实施了非均衡发展的战略。这一系列策略措施促成了区域间和区域内高等教育的差距。随着高等教育的改革和发展，其地方化趋势越来越明显。1997年，国家教委办公厅下发了《国家教委办公厅关于普通高等学校与地方共建或联合办学有关定向招生问题的通知》，中央和地方共建大学，这进一步拉大了高等教育区域间的差距。

我国高等教育的资源配置出现区域失调，各个地区接受高等教育的群体和潜在的高等教育需求群体不能平等地分配和使用高等教育资源。我们以2010年为例，来看各省市高等教育资源配置情况。

表4-3 2011年各省市高等教育资源配置结构表

| 省市 \ 项目 | 普通高校数量（所） | 每十万人口在校大学生的数（人） | 专任教师（人） | "211"学校数量（所） |
|---|---|---|---|---|
| 北京 | 87 | 5613 | 59592 | 26 |
| 天津 | 56 | 4329 | 28919 | 3 |
| 河北 | 119 | 2006 | 62751 | 2 |
| 山西 | 78 | 2202 | 37527 | 1 |
| 内蒙古 | 47 | 1920 | 24160 | 1 |
| 辽宁 | 114 | 2712 | 58742 | 4 |
| 吉林 | 59 | 2807 | 35647 | 3 |
| 黑龙江 | 82 | 2409 | 44821 | 4 |
| 上海 | 66 | 3556 | 39626 | 9 |
| 江苏 | 156 | 2824 | 103939 | 11 |
| 浙江 | 103 | 2218 | 52296 | 1 |
| 安徽 | 116 | 2007 | 51185 | 3 |
| 福建 | 87 | 2200 | 39747 | 2 |
| 江西 | 90 | 2212 | 49970 | 1 |
| 山东 | 146 | 2191 | 94621 | 3 |

续表

| 项目<br>省市 | 普通高校数量（所） | 每十万人口在校大学生的数（人） | 专任教师（人） | "211"学校数量（所） |
|---|---|---|---|---|
| 河南 | 123 | 1901 | 82037 | 1 |
| 湖北 | 127 | 2991 | 78952 | 7 |
| 湖南 | 124 | 2054 | 61156 | 3 |
| 广东 | 134 | 1978 | 82916 | 4 |
| 广西 | 74 | 1688 | 33459 | 1 |
| 海南 | 17 | 2079 | 8027 | 1 |
| 重庆 | 60 | 2522 | 33110 | 2 |
| 四川 | 95 | 1904 | 67448 | 5 |
| 贵州 | 48 | 1254 | 21855 | 1 |
| 云南 | 64 | 1520 | 29501 | 1 |
| 西藏 | 6 | 1446 | 2288 | 1 |
| 陕西 | 98 | 3378 | 59171 | 7 |
| 甘肃 | 44 | 2041 | 22066 | 1 |
| 青海 | 9 | 1082 | 3735 | 1 |
| 宁夏 | 16 | 1912 | 6156 | 1 |
| 新疆 | 38 | 1952 | 17256 | 1 |

资料来源：中华人民共和国国家统计局编：《2011年中国统计年鉴》。

从表4-3可以看出，每个省市的高校数量是不一样的。每十万人口在校大学生的人数则更加清楚地说明了不同地区高等教育资源的配置差异情况。由于每个省市的人口数目不一样，高校数量少并不一定代表该省市的高等教育资源少。例如北京、上海、天津的高校数量虽然不及江苏、广东等省，但这些直辖市的人口相对少，因此它们在校大学生的数量占人口比例就较高。每十万人口在校大学生的人数越高，说明该地区的高等教育需求得到满足的程度较高。"211"大学代表着高校具有较高的建设水平，各省市"211"高校数量的不同也体现出高等教育资源配置的失衡，而"211"大学主要集中于大城市和经济较发达的省份。

我国高考制度所规定的高考录取流程是：高中毕业生在户籍所在地参加

高考，在成绩出来前或后（各省不尽相同）确定自己的高考志愿，然后由各所大学按照各自在各省的录取名额，划定录取分数线，最后按照考生的高考分数由高到低依次录取。以此保证各地高等教育入学机会的公平。然而，各地教育质量存在较大差距（如新疆、西藏等边远地区的教学质量相对较差），高等教育资源分布也不均衡（高校主要集中于大城市），所以我国实行各省、市、自治区各自评卷和划定高考录取分数线的政策。

我国的各省市的高考录取分数线一直存在着差距，我们通过比较2012年北京、山东、新疆三省市的录取分数线便可以看出。

表4-4　北京、山东、新疆2012年的高考录取分数线

单位：分

| 项目 省市 | 理科本科一批 | 理科本科二批 | 文科一批 | 文科二批 |
| --- | --- | --- | --- | --- |
| 北京 | 477 | 433 | 495 | 446 |
| 山东 | 582 | 515 | 573 | 516 |
| 新疆 | 445 | 390 | 493 | 426 |

资料来源：新浪教育，http://kaoshi.edu.sina.com.cn。

山东的高考录取分数线比北京和新疆的高出一百多分。诸如此类的高考大省还有河南、河北、湖北等。同时，高考招生计划名额分配不平等，在我国，大学对所在地分配的招生名额相对较多，这样高等教育资源丰富的城市所得的招生配额也比较多，这从高考录取率的差异上便可看出，2011年，全国高等教育毛入学率达到26.9%，[①] 而北京、上海早在2003年高等教育毛入学率已达到53%和52%，在全国率先实现了高等教育普及化。部分考生利用各地存在高考分数线的差异及录取率的高低，通过转学或迁移户口等办法到高考分数线相对较低的地区考试，一是北京、上海、天津等经济水平高且高等教育资源丰富的大城市，二是经济、教育水平较低，高考录取分数线更低的西部地区。这种行为被称为"高考移民"。中国自恢复高考制度以来，高考移民现象越来越凸显。高考移民在形式上主要有购房落户、高中移

---

① 教育部：《2011年全国教育事业发展统计公报》，《中国教育报》2012年8月31日。

民、迁移户口三种。天津等大城市的高等教育资源丰富，但户口限制较严，如果想获得在当地参加高考的机会，必须购房得到当地的户口，也即是"蓝印户口"。此外，就在各地纷纷发布高考移民的禁令时，得到合法授权的高中移民悄然出现。21 世纪初，上海、天津等一些大城市的重点高中向外地招收少量优秀的初中毕业生，一时间高考大省的学生和家长纷至沓来。而向西部地区高考移民的成本相对较低，许多家长以空挂户口的形式使子女能在当地报考大学。

2. 教育资源配置的区域性结构矛盾

在现代社会中，区域成为社会经济发展的主要载体。当不同区域成为不同的利益实体，区域间会呈现出资源享有、发展水平等各方面的差异。在我国，不同区域拥有不同数量和质量的教育资源，但却彼此相互联系，互相制约，使我国的教育资源区域配置呈现出结构性矛盾。

（1）城市与农村分配不均——二元分裂

我国实施的城乡二元分治政策使城市与农村的教育资源配置严重失衡。近些年来，我国政府在经费投入、师资保障、项目设置等方面采取了一系列措施，使得城乡教育二元结构的状况有所改善。农村义务教育办学条件的差距大大缩小，一些经济条件较好的省市，这种差距已基本消除。但非义务教育阶段的城乡差别依然存在，并且日渐凸显。

当前，我国农村幼儿约占我国幼儿人口总数的三分之二，但享受到的学前教育资源却与实际不相符合。

表4-5 2010年城乡幼儿园资源配置比较表

| 项目<br>城乡 | 幼儿园在全国的比例（%） | 学前三年毛入学率（%） | 专任教师总数（人） | 生均园舍建筑面积（平方米） | 生均图书（册） |
|---|---|---|---|---|---|
| 城镇 | 59.22 | 77.93 | 868379 | 5.68 | 4.97 |
| 农村 | 40.78 | 35.72 | 275846 | 2.79 | 2.27 |

数据来源：洪秀敏、罗丽：《公平视域下我国城乡学前教育发展差异分析》，《教育学报》2012年第5期。

2010年城市和农村幼儿园在全国幼儿园总数中所占比例的差值为18.4%，学前三年毛入学率的差距为42.21%，城镇专任幼师数量是农村的

3.35倍，城镇幼儿生均园舍建筑面积和生均图书册数都是农村幼儿的2倍多。这反映出农村学前育与城镇相比存在较大差异。

农村高中教育与城市的差距十分也明显。温家宝在《一定要把农村教育办得更好》的报告中指出，我国农村普通高中教育与城市相比差距明显，面临着许多困难和问题：不少农村高中办学条件不足，教学资源比较匮乏，大班额、超大班额现象还比较普遍，实验设备、图书资料、信息化设施等明显赶不上城市。

表4-6 2009年城乡高中教学条件对比表

单位:%

| 区域\项目 | 建立校园网校数比例 | 教学器材达标校数比例 | 体育运动场（馆）达标校数比例 |
| --- | --- | --- | --- |
| 城镇 | 78.5 | 81.4 | 81.1 |
| 农村 | 61.4 | 69.0 | 76.3 |

资料来源：《中国教育统计年鉴2010》，人民教育出版社2011年版。

从上表我们可以看出，在学校设备、器材及信息化建设方面，农村高中达标学校数皆低于城镇高中。这表明农村高中的教育资源配置不如城镇高中。

高等教育资源对于农村学生的分配也是不均衡的。当前素质教育的推行使农村学生考重点大学缺乏竞争力。此外，高校自主招生也被城市中的重点高中所垄断。中国重点大学农村学生比例自20世纪90年代起不断滑落。据广东省社科院社会学与人口学研究所分析，目前我国城市和农村人口比例基本上对半分，理论上在校农村大学生和城市大学生比例也应该达到1∶1，现实却是1∶4.65。而20世纪80年代的这个比例还是1∶2。[①] 以重点大学为例，清华大学的农村在校生比例从1990年的21.7%降至2010级农村生源仅占17%，北京大学的农村在校生比例从1991年的18.8%落至2010年的10%。

---

[①] 刘丽虹：《大学农村生源比例逐年减少 教育公平问题引热议》，搜狐教育，2009年6月9日，http://learning.sohu.com/20090609/n264431919_1.shtml。

## （2）东部与西部资源显著差异——东高西低

我国东部与西部的教育资源配置差异显著。一般情况下，东部地区包括浙江、山东、江苏、天津、上海、北京、广东、辽宁和福建等9省。我国西部大开发战略则将重庆、四川、贵州、陕西、宁夏、云南、西藏、甘肃、青海、新疆、内蒙古、广西，加上鄂西、湘西划为西部地区。

教育资源配置包括经费、师资、教学设备、场地等众多方面，近些年来，鉴于国家对于西部教育投资的不断增加，以及社会各界对于西部教育的支持，除少数贫困落后山区和农村外，西部学校的办学条件已有了跨越式的发展，与东部差距不是很大。而师资属于办学的软件方面，东西部的师资差异的缩小是一个复杂的社会问题，不是简单地增加投入就可以解决的，因此师资的差异在一定时期还将存在。而且，由于是做区域比较，需要宏观方面的对比。综合以上考虑，本研究主要选取经费和师资这两个指标进行比较分析说明。

教育经费指中央和地方财政部门的财政预算中实际用于教育的费用。包括教育事业费和基本建设投资等。教育经费是学校教育活动开展的前提条件，它直接决定着学校的办学质量。我们以教育经费为指标来进行对比，以此来看东西部教育资源的差异情况。

表4-7 2011东西部教育经费比较表

单位：亿元

| 区域 | 省份 | 教育经费 | 总计 |
|---|---|---|---|
| 东部 | 浙江 | 776.18 | 6820.58 |
| | 山东 | 1063.09 | |
| | 江苏 | 1103.10 | |
| | 天津 | 315.39 | |
| | 上海 | 570.33 | |
| | 北京 | 604.47 | |
| | 广东 | 1327.86 | |
| | 辽宁 | 605.35 | |
| | 福建 | 454.81 | |

续表

| 区域 | 省份 | 教育经费 | 总计 |
|---|---|---|---|
| 西部 | 重庆 | 376.17 | 4560.93 |
| | 四川 | 776.00 | |
| | 贵州 | 377.33 | |
| | 陕西 | 520.40 | |
| | 宁夏 | 111.65 | |
| | 云南 | 558.19 | |
| | 西藏 | 80.74 | |
| | 甘肃 | 303.85 | |
| | 青海 | 144.10 | |
| | 新疆 | 404.78 | |
| | 内蒙古 | 428.19 | |
| | 广西 | 479.53 | |

资料来源：教育部、国家统计局、财政部：《关于2011年全国教育经费执行情况统计公告》，中华人民共和国教育部门户网站，2013年1月5日。

我们可以看出，西部12省市的教育经费比东部9省的教育经费少了一千多亿元。西部地区教育经费在500亿元以下的省市有9个，而东部只有2个。教育经费的不足大大制约了西部教育的发展。

教师是重要的教育资源，师资队伍与学校发展、人才培养情况紧密相关。学历、职称是衡量教育工作者的重要指标。下面以基础教育学校教师学历情况，以及高等教育教师职称情况为参考，来看东西部教师队伍差异。

表4-8 东西部基础教育教师学历、高等教育教师职称比较表

单位：人

| 师资\区域 | 幼儿园具有专科学历专任教师 | 小学具有本科学历专任教师 | 初中具有本科学历专任教师 | 高中具有研究生学历的专任教师 | 高等教育具有正高职称的教师 |
|---|---|---|---|---|---|
| 东部 | 285194 | 551145 | 804749 | 25914 | 66432 |
| 西部 | 138711 | 326953 | 632050 | 10395 | 30464 |

资料来源：《中国教育统计年鉴2010》，人民教育出版社2011年版。

从表4-8可以看出，西部小学、初中具有本科学历的教师数量比东部少了三分之一，而西部学前教育、高中具有研究生相同学历的教师则只有东部的一半还要少，西部高等教育具有正高级职称的教师也不及东部的一半。西部学校的整体师资与东部相差很大。师资队伍高低是决定教育质量的关键所在，教师水平的差距成为制约东西部教育差距缩小的瓶颈之一。

3. 教育资源配置群体性结构矛盾

教育作为一种资源，是人们争夺的对象，一般情况下，社会经济地位越高、越有权势的人更容易获得教育资源，而弱势群体则正相反。

(1) 农民工子女与城镇子女教育资源分配不均

随着城市化进程的推进，我国大量的农村人口开始向城市流动。目前，进城务工的农民工已达到2.3亿，其背后是高达1400万的随迁子女。"教育部2011年统计显示，我国有义务教育阶段进城务工人员随迁子女1167万，占全国义务教育阶段学生总数的7.7%。"[①] "未来15年内，中国仍将有1.5亿农村人口转移到城镇，进城务工经商人员的随迁子女数量将增至3700万以上。"[②]

我国《义务教育法》第十二条规定："地方各级人民政府应当保障学龄儿童、少年在户籍所在地学校就近入学。"城镇子女理所当然地享受当地的教育资源，但由于教育的属地化管理，随父母迁入的农民工子女不能在城市中享受到平等的教育。

首先，农民工子女教育经费难以得到保障。为了解决农民工随迁子女的教育问题，《国家中长期教育改革和发展规划纲要（2010—2020年）》规定："坚持以输入地政府管理为主、以全日制公办中小学为主，确保进城务工人员随迁子女平等接受义务教育。""两为主"政策要求流入地政府对接受农民工子女较多的学校予以经费补助，但并没有指出应由流入地的哪一级政府拨付农民工子女教育所需的经费。各级政府在各自职责的界定和财政责任承担上存在着较大的争议。同时，农民工及其子女分布存在明显的区域集中特

---

① 王定华：《关于我国义务教育均衡发展之再审视》，《中国教育学刊》2012年第1期。
② 孙来勤、秦玉友：《农村义务教育生源向城流动：表征、问题及治理》，《现代教育管理》2012年第5期。

点，而区域之间的经济发展水平是不均衡的，经济水平较低的区域常常不能保障农民工子女的教育经费投入。

其次，农民工子女受教育率不高。这主要表现在学前教育阶段。金荣、张颖梅等通过对北京、深圳、武汉、成都等九个城市中的 12000 名流动儿童监护人和 7800 个儿童进行调查，结果显示，3—6 岁进城务工农民子女入托的比例为 60.7%，6 周岁进城务工农民子女汇总有 46.9% 没有入学接受教育。① 可以看出，因父母进城务工而形成的数量庞大的随迁子女群体相当一部分被隔离于正规的学前教育之外。

再次，农民工子女在公办学校就读的比例不高。入城农民工必须具备多个部门分别颁发的居住证、务工证、计划生育证、子女学籍证等，其子女才能够进入公办学校。农民工办理这些证明需要耗费大量的时间和精力，且未必能办成。这在无形中提高了农民工子女进入公办学校的门槛。因此，民办学校和农民工子弟学校成为接纳农民工子女接受义务教育的主体。在城市中，教育公共财政拨款的主要对象是公办学校，民办学校很少享受到地方财政的支持，而农民工子弟学校一般很难得到政府认可，"非法"创办的农民工子弟学校经常面临着停办的危险。这使得民办学校和农民子弟学校在很多办学方面都和公办学校存在较大差距。一是学校基础设施不足，多数学校在校舍、饮食、安全等方面存在着隐患，且缺乏现代化的教学设备；二是师资力量薄弱，在这些学校中，教师大多没有资格证书，也没有正式编制，教育水平不高且流动性较大；三是学校周边环境不好，多数农民工子弟学校设在城乡结合部，选址也不科学，安全性不高。

最后，农民工随迁子女几乎没有就地升学机会。在政府和社会各界的努力下，农民工随迁子女的义务教育状况已经得了很大改善，目前其初中后的教育又成为新的亟待解决的问题。由于高中阶段属于非义务教育，且城市中的资源相对短缺。此外，高中又与高考相关联，而我国目前的高考政策是考生必须在户籍所在地报名考试。因此，农民工随迁子女义务教育结束后或者返回原籍升学，或者在流入地花高价升学或放弃学业。目前，上海、天津等大城市允许农民工随迁子女升入当地的中等职业学校学习，这在一定程度上

---

① 金荣、张颖梅：《进城务工农民子女教育问题及其出路》，《内蒙古大学学报》2009 年第 2 期。

缓解了农民工子女完成义务教育后的教育需求。但农民工随迁子女希望在流入地就读普通高中和参加高考的问题依然没有得到解决。

(2) 重点学校与非重点学校的学生享受资源不均等

学生受教育的效果与学校师资、设备配置等密切相关。前文已经提到，我国由于重点校政策的实行，导致学校之间师资、经费、设备等资源配置的差异。这也直接引发不同学校学生在教育过程中享受的教育资源不均等。下面以教育不同阶段重点校与非重点校资源的配置比较情况来详细说明。

由于基础教育是分区域管理，因此下面以天津市为例，来详细说明基础教育阶段重点校和非重点校的资源配置情况。

表 4-9 天津市中营小学和华苑小学资源配置比较表

| 学校\信息 | 等级 | 规模 | 师资 |
|---|---|---|---|
| 中营小学 | 示范校、历史名校 | 建筑面积约 15000 平方米。学校现有 50 个教学班，2171 名学生 | 现岗教职工 134 人，其中中学高级教师 9 人，小学高级教师 97 人，54% 达到本科学历。拥有特级教师、市、区、校级名校长、名师、学科带头人、优秀班主任 33 人 |
| 华苑小学 | 普通小学 | 建筑面积 6484 平方米。12 个教学班，300 多名学生 | 学校有现岗教师 39 人，其中本科学历 13 人，专科学历 22 人，其中中学高级教师 1 人，小学高级教师 28 人，区级学科带头人 1 人，校级学科带头人 7 人；中青年教师占教师总数 90% |

资料来源：天津市教育委员会，http://www.tjmec.gov.cn/daohangshow.jsp?informationid=20090908091549080&classid=200908240456595717；天津市南开区中营小学官网，http://zyxx.nkedu.org/。

从表 4-9 我们可以看出，作为历史名校和示范校的中营小学不仅学校规模大，占地面积和教学班是华苑小学的近 4 倍。而且其师资配置也很强，高级教师 97 人，华苑小学只有 28 人，并且后者没有特级教师、市区级学科带头人，以及优秀班主任。

表4-10 天津一中与中北中学资源配置比较表

| 学校\信息 | 等级 | 设备 | 师资 |
|---|---|---|---|
| 天津一中 | 重点学校 | 学校占地52000平方米。学生活动中心，400米环形塑胶跑道以及铺设人工草皮的标准田径场，现代化图书馆，有理、化、生实验室，精密仪器室及标本室、电视演播室、多功报告厅、校园网、体育馆、游泳池、科教楼，教室的标准配置为吊挂式投影仪、实物展台、计算机 | 学校现有教师218名，高级教师80人，特级教师5人，国家、市级骨干教师7人，区级学科带头人11人，校级骨干教师培养对象34人。硕士学历教师占教师总数的60% |
| 中北中学 | 普通中学 | 学校占地26640平方米，理、化、生实验室、电教中心、计算机房、闭路系统、中心演播室，铺有塑胶跑道的操场和塑胶篮球场 | 学校有教师98人，其中，高级教师31人 |

从表4-10可以看出，作为重点中学的天津一中在师资力量和教学设备上都远远优于普通校中北中学。天津一中的占地面积是中北中学的一倍，学校的现代化教学设备也比中北中学先进。在师资方面，天津一中的教师不但数量多，而且质量优。此种情况较全国各地相同。

表4-11 北京大学、郑州大学、天津城市建设学院资源配置比较（2012年）

| 学校\信息 | 等级 | 重点学科 | 师资队伍 | 硕、博点 |
|---|---|---|---|---|
| 北京大学 | "985"大学 | 国家重点学科125个 | 院士87人，教授1597人。北大的中科院院士、教授、博士生导师、长江学者、国家杰出青年科学基金获得者均居全国高等院校之首 | 硕士点312个，博士点259个 |

续表

| 学校\信息 | 等级 | 重点学科 | 师资队伍 | 硕、博点 |
|---|---|---|---|---|
| 郑州大学 | "211"大学 | 6个国家级重点学科,16个国家临床重点专科,140个省级重点学科 | 院士5人、教授630余人 | 硕士点298个<br>博士点138个 |
| 天津城市建设学院 | 普通大学 | 2个天津市重点学科 | 院士2人,教授125人 | 硕士点12个 |

重点学科是国家或地方根据社会经济发展战略和需求确定的重点建设的培养人才、开展研究的基地。重点学科在高等教学体系中居于骨干和领导地位,充分体现了高校科研水平和人才培养的实力。教授和博导是高级人才,教授和博导的比重直接关系教学质量,高等院校教授和博导的数量能从侧面反映出学校之间的差异。不同等级学校配备的设备和师资是不同的。

从表4-11可以看出,在教学设备、师资力量、学习平台方面,重点学校要大大优于普通学校。学生在学习过程中,需要教师的传授、学校的管理、教学设备,以及学习平台的配合,因此,学校关于办学各方面的配置是在校学生享受的教育资源,学校资源配置的不同直接导致学生享受教育资源的不均衡。

### (二) 教育资源配置结构性矛盾的后果及原因

1. 教育资源配置结构性矛盾引发的后果

教育作为一种社会资源,它的配置失衡呈现出结构性矛盾,这些矛盾的存在引发了一系列不良后果。

(1) 加剧了社会的矛盾冲突

教育既是劳动力生产和再生产的资源,也是国家社会经济建设的资源。教育资源的配置不均加剧了群体之间、区域发展等一系列矛盾和冲突。

从教育消费方面来讲,围绕着教育资源的分配,会产生个人或群体的竞争。教育资源分布的不均衡更会激化家庭之间在教育供给市场中的矛盾和冲突。"冲突理论认为,社会上不同的利益群体,会为争夺稀缺的社会资源而相互竞争、冲突。"① 供求的严重不均衡使有实力的家庭之间充满着斗争与博弈,而无实力获得优质教育资源的家庭则会滋生不满情绪,这些都会引发针对教育资源争夺的冲突。例如,高等教育资源匮乏地区中的父母会将子女"移民"到高等教育资源丰富或高考录取分数线较低的地区,而这些地区的家长认为这是对本地教育资源的一种侵占,抬高了当地的分数线,抢占了本籍学生的上学机会。本地落榜考生的家长更有可能滋生不满情绪。本地考生及家长与外地"高考移民"的考生及家长的冲突日渐凸显。同时,教育资源在不同阶层中的分配不均,使得弱势阶层不能实现向上发展,从一个方面加剧了阶层间的对立和矛盾。

从社会发展来讲,教育是区域经济建设的重要公共服务设施。我国西部地区因为教育基础薄弱,不仅难以培养人才,也不能发挥教育在科技创新中的作用,为西部经济发展提供智力支持,成为西部产业升级的障碍。这进一步加剧了我国区域社会经济发展的失衡。

(2) 阻碍了社会的合理流动

社会流动(social mobility)是指人们社会地位、位置的变化。具体来讲,它包括个人或群体在社会结构中位置的变化和地理位置的变化两个方面。社会学更注重研究社会地位高低的变化。

自从出现了人类社会,就出现了社会分工,也就存在着选择什么样的人从事什么样的工作。职业是决定人们社会经济地位的重要方面,进而也成为社会分层的重要依据。但社会阶层不是固化的,社会稳定需要阶层间的合理流动。因为只有社会下层或底层的人进入社会中层、高层,才能形成中间阶层大、底层小的稳定的社会结构。教育的本质是培养人的社会活动,但它作为社会的一个子系统,在不断发展中成为人们实现社会化的主要途径,也因此具有了选拔人才的社会功能。1967 年,布劳·邓肯对美国职业结构进行研究,得出的模型表明"在经济发达国家,受教育水平与职业具有很高的

---

① 周晓虹:《西方社会学历史与体系》,上海人民出版社 2002 年版,第 328 页。

正相关，其相关系数为 0.73"①。教育直接影响个人或群体的流动方向和程度，它成为国家为社会各阶层提供合理流动的主要工具。"在工业社会，教育制度成为影响很大的重要制度，科层制的扩张导致选人用人日益依靠教育，受教育程度或文凭学历等成为向上层社会流动的一个先决条件。"②

通过上文的分析，我们已经知道我国弱势群体和区域得到的教育资源相对较少，也较差。弱势群体和欠发达地区本来需要更多的教育资源来实现向上流动和发展，但实际中它们占有教育资源却较少，在一定程度上阻碍了弱势群体的向上流动，并影响向上流动的程度。因此，我们可以说，教育资源配置的失衡从一个方面阻碍了社会的合理流动。

(3) 扩大了社会阶层之间的鸿沟

社会分层实际上就是稀缺社会资源和获取稀缺社会资源的机会在不同的人群中的分配。在现代社会中，为了满足社会对于人才的不同需求，高等教育划分为不同的层次和类型，高考选拔使青少年进入不同的学校学习，从而获得不同的学习机会，掌握不同的技能，获得不同的文凭，进入不同的工作岗位，获得不同的社会经济地位。高等教育的不平等决定了基础教育的不平等，层次学校之间有着"一脉相承"的关联性。整个教育系统都存在优劣等级划分。优质教育是一种稀缺资源，中上阶层家庭利用金钱、社会关系、社会权力等争取到优质的教育资源，而弱势和贫困家庭则无力竞争。

现阶段，优质教育资源主要集中于中上阶层。《中国城市高中生的家庭背景调查》课题组 2009 年对全国 6 个城市的 8 所重点中学调查显示："来自政府管理者、企业管理者与专业技术人员等传统和新兴的优势阶层的子女获得了最多进入重点高中的机会，占被调查学生总数的 79%，来自产业工人、商业服务业人员、失业人员等弱势阶层的学生仅占 20% 左右。调查结果还显示，社会弱势阶层享受优质教育资源的机会则逐渐减少，尤以工人、农民的子女下降最为显著。"③ 也有研究发现，学生家庭社会地位与其是否能够

---

① [美] 彼得·布劳：《不平等和异质性》，王春光等译，中国社会科学出版社 1977 年版，第 11 页。
② 向冠春、刘娜：《我国高等教育与社会流动关系嬗变》，《现代教育管理》2011 年第 1 期。
③ 王雄：《中国城市高中生的家庭背景调查》，见《中国教育发展报告：教育蓝皮书》社会科学文献出版社 2009 年版。

进入重点高中具有相关性。在择校制度中，高中择校比例最高曾达同期学生数量的 30%，而来自农民阶层的择校生比例仅为 5.4%。①中学教育与大学教育紧密相连，优质高等教育资源也更多的掌握在中上阶层中。闫广芬在《优质高等教育资源的获得及影响因素分析——从社会分层的视角出发》一文中对全国部分"985"大学进行调查，以辈出率为指标来考察优质高等教育资源的阶层分布情况。辈出率"指的是特定社会阶层的子女在学校学生中的分布与该社会阶层在社会结构中所占的份额之比。辈出率为 1 时，某阶层子女在大学生中所占比例与该阶层人口在同一社会全体职业人口中所占的比例相等，也就是说，该阶层的子女接受高等教育的机会与同一社会全体阶层的平均水平相同，这是理想的状态"②。作者通过调查分析指出，"国家与社会管理者、经理人员、私营企业主的辈出率都是'1'的有 3.5 到 4.5 倍之多，表明这三个社会阶层子女拥有的高等教育入学机会远远超过社会一般水平，产业工人办事人员、专业技术人员、商业服务人员三个阶层的辈出率趋向于'1'，说明这三个阶层子女高等教育机会趋向于社会平均水平；农业劳动者、无业及失业者阶层辈出率低于'1'，说明这两个社会阶层子女高等教育机会低于社会平均水平阶层之中"③。该文还指出，不同阶层之间的辈出率存在差距，私营企业主阶层和农业劳动者阶层的辈出率差值为 3.95，为最大差额。这从一个方面说明了阶层之间的差距之大。

　　社会上层人的子女拥有更多接受教育的机会和文化资本，并且他们由通过占有更多、更优质的教育资源，使其处于上层的社会地位合法化。社会下层人的子女既受制于物质、社会地位的"贫瘠"，在教育资源获得中处于弱势的地位。现阶段，"教育已经成为各阶层实现'内部再生产'的工具"④。教育资源分配不均衡拉大了阶层鸿沟，在我国，农村、西部等欠发达地区的受教育群体缺乏可以跨入上层和发达地区的教育、文化资本；农民工子女因

---

① 刘慧珍：《社会阶层分化与高等教育机会均等》，《北京师范大学学报（社会科学版）》2007 年第 1 期。
② 闫广芬：《优质高等教育资源的获得及影响因素分析——从社会分层的视角出发》，《现代大学教育》2012 年第 1 期。
③ 同上。
④ 路慧、杨钦：《教育有助于向上的社会流动》，《黑河学刊》2011 年第 5 期。

为教育资源的匮乏，不能真正地融入城市中，传统的城乡二元结构在城市内部得到复制。而中上阶层则可以通过占有较多、优质的教育资源实现更好地发展。

(4) 迟滞了公平、公正理念的形成

教育是社会流动的主要手段，作为一种"利益补偿"，教育不公平是最大的不公平之一。教育公平不是平均，而是指每个人享有教育权利，占有教育资源的平等。一般来说，教育公平包含教育机会、教育过程、教育结果平等三个方面的内容。

保障教育机会的均等很早就成为人们的共识。某些教育资源的匮乏，使弱势群体连教育机会都竞争不上。一方面，我国学前教育资源总量不足，一些落后的农村和山区，根本没有学前教育设施，这使得那里的儿童没有接受学前教育的机会。另一方面，由于我国教育发展存在着不均衡，进而引发人们对于优质教育资源的争夺。社会经济地位较高的人可以通过择校、高考移民获得优质教育资源，也可以说"择校是有钱人的择校"，中上阶层的子女进入优质校，而弱势群体的子女则进入普通校或薄弱校。这标志着教育机会从一开始就是不均等的。优质校与普通校的资源配置差距很大，中上阶层子女在教育过程中享有的教育资源要比弱势群体子女的好很多，而学生享有教育资源的不同，直接导致教育质量的差异，甚至制约着升学率、就业等教育结果问题。教育的不平等不仅表现在教育起点上的不平等，更深嵌在整个教育过程之中。

公正、公平的社会不是没有贫富、种族、阶层差别，社会不公平也不是意指贫富差距。社会最大的不公平在于阶层和角色的固化，弱势群体没有改变其命运的机会。当社会不能给予每个人平等的受教育机会，"知识改变命运"的信条也会逐渐淡化。这使得人们在最初社会化阶段就感受到不公平，也使得人们在提高自身地位、改变命运的过程中否定公平的存在，从而迟滞了社会中公平、公正理念的形成。

2. 教育资源配置结构性矛盾出现的原因

如果想解决好教育资源配置的结构性矛盾，我们必须挖掘其产生的原因。教育资源配置结构性矛盾的产生由其特定的社会环境、政治因素，也有教育体制自身的问题。

（1）政治管理体制的制约

① 非均衡区域发展政策。

城乡分治。为了发展资本密集型城市的工业，国家将大量资金、设备、人才等生产要素投入城市，同时依靠农业积累支持城市工业发展。要使这种支持稳固，必须重视农业的发展。因此，国家实施城乡分治的政策。

教育基础设施作为重要的生产要素，也主要集中于城市，城市教育几乎全部是由公共财政供给，而国家对于农村教育的投入有限，相当一部分教育经费需要农村自己来负担。由此形成了"'城市教育国家办、农村教育农民办'的城乡教育管理体制和基本格局"[1]。农村的基础教育一直采取"以乡为主"的投入机制，中央和省级财政投入很少，由此造成城乡教育差距的形成。虽然近些年来，国家在均衡城乡义务教育方面取得了很大的成绩，但城乡教育的差距不是短时期内就能消除的，城乡分治带来的师资、教学质量、教育观念等软件方面的差距仍然很大。

东西部非均衡发展。20世纪70年代末以来，我国开始实行非均衡的经济发展战略。政府秉承"效率优先、兼顾公平"的原则，着重强调效率，承认地区间发展的不均衡。政府给予东部优惠政策，支持东部地区率先发展，再带动西部地区发展。随着非均衡策略的实施，东西部社会经济失衡问题凸显出来。进入20世纪90年代，我国又实施重点发展战略。东西部差距进一步拉大。由于对教育失衡问题的严重性认识不足，以及经济水平的影响，东部地区的教育投入远远高于西部地区。

② 户籍管理制度。

国家于1958年颁布的《中华人民共和国户口登记条例》标志着中国户籍登记管理制度化的开始。户口登记必须遵循三个原则，一是户口登记以户为单位，二是经常居住在某一地区的公民为常住人口，三是公民只能在一个地方登记为常住户口。户口不单是身份与居住情况的说明，而且与入学、就医、就业等社会福利相联系。户籍与教育紧密相关，个人必须在户籍所在地

---

[1] 张放平：《区域内义务教育均衡发展的制度瓶颈及其破解》，《中国教育学刊》2011年第6期。

就学、参加高考。我国的户籍管理制度在教育领域引发了诸多问题。义务教育阶段的择校、高考移民等问题很大程度上都归咎于户籍管理制度。同时，随着我国人口流动速度的加快，大批农村人口到城市务工，也形成了相当数量的随迁子女，但公共财政是以户籍人口为准拨付义务教育经费的，农民工子女的义务教育不能得到较好保障。现在农民工随迁子女进一步升学的要求日渐凸显，户籍制度又限制了他们在所在地升学的愿望。

③ 分税制财政收入体制。

分税制是财政管理的一种形式，它是指中央与地方政府为满足各级需要而按照税种特点划分各自收入、管理权限的财政管理体制。实行分税制是市场经济的要求。市场经济要求财力相对分散，但又要相对集中，这就涉及中央与地方之间的集权与分权。我国于 1994 年开始实施分税制财政管理。分税制为理顺中央与地方的分配关系，提高财政收入，加强宏观调控能力发挥了重大的作用，但却对教育发展产生了不利的影响。在分税制财政管理体制下，中央和省级政府集中了大部分的财政收入，但在教育投入方面却主要由下级政府承担，收支不平衡是造成我国教育投入不足的重要原因之一。

（2）教育投入不足

教育投入包括国家拨款、集体投入，以及家庭和个人承担。目前，国家拨款和社会投入的都呈现出不足状态。

① 教育公共财政投入不足。

教育是维护社会运行重要的子系统，世界各国都将教育纳入公共财政预算中。改革开放前，我国教育公共财政投入总量一直很低。改革开放后，在社会经济发展的推动下，教育规模不断扩大，国家对于教育的投入也在不断增加，尤其从 1998 年开始，公共教育财政投入增长明显。但我国公共教育财政投入还是不足，远低于发达国家。2012 年，我国的教育经费终于达到占国家财政性总支出 4% 的预定，但远低于发达国家的教育财政投入，相当于德国的 79%、美国的 69%、英国的 66%、法国的 59%。

② 教育经费来源渠道过窄。

由于国情的限制，我国必须开辟社会筹资的教育投入途径。但目前社会对于教育投入的积极性还不够。一方面是因为我国对于社会捐赠的优惠政策还不完善，另一方面是因为政府对于民办学校的支持力度还不够，民间资金进入教育的门槛也抬得过高。

（3）教育体制自身的禁锢

①"地方负责、分级管理"的基础教育管理体制。

1985年，中共中央颁布的《中共中央关于教育体制改革的决定》指出："实行九年制义务教育，实行基础教育由地方负责、分级管理的原则，是发展我国教育事业、改革我国基础教育的基础一环。""地方负责、分级管理"的原则是赋予地方以发展基础教育的自主权，地方政府可以制定基础教育的具体政策、相关制度、发展计划，以及对当地学校的管理、监督。随后出台的相关文件又规定农村基础教育的管理以县、乡二级为主。1986年，"地方负责，分级管理"又被写入《中华人民共和国义务教育法》中。1993年，国家制定的《中国教育改革和发展纲要》进一步指出，"深化中等以下教育体制改革，继续完善分级办学、分级管理的体制"。

"地方负责、分级管理"的教育管理体制有助于调动地方办教育的积极性，获得更好的办学效益。但权力的下放也要适度，放权由地方负责基础教育，政府会因为缺乏监督而在投入方面缺位，进而损害教育的公益性。同时，地方经济水平的差异也造成了基础教育城乡、地区间的差距。"地方负责，分级管理"的教育管理体制是当前许多教育问题的根源，如区域教育发展失衡，农民工随迁子女教育权益在城市中难以得到保障等。

②重点校政策。

20世纪50年代，我国开始大规模进行经济建设，急需大批人才，然而，当时的社会现实是教育资源匮乏，人才短缺。为了快出人才、早出人才、出好人才，政府采取了集中稀缺教育资源办好重点学校的教育政策。1952年6月教育部发布了《关于有重点地办好一些中学和师范学校的意见》；1962年12月教育部又发出了《关于有重点地办好一批全日制中小学校的通知》，"重点校"政策初步形成；1978年1月，经国务院批准，教育部颁发了《关于办好一批重点中小学试行方案》；1980年10月，经国务院批准，教育部颁发了《关于分期分批办好重点中学的决定》；1983年，教育部在《关于进一步提高普通中学教育质量的几点意见》中，重申了办好重点中学的必要性。

"重点校"政策的目的为"快出人才""出好人才"，因此，在有关建立重点中小学的政策文件中,都对重点学校的人员配置、教育经费投入、办学条件、教育教学管理等做出了十分明确的"倾斜"性规定。重点校政策规定了以一种合法性的功能使不同的学校在获取教育资源时处于不同的位置,不可避免地扩大了校际间在资源配置和教育质量上的差距。"重点校"被直接打上官方认可的标记,扩大了其在社会上的影响,强有力的资源支持也提升了其在业界的排名。优秀的师资和良好的办学口碑,可以招收到优质的生源,同时吸收更多的社会资源和经济支持,发展越来越好,从学校自身的运行方面保证了"重点校"的地位。

重点校政策在我国实行了很长时间,造成了校际之间的差距,也成为择校等一系列社会问题出现的直接原因。

### (三) 教育资源配置结构性矛盾的解决

教育资源配置结构性矛盾的解决涉及方方面面,是一项复杂的工程。我们必须抓准症结,集中社会各方的力量,制定科学的解决方案。

1. 除教育发展中的障碍

教育资源配置失衡中存在着许多问题和障碍,要消除这些障碍,才能实现教育资源的合理配置。

(1) 打破资金困局

我国教育资源配置出现的矛盾和问题主要是投入不足引起的。温家宝在2012年的政府工作报告中指出:"中央财政已按全国财政性教育经费支出占国内生产总值的4%编制预算。"[①] 为了确保实现这一目标,国家在全国范围内统一了教育费附加制度,开征地方教育附加税,确定了从土地出让收益中提取教育资金的做法。

一方面,按照现实的体制,教育投入的主要责任在地方,为了明确地方政府责任,财政部还专门印发了《关于加强对各地2011—2012年财政教育投入状况分析评价的通知》文件。文件中明确了评价各地财政教育投入的

---

① 温家宝:《温家宝在十一届全国人大五次会议上作的政府工作报告(摘要)》,《人民日报》2012年3月6日。

量化指标，包括"财政教育支出的增幅""财政教育支出占公共支出的比例""教育费附加的征收率"以及"土地出让收益教育资金计提率"等四项。① 另一方面，国家还必须出台确保地方实现教育投入目标的文件；地方设立监督机构，确保教育经费拨付到位，以及使用的科学、合理，防止教育经费的拖欠、挪用等问题的出现；将教育经费纳入地方政府的业绩考核中；建立、健全地方教育经费投入的考核机制和激励机制。

2013年1月在北京召开的全国教育工作会议上，教育部部长袁贵仁预计2012年全年财政性教育经费支出2万亿左右，占当年国内生产总值的比重达到4%，首次达到《教育法》规定的目标。但面对我国教育发展的实际需求，这还远远不够。因此，我们还要继续加大教育投入，除以上办法外，国家还可以考虑设立教育彩票和教育基金，从社会筹资，通过科学的管理和投资，确保基金的盈利和良性发展。

（2）打破城乡二元结构

教育的发展依托于地方经济。虽然实施农村义务教育经费保障机制以来，农村教育经费不足问题得到了一定程度上的解决，但无法从根本上解决问题，因为农村的学前教育、职业教育、成人教育等的发展也相继被提上日程。农民教育财政缺口较大，县级政府和上级部门的拨款无法满足。因此，还是需要农村实现自身造血。

城乡二元结构是制约农村教育发展的主要原因，也是制约我国经济建设，影响社会稳定的关键因素。近些年来，我国政府一直致力于统筹城乡发展，采取了促进农村经济建设，完善农村社会福利制度，加速农村城镇化进程，加快农民向非农转化等一系列举措，这些措施在一定程度上弱化了城乡社会经济二元结构。城乡二元结构的消除是一个过程，在今后我们要坚持统筹城乡发展的正确方向，重点突破制约城乡二元结构消除的各种体制、经济、社会因素。

（3）逐步消除户籍制度

户籍制度与教育密切相关，进而引发了诸多社会问题。虽然政府出台了

---

① 马晖：《温家宝政府工作报告：教育投入敲定4%》，《21世纪经济报道》2012年3月6日。

很多关于农民工随迁子女教育问题的政策和措施,但在户籍制度没有根本改变的情况下,再具体的措施也只是权宜之计,只能暂时缓解问题。

《户籍管理条例》人为地将我国人口分为"城市"和"农村"两种,农民由于户籍的限制,不论是过去还是现在都无法平等地享受城市里的教育资源。要从根本上解决问题,我们需要进行户籍制度改革,建立全国统一的户口登记管理制度,取消地域、户籍对教育、医疗、就业等福利待遇的限制。

2. 制定科学合理的教育资源分配制度

我国的教育制度还不完善,有些甚至不科学,许多必要和重要的制度还未建立起来。针对我国现阶段的教育发展不均衡问题,制定科学合理的教育资源分配制度势在必行。

(1) 完善教育经费支付转移制度

由于地方经济发展水平存在差异,区域间的财政收入必然不同。我国建立起一套转移支付体系来均衡地区间的财政差异。我国现行的财政转移体系主要包括中央对地方转移支付、税收返还、体制补助三个部分。其中,中央对地方财政转移支付又分为财力性转移支付和专项转移支付。财力性转移支付包括农村义务教育的转移支付,专项转移支付也有教育这一重要项目。可以看出,我们目前有针对教育的转移支付设计,但不全面、也不系统,并没有有效地发挥均衡地区间教育财政能力差距的作用。

针对我国目前教育发展不均衡状态,我们需要一个宏观的、全面的、系统的教育经费转移支付制度。因此,国家要建立科学的全国教育公共财政预算机制和均衡机制。国家相关部门在摸清各地各级的教育需求以及财政收入的基础上,确定各地区教育承担的实际情况,按照各地区教育经费投入的对比情况,以统一的教育资源配置标准,对于投入不足的地区按缺失程度实施补贴。在实施过程中,相关执行部门要加强转移支付资金的管理、优化转移支付的结构,确立政府在教育经费转移支付中的主导作用,加强社会各界在教育经费转移支付中的监督作用。国家还要适时制定教育经费转移支付的法律。

(2) 继续探索义务教育经费随人口流动拨付的政策机制

教育经费按户籍拨付的做法损害了农民工随迁子女的教育权益。随着这一现象的日渐凸显，社会各界关于义务教育经费随人口流动的呼声越来越高。2007年，安徽省率先创新义务教育经费投入机制，将进城务工农民随迁子女义务教育公用经费，由原来按户籍所在地预算，改变为按流入地统筹预算，流入地中小学按实际在校学生人数拨付经费，并对成绩突出的学校予以奖励，有力地调动了市县增加教育投入的积极性。①

安徽省的做法属于一种尝试，区域间的协作也缺乏法律和制度保障，但这毕竟为我们提供了一种新的思路。今后，各级各类政府应当继续探索义务教育经费随人口流动拨付的政策机制，将此政策完善，切实保障农民工随迁子女的教育权益。

(3) 制定面向弱势区域的有效政策

农村以及中西部地区是教育资源配置的弱势区域。为了加快缩小区域之间的教育水平差异，国家应当制定出台一些适用于农村和西部的教育发展优惠政策。例如加大对这些地区的教育经费投入；允许这些地区以外资、合资形式办学；国家为这些地区培养合格的教师；教育界的人才到这些地区发展可以减免个人所得税，并给予他们补贴，等等。

我们需要注意的是，教育与经济是相互促进的。我们可以抓住教育促进经济发展这一重要功能，促进教育科研与西部经济良性协作。政府可以通过多种渠道吸引中东部以及国外的教育科研项目到西部高校，加速西部科技事业的发展，加快科技成果的转化，促进西部地区的经济发展。西部经济发展带来的利润反过来又可以加大对教育的投入。因此教育"引项""引资"具有重要的意义。当地政府要对投资者在税收方面予以优惠，并采取保护政策，充分调动他们的积极性。

3. 合理公平地配置不同教育阶段的教育资源

教育阶段资源配置的不均衡不仅不利于教育系统的正常运行，也使特定

---

① 《中央财政下拨1亿多元资金，奖励安徽探寻农民工随迁子女教育新思路》，http://tv.people.com.cn/GB/150716/157448/157453/15348350.html。

教育阶段内部出现问题,因此我们要合理公平地配置不同教育阶段的资源,以促进教育的健康发展,并保障公民的教育权益。

(1) 加大对学前教育的投入

作为一种选择性教育,学前教育兼有教育事业和社会福利事业属性。在1999年,OECD会议报告就把学前教育看做"从投资中获益最多的教育阶段"[1]。"美国著名的成本—效率研究显示:接受1—2年优质学前教育的幼儿与未接受学前教育的幼儿相比,他们学业成就高,就业率与经济收入都要高,而犯罪率低。"[2] 2003年,国务院转发了《关于幼儿教育改革与发展的指导意见》,强调了"幼儿教育是基础教育的主要组成部分"。

总体而言,学前教育是一项国家社会福利事业,政府财政投入是学前教育经费的主要来源。《国务院关于当前发展学前教育的若干意见》指出:"必须坚持政府主导,社会参与,公办民办并举,大力发展公办幼儿园,鼓励社会力量以多种形式举办幼儿园。"[3] 大力发展公办幼儿园就是强调政府在学前教育投入中的主体地位。我国的学前教育经费主要来源于国家财政性教育经费、社会和公民个人办学经费、家长投入的保教经费、社区补助教育经费和社会捐资助学等。但我国至今为止没有国家层面的学前教育专项经费投入。

虽然我国政府从20世纪70年代后期就开始出台有关学前教育的法规文件,但一直没有为解决学前教育经费问题做出明确的制度安排。因此,首先要确立学前教育基础教育的重要地位,赋予学前教育经费投入以法律地位。首先,国家要制定和出台学前教育投入的相关法律。其次,将学前教育经费从教育总经费中单列出来,单独管理,以免学前教育经费挪用到其他教育阶段。再次,建立科学有效的学前教育投入体制。必须要明确政府的主导责任,建立以公共财政为支撑的学前教育投入保障机制。设立中央和地方政府的学前教育专项经费,并明确各级政府在学前教育经费投入中应该承担的比

---

[1] 谢维和:《教育政策分析》,教育科学出版社1999年版,第21页。
[2] 中国学前教育发展战略研究课题组:《中国学前教育发展战略研究》,教育科学出版社2010年版,第238页。
[3] 《国务院关于当前发展学前教育的若干意见》(国发〔2010〕41号),2010年11月24日。

重。最后，建立科学、有效的投入增长机制。经费短缺是我国的实际国情，因此在有限的资金条件下，我们应当实现学前教育经费投入的科学、有效化。在实际操作中，相关部门应当确定经费投入每年具体的增长指标与比重，以便于实际操作和具体实施。

（2）进一步推进义务教育阶段均衡发展的方针

20世纪90年代，教育公平开始受到社会各界的关注。此后我国开始实施的义务教育均衡发展措施，目前已经取得一定成效，但仍未达到目标。《国家中长期教育改革和发展规划纲要（2010—2020年）》将"均衡发展"确定为"义务教育的战略性任务"，提出："到2020年，全面提高普及水平，全面提高教育质量，基本实现区域内均衡发展，确保适龄儿童少年接受良好义务教育。"因此，今后我们要进一步推进包括城乡、区域、校际、群体的义务教育均衡。

在宏观上，由国家统一管理义务教育。义务教育是保障培养国家合格公民的社会活动，因此，应当由国家负担起义务教育的监管责任。国家统一调配各种义务教育资源，保证区域间义务教育均衡发展。《国家中长期教育改革和发展纲要（2010—2020年）》指出，"加快缩小城乡差距。建立城乡一体化义务教育发展机制，在财政拨款、学校建设、教师支配等方面向农村倾斜。率先在县（区）域内实现城乡均衡发展，逐步在更大范围内推进。"近些年来，在增加农村义务教育经费的措施基础之上，国家开始实施城乡教育一体化机制。具体说来有五个方面：一是保障农村教育经费的投入；二是合理配置城乡教师资源；三是改革招生制度，具体来讲就是突破城乡二元户籍制度，逐步使城乡学生在各级各类教育中拥有平等的入学机会和受教育的机会。四是科学合理规划城乡学校布局；五是保障教学质量。

城乡教育一体化发展的关键是教育资源的均衡配置。除以上措施之外，我们还要注意以下几点。在经费方面，要建立农村教师特殊津贴制度。农村教师的待遇普遍较低。这在某种程度上成为城乡教师资源配置失衡的主要原因。因此，要逐步实现乡村教师与城市教师待遇持平，这样才能有助于完善城乡教师流动机制。在管理方面，建立城乡教育统一的管理机制。一是对同区域内城乡学校的校长和教师进行统一管理与分配；二是将区域内优质学校的办学理念、管理模式形成统一标准，进而对城乡学校进行统一教学进度和质量考核；三是实行城乡教育资源共享。城市学校中的教学课件、教学设备、馆藏图书等与农村学校共享，以此弥补农村学校开展教育活动资源的不足。

针对城市区域间义务教育的均衡发展，可以实施"大学区"的管理模式。首先，突破原有教育资源条块分割状况，实施"大教育区"形式的基础教育资源统筹配置。加强区际教育财政转移支付，均衡各区教师工资和学生人均财政性教育经费。其次，创新区际之间的伙伴关系和合作机制、平台，尝试建立中心城区与次中心城区的基础教育联盟。在全局发展战略下，实现教育公共服务的跨区域协作，继续推进区际的教师流动，深化跨区联合办学和合并重组的举措，加强基础教育质量较高地区对于质量较低地区的帮扶作用。

（3）改革高考招生制度，处理好考试公平和区域公平的关系

现行的高考制度引发了诸多问题。改革高考制度制度势在必行。在这一过程中，我们要谨守考试公平与区域公平这两个底线。

① 高考制度的改革。

2007年教育部考试中心与《中国青年报》合作的调查显示，95.7%的中国民众赞成高考制度，也有92%的人提出要改革。可以看出，高考制度确实要改革，但有这么多的人认可高考，也说明高考还是很公平的制度，考试公平是我们的底线。因此，统一考试的基本形式不能变。高考制度改革的关键是要多样化，打破一次考试、一张试卷作为唯一录取标准的选拔模式。具体而言，考试内容既要重视知识的检测，又要重视能力、素质的考察；考试形式既有全国统一考试，又要有省、市、区的考核，还要有不同专业的测试；录取标准也要随之多元化，既要根据分数，又要根据学生平时的表现，以及综合素质。例如，山东省将能力作为高考考核的重要内容，主要包括文化知识、体能、健康、艺术等，以及解决实际问题的能力。江苏省则将道德品质、公民素质、学习能力、交流与合作、运动与健康、审美与表现等作为高考录取的重要标准。

为了保证高考制度改革的顺利进行，我们应当建立起一些保障机制。首先，建立多元协商、参与互动的决策机制。认真听取公民的意见，同时及时了解公民对于高考改革的反馈。其次，建立社会监督机制。集合相关协会、

利益相关者、媒体对高考制度改革的过渡措施、环节、操作进行监督。最后，实施多元化的高考改革绩效评估。通过政府自我评估、专家评估、公众及社会舆论评估等，对高考制度改革的效果进行评估，由此完善我国的高考制度。

② 制定合理的异地高考政策。

传统的高考政策限制了农民工随迁子女在流入地升学的机会。近几年来，关于农民工子女就地升学日益受到社会各界关注。中央和各地也在积极研究农民工随迁子女升学的方案。这落实在高考上便是需要政府出台异地高考政策。异地高考是社会教育公平最重要的一环，它意味着农民工子弟可以在城市里高考。

现阶段，中央和地方都在积极探讨异地高考的政策。"异地高考"涉及教育资源的分配，因此不能太过激进。应当依据实际情况，分步骤、分阶段地进行。2012年国务院办公厅转发教育部、国家发展和改革委员会、人力资源和社会保障部以及公安部的《〈关于做好进城务工人员随迁子女接受义务教育后在当地参加升学考试工作意见〉的通知》。其中的一些规定对于异地高考政策的制定具有指导意义。第一，要统筹考虑进城务工人员随迁子女升学考试需求和人口流入地教育资源承载能力，这样才能积极稳妥地推进随迁子女升学考试工作。第二，要根据实际情况，因地制宜制定随迁子女升学考试具体政策，并确定随迁子女在当地参加升学考试的具体条件。第三，对于流动人口数量较大的省市，教育部、发改委等相关部门要适当增加当地高校的招生计划，保障当地高考录取情况不会受到随迁子女的影响。

2012年2月29日，山东省出台相关政策，率先突破户籍限制，允许从2014年起非户籍考生在山东参加高考。截至2013年1月，31个省（区市）除西藏外都按照国务院要求出台了具体实施方案。由于我国高等教育资源分布不均，许多人担忧异地高考政策的出台会引发新一轮的高考移民。现实中，异地高考阻力最大的地方也正是高等教育资源丰富且高考分数线又较低的北京、上海等大城市。目前，这些大城市出台异地高考门槛确实高一些，但"渐进式、阶梯式"的思路是符合现实情况的。如在北京，符合条件的外地户籍学生2013年开始可以参加中等职业院校考试录取，2014年开始可以参加高等职业院校考试录取，大学本科部分还没有放开的计划。在广东，符合条件的进城务工人员随迁子女从 2014 年开始可以报考高等职业学院，2016 年可以报名参加高考。

教育资源配置的结构性矛盾引发了诸多社会问题，并且进一步影响着就业、收入等其他民生问题。作为民生结构性矛盾中的重要一方面，教育资源配置合理化具有重要的意义，教育资源结构性矛盾的解决是一个复杂的工程，它一方面需要教育领域和社会各界的努力，另一方面也有赖于其他民生领域的健康发展。

# 第 五 章

# 医疗卫生的结构性矛盾研究

　　医疗卫生问题是当前中国老百姓最关心、反映最强烈的民生问题之一。改革开放三十多年来，我国的医疗卫生事业取得了巨大的发展。医疗条件不断改善，医疗水平日益提高，疾病防治能力显著增强。随着医疗卫生事业的改革与发展，医疗卫生领域内的诸多矛盾也日益凸显。医疗卫生资源和服务的供给难以满足广大人民群众日益增长的医疗卫生需求是中国医疗卫生事业发展面临的基本矛盾。当前，中国医疗卫生资源总量不足、配置结构失衡、医药价格过高、医疗费用支出结构不合理的问题十分突出。这是造成老百姓看病难、看病贵问题的根本原因。如何妥善解决广大人民群众看病难、看病贵的问题是我国医疗卫生事业进一步改革与发展的基本任务。具体而言，看病难是由于医疗卫生资源供给量不足所致。医疗卫生资源供给量不足既体现为绝对供给数量不足，又体现为相对数量不足。解决看病难问题必须双管齐下。从长远看，通过不断增加医疗卫生资源供给来满足人民群众日益增长的医疗卫生需求是解决看病难问题的根本之道；从现实角度看，在医疗卫生资源短期内难以快速增加的情况下，调整和优化存量医疗卫生资源的配置结构是缓解看病难问题的当务之急。也就是说，有必要通过调整医疗卫生资源在区域空间和卫生机构之间的配置结构来缓解看病难的问题。看病贵是由于医疗卫生服务价格超过老百姓的医疗卫生支付能力所导致的。医疗卫生服务价格过高既包括绝对价格过高，也包括相对价格过高。在合理降低医疗卫生服务绝对价格的同时，还要通过调整国家、社会和个人之间的医疗费用支付结构来降低医疗卫生资源和服务的相对价格，增强人民群众的医疗卫生支付能力，并最终化解老百姓看病贵的问题。因此，通过调整医疗资源的配置结构以及医疗卫生费用支付结构来缓解看病难和看病贵是推进医疗卫生事业持续健康发展的重要途径。本章的基本研究思路如下：

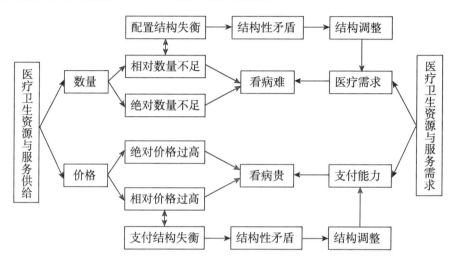

## 一、医疗卫生领域的供需现状

我国医疗卫生制度框架已经基本确立，初步形成基层医疗卫生机构与二、三级医院、专业公共卫生机构功能互补、上下联动，中西医机构并举并重，公立与非公立医疗机构合作并存、协调发展的服务格局。近年来，我国医疗卫生事业正在发生结构性变化。以往重城市轻农村、重医疗轻预防、重高端轻基本、重西医轻中医的问题正在扭转。基层卫生人才队伍的数量、学历、知识结构也出现向好趋势。健康是人生存与发展的基础需求。随着经济社会的快速发展，许多新型健康问题也随之不断涌现。人民群众愈来愈重视自身生存质量和身心健康。医疗卫生事业关系亿万人民健康和千家万户幸福。医疗卫生领域的改革与发展必将为我国居民健康需求的满足提供有力的物质基础和制度保障。

## (一) 医疗卫生资源的供给状况

医疗卫生资源是居民健康保障的物质基础。医疗卫生机构、医疗卫生人员、医疗卫生设施和设备是最基本的医疗卫生资源。医疗卫生资源的供给能力与国家经济社会发展水平紧密关联。随着我国医疗卫生事业的改革与发展，各级政府制定并实施一系列旨在拓展医疗卫生资源、提高医疗卫生服务质量和完善医疗卫生保障的政策、措施和制度。我国医疗卫生资源的供给能力和水平获得了显著提升。

**1. 医疗卫生资源稳步增加**

医疗卫生机构是指依法定程序设立的从事疾病诊断、治疗活动的卫生机构的总称，包括医院、卫生院、社区卫生服务中心（站）、门诊部、疗养院、妇幼保健院、专科疾病防治机构、疾病预防控制中心、医学科研机构、各级医疗卫生行政管理机构等医疗卫生机构。近年来，我国医疗卫生机构稳步增加。2005年，中国的医疗卫生机构数为882606个。而到了2011年，我国的医疗卫生机构数增加到954389个，其中包括医院21979个，基层医疗机构918003个，专业公共卫生机构11926个，其他卫生机构2481个。医院方面，全国有1399家三级医院，6468家二级医院，5636家一级医院。基层医疗机构方面，全国有7861个社区卫生服务中心，24999个社区卫生服务站，667个街道卫生院，37295个乡镇卫生院，662894个村卫生室，9218个门诊部，175069个诊所和医务室。专业公共卫生机构包括3484个疾病预防控制中心，1294个专科疾病防治中心，270个急救中心（站），525个采供血机构，147个健康教育机构，3036个妇幼保健机构，卫生监督机构3022个，计划生育技术服务机构148个。截至2011年，我国医疗卫生机构的床位数达到5159889张。[①] 医疗卫生机构是医疗卫生领域内诊疗和保健的主体。随着医疗卫生机构的稳步增加，我国的医疗卫生保障能力也获得了显著改善。

随着卫生总费用的增长，我国政府的医疗卫生投入也逐年增加。2000

---

① 卫生部统计信息中心：《2012年中国卫生统计提要》，卫生部网站。

年，我国的卫生总费用为4586.6亿元。到了2010年，我国的卫生总费用达到19980.4亿元。卫生总费用10年翻了3倍多。其中，政府预算卫生支出由2000年的709.5亿元增加到5732.5亿元，翻了7倍；社会卫生支出由1171.9亿元增加到7196.6亿元，翻了5倍多；个人卫生支出由2705.2亿元增加到7051.3亿元，翻了1.6倍。截至2011年，我国卫生总费用占GDP的4.98%。人均卫生费用达到1490.1元。[①] 我国卫生人员近年也大幅增加。截至2011年，我国有卫生人员8616040人，较2005年增加2168794人。其中卫生技术人员为6202858人，较2005年增加1638808人。职业（助理）医师2466094人，较2005年增加423959人。职业医师2020154人，较2005年增加397470人。注册护士224020人，较2005年增加894431人。药剂师36993人，较2005年增加5346人。技师347607人，较2005年增加78747人。2005年我国每千人口拥有卫生技术人员为3.57人，而到2011年，我国每千人口拥有卫生技术人员为4.58人。卫生人员，尤其是卫生技术人员的大幅增加，为我国医疗卫生事业的进一步发展奠定了坚实的人力资源基础。

2. 医疗卫生服务显著改善

医疗卫生服务质量的改善是提升居民健康保障水平的主要途径。随着医疗卫生资源的逐步拓展，我国的医疗卫生服务水平和服务质量也逐步改善。2005年，我国医疗卫生机构共诊疗40.97亿人次。而到2010年，我国医疗卫生机构的总诊疗人次达62.71亿次。其中，仅医院的诊疗人次就达到22.59亿次。2011年，我国医师日均担负诊疗人次由2010年的6.5人次增加到6.9人次。医院病床使用率由2007年的78.2%增加到88.5%。居民两周就诊率由2003年的133.8‰增加到148.4‰。以上数据显示，我国各级各类医院的医疗卫生服务能力近年来得到显著加强。

基层医疗卫生服务方面。2005年，我国基层医疗卫生服务机构诊疗29.41亿次。而到2011年，我国基层医疗卫生服务机构诊疗人次增加到38.06亿。其中，全国社区卫生服务中心的诊疗人次由2007年的1.27亿人次大幅增加到4.09亿人次。社区卫生服务站的诊疗人次也由2007年的0.99

---

① 卫生部统计信息中心：《2012年中国卫生统计提要》，卫生部网站。

亿人次增加到1.37亿人次。基层医疗卫生机构入院人数由2007年的2818亿人次增加到3775亿人次。其中，社区卫生服务中心入院247亿人次，较2007年增加173亿人次。社区卫生服务站入院42亿人次，较2007年增加9亿人次。乡镇卫生院入院2662亿人次，较2007年增加787亿人次。这是我国近年来大力发展基层医疗卫生服务的积极结果。

在公共卫生服务领域，中国曾经被看做一个非常成功的范例。中华人民共和国成立后，迅速在全国范围内建立了各级卫生防疫站，针对性地控制各种传染病，并逐步建立和健全了公共卫生组织体系、组织网络和组织程序。坚持"预防为主"的公共卫生服务方针，采用低成本的医疗技术，基本保证了人人享有初级医疗保健服务。改革开放以来，为缓解当时医疗领域内的供需矛盾，我国医疗卫生改革的重点移向城市。城市公共卫生服务从"重预防"、低成本移向"重医疗"、重科技和高成本转变，出现了城市医疗本位的现象。虽然医疗设施的改善和高科技医疗仪器的使用提高了医疗机构对疑难病征的诊断水平，降低了误诊率。但对医疗硬件设施的过度迷信和依赖也耗费了宝贵的卫生资源，延缓了城市的公共卫生建设。自2003年"非典"肆虐全国以来，各级政府不断加强和加大对公共卫生机构和组织建设的投入力度。近年来，随着公共卫生服务机构卫生服务能力的加强，我国对各种急慢性传染病的防控能力得到显著加强。2011年，全国甲、乙类法定报告传染病发病人数323.8万例，报告死亡15264人；报告传染病发病率241.44/10万，死亡率1.14/10万。在妇幼保健方面，2011年，我国孕妇产前检查率为93.7%。产妇查后访视率为91%。3岁以下儿童系统管理率为84.6%。孕产妇系统管理率为85.2%。与传统的公共卫生相比，新公共卫生更加重视为人们提供清洁饮水、安全食品和住房，同时更加重视居民在公共卫生领域内的社会资本和社会支持。[①] 截至2011年，全国农村改水受益人口为89972万人。农村卫生厕所普及率为69.2%。以上指标表明我国公共卫生事业近年来取得了巨大的发展与进步。

3. 医疗保障制度持续完善

医疗保障制度是保障居民健康的基本手段。20世纪70年代末，中国已

---

① Fran Baum, *The New Public Health*, Oxford University Press, 2002, pp. 29-58.

经成为世界上拥有最全面医疗保障体系的国家之一。进入90年代以后，市场经济被确立为医疗卫生改革的目标。为提高医疗卫生资源建配置的效率，各级政府将医疗卫生事业逐步推向市场，意在建立医疗服务价格的市场体系。我国卫生防疫体制最终形成了两级政府、三级管理、四级网络的组织管理模式。医疗卫生事业的市场化改革显著拓展了医疗卫生资源的增长渠道，一度缓解了当时存在的"看病难、住院难、手术难"的问题。但同时也出现了医疗机构重叠、条块分割、资源紧缺与浪费并存、药品生产流通秩序混乱等深层次问题。此外，公立医疗机构趋利现象也日益突出。医药费用快速增长，相当一部分人群缺乏医疗保障，甚至难以得到基本的卫生服务。

我国城镇职工基本医疗保险自1994开始试点，1998年国务院发布《关于建立城镇职工基本医疗保险制度的决定》，此后逐年推进。2003年和2007年，先后启动新型农村合作医疗、城镇居民基本医疗保险制度试点。截至2011年，全国参合人口为8.32亿，参合率为97.5%。当年筹资总额2047.6亿元，人均筹资246.2亿元。当年补偿受益13.15亿人次。城镇居民医疗保险方面，城镇职工基本医保参保人数为25226万人，城镇居民基本医保参保人数为22066万人。2011年，城乡医疗救助为8090万人次。① 近年来，我国基本医疗保障制度覆盖面已达95%以上，构建起世界上最大的基本医保网，保障水平逐步提高。仅新农合而言，各级财政补助标准达到200元，住院费用政策范围内报销比例提高到70%左右。2011年全年参合农民共报销1710.2亿元，受益13.15亿人。2013年，新农合和城镇居民基本医疗保险财政补助标准由每人每年240元提高到280元。人均基本公共卫生服务经费标准由25元提高到30元。②

## （二）城乡居民的医疗卫生需求

医疗卫生事业的改革与发展终究是为了满足城乡居民日益增长的健康需求。世界卫生组织（WHO）创立之初，在其宪章的第一条第一句便开宗明

---

① 卫生部统计信息中心：《2012年中国卫生统计提要》，卫生部网站。
② 温家宝：《政府工作报告——2013年3月5日在第十二届全国人民代表大会第一次会议上》，《人民日报》2013年3月19日。

义地界定了健康的内涵："健康不仅仅是没有疾病或体质强健，而且还是生理、心理和社会幸福的完满状态。"显然，健康既是一个生物学概念，又是一个心理和社会概念。健康概念涵盖了生物、心理和社会三个向度的意义。因此，判断一个人的身体、心理和精神是否健康，除了个体特征和医学因素外，还要参照相关个体所处的社会环境和社会标准。健康不仅是个体功能发挥的前提条件，也是经济社会全面、协调、可持续发展的社会财富。改革开放以来，随着生活水平和生活质量的改善，人们越来越关注健康问题，希望通过接受更好的医疗卫生服务来不断改善和增进自身的健康水平。

1. 城乡居民的健康状况

近年来，我国国民健康水平不断提高。根据联合国公布的《世界人口展望2010修订版》数据，在2005—2010年间，世界198个国家或地区中，中国平均预期寿命为72.71岁，位居95位，高出世界平均预期寿命（67.88岁）4.83岁，低于发达国家（76.94岁）4.23岁。2011年，中国人均预期寿命为73.5岁。到了2013年，我国人均预期寿命已达到75岁。[1] 2011年，我国孕产妇死亡率为每十万人26.1，婴儿死亡率为12.1‰，新生儿死亡率为7.8‰，5岁以下儿童死亡率为15.6‰。[2] 按照2008年国家卫生服务调查的数据，中国居民的2周患病率为188.6‰。从这些衡量居民健康的指标来看，我国居民的健康状况正处于快速改善过程之中。

疾病的发生发展和流行是一个复杂事件，大多数疾病受到多种因素的制约，人们必须考虑到影响疾病和健康的社会、环境、生态、政治、经济、宗教等诸多因素。卫生部统计信心中心的数据显示，虽然中国居民病伤死亡原因城乡之间略有差别，但主要的健康威胁均来自一些慢性疾病。可见，在当代社会，急性疾病和传染性疾病已经不再是威胁人们生命和健康的主要疾病，取而代之的是那些与心理性和社会性因素紧密相关的心身疾病，如心血管疾病、脑血管疾病和恶性肿瘤等。这些疾病大多与心理紧张、社会压力和环境污染等因素紧密相关。2011年，我国城市医院住院病人疾病构成中前

---

[1] 温家宝：《政府工作报告——2013年3月5日在第十二届全国人民代表大会第一次会议上》，《人民日报》2013年3月19日。
[2] 卫生部统计信息中心：《2012年中国卫生统计提要》，卫生部网站。

十位依次为：呼吸系统疾病、消化系统疾病、妊娠、分娩和产褥期疾病、损伤、中毒和外因疾病、泌尿生殖系统疾病、脑血管病、病恶性肿瘤、缺血性心脏病、内分泌、传染病和寄生虫病。① 因此，仅从生物学模式来预防和治疗疾病是远远不够的。现代医学必须把人作为包括自然环境和社会环境在内的生态系统的组成部分，进而从生物的、心理的和社会的三个向度来综合审视个体的健康状态，并最终采取综合措施来预防和治疗疾病，增进人类健康。

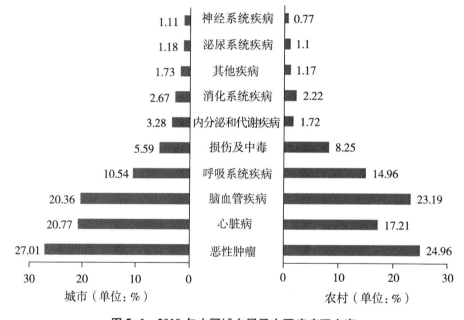

图 5-1　2010 年中国城乡居民主要疾病死亡率

2. 城乡居民的健康需求

健康是人类社会最基本的需求。人的生老病死是一个自然进程。不论其经济和社会地位如何，任何人都难免受到疾病的困扰。古代，身体不适，轻者为疾，重者为病。中国古代有"五福""六极"之说。古人将健康长寿视为人生五种幸福之一。而短寿、疾病和身体孱弱则被归属于人生的六种不

---

① 卫生部统计信息中心：《2012 年中国卫生统计提要》，卫生部网站。

幸。古人将疾病作为一种个体的人生遭遇。卷帙浩繁的中医药典籍，是中国古人对疾病生成机理和养生之术不断思考、探索和实践的结晶。病有所医，通过求医问药实现自身的机体健康日益成为人类社会的普遍需求。时至今日，健康已经被视为人类最基本也是最根本的社会需求。失去健康，人类个体与社会的生存与发展便无从谈起。

在现代社会，健康不仅是个体的基本需求，也被视为一项社会权利。世界卫生组织认为，享有可获得的最高健康水平，是每个人的基本权力之一。通过发展公共卫生，改善和创造合乎生理、心理和社会要求的生产环境、生活条件，可以增进人体健康、预防疾病。公众对健康的关注和期待同时也构成公共卫生丰富的社会资源和发展动力。[1] 现代医学的目标就是要保持个体与其生活环境的调适，使个体成为一个健康的社会成员，或者当社会成员因疾病和病患而脱离社会时，对其加以调适并使之重新整合到社会体系之中。从本质上看，医疗保健是一种机会，而非一种产品。高质量的卫生保健应当作为全体民众可以获得的权利，而不管他们的经济状况和社会地位如何。

健康既是个体发展的基础，也是社会进步的财富。美国经济学家费舍尔（Fisher）在20世纪初就完整地论证了"健康是国家的财富"这一理论。健康既是个体生产力得以形成的前提，又是社会生产力发展的基石。不仅健康是社会发展的前提条件，社会发展的最终目的也是为了促进人的健康和福祉。健康因此成为评估社会发展的一个重要维度。国外大量相关研究都表明，增进居民的健康理应成为社会发展过程的一项主要目标，它可从根本上促进国民的能力，从而使他们能够选择更有价值的生活。根据联合国发展署（UNDP）的报告，长寿且健康的生活、获得教育和获得确保体面生活所必需的资源是人类发展所要扩展的三大关键选择。"健康的生活本身就是好的生活，是人们普遍认为有价值去追求并实现的最终目标之一。同时，健康又具有强大的工具性价值。它对人类发展的其他维度，例如经济发展和教育水平等，都有着不同程度的深刻影响，并形成对总体人类发展的影响。"[2] 刘国恩等人从总体健康水平出发，将健康作为人力资本的一种形式，探讨了健

---

[1] 王俊华：《试论公共卫生的公共性》，《中国公共卫生》2003年第11期。
[2] 王曲、刘民权：《健康的价值及若干决定因素：文献综述》，《经济学》2005年第1期。

康因素在经济社会发展中的作用。结果表明,健康与收入高度相关,个人健康是决定中国家庭人均收入的重要因素。进一步的研究还发现,农村人口比城市人口的健康经济回报更大;女性比男性的健康经济回报更大。① 无论对于个体还是社会,健康都是最重要的生产力。

个体对自身健康的投入是一种投资。政府和社会对医疗卫生事业的投入更是经济社会可持续发展的根本保障。"每个人都是健康的生产者。健康与经济发展息息相关,是最重要的生产力,在经济世界里既是投入又是产出。健康不只与居民消费有千丝万缕的联系,并且是最重要的人力资本投资,比智力等方面对人力资本的贡献还要重要。健康对于我们的价值就像数字1,而其他都是1后面的零,没有了健康谈什么都是没意义的。国家对健康财富的投资是对生产力的投资,是经济可持续发展的保证。"② 大力发展医疗卫生事业不仅可以满足居民日益增长的健康需求,更能有效提高全体人民的健康水平。单纯追求 GDP 的发展,而不顾及卫生资源的拓展和卫生环境的改善,必然会造成严重的社会问题并付出巨大的社会成本。

医疗卫生资源的供给能力受制于国家经济社会发展水平。同样,城乡居民的健康需求也与自身经济状况高度相关。一方面,城乡居民的健康需求总是随着自身经济状况的改善而不断提高;另一方面,在经济状况相对稳定的情况下,城乡居民的健康需求还要与其他需求相互竞争。人们在衣食住行、医疗和教育等各方面虽然都存在刚性需求,但受自身经济条件和收入水平的约束,某一类型需求的满足可能会影响其他需求的满足和实现。因此,在特定经济社会背景下,城乡居民的各种需求不仅是多元的,而且必然存在各种需求满足和实现的优先次序。就同一种需求而言,它也会存在从低到高的各种实现层次。个人需求的实现层次受个人经济状况、社会地位和个人喜好等因素的影响和约束。因此,城乡居民的医疗卫生需求与其就业、收入、教育、住房和社会保障等其他需求高度相关。医疗卫生事业必须与就业、收入分配、教育、住房和社会保障等社会事业同步发展,才能更好地满足人民群

---

① 刘国恩、William H. Dow、傅正泓、John Akin:《中国的健康人力资本与收入增长》,《经济学》2004 年第 1 期。

② 李玲:《"两会"以后我国医疗体制改革趋势》,《医院领导决策参考》2006 年第 9 期。

众的健康需求。但无论如何，生理健康需求既是个体生存与发展的基础，也是其他社会需求实现的前提。

### （三）医疗卫生领域内的供需矛盾

我国医疗卫生事业改革与发展面临的首要问题是如何更好地让医疗卫生资源供给与城乡居民的医疗卫生需求相契合。当前，我国医疗卫生领域内的诸多矛盾依然没有得到有效化解。基层医疗卫生机构的效能还亟待进一步加强和释放。

#### 1. 医疗卫生资源配置结构失衡

从全国来看，我国的医疗卫生资源配置并不均衡。这种不均衡既表现为医疗卫生资源在区域空间层面的配置失衡，也表现在各级各类医疗卫生机构之间的资源配置失衡。其中，医疗卫生资源在区域间配置的失衡是造成老百姓"看病难"的主要原因。截至2011年，东部地区医疗卫生机构总数为342440个，中部地区为315298个，而西部地区为296651个。大型公立医院的地区差别更为明显。东部地区有大型公立医院653个，中部地区的大型公立医院总数为400个，而西部地区只有346个大型公立医院。医疗卫生资源的配置失衡是造成医疗卫生领域结构性矛盾的症结所在。以大型公立医院和基层医疗卫生机构为例，大型公立医院虽然医疗资源和人才集中，却经常人满为患，超负荷运转。而其他中小医院和社区卫生机构本来医疗资源和人才稀缺，却往往无人问津，反而造成资源浪费。卫生部的统计资料显示，截至2011年，全国公立医院的诊疗人次为20.53亿人次，占卫生机构诊疗人次总数的90.9%。公立医院入院人数为9707万人次，占医疗机构入院人数的90.3%。其中大型公立医院的诊疗人次为8.8亿次，入院3654万人次，病床使用率高达104.2%。而同期社区卫生服务中心的诊疗人次仅为4.09亿人次，入院人数仅为247万人次，病床使用率也仅为54.4%。[①] 可见，医疗卫生资源在区域和各级各类卫生机构间的配置确实存在着结构性矛盾。因此，如何化解医疗卫生资源在区域医疗机构间配置失衡的格局是当前我国医疗卫

---

① 卫生部统计信息中心：《2012年中国卫生统计提要》，卫生部网站。

生事业进一步发展的首要挑战。

**2. 医疗卫生费用支出结构不合理**

如何实现医疗卫生资源在人群间的均衡配置不仅关系到低收入群体的健康保障问题，而且也关系到人群间分享医疗资源的社会公平问题。根据医疗卫生服务的属性，可以把医疗卫生服务分为纯公共产品、准公共产品和私人产品。因此，除公共卫生产品和准公共卫生产品外，人群间享受医疗卫生资源的能力是与其收入水平和支付能力紧密关联的。低收入群体由于收入低、生活水平低、生活环境差、生活压力大，其健康状况一般较其他群体为差，健康需求也较其他群体为多。然而由于自身收入低、支付能力差，他们反而难以正常分享医疗卫生资源。也就是说，越是有健康需求的群体越是难以分享到医疗卫生资源。调查显示，低收入群体的卫生服务利用率要明显低于其他群体。[1] 截至2011年，全国人均医疗保健支出为1490.1元。绝对数字虽然不大，但对于低收入群体来说，其医疗负担还是比较重的。因此，如何满足和改善低收入群体的健康需求和健康保障是当前全国医疗卫生事业发展面临的又一挑战。

**3. 基层医疗卫生服务能力薄弱**

基层医疗卫生机构是全部医疗卫生服务体系的基础。基层卫生服务涵盖医疗、预防、保健、康复、健康教育和计划生育技术服务等六项功能。它可以有效满足群众的基本卫生需求。发展基层医疗卫生事业就必然要求大量的卫生资源实现从医院向社区的转换和流动。然而，目前全国医疗卫生优质资源却主要集中在大中型医院，而贴近群众、方便群众的基层医疗机构卫生资源相对短缺。卫生部的统计资料显示，2011年全国基层医疗机构入院人数由2010年的3950万人下降为3775万人。[2] 变化虽然不大，但必须要高度警惕。基层医疗机构发展的困境主要还是医疗资源短缺的问题。这种资源短缺不仅表现为资金短缺，更表现为医疗人才的短缺。因此，如何从资金投入和人才建设两方面夯实基层医疗卫生服务是医疗卫生事业持续发展的重要

---

[1] 阎菊娥：《城市贫困人口健康保障与医疗救助对策研究》，《中国医学伦理学》2004年第5期。
[2] 卫生部统计信息中心：《2012年中国卫生统计提要》，卫生部网站。

环节。

## 二、医疗卫生问题中的结构性矛盾

我国医疗卫生事业发展中的结构性矛盾突出地表现在"看病难"和"看病贵"问题上。看病难问题涉及由谁来提供医疗服务，即医疗卫生资源供给问题；看病贵问题涉及由谁来支付医疗费用，即医疗卫生保障问题。看病难与看病贵问题与医疗卫生领域内存在的结构性矛盾直接相关。所谓医疗卫生领域内的结构性矛盾，既指由于医疗卫生资源和要素配置不平衡造成的静态结构性矛盾，又指由于医疗供给方与医疗需求方互动与结合形成的动态结构性矛盾。要彻底解决当前中国医疗卫生事业发展中的结构性矛盾，从根本上缓解老百姓看病难和看病贵问题，就必须深化医疗卫生体制改革，优化、重组并均衡配置医疗卫生资源和服务，并不断探索更为合理的就医模式。

### （一）医疗卫生资源配置中的结构性矛盾分析

"病来如山倒，病去如抽丝。"生病本就不幸，如果看病再变成一件难事，难免让人愈加痛苦。近年来，老百姓对"看病难"问题日益关注。根据第四次国家卫生服务调查显示，有41.2%的居民对门诊服务不满意，44.2%的居民对住院服务不满意。"看病难"就是人们对就医过程中遇到的种种不满意之处的概括。"看病难"问题与医疗卫生资源配置的失衡密切相关。要寻求解决"看病难"问题的正确途径和有效措施，就必须认真分析"看病难"问题的表现形式和形成机制。

1. 看病难的表现形式

从宏观上来看，当前我国医疗卫生领域内的看病难问题既表现为绝对性看病难，又表现为相对性的看病难。绝对性的看病难是"由于医疗资源绝对不足导致的，表现为缺医少药，难以满足群众基本医疗卫生需求"[1]。在

---

[1] 中共中央宣传部理论局：《从怎么看到怎么办——理论热点面对面·2011》，学习出版社、人民出版社2011年版，第71页。

农村,尤其是边远落后地区的农村,不仅医疗资源不足,医疗设施和技术薄弱,而且看病极不方便。很多患者到医院就医要跋山涉水,走上十几公里甚至几十公里。一些疑难杂症患者为了确诊病因,医治病情,必须到外地城市就医。随着我国医疗卫生事业的不断发展,目前绝对性的看病难问题已基本解决。相对性的看病难主要表现在城市尤其是大城市的大医院。在大城市的大医院就医经常出现"三长一短"的现象:排队挂号、交费和拿药的时间长,医生问诊和检查时间较短。到大城市看病难,到大城市的大医院看病更难,到大城市的大医院看专家号更是难上加难。到大医院就医,来回排队和交费不仅让普通患者身心疲惫,对于老幼孕残患者来说更是苦不堪言。为了挂上一个专家号,许多患者全家出动,彻夜排队。2009年7月,北京市卫生局组织19家著名大医院的院长分别到其他大医院"当一天患者",亲身体验普通群众的看病经历。其中一位院长从排队挂号到离开医院历时近7个小时,但真正看病过程不过20分钟,排队等候占整个就诊时间的95.1%。"挂号起五更,排队一条龙"这是当前我国老百姓看病难的真实写照。

表5-1 天津市居民对看病难问题的态度分析

|  | 非常同意 | 比较同意 | 没有意见 | 有不同意见 | 非常不同意 |
|---|---|---|---|---|---|
| 好医院少 | 350(35.4%) | 346(35.0%) | 179(18.1%) | 108(10.9%) | 5(0.5%) |
| 好医生少 | 410(41.5%) | 352(35.6%) | 149(15.1%) | 61(6.2%) | 17(1.7%) |
| 好医院分布失衡 | 403(40.7%) | 354(35.7%) | 184(18.6%) | 47(4.7%) | 3(0.3%) |
| 好医生分布失衡 | 420(42.4%) | 346(34.9%) | 177(17.9%) | 47(4.7%) | 1(0.1%) |

资料来源:2011年天津市民生调查。

天津市的经济社会发展水平相对较高,医疗卫生资源也相对集中。近年来,天津市通过制定并实施一系列旨在拓展医疗卫生资源、提高医疗卫生服务质量和完善医疗卫生保障的政策、措施和制度,显著提升了天津居民的健康保障水平。2011年,由新华社《瞭望东方周刊》、中国市长协会《中国城市发展报告》工作委员会和复旦大学国际公共关系研究中心联合举办的"中国城市民生成就调查推选活动"中,天津市的医疗卫生综合评价指标高居全国榜首。根据天津市2011年民生问题问卷调查,调查者将看病难问题从数量到结构分成四项指标。在数量上,看病难问题表现为好医院和好医生少;在结构上,看病难表现为好医院和好医生配置失衡。初步统计结果显示,对看病难问题四项指标持肯定态度的受访者均超过七成。作为医疗卫生资源相对集中的直辖市,天津居民对看病难问题反映尚如此强烈,更遑论全国经济社会发展水平较低的其他省市了。

2. 看病难的形成机制分析

医疗卫生资源和服务供给难以满足人民群众日益增长的医疗卫生需求是当前我国医疗卫生事业发展面临的基本矛盾。医疗卫生资源和服务绝对供给量不足是造成老百姓看病难的基本原因。这也是我国医疗卫生领域内的基本国情。与此同时,医疗卫生资源和服务在区域和机构间配置失衡更加剧了医疗卫生领域内的"看病难"问题。

从医疗卫生投入来看,我国政府对医疗卫生事业的投入相对不足。2000年我国卫生总费用仅为4586.6亿元,而2010年我国卫生总费用达到19980.4亿元。10年间我国卫生总费用增幅显著。2000年,我国政府预算卫生支出709.5亿元,而2010年政府预算卫生支出达到5732.5亿元。我国政府的医疗卫生投入虽然逐年增加,但仍未能彻底缓解老百姓看病难的问题。我们必须看到,与发达国家,甚至一些发展中国家相比,我国政府的医疗卫生投入还是显得不足。2000年我国卫生总费用占GDP的比例为4.62%,而2010年我国卫生总费用占GDP的比例也只有4.98%。我国人口占世界人口的20%,但卫生总费用仅占世界总额的3%。可见,与国民经济发展水平与规模相比,我国政府的卫生投入增幅并不可观。与国外相比,美国2008年卫生总费用占GDP的比例为15.2%,英国为8.7%,日本为8.3%,巴西为8.4%,土耳其为6.1%,而我国仅为4.3%。[1] 可见,从卫生投入角度看,我国的卫生投入水平不仅与发达国家存在较大差距,而且与一些发展中国家相比,也略显不足。

---

[1] 卫生部统计信息中心:《2012年中国卫生统计提要》,卫生部网站。

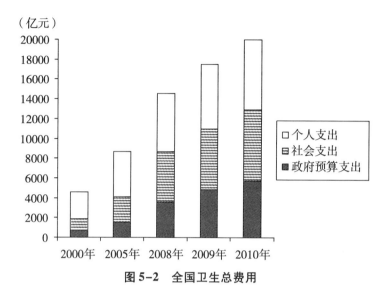

图 5-2 全国卫生总费用

如前所述，医疗卫生资源绝对供给量不足是造成老百姓看病难的基本原因。而医疗卫生资源配置结构不均衡则是造成当前老百姓"看病难"的直接原因。当前我国的医疗卫生资源配置结构很不合理。本该是"金字塔"结构的医疗卫生服务体系，在我国却呈现为"倒金字塔"结构。我国的优质医疗卫生资源主要集中在城市大型医疗机构尤其是大型公立医院。基层医疗卫生机构，尤其是农村基层医疗卫生机构资源匮乏，发展动力不足。

从区域和空间结构来看，我国医疗卫生资源主要集中在东部地区，西部地区相对稀缺。城市医疗卫生资源相对集中，而农村地区医疗卫生资源相对稀缺。截至2011年，东部地区有医院8533家，中部地区有6745家，而西部地区有6701家；城市地区有执业医师1100950人，注册护士1304202人，而广大农村地区只有职业医师919204人，注册护士939818人。城市地区每千人口卫生技术人员7.97人，而农村地区每千人口卫生技术人员只有3.18人。我国70%左右的卫生资源集中在城市，广大农村地区只拥有30%左右的卫生资源。医疗卫生资源在区域间配置的不均衡使得东部发达地区医疗资源集中，中西部欠发达地区医疗资源稀缺；城市地区医疗资源相对充裕，而农村地区医疗资源相对稀缺。高新设备、技术和高端人才集中在大城市和大医院，而农村和城市基层医疗卫生机构不仅设备和医疗条件差，而且普遍缺乏合格的全科医师。此外，我国经济发达地区由于经济发展水平较高，故而其对医疗的投入相对经济欠发达地区的投入会相对较多，所以医疗的投入不均更加加剧了我国医疗资源的分配不均现象。欠发达地区由于医疗水平和资源有限，致使不少欠发达地区的患者纷纷涌向大城市和大医院，由此更加剧了大城市和大医院的看病难问题。

从医疗卫生资源在各类医疗卫生机构间的配置来看。医疗卫生资源在各级各类卫生机构间的配置也很不均衡。截至2011年，我国有各级各类医院21979家，基层医疗卫生机构918003家，专业公共卫生机构11926家，其他卫生机构2481家。医疗卫生资源在各类卫生机构间的配置极为不平衡。卫生部的统计数据显示，2011年，全国医院有卫生技术人员3705541人，基层卫生机构卫生技术人员为1962497人，而专业公共卫生机构卫生技术人员为498213人。目前，我国71%的医院都是公立医院，公立医院承担的服务量占到全国医院服务总量的80%以上。医院尤其是大型公立医院医疗资源充足，医疗人才集中，营利能力强。2011年，全国三级医院院均总收入为49460万元，二级医院院均总收入仅为7280万元，而一级医院的院均总收入只有862万元。医疗卫生资源在机构间配置的失衡造成这样一种恶性循环的局面：越是医疗卫生资源集中的医疗机构，老百姓越是趋之若鹜，从而使得医疗卫生资源愈加稀缺；越是医疗卫生资源稀缺的医疗卫生机构，越是无人问津，反而使其医疗卫生资源更加浪费。因此，医疗卫生资源在机构间配置失衡的结构性矛盾是造成老百姓"看病难"的主要原因。此外，医院的就医流程缺乏人性化设计，部分医务人员服务态度存在"冷、硬、顶、拖、推"等现象。各级各类医院之间的检查结果不能共享、共用。这也恶化了患者的就医体验，强化了患者对看病难的主观感受。

## （二）医疗卫生费用分担中的结构性矛盾

看病难问题涉及医疗卫生服务的可及性，而看病贵问题则涉及医疗卫生服务的有效性。因此，从这个意义上说，看病贵问题较看病难问题更显重要。根据2008年第四次国家卫生服务调查显示，医生诊断需住院而病人未住院的比例高达25.1%，其中主要因"经济困难"的占70.3%。因此，我们不仅要让群众看病更便捷，还要努力把群众的医药负担降下来，让老百姓看得起病，放心看病，安心养病。

1. 看病贵的多种体现

2011年，我国医院门诊病人次医药费用为179.8元，住院病人人均医药费用6632.2元。一次住院费接近城镇居民年人均收入的三分之一，几乎相当于农民一年的人均纯收入。"救护车一响，一头猪白养。"这是老百姓对看病贵问题的形象概括。求医问药常常给普通百姓造成经济负担。2010、2011年"全国两会民生系列调查"显示：京沪穗三地居民连续两年认为"看病贵"是当前就医存在的最大问题（47.3%，44.3%）。而根据天津市2011年民生问题问卷调查的初步统计结果显示，天津居民对看病贵问题的重视程度要远高于对看病难问题的关注。对于看病贵问题，天津居民最为关注的依次为药价虚高、过度医疗、个人负担过高和医保覆盖面小四个方面。

表5-2 天津市居民对看病贵问题的态度分析

|  | 非常同意 | 比较同意 | 没有意见 | 有不同意见 | 非常不同意 |
| --- | --- | --- | --- | --- | --- |
| 药价虚高 | 593（59.8%） | 307（31.0%） | 71（7.2%） | 3（0.3%） | 17（1.7%） |
| 过度医疗 | 570（57.7%） | 303（30.7%） | 95（9.6%） | 15（1.5%） | 5（0.5%） |
| 医保覆盖面小 | 397（40.1%） | 321（32.5%） | 178（18.0%） | 79（8.0%） | 14（1.4%） |
| 个人负担比例过高 | 531（53.5%） | 319（32.1%） | 106（10.7%） | 32（3.2%） | 5（0.5%） |

资料来源：2011年天津市民生调查。

当前我国的看病贵问题主要表现在以下几方面。

药价虚高。我国药企数量大、规模小。由于市场竞争激烈，加之监管不到位，药品流通秩序一度十分混乱。部分厂商利欲熏心、虚报成本。医药流通环节层层加价，吃回扣现象十分突出。再加上医院主动控制药物成本的动力不足，许多药企采取红包、回扣等不正当手段进入医院。据调查，很多药品中间利润普遍在500%以上，有的竟高达6500%。医药流通环节中已经形成了利益共同体，直接推高了药品的价格。近年来国家虽然多次降低药价，但许多企业采取换名、换包装、换成分比例、重新审批等办法避开国家的降价约束。因此，老百姓事实上并未彻底享受国家降低基本药物价格所带来的实惠。

公立医院"以药补医"。长期以来，由于政府投入不足，公立医院的公益性逐渐淡化。公立医院过多依赖药品加价和医疗检查收入，形成了"以药养医"的模式。2011年，全国医院医疗收入2858万元，其中药品收入高达2334万元。① 在医院总收入中，药费和检查费收入比例一般超过60%。在经济利益驱动下，医院和医生忽视基本药物和适宜技术的应用，通过开大处方、重复检查、过度检查等增加收费项目。这些不当医疗行为不仅导致医疗费用大幅攀升，同时也严重损害了患者的身心健康。当前我国剖宫产比例远高于世界正常水平，抗生素滥用情况十分严重。这都是"以药养医"模式带来的严重恶果。

个人医疗卫生费用负担过重。我国1998年在全国范围内进行城镇职工医疗保险制度改革，2003年和2007年，先后启动新型农村合作医疗、城镇居民基本医疗保险制度试点，并逐步推广。截至2011年，三项基本医保已覆盖全国95%的人口，从而构建起世界上最大的基本医保网。仅以新农合为例，各级财政补助标准达到200元，住院费用政策范围内报销比例为70%左右。但我们也要看到，目前我国城镇居民医保和新农合的保障水平依然偏低。城镇居民基本医保和新农合的筹资水平、报销比例仍然偏低，个人自付比例仍然较高。医保关系跨地区接续困难。部分重特大疾病、一些慢性病的门诊费用、部分药品等不在报销范围之内，很多时候仍然需要自费。而城乡医疗救助制度和商业医疗保险起步较晚，覆盖人口和保障力度也不大，降低医药费用负担的作用还没有充分发挥出来。

2. 看病贵的根本原因解析

看病贵问题，从根本上说是由于医疗产品和服务的价格超过人民群众的医疗卫生费用支付能力所致的。因此，看病贵问题一方面与医疗卫生服务供给价格相关，另一方面也与老百姓的医疗卫生费用支付能力紧密相关。相应地，看病贵问题既表现为绝对性的看病贵，又表现为相对性的看病贵。绝对性的看病贵与医药供给价格相关，相对性的看病贵与医疗费用的分担和支付结构相关。

---

① 卫生部统计信息中心：《2012年中国卫生统计提要》，卫生部网站。

医药费用负担主要取决于药品费用和医疗服务费用。药价高低与定价标准、流通环节费用和医院提成政策相关；医疗服务费用则取决于医院采取的诊疗行为、收费标准和收费模式。"一方面，由于知识方面的分工，医院和医生拥有医学专业知识和判断的垄断权；另一方面，由于合法行医的准入门槛过高，医疗服务的供不应求又授予医院医生一种供方的垄断权。两种垄断权的叠加，决定了当下我国的医院和医生，尤其是好医院的好医生，在整个医疗服务和药品供应方面的'权高位重'，具有极高的相对稀缺性。"① 当前我国药品生产、流通和使用环节的诸多顽疾尚未得到彻底根治。药品价格居高不下的局面短时间很难得到有效缓解。同时，我们也应认识到，随着现代医学技术快速发展，各种新药新技术不断出现，必然带来医疗费用大幅上涨。此外，公立医院改革尚未全面推开，医院和收费标准和收费模式并未出现根本转变。因此，短时间内，绝对性的看病贵还将持续存在。

医疗卫生费用负担和支付结构不合理是造成相对性看病贵的主要原因。医疗保障制度体现了社会互助和共济精神，对于个人抵御疾病风险、减轻医药费用负担具有重要意义。在我国的医疗费用负担结构中，个人负担比例过高是造成相对性看病贵的关键所在。"所谓'药价虚高'、过度医疗、医疗服务差等现象，从根本上看，不过都是相对价格严重歪曲之后的派生物。"② 从1980年到2003年，我国个人卫生支出从21.2%急剧上升到55.5%，甚至一度在2001年达到60%。过高的个人支付比例不仅给老百姓造成了沉重的生活负担，同时也加剧了老百姓看病贵的问题。与国外相比，我国医疗费用负担和支付结构十分不合理。政府和社会负担比例过低，个人负担过高。仅以2000年为例，发达国家的政府负担了医疗卫生总费用的73%，新兴国家的政府负担了70%，最不发达国家的政府也负担了59.3%，其他发展中国家的政府负担了57.2%。近年来，我国医疗卫生总费用中政府卫生支出占比大幅提高，个人卫生支出占比明显下降。2005年，我国医疗卫生总费用中，政府卫生支出占15.5%，社会卫生支出占25.6%，个人卫生支出占59.0%。到了2010年，政府支出占28.7%，社会卫生支出占36.0%，个人

---

① 周其仁：《病有所医当问谁——医改系列评论》，北京大学出版社2008年版，第55页。
② 同上。

卫生支出占35.3%。虽然近年来我国政府的卫生支出总量增加，占比提高，但与我国经济发展速度、水平和规模相比，增幅并不可观。不仅与发达国家差距明显，而且与一些发展中国家存在明显差距。

可见，要彻底根治老百姓看病贵的问题就必须双管齐下。既要从医药生产、流通和使用环节彻底杜绝药价虚高，过度医疗和以药养医的局面，从而降低医疗产品和服务的绝对供给价格。也要通过改变医疗卫生费用的负担和支付结构，加大政府的医疗卫生投入和社会卫生支出，降低个人卫生负担比例，进而降低医疗卫生产品和服务的相对供给价格。唯其如此，才能从根本上解决当前我们的看病贵问题。

### （三）解决看病难与看病贵问题的路径探索

看病难与看病贵构成当前中国主要的民生问题。解决看病难与看病贵问题不仅关系到全国人民的生存质量，同时也必然会影响到经济社会的发展质量和发展后劲。尽快缓解并最终化解老百姓看病难与看病贵问题不仅是我国医疗卫生事业改革与发展的目标，而且也最终关系到我国医疗卫生事业改革与发展的成败。

1. 缓解看病难问题的基本思路

首先，要对存量医疗卫生资源进行结构调整。近年来，党和政府高度重视医疗卫生事业发展。不断加强对医疗卫生事业的投入力度。老百姓看病难的问题虽有所缓解，但仍然没有得到根本解决。究其原因，还是医疗卫生资源配置不平衡的问题。因此，必须对现有医疗卫生资源进行结构调整，改变存量医疗卫生资源配置失衡的现状。要充分运用市场力量和政策手段，鼓励、引导和推动优质医疗资源从大型公立医院向中小医院和基层医疗机构进行适当的流动和转移。如此一来，既可以解决大型公立医院人满为患、超负荷运转的问题，又可以解决基层医疗机构资金和人才短缺的困境；既可以解决大型公立医院资源越集中越短缺的矛盾，又可以化解基层医疗机构资源越短缺越浪费的悖论。

其次，对增量医疗卫生资源进行选择性投入。当前全国医疗卫生服务体系总体上都面临资源短缺的问题。从1978—2005年，我国卫生总费用增加了77.65倍，个人卫生支出增加了199.75倍，而同期医院、诊所、医生和护士数目的增加分别只有1—2倍。经济学家周其仁认为,"医疗卫生服务同样离不开资源的动员,特别是离不开受过良好专业训练的人才资源的动员。更严重的是,我国医疗卫生系统在需求强劲增长的条件下,资源动员能力居然如此出人意料地低下"[1]。以中国现有的经济体量来看,政府对医疗卫生事业的经济支持无论从规模还是总量上都还有进一步提升的空间。但对于增量卫生资源的投入必须要有选择性。大型公立医院原本就医疗资源集中,营利能力强,对卫生人才的吸引力大。因此,应该将增量医疗卫生资源投入到中小医院和基层医疗机构。此外,对于基层医疗卫生机构要采取切实可行的监督和约束机制,督促和引导其将政府投入的资金主要运于医疗人才的培养和建设上,主要用于提高自身医疗技术水平和服务质量上。继续完善现有社区卫生服务机构与大中型医院的协作与双向转诊制度。采取措施鼓励、引导和组织大医院在职和离退休医护人员到基层医疗机构服务,帮助基层医疗机构提高技术水平和服务质量。最后,政府的财政补贴应该主要着眼于医疗卫生需求方,而不是供给方,借此改变基层医疗卫生机构的低效状况。

最后,积极探索更为合理的就医模式。针对我国医疗卫生资源在区域之间配置不均衡的现状。在人口集中、交通方便、设施齐全的地区,可以维持现有的就医模式。而在地广人稀、交通不便、设施和设备短缺的乡村地区,老百姓求医问药成本较高,有必要改变现有的就医模式。通过医生找病人,采取上门服务的就医模式更为合理。就城市而言,大医院看大病,小医院看小病。大型公立医院可以维持现有的就医模式,而社区医疗卫生机构应该积极探索新的就医模式。在基层医疗机构积极推进社区全科医生制度和家庭医生制度是一项有益的探索。2011年7月,国务院公布《国务院关于建立全科医生制度的指导意见》,提出到2020年初步建立全科医生。当前,东部省市在建设全科医生制度上已经走在了全国前列。国家有必要出台进一步的政策措施推动各级政府部门启动全科医生和住院医师的规范化培训。在此基础之上,将全科医生制度与家庭医生制度结合起来,通过居民自主选择的契约化形式在基层医疗机构推行家庭医生服务责任制。鼓励和引导基层医疗卫生

---

[1] 周其仁:《病有所医当问谁——医改系列评论》,第17页。

机构具备全科医生资质的卫生人员与签约家庭建立起一种长期、稳定的服务关系，对签约家庭的健康进行全程关照和维护。并最终实现家庭医生为居民提供面对面门诊服务、预约门诊服务、出诊或预约出诊服务、健康咨询服务、健康管理服务和转诊服务等。

2. 化解看病贵问题的主要手段

加快完善医疗保障制度。医疗需求是人民群众的基本需求。医疗保障制度要争取做到全覆盖、保基本、多层次和可持续方针。同时还要增强医保制度的公平性、适应流动性、保证可持续性。要不断健全全民医保体系，建立重特大疾病的保障和救助机制。在城市，要在完善城镇职工基本医疗保险制度的同时，建立健全服务城镇居民医疗保险制度；在农村，要坚持推进新型农村合作医疗。要进一步巩固完善新型农村合作医疗制度，提高筹资标注，确保参合人数稳定在高位。提高新农合的补偿比例，力争使政策范围内住院费用报销比例达到60%左右。在城镇要进一步完善城镇职工医保和城镇居民医保，加快覆盖就业人口以及老人、残疾人和儿童；改进城乡基本医疗保障服务，简化报销手续，制定基本医疗保险关系转移接续办法。做好城镇职工医保、城镇居民医保、新农合、城乡医疗救助各项制度之间的衔接工作。

继续提高政府和社会卫生支出比例，进一步降低个人卫生支出比例。卫生筹资的渠道主要有政府、社会、个人。在卫生总筹资规模相对稳定的条件下，政府投入规模的扩大，将带来卫生筹资结构的变化。换句话说，政府预算卫生支出在卫生总费用中的比重有所提高，以医保为主的社会卫生支出也将增长，居民个人现金卫生支出比重将出现显著下降。因此，进一步加大政府卫生支出的力度，提高政府卫生支出在卫生总费用中的比例是化解"看病贵"问题的基本举措。

完善基本药物制度。根据国家、社会、个人承受能力和安全、有效、价廉的原则，建立国家基本药物制度，保证群众基本用药。对治病优先需要的基本药物进行统筹管理，从制度上保证其价格的稳定性和可及性。在所有政府举办的基层医疗机构实行药品价格零差率销售，通过实行公开招标采购，统一配送，使群众用上安全、放心和价廉的药品。目前国家基本药物目录已经发布，确立了307种基本药物；通过试点使得许多地方基本药物价格降低了25%—50%，且全部纳入医保报销范围。因此，国家基本药物制度建设必须坚持推进并不断完善。在此基础上，有条件的省市可以根据自身经济社会发展水平，探索涵盖面更广、更为完善的地方基本药物制度。

继续推进公立医院改革。公立医院作为我国医疗服务机构的主体，承担着为广大群众健康服务的重要职责。因此，公立医院必须坚持公益性方向。要进一步深化改革，形成规范合理的政府投入机制，确保公立医院真正姓"公"。要不断改变我国目前的以药养医的现状，降低医院的医药费。改革"以药补医"机制，逐步取消药品加成，切断医院与药品销售之间的利益链条，从而改变过度依赖药品销售收入维持运转的局面。适当调整医疗服务价格，减少"大处方"和过度检查，进一步降低药品、医用耗材和大型设备检查价格。对公立医院实行收支两条线管理，改变目前公立医院以药养医、片面创收的运行机制。公立医院由此减少的收入和形成的亏损通过增加政府补贴、增设药事服务费等途径解决。将药事服务费纳入医保报销范围。

加强对医疗卫生事业的监管。要对非国家基本药物加强监管，严格市场准入和药品注册审批。大力规范和整顿生产和流通秩序，促进药品生产、流通企业的整合。尽快建成高效率、低成本、符合国情特点的药品流通供应体系。加强对产、供、销各环节的监管，杜绝旧药"高价复出"。充分发挥行政监督、技术监督和社会监督的作用，坚决治理医药购销中的商业贿赂。加强对公立医院财务收支、业务开展和资源布局的监督和规范。适当吸收患者和群众参加对公立医院管理和运营的监督，借此使公立医院的公益性落到实处。严格医疗机构、技术准入和人员执业资格审核，引导社会资金依法创办医疗卫生机构，支持有资质人员依法开业，方便群众就医。进一步探索对医疗卫生从业人员的医技和医德考核和监督机制。

### 三、进一步发展我国医疗卫生事业的理性思考

改革开放以来，随着中国经济社会的持续快速发展，全国人民的生存与生活境况得到巨大的改善。广大人民群众不断追求生活质量，希望增进自身的健康水平。但医疗卫生资源供给不足、价格过高的状况并未从根本上得到解决。在此局面下，调整现有卫生资源和服务的配置结构，继续完善并优化

个人、社会与政府之间医疗负担结构不仅可以有效解决当前老百姓看病难、看病贵问题,而且能够促进我国医疗卫生事业的改革与发展。

## (一) 医疗卫生是一项基本的社会事业

英文经常使用"illness""disease"和"sickness"三个词来表达疾病状态。中文将它们统统译为"疾病"。然而随着生物学、医学和社会科学对健康与疾病的深入研究,学者们发现并拓展了上述词汇的语义学内涵。"Disease"是疾病的专用名词;"illness"指病患;而"sickness"则指患病。"疾病,乃是一个医学术语,指可以判明的人体生物学异常,可以从体格检查、化验或其他特殊检查加以确定。""病患,则是一个人的自我感觉和自我判断,认为自己有了毛病,虽在一些情况下,是确有疾病,但在很多情况下则仅仅是一种心理学上的或社会学上的失调。""患病,却是一种社会地位,即他人(社会)知道此人现处于不健康的状态。"① 可以简单认为,疾病是一种医学判断;病患是一种心理判断;而患病则主要是一种社会判断。

现代医学处理的大多是临床疾病,而占绝大比例的潜在生理疾病、心理疾病和社会性疾病并未得到充分重视。一些现代医学的先驱者,如鲁道夫·菲尔绍(Rudolf Virchow)等人早在一百多年前就明确指出,医学具有社会科学的意义。他们指出,人们的健康是社会要直接负责的义务;社会和经济条件对于人们的健康具有决定性的影响;社会措施和医疗措施对于个体健康同样重要,为促进健康所采取的措施必须既是医疗性的,又是社会性的。② 早在20世纪,有学者就发现,19世纪后半叶传染病死亡率的下降主要是由于饮食、住房、个人卫生和公共卫生的改善,而不是医学的革新。③

在当代社会,急性疾病和传染性疾病已经不再是威胁人们生命和健康的主要疾病,取而代之的是那些与心理性和社会性因素紧密相关的心身疾病,如心血管疾病、脑血管疾病和恶性肿瘤等。这些疾病大多与心理紧张、社会压力和环境污染等因素紧密相关。根据对30个城市的调查统计,我国城市

---

① [美] H. P. 恰范特、蔡勇美、刘宗秀等:《医学社会学》,上海人民出版社1987年版,第14页。
② 同上书,第20—21页。
③ [美] 威廉·科克汉姆:《医学社会学》,杨辉等译,华夏出版社2000年版,第5页。

居民的致死病因依次为：恶性肿瘤、脑血管病、心脏病、呼吸系病、损伤及中毒、内分泌营养和代谢疾病、消化系病、泌尿生殖系病、神经系病、精神障碍。总共有90.4%的死亡的城市居民死于上述疾病。因此，仅从生物学模式来预防和治疗疾病是远远不够的。现代医学必须把人作为包括自然环境和社会环境在内的生态系统的组成部分，进而从生物的、心理的和社会的三个向度来综合审视个体的健康状态，并最终采取综合措施来预防和治疗疾病，增进人类健康。因此，与传统的公共卫生相比，新公共卫生更加重视为人们提供清洁饮水、安全食品和住房，同时更加重视居民在公共卫生领域内的社会资本和社会支持。① 传统的公共卫生关注威胁人类健康的传染病；新公共卫生同时关注慢性疾病和精神卫生。通过教育改变人们的生活方式从而获得健康；强调社会对人生活方式的决定作用，更为重视引导人们健康生活方式的社会环境；传统的公共卫生重视改善特殊人群的健康状况，而新公共卫生更加重视创造公平的公共卫生环境。②

而且，如果老百姓"看病难"问题长期不能得到妥善解决很容易引发社会问题。健康不仅是人的基本需求，更是现代人的一项社会权利。世界卫生组织认为，超越种族、宗教、政治信仰或经济社会条件的差别，享有可获得的最高健康水平，是每个人的基本权力之一。③ 通过大力发展医疗卫生事业，改善和创造合乎生理、心理和社会要求的生产环境、生活条件，可以增进人体健康、预防疾病。公众对健康的关注和期待同时也构成公共卫生丰富的社会资源和发展动力。④ 从本质上看，医疗保健是一种机会，而非一种产品。高质量的卫生保健应当作为全体民众可以获得的权利，而不管他们的经济状况和社会地位如何。"看病难""看病贵"是我国公共卫生领域内的两大顽疾。对于社会弱势群体来说，"看病贵"问题尤其致命。可以说，医疗卫生问题已经构成当代中国一个严重的社会问题。"社会问题是指在社会运行过程中，由于存在某些使社会结构和社会环境失调的障碍因素，影响社会全体成员或部分成员的共同生活，对生活正常秩序甚至社会运行安全构成一

---

① Fran Baum, *The New Public Health*, 2nd, Oxford University Press, 2002, pp. 29-58.
② 谢轩骞：《"新公共卫生"简介》，《河南预防医学杂志》2006年第2期。
③ 许从宝、毕胜：《基于差异思维的"健康城市"》，《南方建筑》2006年第11期。
④ 王俊华：《试论公共卫生的公共性》，《中国公共卫生》2003年第11期。

定威胁，需要动员社会力量进行干预的社会现象。"① 医疗卫生资源不足及其结构失衡是导致当前我国医疗卫生问题的症结所在。要解决这个问题，政府不仅要持续增加对医疗卫生事业的财政投入。还要积极调整医疗卫生资源的配置结构。从而从根本上解决老百姓"看病难"和"看病贵"的问题。

### （二）医疗卫生事业发展离不开政府投入

胡锦涛在党的十七大报告中指出，"要坚持公共医疗卫生的公益性质，坚持预防为主、以农村为重点、中西医并重，实行政事分开、管办分开、医药分开、营利性和非营利性分开，强化政府责任和投入，完善国民健康政策，鼓励社会参与，建设覆盖城乡居民的公共卫生服务体系、医疗服务体系、医疗保障体系、药品供应保障体系，为群众提供安全、有效、方便、价廉的医疗卫生服务"。公共卫生直接关系整个社会最广大人民群众的切身利益，关系千家万户的福祉。因此，建立惠及全体居民的医疗卫生事业是实现科学发展，构建和谐社会的必然要求。

世界银行通过国际比较发现收入和卫生状况之间存在明显的线性关系。世界银行1993年的健康研究报告显示，与发达国家相比，人均GDP较低的发展中国家死亡率普遍较高；同时，在收入和预期寿命之间也发现了明显的线性关系：在收入水平较低的国家，微小的收入提高也会使预期寿命以较大的比例提高。因此，一方面，通过发展经济和提高收入水平确实会带来健康水平的提高；另一方面，越是在发展中国家，卫生预防和公共卫生服务越具有重要性。② 医疗卫生体制改革并不意味着政府放弃发展医疗卫生事业的责任。政府必须要有足够的财政力量去履行自身责任。政府在这个领域内尤其要扶助贫困人口和社会弱势群体。国外研究证明，医疗卫生是不完全竞争的市场。由于医患之间存在信息不对称，患者缺乏搜寻最低价格的能力；患者通常选择大医院、名医和高新设备，这导致医院之间的竞争方式经常以非价格的方式为主。医生的利益最大化侵害了患者的合法权益。因此，该领域存在着"市场失灵"。国外许多发达的市场经济国家之所以避免让市场力量支

---

① 郑杭生主编：《社会学概论新修》，中国人民大学出版社1994年版，第412页。
② ［英］安东尼·哈尔、詹姆斯·梅志里：《发展型社会政策》，罗敏等译，社会科学文献出版社2006年版，第248页。

配医疗卫生领域，道理就在于此。

"既然卫生体系不具备这么理想的条件，那么只能用其他方法解决。"①根据卫生服务的产品属性，可以把医疗卫生服务分为纯公共产品、准公共产品和私人产品。具有纯公共产品性质的卫生服务主要包括卫生监督执法、传染病控制与预防、地方病监测与报告、健康教育等具有明显非竞争性和非排他性的公共卫生服务；准公共产品主要包括计划免疫和免疫接种、传染性疾病和地方病防治与管理、妇幼保健与计划生育等具有正外部效应的卫生服务；私人产品则是为满足个人健康需要而不具有明显外部效应的服务。在此基础上，可以确定政府在卫生领域的职责和干预内容主要是：组织提供纯公共产品的卫生服务，对准公共产品卫生服务承担主要责任，对医疗卫生服务进行监管和规范；通过医疗保障制度等促进社会和健康公平、减轻贫困和弱势人群的疾病负担。②

中国的医疗卫生体系一直存在深层次的问题。社会整体对公共卫生的投入严重不足。以中国现有的经济发展水平来看，各级政府对医疗卫生领域的经济支持无论从规模还是总量上都难以体现出政府对该领域的重视程度。尤其是卫生防疫系统，长期以来受经费不足的局限，成效有限。由于中国城市人口基数大、密度高、交往频繁、交通拥挤、工作、生活和居住环境不甚理想，再加上卫生习惯和卫生条件的局限，各类可能发生的自然灾害、事故灾难，包括新发传染病在内的突发公共卫生事件和突发社会安全事件都对医疗卫生体系建设提出了更高的要求。因此，政府必须加大投入力度，积极推进医疗卫生事业改革与发展。另外，政府的财政支持应该主要提供给需方，而不是供方，从而改变目前医疗卫生领域的低效状况。因为过去的卫生拨款全部流向供方（各级卫生机构），而供方则拿这些钱用来"养人"，而不是提供服务，因此降低了服务的质量和效能。

### （三）基层医疗服务体系建设是医疗卫生事业发展的基础

社区作为社会的细胞，既是人们的基本生活空间和载体，又是一定地域

---

① ［英］安东尼·哈尔、詹姆斯·梅志里：《发展型社会政策》，第254页。
② 杨静、高建民、艾鹏：《试论卫生改革与行政体制改革、公共财政改革》，《卫生经济研究》2006年第11期。

范围中居住的人群基于认同感而自发形成的利益共同体。社区是社会稳定与和谐发展的基础。发展城市社区医疗卫生事业对于促进社区经济与社会协调发展，提高居民生活质量具有重要意义。

社区卫生服务是医疗卫生服务在基层社区的实现，是以社区卫生服务机构为主体，以社区为范围，以社区居民公共卫生服务需要为导向，动员社区居民参与，以预防、医疗、保健、康复、健康教育、计划生育技术服务为载体，实现预防疾病、促进人民身体健康的目的。"社区公共卫生服务是社区卫生服务与公共卫生服务在城市基层卫生服务中有效融合将促进政府公共卫生服务职责的落实和社区卫生服务功能的发挥，对完善我国城市公共卫生服务体系和医疗卫生服务体系意义重大。"[1] 社区卫生服务是医疗卫生服务体系的基础，是社区建设的重要组成部分，也是提供基本卫生服务，满足人民群众日益增长的卫生服务需求，提高人民健康水平的重要保障。一些先进国家的经验证明，开展以健康教育和健康促进为主的社区卫生服务是预防和控制各种疾病发生和流行的有效措施，积极发展社区卫生服务，形成功能合理，方便群众的卫生服务网络；大力开展卫生宣教，提高广大居民的卫生意识，改变不良卫生行为，控制或减轻健康危险因素对人群的影响，提高人群整体健康水平。[2]

医疗卫生事业发展的重点在社区。最基本的医疗单位应该是社区医疗。社区卫生服务应具有医疗、预防、保健、康复、健康教育、计划生育技术服务"六位一体"的服务功能。世界卫生组织在 1978 年的《阿拉木图宣言》中首次明确提出，世界各国要为提供普遍性的卫生保健而努力。初级卫生保健就是提供广泛、普遍和平等的卫生服务。它主要包括健康教育、食品供给、适当的营养、安全饮水、基本卫生设施、妇幼保健、免疫、地方性疾病预防、普通疾病和受伤的治疗，以及基本药品的提供。这就要求大量的卫生资源和服务必须实现从医院向社区的转换和流动。一方面，发展社区卫生服务可以优化卫生资源配置，有效缓解群众"看病难""看病贵"的问题；另

---

[1] 周勇、张亮、罗乐宣等：《城市社区公共卫生服务特征与项目界定原则》，《医学与社会》2006年第7期。
[2] 何祖安：《试论当前面临的公共卫生问题与应对策略》，《湖北预防医学杂志》2003年第6期。

一方面，发展社区卫生服务也可以带动和促进城镇职工基本医疗保险制度、药品生产流通体制和医疗救助制度等方面的改革与发展。

目前，优质医疗卫生资源相对集中在大中型医院，而贴近群众、方便群众的社区卫生资源短缺。因此，卫生资源的合理调整配置对发展社区卫生服务至关重要。要建立社区卫生服务机构与大中型医院合理分工、密切协作、相互支持的机制。要建立社区卫生服务机构与大医院的分级医疗和双向转诊制度，扶持社区卫生服务机构尽快承担起一般常见病、多发病的门诊、康复和护理等服务，使大医院逐步减少一般门诊服务，集中力量从事疑难杂症和重大疾病的救治。同时，要采取措施鼓励和组织大医院的医护人员、离退休医护人员等到社区服务，提高社区卫生服务水平。并将适宜社区开展的医疗卫生工作交给社区卫生服务机构，充分发挥社区在医疗卫生服务体系中的网底作用。要按照"低水平、广覆盖"的原则，逐步扩大医疗保险覆盖范围。要将符合条件的社区卫生服务机构确定为城镇职工基本医疗保险定点医疗机构，将符合规定的社区医疗服务项目纳入基本医疗保险支付范围，并提高参保人员在社区卫生服务机构就诊费用的报销比例。

### （四）医疗卫生事业发展必须以社会公平为导向

国外的历史教训和国内改革开放的实践经验都告诉我们，不能简单地认为经济增长必然给广大群众带来物质利益和发展机会；也不能把经济增长作为最高目的而将人异化为实现经济增长的手段；更不能把改革过程看做为"经济增长"付代价的过程。"我们必须尽快建立一整套对经济的外部性（正面和负面的）进行监测、评估和测算的体系，并把各种社会发展指标纳入社会核算当中。否则为经济增长所付出的代价，可能会把经济增长的收益都抵消掉了。"[①]

联合国教科文组织早在《1977—1982年中期规划》中指出："发展越来越被看做是社会灵魂的一种觉醒。""应该把发展视为包括整个经济和社会体制的重组和完善在内的多维过程。"[②] 经济增长一定不会带来公共福利

---

[①] 李培林：《科学发展观的"中国经验"》，《中国社会科学》2004年第6期。
[②] 联合国教科文组织：《发展的新战略》，中国对外翻译出版公司1990年版，第4页。

（包括公共卫生）的改善。只有当经济增长的成果为全社会各阶层共享时，公共福利才会得到改善。然而，当经济增长的成果为某些社会阶层独享时，不管增长的速度有多快，它都不可能改善全社会的公共福利状况。发展观的深化还不只在于承认发展目标、发展过程是综合的，更在于新发展观确定了发展多重目标中的基本目标，确定了发展过程诸多因素相互作用的复杂性。经济增长固然是硬道理，社会公正更是硬道理。前者只是手段，后者才是目的。

国家对公共卫生事务处理中所反映的价值取向决定了公共卫生所达到的公正性、公平性程度及其制度化权威。各级政府必须承担起对社会财富再分配的职责，使全体居民都能够享受最基本的医疗卫生服务，进而提高全社会的健康水平。公共卫生的特质在于"公共性"，"公共性"既是衡量政府关注公众利益的价值分析工具，也是评价公共卫生发展目标理性标准。公共卫生中所反映的公共利益既表现在国家层面上，也会表现在社区层面上。[1] 城市公共卫生体系的建设事实上是一种有组织的制度安排。公共卫生的公平性比经济收入和财产分配的公平性更加重要，因为身体健康关系到每个人生命的质量和谋生的潜能。即使不从道义的角度思考问题，为所有人提供起码的卫生保障也是建立一个完整公共卫生系统的前提。J. 瓦兰认为，"死亡面前的社会不平等与社会不平等其实是一回事"。社会的整体变化能够减少健康方面的不平等。M. 勒诺指出，"社会不能只是将球踢给社会成员而声称他们是其生活习惯和健康的责任人，社会应该关心它所创造的社会生活环境"。"健康政策不应该仅仅局限于发展医疗技术和鼓励个人的良好生活习惯。劳动领域和城市环境的改善都可以有力地改善人民的健康状况。"[2]

如果医疗卫生费用主要由个人负担，收入和财富的分配便在很大程度上决定了人们是否能获取必要的医疗保健服务。除非收入和财富在社会各阶层的分配均衡，否则经济上的不平等必然导致医疗卫生服务上的不平等。而医疗卫生服务上的不平等则势必影响到贫困人口和弱势群体的健康水平。"社

---

[1] 王俊华：《试论公共卫生的公共性》，《中国公共卫生》2003年第11期。

[2] ［法］菲力普·亚当、克洛迪娜·赫尔兹里奇：《疾病与医学社会学》，王吉会译，天津人民出版社2005年版，第45—46页。

会财富的不平等分配给风险的生产提供了无法攻破的防护墙和正当理由。""在可感知的财富和不可感知的风险的竞赛中,后者不可能取得胜利。"① 植根于财富和权力关系的社会等级决定风险的差异并决定风险降临之后的伤害差异。清华大学社会学系的景军教授称其为"泰坦尼克定律",即在同一体系内,财富和权力关系资源和服务向着有利于社会上层的方向安排和流动。因此,社会下层抵御风险的能力必然要弱于社会上层。② 因此,世界卫生组织(WHO)指出,"通过风险的社会化分摊,使医疗筹资更公平是可行的;也就是说,让健康的人补贴生病的人,让富人补贴穷人"③。

### (五) 医疗卫生事业发展需要社会政策支持与制度保障

诺贝尔经济学奖获得者阿马蒂亚·森曾经告诫中国人,你们不要到处去学国际经验,只要看看你们自己80年代之前,再看看80年代之后,你们就可以找出解决问题的方法来。随着中央科学发展观和和谐社会观念的提出,中国社会必将迎来一个社会政策时代。"社会政策时代是一个国家或地区,以改善困难群体的生活状况和普遍增进社会成员的社会福祉为目的的社会政策普遍形成,并且作为制度被有效实施的社会发展阶段。"④ 当前,无论是从满足居民健康的需要,还是从维护社会安全,实现社会公平、公正和正义的角度看,公共卫生政策都应该成为我国重要的公共政策。

"正确的政策来自正确的过程,它们是公民为自己选择的政策。"⑤ 国家在研究、制定和实施社会政策的过程中必须要坚持以人为本的原则,要最大限度地满足社会公众的正当诉求。"任何社会政策的制定都以一定的社会公正的理念、福利意识形态为背景,这种意识形态常表现为人们对某些社会问题的关注和对解决这些问题具有较为一致的价值判断。这样,社会公正的理念、对困难群体的不利地位的关注在决策层和政府那里达成某种共识,于是

---

① [德] 乌尔里希·贝克:《风险社会》,何博闻译,译林出版社2004年版,第50页。
② 景军:《泰坦尼克定律:中国艾滋病风险分析》,《社会学研究》2006年第5期。
③ [英] 安东尼·哈尔、詹姆斯·梅志里:《发展型社会政策》,第263页。
④ 王思斌:《社会政策时代与政府社会政策能力建设》,《中国社会科学》2004年第6期。
⑤ [美] 查尔斯·林布隆:《政策制定过程》,朱国斌译,华夏出版社1988年版,第156页。

政府做出响应的制度安排。"① 医疗卫生事业无疑是一种基于社会目标进行公共选择的制度安排；它完全胜任交易与配置"公共品"资源，即通过政府与其他经济当事人以行政性的命令服从关系来进行交易和实现资源配置。近现代意义上的社会政策几乎无一例外地是由国家立法、强制实行的政府行为。政府不能视社会政策为纯粹的社会福利。从长远来说，社会政策本质上具有社会投资的功能。"社会政策应被看做是对人力资本与社会资本的投资，其对经济发展和劳动力素质的提高有重要的作用。以投资为导向的社会政策是资产而不是负担。经济政策与社会政策不是互相排斥的，应实现二者（效率与公平）的协调发展。"②

任何一项社会政策的实施最终都会影响原有的社会关系、社会结构以及与之密切关联的利益分配原则。因此，一项新的社会政策的推出对于转型社会来说，既是一种挑战又是一个机遇。"协调社会利益关系，主要在制定正确的社会政策上下工夫，建设各种正确反映和兼顾不同方面群众利益的长效机制。社会政策是执政党调节社会利益关系，落实双赢互利理念，贯彻社会公平、公正的主要手段。实施一种社会政策也同时意味着建立一种社会机制。"③ 在我国，经过近年来的探索实践与制度创新。传统、狭义的医疗卫生政策范式正在向现代、广义的大众健康政策模式转变。而且，两种截然不同的政策范式的因素同时存在，相互交织和相互影响。新旧政策范式转变、过渡轨迹清晰可见，这种转型过渡与中国的社会结构转型吻合一致。④

有学者早已指出，医疗卫生政策"本质是如何科学合理地重新界定个人与国家在健康照顾服务领域中的权利、责任、利益范围，精髓是重新划分国家、市场、社区、个人的社会边界，最大地改善全体公民的身心健康状况"⑤。可见，社会政策作为一项制度架构，对于塑造新的社会关系和社会

---

① 王思斌：《社会政策时代与政府社会政策能力建设》，《中国社会科学》2004 年第 6 期。
② 梁祖斌：《演变中的社会福利政策思维》，《中国社会科学》2004 年第 6 期。
③ 郑杭生：《减缩代价与增促进步：社会学及其深层理念》，北京师范大学出版社 2007 年版，第 185—186 页。
④ 李培林：《另一只看不见的手：社会结构转型》，《中国社会科学》1992 年第 5 期。
⑤ 刘继同、郭岩：《从公共卫生到大众健康：中国公共政策的范式转变与政策挑战》，《湖南社会科学》2007 年第 2 期。

结构具有深刻而广泛的作用和意义。因此,在积极推进我国当前的医疗卫生事业改革过程中,必须从社会关系和社会结构的大局出发,每一项社会政策的推出都必须最大限度地满足公众的现实需求和利益诉求,最大限度地实现社会公平、公正和正义。这既是社会政策制定的应有之意,也是实现和谐社会的必然要求。

# 第 六 章

# 住房的结构性矛盾研究

　　城市住房问题是世界性难题，无论是发达国家还是发展中国家在经济发展过程中都曾经或正在经历这一难题。改革开放以来的三十多年时间里，我国经济飞速发展，有人形容其相当于欧美一百多年的历程，在这样快速的发展中，各种城市问题、社会问题、人口问题也蜂拥而至，其中城镇住房问题也相当突出。在城市化快速推进的过程中，一方面大量的农业人口向城市转移、聚集，另一方面，由于城市住宅的市场化，房价不断攀升，城市中低收入人群、中低端移民无法依靠自身能力满足住房需求，城市住房矛盾异常突出。住房问题作为老百姓最基本的民生问题，其合理与完善的解决，对于缓和社会矛盾、建设和谐社会意义重大。分析住房矛盾的本质、找出化解矛盾的切实方案，实现城市居民的住房保障，满足城市居民的住房需求，是本章研究的重点所在。

　　毫无疑问，在现代社会，住房在经济生活中的重要性，是其他商品无法比拟的。它不仅直接关系每一个居民生活居住的福利水平及财富持有，而且还关系到国家的城市化进程；它不仅关系到一个国家经济的发展程度，也关系到一个国家的文明程度。20世纪七八十年代，人们大多通过欧美、港澳的影视作品来品味发达国家与地区的现代化生活，银屏上的高楼大厦、主人公居住的宽敞客厅让人们羡慕不已。现如今，在北京、上海等大城市甚或二、三线中等城市中，处处高楼林立，早已让人习以为常。但是，在楼房越盖越多、越盖越高的城市里，住房问题却仍旧十分突出，似乎，无论盖多少楼也无法满足人们的住房需求，甚至盖的越多，人们反而对住房就越不满意。老百姓与政府在住房问题方面的矛盾与冲突越来越大，住房市场的经济问题逐渐转化为社会问题。

从消费方面，住房作为生活必需品、同时又是最昂贵的生活资料，影响着城市人的生活方式、生活质量以及阶层分化；从社会保障角度，住房作为最基本的民生问题之一，其合理解决是保证社会和谐稳定的基石；从经济发展角度来说，住房市场的资金安全、避免房地产泡沫是中国经济平稳运行、健康发展的重要基础。自2009年以来，中央出台政令、措施，发布"禁购令"、抑制房地产价格，限制投机性购房，加强保障性住房建设，这些举措的目的就是为了保障普通百姓的住房需求，促进房地产行业平稳发展。

目前在城市住房问题中，存在着较为明显的结构性矛盾，主要体现在三个方面：一是住房市场内部的结构性矛盾，表现为"有房无人住"与"有人无房住"同时存在；二是租赁市场中的结构性矛盾，由于"租售比"过低、许多房主觉得出租房屋并不划算，而同时一部分有租房需求的人仍租不起房；三是住房区位分布不合理，职住分离导致通勤成本增加、阶层隔离导致阶层矛盾显化、空间剥夺加剧贫富差距。导致住房结构性矛盾的原因是多方面的，其根源是城市住房的保障性质与房地产作为国家支柱产业之间的矛盾，在其影响下，国家的住房政策虽屡次调整，但收效有限。住房结构性矛盾导致了严重的社会后果，最主要的是：一阻碍了城市化进程以及城市的发展；二加剧了社会不公和社会分化。本章的具体研究思路如下图所示：

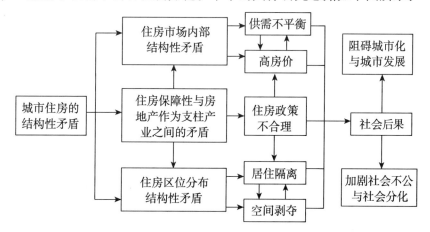

在具体研究分析城市住房的结构性矛盾、其原因及社会后果之后，本章最后提出了一些解决住房结构性矛盾的思路与政策建议。

## 一、城市住房的结构性矛盾及其根源

### （一）城市住房的结构性短缺

"商品房"成为中国城市人生活中的关键词是最近十几年的事，中华人民共和国成立后的很长时间里，城镇居民实行的是福利分房制度，人们享受着免费住房，但是由于城市建设速度缓慢，人们多住在大杂院、筒子楼中，居住空间狭小、人均面积很小，人们的居住条件长期得不到改善。改革开放后，我国开始探索城镇住房制度改革，1998年后停止住房实物分配，全面推进城镇住房制度改革。此后十多年，城镇住房建设规模不断扩大，1998—2008年，新建住房65亿平方米，城市人均住房建筑面积达到28平方米，为1978年的4.2倍。2010年城市人均住宅建筑面积达到31.6平方米，比1997年增长近一倍。商品住房发展迅速，城镇住房主要由市场供应的格局基本形成。房地产业成为经济增长的重要动力，2009年房地产业增加值占国内生产总值的比重近5%。

在住房制度改革取得明显成效的同时，近年来住房市场中的问题也日渐突出。城市住房市场出现了结构性矛盾：一方面需求旺盛，导致房价节节攀升、屡控不降，城市人一度掀起"购房狂潮"，昼夜排队买房、争先预付大额定金，唯恐稍有迟疑便在"这轮"买不上房、而后期房价会再度升高；另一方面，房屋空置现象严重，房屋租售比严重失衡。房屋空置现象一是由于部分房产老板为了获得更大利润捂盘惜售，或由于房屋供应类型不符合市场需求使未卖出房屋空置；二是由于一些家庭同时拥有两套及以上的住房，并出于对房产升值的预期，继续寻找机会购买其他房产，使已卖出房屋空置率极高。

房屋供不应求导致房价持续上升，使得"房价—收入比"严重失衡。"房价—收入比"，即指住房价格与城市居民家庭年收入之比，反映的是居民家庭的住房支付能力和负担程度。一般正常范围此比值应在3—6倍，即一套住房的价格应为家庭年收入的3—6倍。而至2009年一些大中城市的房价—收入比达到或超过了10倍以上，这就意味着一套住房需要普通城市职工十年或更多的工资收入，许多年轻人为了购置婚房，"购房首付款"就需动用父母一辈子的积蓄，还要另外贷款几十年，许多人因此成为"房奴"。在高房价面前，一些家庭要想改善住房，却不得不望而却步；一些城市拆迁户，拆迁补偿金并不足以让他们重新购置一套新的商品房，而不得不变成租房户；还有那些没有城市正式户籍的外来打工者，由于无力购房也只能住在狭小简陋的合租宿舍中；另有一些经济条件差的家庭，父母为了儿女结婚把自己的住房腾出来变成婚房，自己却只好借住或租房。

一些经济条件好的家庭拥有多套住房而使房屋空置，同时，另外一些家庭却由于无力承担高价住房而只能租住、合住，不得不接受较差的住房条件、较低的住房水平，这种"有房无人住"与"有人无房住"同时存在的现象，我们称之为"住房市场的结构性矛盾"，它反映出住房市场中的短缺是"结构性的相对短缺"而非"总量的绝对短缺"。

导致住房结构性短缺的一个重要原因是住房供给结构不合理，表现为大户型商品房的供应过剩而经济适用房供应不足。对于自住型住房，家庭对住房面积的需求与其家庭收入密切相关。调查显示，北京市民中月收入超过5000元的有房家庭，当前住房面积在77.7平方米（约80平方米）以上时，是比较满意的；而月收入低于5000元的有房家庭，当前住房面积48平方米（约50平方米）以上时，也是比较满意的。根据各组家庭的比例，90平方米以下的住房的比例应该在69%左右。[①] 因此，2006年5月"国六条"政策提出城市新开工、新审批的住房，套型面积在90平方米以下的住宅总面积不能低于住宅开发建设总面积的70%。虽有明确规定，但是一些房地产开发企业在高额利润的诱惑下，仍有极大的动力盖建大户型、低密度商品房。据国家统计局综合司2007年的数字显示，全国商品房的空置面积到2007年10月已经达到1.18亿平方米，而经济适用房的投资额和建设面积这两个指标在全部住房投资中的比重持续下降。

根据《中国房地产统计年鉴（2011）》，35个大中城市在建设投资、销

---

① 高晓路：《北京市居民住房需求结构分析》，《地理学报》2008年第10期。

售面积以及平均销售价格方面，别墅、高档公寓都远高于经济适用房屋。其中 12 个城市在房地产企业投资、商品房销售面积及销售价格方面，经济适用房和别墅、高档公寓的对比如下表。

表 6-1　12 个大中城市经济适用房和别墅、高档公寓的对比（2010）

| | 房地产开发企业投资 | | 商品房销售面积 | | 商品房平均销售价格 | |
|---|---|---|---|---|---|---|
| | 经济适用房屋投资占住宅总投资比例 | 别墅、高档公寓投资为经济适用房屋投资额倍数 | 经济适用房屋销售面积占住宅销售面积的比例 | 别墅、高档公寓销售面积为经济适用房屋销售面积倍数 | 经济适用房屋平均销售价格占住宅平均销售价格的比例 | 别墅、高档公寓平均销售价格为经济适用房屋平均销售价格倍数 |
| 北京 | 3.25% | 5.32 | 4.12% | 3.56 | 26.35% | 6.35 |
| 天津 | 22.42% | 0.54 | 12.75% | 0.67 | 59.87% | 2.10 |
| 上海 | 9.56% | 3.18 | | | | |
| 重庆 | 5.40% | 1.77 | 6.34% | 0.88 | 61.12% | 2.99 |
| 沈阳 | 2.77% | 3.93 | 0.73% | 4.38 | 53.96% | 3.19 |
| 青岛 | 3.17% | 1.79 | 5.44% | 0.72 | 73.84% | 3.08 |
| 南京 | 2.90% | 2.42 | 13.50% | 0.60 | 28.75% | 4.50 |
| 杭州 | 2.23% | 3.67 | 3.62% | 1.56 | 23.09% | 8.19 |
| 成都 | 0.05% | 174.15 | 0.33% | 14.97 | 26.89% | 5.89 |
| 广州 | 3.23% | 2.93 | 4.73% | 1.60 | 41.47% | 2.88 |
| 昆明 | 2.93% | 3.39 | 0.31% | 47.22 | 63.26% | 1.91 |
| 兰州 | 13.28% | 0.80 | 4.06% | 1.51 | 67.70% | 1.33 |
| 35 城市总计 | 4.38% | 2.32 | 4.06% | 1.51 | 46.13% | 4.37 |

资料来源：据《2011 年中国房地产统计年鉴》计算。

2010 年房地产开发企业在经济适用房屋的建设投资占住宅建设总投资的比例很低，成都只有 0.05%，天津和兰州比例稍高，分别为 22.42% 和 13.28%，上海为 9.56%，其余皆仅为 5% 左右或以下，35 个城市总体平均也仅为 4.38%。经济适用房投资比例十分可怜。相比之下，别墅和高档公寓投资大大超过经济适用房，成都高达174倍多。在销售面积方面，经济适用房占住宅销售面积的比例，在一些城市比投资比例略高，如北京、重庆、青岛、南京等，其中南京经济适用房销售面积达到住宅销售面积的13.5%。而价格上经济适用房远低于别墅和高档住宅，后者是前者的数倍。正是由于高档住宅的售价高，利润空间大，所以房地产开发企业更愿意投资于这类住宅。而对于百姓而言，能够买得起的普通住宅自然就少了。

另外，据2011年天津市民生问题调查显示，被调查家庭的户均面积达到62.64平方米，平均每户拥有住房1.82间。被调查人群平均每月家庭收入为4245元，平均每月家庭储蓄1305元，住房的自有率达到58.4%。在本次调查中，对问卷中询问"您对现有住房是否满意一项"，回答"非常满意"的占4.1%，"比较满意"的占20.7%，"一般"的占41.8%，"不太满意"的占23.6%，"很不满意"的占9.7%。结合被调查家庭的月收入、家庭储蓄及目前家庭住房状况（包括住房面积与住房间数）来看，那些家庭收入越高、住房条件越好的家庭对住房更为满意，反之，则不满意。

表6-2 "对现有住房状况是否满意"与"家庭收入状况"及"住房状况"的对比

| 对现有住房是否满意 | 个案数 | 比例 | 计算值 | 2011年以来您全家的月收入 | 2011年以来您的每月储蓄大概有多少？ | 您现在住的房子有几间？ | 您现在住的房子有多少平方米？ |
|---|---|---|---|---|---|---|---|
| 满意 | 247 | 24.8 | 均值 | 5148.42 | 1661.63 | 2.18 | 85.09 |
| | | | 标准差 | 3070.66 | 1916.40 | 0.681 | 35.091 |
| | | | 中值 | 4600.00 | 1000.00 | 2.00 | 82.00 |
| 一般 | 416 | 41.8 | 均值 | 4208.49 | 1203.48 | 1.82 | 61.54 |
| | | | 标准差 | 2716.70 | 1177.434 | 0.639 | 25.604 |
| | | | 中值 | 3600.00 | 1000.00 | 2.00 | 60.00 |
| 不满意 | 332 | 33.3 | 均值 | 3594.69 | 1021.94 | 1.57 | 47.22 |
| | | | 标准差 | 2857.79 | 1147.68 | 0.570 | 23.838 |
| | | | 中值 | 3065.00 | 600.00 | 2.00 | 43.00 |
| 缺失值 | 5 | 0.5 | | | | | |
| | 1000 | 100.00 | | | | | |

在被调查者中，对住房不满意主要针对以下几个方面：首要的就是对"住房面积"不满意，占 75.8%，其次是认为"房屋结构不合理"，有 57.5%，认为"住房周围的服务设施太少、生活不方便"的有 45.3%，认为"环境太差"的有 43.3%，有 30% 认为"住房的地理位置不够好"，有 25.1% 的人认为"房屋质量不好"，还有 19% 对"住房附近没有好学校"表示不满。可见人们对住房具有多方面的需求，住房需求十分复杂。

在住房的供应方面，不同类型房屋的消费具有很大的不确定性：如基本功能齐全的小户型住宅的需求主体既有可能是中低收入的工薪家庭，也有可能是城市新移民和首次置业的年轻人，还有可能包括意在投资的市民和外来居民；同样，已经拥有了体面住宅的城市中高收入家庭，买房时既有可能追求面积更大、档次更高的住宅，也有可能选择一套小户型给子女、老人居住使用或用于投资。这些都加大了住房供给的难度。正是由于住房供给和市场需求之间存在着复杂的关系，使得城市住房市场结构性矛盾尤为凸显。

### （二）住房租赁市场中的结构性问题

除了部分大户型、特大户型商品房因不符合市场需要而被空置外，还有相当数量的商品房在售出之后，被房主空置起来，既不自住，也不用于出租，使原本紧张的住房资源白白浪费，因此国家房地产高层管理者呼吁"房地产调控一直纠缠于新建住宅，而忽视了存量市场的作用"。房屋存量市场主要就是指房屋租赁市场。由于房屋租赁市场价格受限，投资购房者的目的在于转手出售而非出租，使房屋空置，资源浪费。房屋租赁市场中的主要矛盾也属于结构性矛盾：一方面房主有房要出租，但要租金"合适"，否则不如不出租，而是伺机倒手把房子卖掉；另一方面，有租房需求的人对于租金承受能力有限，需要租房却租不起。房屋租金对于租赁双方而言都不能接受。

目前，国内大中城市的"房价—租金比"过低，是制约拥有住房者将房屋出租的主要原因。"房价—租金比"（也称"租售比"）指一套房子月租金与房屋销售总价之间的比值，通常指每平方米建筑面积月租金与房屋建筑面积单价之间的比值，这个概念是国际上用来衡量某地区楼市运行是否良好的指标之一。按照国际标准 1∶200 到 1∶300 属于合理范围，低于 1∶300

就意味着房地产泡沫的出现。目前我国大城市的房屋租售比在 1∶500 甚至更低。如北京二手房经纪公司的数据显示，北京 2009 年底二手房租售比均超过 1∶500，高达 1∶525。"租售比"越低，说明购房投资的风险越大，对于自住者而言，租房远比买房划算。

同时，房产泡沫的出现表明了房产价格偏离理性、真实的房产价值。诸多大城市的房屋租售比偏低，房屋租金的价格低，说明了房屋的真实需求并非如房屋市场中体现的那样供不应求，因为如果房屋真的需求旺盛，那么租金价格应当上涨，租金低廉说明房屋实际需求并没有超出供给。

房屋租赁市场的结构性矛盾除了体现在"租售比"过低、理论上"买房不如租房合适"、大量存量房空置以外，还与有租赁需求的主体状况有关。目前，越是高档、大面积的住房单位面积的房租反而相对低，面积小、内部结构简陋的房屋，其单位租金反而高，说明租房者多为收入水平较低的客户，他们在选择租用房屋时最主要的考虑是租金便宜。

租赁住房的主体，从户籍来划分，分为外来人口及本地人口两大类。其中，外来人口对于住房租赁的需求远远高于本地住房租赁需求。随着城市功能高度集聚，人口规模不断膨胀、城市居住问题突出，这尤其影响到流动人口在城市中的生存。截止到 2011 年 2 月底，广州市登记流动人口为 726 万，其中大部分流动人口都是租房居住。因为大部分外来人口在流动城市里没有住房，且由于城市户籍的限制，他们不能被纳入该城市住房保障系统、享受相关的优惠政策，只能自行租赁或者购买商品房。过去流动人口在城市中的就业是主要问题，而随着城市发展，流动人口不仅需要在城市中"体面就业"，而且需要在城市中"体面生存"，"体面生存首先就需要有人性化的生活空间，特别是居住空间"[①]。调查显示，以进城务工农民为主体的城市流动人口，其居住面积普遍偏小，且许多兼作生产经营用房，缺乏基本的卫生设施，不仅威胁着流动人口的身心健康，而且客观上也增加了流动人口的居住密度，增加了城市安全隐患。

同时，伴随城市快速发展，城市人口增多，住房租赁市场中的潜在需求

---

① 刘锋、黄润龙、丁金宏、段成荣：《特大城市如何调控人口规模》，《人口研究》2011 年第 1 期。

进一步加大，由于商品房价格持续攀升，租房成为部分城市居民解决居住需要的一条主要途径。在大中城市，租房主体包括商务人士、新白领、部分中低收入家庭、著名中小学附近的租户、在校大学生，以及适婚年龄无购房能力的青年等。大批新增就业人口在就业后的相当一段时间内，成为租房消费群体。一项对南京市的大学毕业生的调查显示①，刚毕业大学生的住房情况为自购房者占35.1%，租房者占42.0%，住宿舍者占10.3%，住父母家者占12.6%。存在住房困难的大学毕业生大多工作时间在5年以内，由于没有积蓄，且工作初期薪酬较低，他们只能租用价格低廉、条件较差的房屋。其中一部分人经过一段时间的积累（一般为5年左右），具备了支付购房首付款的能力，再借助按揭贷款等基本可实现购房愿望。另外一些人可能会继续靠租房来满足住房需求。

从2011年"天津民生问题调查"结果看，人们买房多出于对房屋保值增值作用的预期，如对"存钱不如存房，房屋有保值增值的作用"表示同意的占50.6%（其中表示"非常同意"的占19.1%，"比较同意"的占31.5%）。而在租房问题上，仍然存在顾虑，同意"租的房子再好心里也不踏实"的人占被调查者的60.8%（其中表示"非常同意"的占22.6%，"比较同意"的占38.2%）。

表6-3 被调查者对下列问题的态度占所有被调查者的比例（%）

| | 非常同意 | 比较同意 | 没有意见 | 有些不同意 | 非常不同意 |
| --- | --- | --- | --- | --- | --- |
| 存钱不如存房，房屋有保值增值的作用 | 19.1 | 31.5 | 27.2 | 19.0 | 3.1 |
| 别人能住大房子，我也要住 | 7.0 | 16.4 | 34.4 | 33.5 | 8.7 |
| 有住的就行了，不要把后半辈子都用来折腾房子 | 16.4 | 37.2 | 37.8 | 7.6 | 1.0 |
| 不必凑热闹买房，对高房价推波助澜 | 23.6 | 36.3 | 35.4 | 3.8 | 0.9 |

---

① 张建坤、姚燕：《现阶段大学毕业生住房问题分析及对策》，《东南大学学报（哲学社会科学版）》2009年第3期。

续表

|  | 非常同意 | 比较同意 | 没有意见 | 有些不同意 | 非常不同意 |
|---|---|---|---|---|---|
| 从价格上讲，租房比买房更合适 | 7.7 | 24.5 | 39.1 | 14.6 | 4.0 |
| 租的房子再好心里也不踏实 | 22.6 | 38.2 | 30.3 | 6.7 | 2.2 |
| 现在房价高主要是因为地价太高 | 29.4 | 30.7 | 26.7 | 11.3 | 1.9 |
| 现在房价高主要是因为政府调控不力 | 33.9 | 32.5 | 26.5 | 6.1 | 1.0 |
| 大城市房价高、生活成本高，生活在中小城市其实更舒服 | 15.4 | 40.0 | 33.6 | 9.4 | 1.6 |
| 住房问题现在是我最关心的问题 | 25.9 | 27.9 | 31.7 | 12.0 | 2.5 |

资料来源：2011年"天津民生问题调查"。

其实在许多普通百姓的心里，一直存在着"是租房还是买房"的纠结。从实际的租金价格看，现在租房比买房更划算，租房更合适。但是，由于目前中国租房的法律法规不健全，承租人的利益常常得不到保护，如租住不稳定、租金上涨、不得不经常搬家等，使租住者没有安全感；而房价的飞速上涨，又使人们担心房价会越来越贵，于是很多人还是选择了买房。对于那些实在无力购房、不得不通过租房来解决居住需求的人和家庭来说，适合自身需求的租赁房源的短缺，租赁价格的高挺对其造成了额外的负担与困难。在一些大中城市，中心城区新建商品住宅户型偏大，租金单价和总价皆偏高。市区的老公房、老工房更受租客欢迎，但是由于旧区改造和市政建设拆迁而越来越少。加上近两年由于许多城市拆迁以及物价上涨等原因，导致住宅租金上涨明显，部分承租人无法承担市中心区域的租金价格，而转租地理位置相对偏远但租金却相对便宜的出租屋，而这又导致交通成本、时间成本增加等问题。房屋租赁市场的问题与矛盾继续加剧。

### （三）城市住房区位分布的结构性矛盾

城市住房问题中，不仅存在大量房屋空置浪费与另一些人无力改善住房并存的结构性矛盾，还存在着住房空间区位分布不合理造成的结构性矛盾，具体体现为职住分离导致通勤成本增加、城市空间分异所带来的阶层矛盾、两极分化等问题。

在人口高密度集聚的城市中，空间/区位要素已成为住房市场的重要影响因素。"城市空间对住房市场的影响不仅表现为住房市场供需空间非均衡分布条件下住房需求的低价格弹性和低土地供给效率，还表现为交通基础设施与城市空间结构对住房价格梯度空间差异的影响。空间要素在影响住房市场整体的同时，还产生结构性的特征。"[1] 城市发展始终伴随着城区的扩张，尤其是近年来房地产业发展迅猛，更加助推了大城市建成区摊大饼式的向外扩张，城市规划一再被突破。以北京为例，50年来北京市建成区面积扩大了4.9倍，从1986到2006年，建成区面积由366平方公里发展到1254.2平方公里；同时，道路建设是城市郊区化的基础，北京市公路里程由1986年的8849公里发展到2006年的14926公里，20年间增加了近7000公里。人均居住面积从1987年的9.75平方米发展到2006年的20平方米，20年间城镇人均居住面积翻了1倍以上。常住人口的增加、第三产业的大力发展、房地产业以及居住环境、交通环境的改善在驱动北京城市扩张中发挥着突出的作用。[2]

由于城市建成区范围加大，人们在选择住房时，对空间区域的选择成为首要考虑的因素之一，由于区位影响着住房价格等一系列问题，城市家庭住房消费中对不同区位所产生的成本与收益必须加以权衡：距离市中心越远，房屋的单位价格下降，使家庭有能力购买面积更大的住房，但同时通勤成本也会增加。在较为刚性的工作机会、住房存量和城市公共服务设施配置下，通勤和住房成本的权衡成为居民住房消费行为中考虑的核心因素。要想获得更大的住房面积、同时支付较小的住房价格，就需要支付更多的通勤成本。北京市居民居住—就业不平衡现象已十分普遍。[3] 根据一项调查显示，北京某居住区和中心CBD就业密集区样本之间的平均通勤时间分别为53.8分钟和48分钟。[4] 有研究表明，高收入家庭在选择住房时为减少通勤时间愿意

---

[1] 彭敏学：《厦门市住房市场的空间分割及其成因解析》，《地理学报》2010年第4期。
[2] 张占录：《北京市城市用地扩张驱动力分析》，《经济地理》2009年第7期。
[3] 党云晓、张文忠、武文杰：《北京城市居民住房消费行为的空间差异及其影响因素》，《地理科学进展》2011年第10期。
[4] 陈蕾、孟晓晨：《北京市居住—就业空间结构及影响因素分析》，《地理科学进展》2011年第10期。

支付更多的住房成本；中等收入家庭更看重住房成本，择居受到通勤成本的影响较小。[1] 即高收入群体更有能力为降低通勤成本而购买距离中心城区的住房，而中低收入群体则没有这样的能力，尤其是对于原居住于城市中心区的房改拆迁户而言，为获得较低的房价和加大的面积以改善居住而不得不购买远离中心及就业区的住房，其通勤成本大大提高。

城市居住空间既是一种物理空间，又是一种社会空间。如果说城市扩张带来通勤成本的增加体现了城市物理空间的性质，那么城市中心与外围城区间的市场分割、城市由中心区向外围地区的层次化分布则体现了城市社会空间的性质。

城市的社会空间意味着生活居住在不同区域的人，其相应获得的机会、资源均会有所不同，学术上称为"空间居住分异"。"空间居住分异"从人文生态学角度解释，是由于居民的职业类型、收入水平及文化背景差异产生的不同社会阶层的居住区[2]；当然，居住分异还可以指不同的社会阶层由于经济收入、社会地位的差异以及家庭结构、择居观念的不同而产生的居住水平和居住区位上的差异。中国目前的城市空间布局构成主要受到政府、市场、社会以及个人等几方面力量的共同作用。

与西方国家城市扩张导致中心区衰落、城市中心成为穷人聚集区与犯罪高发区相反，我国城市中心区并未随城市扩张而衰落，相反，由于商业配套完备、教育资源丰富，市中心仍是中高收入者理想的居住地。在旧城区改造中，存在着一种"把穷人赶出市中心"的趋势，中低收入者由于经济承受能力不足不能回迁市区，经济适用房和廉租房均位于城市外围及郊区。同时，随着私家车的普及，风景优美的城市郊区也开始成为中高收入者的居住选择地，城市外围出现别墅区，高收入阶层的居住郊区化不断显现。因此，在城市发展中出现了城市中心区和郊区（边缘区）同时存在居住空间分异的现象。

同样是在城市中心居住，富人是为了享受到便利的商业金融服务与丰富优良的教育资源，穷人则是因刚性的就业机会为减少通勤成本而蜗居在破败

---

[1] 党云晓、张文忠、武文杰：《北京城市居民住房消费行为的空间差异及其影响因素》，《地理科学进展》2011年第10期。

[2] 王万玲、万勇：《居住分异现象及其对策》，《住宅科技》1998年第5期。

的市中心楼宇中——这通常是在没有被强制拆迁的情况下才能实现；同样是在城市外围择居，富人是为了享受更为洁净的空气、宽敞的休闲空间，而穷人则是因拆迁后无力重新购置市中心社区而不得不远离熟悉的环境，并可能因无法承担额外的通勤成本而丧失原有的工作机会。不同阶层在选择城市区位时是出于主动还是被动，体现了城市不同阶层处境的差异，也是城市扩张、住房区位分布所带来的问题之一。

在从计划经济向市场经济转型的过程中，中国大城市的许多社会问题也在城市空间逐渐显现。对上海居住空间分异的研究显示，上海的高收入阶层主要居住于商业氛围浓厚、基础设施便利的中心城区，黄浦江、苏州河滨水景观带，世纪公园等城市绿地周边区，近郊生态环境优越的佘山等风景区以及就业机会众多的工业园周边区；而广大的中低收入阶层，在当今房价日益上升的情况下，只能居住在中心城区未被改造的旧式里弄、老公房或者被安置到位于城市远郊的动拆迁保障性商品房基地。随着房价上升，普通工薪阶层和低收入者在住房面积和住房类型及居住区位上被边缘化，城市公共资源的消费水平下降，同时就业和居住空间不匹配。所有这些，造成了普通大众生活质量下降的同时，也使得城市空间资源的分配更加不合理，形成贫富阶层城市居住空间分异的两极分化。①

不断扩展、提高的城市化过程并不能解决贫困、不平等等社会问题，相反随着城市化进程的深入，不利因素可能会在空间上高度集聚，从而使城市内部的种种问题和矛盾进一步激化。"基于社会结构层面的空间排斥和基于个体层面的空间排斥"②，事实上已经造成了由于住房匮乏及空间分异、居住隔离等带来的贫困与剥夺，城市空间区位上也表现为"在内城区是剥夺与贫困的重合，在外城区是剥夺与贫困的分离"③。城市住房空间区位分布中的结构性矛盾已十分凸显。

---

① 杨上广、王春兰：《上海城市居住空间分异的社会学研究》，《社会》2006年第6期。
② 景晓芬、李世平：《城市空间生产过程中的社会排斥》，《城市问题》2011年第10期。
③ 袁媛、吴缚龙、许学强：《城市剥夺：转型期中国城市贫困和剥夺的空间模式》，《地理学报》2009年第6期。

## 二、住房结构性矛盾的社会后果

前面分析了住房市场结构性矛盾:"有房无人住"与"有人无房住"同时存在;房屋租赁市场的结构性矛盾:部分房东因租金低而觉得出租房屋不划算,而有租房需求的人却租不到、租不起;以及城市住房空间分异所带来的职住分离、通勤成本增加、阶层隔离等结构性问题。城市住房所带来的问题不仅会影响居民满足其自身的居住需求,而且对城市社会发展也带来不利影响,体现为加大社会差距、加剧社会不公,以及延缓城市化发展的进程。

### (一)高房价加剧社会不公

联合国人居中心认为,房价与居户年总收入比不应超过3∶1,世界银行认为不应超过5∶1。1996年,联合国人居中心在召开了联合国人类住区会议后编写了有关报告,报告中人居中心从当时经济发展水平各不相同国家的52个主要城市相关资料中得出结论:无论何等收入水平的国家,当房价收入比高于5的时候,多数人购房的愿望将很难实现。数据显示,即便在美国房地产泡沫达到顶峰的2005年,全美国房价收入比的最高值不过5.1倍左右,而在泡沫最严重的拉斯维加斯等城市,这一比例也不过为5.6倍。在美国的历史上,房价收入比通常为3左右,在泡沫破灭6年以后的今天,这个比例又已接近3。按揭贷款发放机构哈利法克斯的数据显示,2007年,英国的房价收入比曾达到过5.8倍的最高值。

在我国许多城市的房价收入比已经远远超过了国际上通行的警戒界限。有学者专门对2009年3—10月以二手住房租、售数据为基础,通过对现金流净现值、溢价率、内部收益率等指标的计算,对北京、上海、深圳三市的住房价格泡沫进行了研究。提出北京、上海、深圳三市住房市场均不同程度地存在泡沫,其中以上海市程度最高,北京市次之,深圳市再次之。[1] 另据

---
[1] 柳德荣:《京沪深住房市场泡沫比较研究——基于长期透视的视角》,《管理世界》2010年第9期。

政府统计数据显示,在过去四年里,全国平均房屋价格上涨了一倍以上,而北京和其他某些地区的房价涨幅可能高达150%。目前中国城市普通住房的价格约为全国平均家庭年收入的8至10倍,在北京和上海等城市,房价收入比已接近30倍。

以北京为例,2008年北京城镇居民人均可支配收入24725元,户均可支配收入64285元。其中20%的高收入户人均可支配收入为47110元,户均可支配收入为122486元。20%低收入户人均可支配收入只有10681元,户均可支配收入27770元。2008年北京住房市场出售商品住宅平均面积110.7平方米,按照2009年13940元/平方米的均价,购买这样的一套房需要154万元,相当于一般家庭24年的可支配收入。按照2009年11月的平均价格17810元/平方米计算,购买90平方米的普通商品住房需要支付160万元,相当于一般家庭25年的可支配收入,北京居民的房价收入比为25∶1。① 在2009年,北京商品房价平均上升了73.5%,五环沿线新盘已经开始突破2万元/平方米,四环以内新盘多数达到35000元/平方米。② 2010年,北京新房价格又上涨了18%。在房价过快上涨的城市中,北京是个排头兵。

在2011年天津民生调查问卷中,"商品房太贵"被列为社会问题之首。60.7%的人认为"商品房太贵非常严重",有90.3%的人认为"商品房太贵问题非常严重或比较严重"。

表6-4 您认为下列的社会问题是不是严重?

单位:%

| | 非常严重 | 比较严重 | 没有意见 | 不严重 | 根本没有 |
|---|---|---|---|---|---|
| 社会福利不足 | 23.7 | 46.9 | 20.7 | 8.1 | 0.6 |
| 失业 | 26.6 | 49.1 | 16.6 | 7.7 | 0 |
| 孩子上学难 | 23.9 | 34.5 | 20.8 | 16.4 | 4.4 |
| 到医院看病难 | 36.0 | 39.8 | 13.3 | 10.6 | 0.4 |
| 商品房太贵 | 60.7 | 29.6 | 7.7 | 1.6 | 0.4 |

资料来源:2011年"天津民生问题调查"。

---

① 李君甫:《北京的住房政策变迁及经验教训》,《改革与战略》2009年第8期。
② 张媛:《楼市高烧——盘点2009年北京区域房价涨幅》,《法制晚报》2010年2月1日。

对于工薪阶层来说，高房价意味着要想买属于自己的住房可能要花掉自己数十年甚至是半辈子的工薪收入。据对 2004 年城市居民可支配收入测算，一个三口之家购买一套简约两居室（70 平方米）需要年限：上海 21.17 年、杭州 20.26 年、南京 17.5 年、青岛 17.13 年、天津 16.99 年、大连 16.73 年。对于疯长的房价，不同的人态度是不一样的，房地产商、房产中介、炒房者、拥有多套房产的业主对于房价上涨大都乐观其成；而对于无房户、需购房自住的需求者及改善住房的需求者，疯长的房价要么使他们改善居住条件的愿望落空，要么使他们背上沉重的债务成为房奴。①

与城市年轻人不得不成为房奴相对照的是，从农村进入城市打工的农民工们，想在城市里安家买房更是一个遥不可及的梦。据一项对 3002 名受访者的调查结果显示，变成城里人是新生代农民工这一群体的集体梦想，但高房价等因素让他们"很难扎根"②。调查结果显示，与上一辈相比，新生代农民工想要留在城市的愿望更为迫切。即使失去工作，也有 71.2% 的新生代农民工打算在广州继续发展，而老一代农民工这一比例仅为 63.4%；而如果失去工作，新生代农民工打算离开广州的比例不到两成，而上一代农民工这一比例达 1/4。进城的目标不仅是谋生，融入城市、成为城里人是大多数新生代农民工的最终梦想。但是新生代农民工面临着一系列困境。在户籍制度仍然难以改革的现实条件下，由于农民工的收入差异、工作期望与现实之间存在着一定的差距，调查中 42.3% 的新生代农民工月收入在 1000—1500 元之间，收入超过 2000 元的新生代农民工的比例仅为 11.5%。新生代农民工对未来充满迷茫，很难真正在城市中扎根。

近期，经媒体曝光，诸多"房妹""房媳""房姐"事件引发了社会公众的关注与追问。继拥有 22 套房产的"房叔"和拥有 24 套房产的"房婶"之后，据中央电视台《焦点访谈》节目曝光，2013 年初，"房妹"事件引起热议。2012 年 12 月 26 日晚，实名认证的微博"香港成报河南办事处"称："一个户口在上海市松江区的 90 后女孩翟某，在郑州一个经济适用房小

---

① 李君甫：《北京的住房政策变迁及经验教训》，《改革与战略》2009 年第 8 期。
② 黄石鼎、宁超乔：《新生代农民工之城市困境及对策研究》，见杨秦、顾涧清主编：《广州蓝皮书：2012 年中国广州社会形势分析与预测》，社会科学文献出版社 2012 年版，第 306—321 页。

区拥有 11 套经适房房产……"后据《时代周报》报道、查实信息显示，房妹拥有 11 套房产，另据记者查证，除了房妹，还有房哥！翟某的儿子名下有 14 套房产。2013 年 1 月，媒体爆出山西运城市纪委干部张某被揭涉嫌违规办理双户口、超生以及其公公、丈夫名下拥有多处房产。其身为运城市前财政局局长的公公在北京、三亚等地拥有十余处房产。先由网络热传、后由媒体跟进调查、司法部门介入调查核实，神木县农村商业银行副行长龚某拥有多个户口、40 余套房产，总价值近 10 亿……这些与房产相关的新闻触发了大众敏感的神经，在房价屡创新高，人们为住房犯愁时，掌握一定权力与背景的人却动辄拥有数十套住房，怎么会不引爆公众情绪？高房价严重影响了社会公平，房价的飙升使开发商获得巨额财富，也使那些收入高、有条件多买房的群体的财富迅速增长，而其他一些群体则被挤出住房市场，从而使本来已经存在的贫富差距和各阶层间的差距继续拉大，引发社会焦虑，造成社会不和谐、不稳定以至加剧了社会矛盾。

2010 年 4 月国务院召开常务会议，研究部署遏制部分城市房价过快上涨的政策措施，并下发了《关于坚决遏制部分城市房价过快上涨的通知》，提出五方面十条政策措施，被称为"新国十条"。此次调控力度大、涉及面广、针对性强，被媒体称为"史上最严厉的房地产宏观调控"。许多大中城市结合实际出台了一系列的具体调控措施。限制性购房措施中包括提高首付比例、禁止购买第二套房等。天津 2011 年 3 月起正式实施限购政策，主要内容为对于本市户籍居民家庭，在本市已经拥有 1 套住房的还可以购买 1 套，已经拥有 2 套住房的不可以再购买住房。对非本市户籍居民家庭，在本市没有住房且在本市缴纳 1 年以上个人所得税和社会保险证明的可购买 1 套住房，在本市已经拥有 1 套住房的，以及不能提供累计 1 年以上在本市缴纳个人所得税证明或社会保险证明的，不可在本市购买住房等。

截止到 2011 年 10 月 31 日，全国共有 46 个地级以上大中城市实行"限购令"，600 多个城市出台房价控制目标，上海、重庆等地开始进行房产税改革试点，各地纷纷建设保障性安居工程，第二套房贷严格执行差别化信贷政策……在一系列政策措施作用下，房地产市场逐步降温。2011 年 1—12 月，70 个大中城市新建商品住房价格同比涨幅平均值从 6.5% 回落至 1.6%，环比涨幅从 0.8% 回落到 −0.2%，北京 2012 年一季度新建普通住房成交均价比2011年同期下降20.7%，比2011年全年下降6.4%。

人们也开始对房价回落保持乐观态度，在2011年天津民生调查中，被调查者中20.5%的人认为在未来5—10年中，商品房价格"保持平稳"，有28.7%的人认为"房价会回跌"，有不到10%的人（9.7%）认为房价"仍会继续攀升、居高不下"。

### （二）住房问题阻碍城市和谐发展

最近100年来，全球城市化水平不断提高，越来越多的人住在钢筋水泥铸就的城市之中。在1940年，世界上每100人有1人住在100万人口以上的城市，到1980年这数字已上升至每10人有1人（世界环境及发展委员会数据）。根据发达国家城市化的历史，城市化率从40%上升到60%的过程，是城市化进程最为迅速的阶段，国际上称之为城市化"峰速"发展阶段（Peak Rate of Urbanization）。城市化进入此阶段后，不仅带来城市人口的大幅增加和城市规模的急速膨胀，也对各国的住房市场带来深刻的影响。中国的城市化率已经超过40%，正处在从城市化起飞阶段向城市化峰速阶段转变的拐点上。这意味着未来20年，中国都将处在城市化峰速发展阶段，庞大的人口规模以及城市化高速发展所带动的巨大住房需求，对中国乃至对全世界的影响都将是非常巨大的。①

图6-1 中国城市化率变化

数据显示，中国城市化率在2000年出现了跳跃发展，由1999年的

---

① 王微：《中国住房政策面临全新挑战》，《中国发展观察》2008年第2期。

30.89%跃升为2000年的36.22%。究其原因，是1998年7月22日国务院批转公安部《关于解决当前户口管理工作中几个突出问题的意见》对户籍管理出现了明显松动，其中规定："在城市投资、兴办实业、购买商品房的公民及随其共同居住的直系亲属，凡在城市有合法固定的住所、合法稳定的职业或者生活来源，已居住一定年限并符合当地政府有关规定的，可准予在该城市落户。"各地对"已居住一定年限"一般规定为半年或一年以上，这就导致2000年中国城市化率急剧增加5.33个百分点。之后，中国城市化率进入了快速发展时期，城市化率以年均1%的增速上升。改革开放以来我国城镇人口增至6.07亿，但由于其中城市化率的统计口径中包括了1.45亿左右在城市生活6个月以上但没有享受到和城市居民等同的公共福利和政治权利待遇的农民工，也包括约1.4亿在城镇生活但从事务农的农村户籍人口，这些并没有真正转变身份的人口约占城镇人口的一半。因此有人称中国的城市化为"半城市化"。要实现真正完全的城市化，就要依据城市财政能力、住房、公共服务和基础设施的条件，逐步推进农民工实现在城市定居的愿望。

2007年，中国有13.3亿人口，其中41%的人口约5.45亿居住在城市，百万人口城市有100个。这100个城市生产了3/4的国民生产总值。从迅速增长的国民生产总值来看，整个国家仍处于城市化发展阶段。城市化的过程预计还要持续发展40年，到2050年中国的城市人口有可能达到10亿。[①] 我国城市化水平不断提高，同时特大城市的发展也十分惊人。人口向大城市快速集聚的发展趋势将持续，上海有1300万人口，北京有1100万人口。预计到2020年，我国将出现100万人口以上的特大城市100多个，500万以上人口的巨型城市20多个，以及上海、北京、重庆、广州、深圳、天津、成都、武汉等一批人口过千万的超巨型城市。2020年我国将有超过5亿的城镇人口集中在大城市里。[②]

城市大规模发展带来了交通不便、环境污染、住房紧缺等"城市病"，

---

① Daniel Biau，高延伟、沈建国译：《中国3000年城市化发展史概述》，《城市规划学刊》2007年第3期。

② 刘锋、黄润龙、丁金宏、段成荣：《特大城市如何调控人口规模》，《人口研究》2011年第1期。

城市的"宜居性"受到质疑。城市人口规模的无限制膨胀、人口和功能的过度集聚，住房增长速度落后于人口的增长速度，导致住房紧缺，这些都使得城市变得越来越不适合人类居住。在城市化高速发展的过程中，提升城市竞争能力和改善城市的宜居性成为一对突出矛盾。一方面，中国经济竞争力的源泉，主要来自于城市，因为只有通过城市，才能获得国际资本、技术、人才、管理等关键的发展要素，才能够改善基础设施，城市竞争能力提升是中国融入全球化所必需的，也是城市自身发展所必需的；但是另一方面，城市发展也需要宜居性，为居民的生活和居住提供空间，为投资者和各类企业提供良好的生活环境和基础设施。大量的外来迁移人口以及新增人口不仅需要住房，而且需要相关的配套设施和服务，包括水电煤气、排污、道路交通以及学校、医院、市场等，这些都为城市带来巨大的压力。城市住房的结构性矛盾，是导致城市不宜居问题的重要原因。如果一个城市的房价不合理，表现为房价—收入比过高、租房市场以及住房区位分布存在着明显不合理等，都会影响该城市的继续发展。为解决城市宜居问题，各国政府都非常重视制定住房政策，以及将住房问题和交通问题整合起来进行城市规划等。

住房以及相关设施的积累与投入不平衡还造成了特大城市与一般城市之间发展不平衡的问题。如北京、上海等特大城市从中华人民共和国成立至今，在城市基础设施、教育资源、医疗资源等方面的投入，是其他城市无法相比的，再加上北京的行政资源优势和上海的产业资源优势，以及两市无可比拟的人力资源优势，使得这两个城市的资源价值体现为长期、持续地投入所形成的累积效益。这些都使特大城市吸聚人口的能力巨大。城市之间的发展不平衡造成资源的紧张与不平衡，如一线城市对人口、资金的吸引力很大，但是在土地、水等自然资源的存量则处于短缺状态；相反，二、三线城市的吸引力较低，但资源存量相对丰富，这就造成人口城市化变成了向大城市、特大城市聚集，而中小城市、小城镇无法发展。特大城市过度发展、中小城镇发展不足加剧了城市化过程中的住房问题。住房与基础设施投入的不平衡导致城市间发展不平衡，而城市发展不平衡又导致人口向大城市、特大城市的高度聚集，造成特大城市中住房与基础设施的紧张与压力，从而形成恶性循环。近年来，政府不断努力，采取多种措施，通过加大一线城市住宅建设用地供给量来平抑房价，利用市场手段抑制投机和投资行为等，让一线城市实现住宅市场的供需平衡。

此外,"城市住房的价值化"也造成城市间与城市内部的区域性不公平。20世纪末中国城市住房制度改革过程实质就是城市住房价值化过程,改革结果塑造和价值化了城市住房的空间位置结构并逐步实现结构化。[1] 住房制度改革之前,住房并不能够给住房人带来附加经济社会收益,那时,单位根据个人的职位、资历等进行福利分房,住房大小只反映以职位为核心内涵的身份等级。住房制度改革使住房私有化率大大提高——全国城镇私有住宅建筑面积87.9亿平方米,住宅私有率为81.62%。其中东部、中部和西部地区住宅私有率分别为82.58%、79.69%和81.93%(建设部2006)——城市住房价格飙升,提高了城市既有住房的价值,也使拥有住房的城市居民一夜之间变成了有钱的富翁,住房成为了中国社会分层体系中一个非常重要的因素。[2] 一套质量、结构、面积大体相同的住房因所处的城市或处于同一城市的不同地区、地段而拥有了不同的价值,在同一城市,市中心住房价值远高于郊区住房,大城市住房价值远高于中等城市的住房价值,中等城市又高于小城市,东部发达地区的住房价值高于西部欠发达地区的住房价值。住房的级差地租明显。由此带来的另一结果是"住房价格作为城市的巨大推力对外来人口构成排斥和筛选",迫使外来者支付数额巨大的住房费用。"城市住房所具有的排斥作用日益凸显,住房成为城市排斥外来者和扩大差距的一种有力工具,流动者的迁移成本大大增加,住房成为大中城市排斥流动者的主导因素。"[3] 住房条件、住房产权、住房区位的分化使住房成为透视社会贫富差距和阶层分化的重要视角,在制度变迁背景下,住房资源分配复杂多样,住房资源的占有及住房区位的分布被打上阶层分化的烙印。[4] 住房使城市问题更为复杂。

---

[1] 李斌:《城市住房价值结构化:人口迁移的一种筛选机制》,《中国人口科学》2008年第4期。
[2] 边燕杰、刘勇利:《社会分层、住房产权与居住质量——对中国"五普"数据的分析》,《社会学研究》2005年第3期。
[3] 李斌:《城市住房价值结构化:人口迁移的一种筛选机制》。
[4] 刘祖云、胡蓉:《城市住房的阶层分化:基于CGSS2006调查数据的分析》,《社会》2010年第5期。

### 三、导致住房结构性矛盾的原因

当前,在许多城市,住房问题已成为"不可承受之重":政府为平抑房价、增加住房有效供给、建设保障性安居工程而努力;城镇居民为购买实用、满意的住房而精打细算;进城打工者为寻得适宜、价廉的租住地而奔忙。要解决城市住房难题,就必须了解造成住房结构性矛盾的内在原因,包括政策制度层面以及经济、市场性的原因。

#### (一)住房改革的政策变迁

目前城市住房的结构性矛盾是在我国住房制度改革后、城市居民住房水平大幅提高的背景下形成的住房相对短缺的问题。因此,分析我国住房制度的改革与变迁,可以更清晰地看到这些结构性矛盾形成的原因。

回顾中国的住房制度,在经历了由城镇住房实物分配的福利体制之后,逐步转变为货币化住房分配、市场化和社会化的供给体制。在1978年以前的计划经济体制下,我国实行"统一管理,统一分配,以租养房"的公有住房实物分配制度。没有住房市场,城镇居民采取公有住房实物分配的方式。这种制度模式在当时较低水平的消费层次上,只能在最基本的水平上满足企业职工的住房需求。由于住房建设投资不足、住房供应短缺,使得居民住房条件难以改善,住房分配不公平等问题严重。

住房制度改革起始于1980年邓小平关于住房问题的讲话:"要考虑城市建筑住宅、分配房屋的一系列政策。城镇居民个人可以购买房屋,也可以自己盖。不但新房子可以出售,老房子也可以出售。可以一次付款,也可以分期付款,十年、十五年付清。住宅出售后,房租恐怕要调整。要联系房价调整房租,使人考虑买房合算。"此后,中国城镇住房制度开始改革。

自1980年起,房改大致经历了试点售房(1979—1985年)、提租补贴(1986—1990年)和以售带租(1991—1993年)等改革阶段,以及全面推进住房市场化改革的确立(1994—1997年)阶段。[①] 但是直到1998年7月

---

[①] 刘军民:《对中国住房制度改革若干政策的反思》,《中国经济时报》2006年7月17日。

之前住房制度改革进展十分缓慢，居民住房矛盾仍十分突出。1998 年 7 月 3 日国务院发布的《关于进一步深化住房制度改革，加快住房建设的通知》，该文件具有里程碑的意义。文件决定全国城镇从 1998 下半年开始停止住房实物分配，逐步实行住房分配的货币化，同时建立和完善以经济适用住房为主的多层次城镇住房供应体系。按照该文件的要求，国家相关部门陆续出台了一系列刺激住房消费，鼓励和扶持住房消费需求的金融、税收等配套政策。经历这次住房制度的重大改革，中国住房市场得到前所未有的发展，城镇居民住房条件得到很大程度改善。1978 年人均住房面积为 6.7 平方米，1998 年只有 9.3 平方米，而 2005 年则达到了 26.1 平方米。[1] 就是说，1998 年以来的住房制度改革改善了居民的基本住房条件、增加了居民财富、促进了资本市场的发展与宏观经济的增长与稳定等。[2]

1998 年城镇住房制度的市场化改革，一方面确实顺应了当时中国市场经济体制改革的时代要求，促进了城市住房建设与发展；但另一方面，也存在着特殊的背景和内在动因：由于在福利分房制度条件下长期低廉的房屋租金，国家与企业已经无法维持正常的房屋维护，使政府背负沉重的财政负担。与此同时，1998 年东南亚金融危机爆发，为了增加和刺激社会总需求，国家实施积极财政政策，这时提出"住房货币化"政策，正好为拉动内需提供了最好办法，启动消费需求，拉动经济增长，改善经济结构是国家全面推行住房市场化改革的更根本原因。[3]

正是由于住房改革中包含了以拉动内需、促进经济增长的深层动力，这也导致了后续的城市住房矛盾。住房货币化改革启动后，住房的不平等状态并没有彻底改变，反之在改革过程中有进一步恶化的趋势，随着住房市场的快速发展导致了不少新的、严重的经济与社会问题：住房价格上涨过快，使得绝大多数居民无能力承担并远离住房市场，从而使得中国住房市场成为投资者的天堂；房价过高，不仅吹大了房地产的泡沫，也在积累银行体系的风险，加深国内金融体系的潜在危机，房地产泡沫吹大也严重地阻碍了国家经

---

[1] 隆国强：《中国住房政策演进与未来改革方向》，见谢伏瞻主编：《土地制度与住房政策》，中国大地出版社 2008 年版，第 233 页。
[2] 朱亚鹏：《住房制度改革：政策创新与住房公平》，中山大学出版社 2007 年版，第 58 页。
[3] 刘军民：《对中国住房制度改革若干政策的反思》，《中国经济时报》2006 年 7 月 17 日。

济战略的转移、产业结构的调整，导致了居民消费的严重挤出；住房市场也成为一种社会财富转移机制，使全民财富短时间内向少数人聚集，居民间的财富分配越来越不合理，财富分配两极分化越来越严重，社会冲突与矛盾四起；还有掠夺性地使用土地资源、住房市场贪污腐化严重等问题。[1]

同时，住房体制改革和涉及住房问题的政策变化也是导致城市居住空间分异的原因。住房改革之前的传统城镇住房制度是一种以国家统包、无偿分配、低租金、无限期使用为特点的实物福利性住房制度，居民没有选择住房的权利，因此不存在一般意义上的居住空间分异。推行住房商品化改革以后，城市居民有了择居的自由，可以满足不同家庭不同的住房需求，加上针对不同收入群体的住房供应政策，城市居住空间分异现象开始凸显。以中低收入家庭为对象、具有社会保障性质的经济适用房供应体系和以高收入家庭为对象的商品房供应体系，在满足不同阶层住房需求方面得到实现，但同时也造成了新的不平等。原先计划经济下按年龄、职位高低分配住房资源的制度因素弱化，但是其他一些制度性因素如户口、单位性质等对住房消费的决定作用仍然非常明显，其对住房分异的决定作用甚至超过了市场因素。[2] 可见，住房货币化改革对于当前的城市住房结构性矛盾具有基础性的影响。

### （二）快速城市化

从宏观角度看，中国正处于城市化的快速发展期，城市化水平从1949年的10.64%发展到2000年的30.89%，2011年增长到47%，预计在2020年将发展到55%。在中国，城市化率每增加一个百分点，城市人口将要增加1500万到2000万，大量人口涌入城市，首先需要的就是住房。我国已连续多年保持世界第一的住宅建设量。城市家庭结构以核心家庭为主的小型化趋势，也增加了对住房的需求。此外，随着消费观念的改变，人们对生活质量的追求、生活欲望的高涨，使一些家庭出于工作与休闲的需要，除在中心城区购置住房之外，还在郊外购置休闲别墅，第二、第三套住宅的需求加剧了城市住房的供给压力。

---

[1] 易宪容：《中国住房市场的公共政策研究》，《管理世界》2009年第10期。
[2] 刘玉亭等：《城市转型背景下南京市的住房分异》，《中国人口科学》2007年第6期。

城市居民对住房的需求不仅包括城市人口增长对商品住宅的刚性需求，还有旧城拆改推动下对商品住宅的需求。城市的发展与扩张，旧城区的改造，各地如火如荼的城市建设快速推动了人们对购置房产、改善住房的行为，大规模城市改造拆迁对于城市居民购买新房的行为起到了推波助澜的作用。诸多城市的改造拆迁成为当今中国的一大景观，修路造桥、建设中心商业街、改造旧城区、城市升级换代等城市大发展的举措造成了大量拆迁户被迫购置新的房产。从20世纪80年代拆迁后就地还迁政策，到90年代以后政府补偿拆迁费，原有中心城区建成高档写字楼或高档公寓，实行货币化拆迁政策使得商品住宅需求进一步加大。

每一轮大范围拆迁总会带来城市房价的再度攀升。以南京市为例[1]，2000年以来南京市加快旧城改造力度，拆迁量逐年加大。2000年至2003年的拆迁面积以年均近41.17%的速度递增，2003年达到高峰值284.4万平方米，四年合计因拆迁将需新增商品住宅需求量为644.2万平方米，为四年竣工商品住宅面积1318万平方米的48.9%，而2003年一年拆迁新增的商品住宅需求量就达到341.3万平方米，高出当年竣工商品住宅336万平方米的面积。2000年至2003年是南京城市拆改的高峰期，主要受城市经营理念和2005年全运会在南京举办的影响。同时，2002年第一季度至2005年第一季度南京市商品住宅价格呈现出快速上升的态势，三年间上涨了2669元/平方米，上涨率为81.17%，年均上涨890元/平方米，年均上涨率为21.19%。2005年后期，南京不再有大量新的拆迁户出现，一定程度上缓解了购房需求的压力。可见，城市拆迁改造带来对住房的刚性需求及提升房价的直接影响。

城市化和城市郊区化也加速了城市居住的空间分异。伴随城市不断向外的空间扩张，城市建成区的面积不断扩大，人们形象地称之为"摊大饼"。许多几年前还属于城市边缘的新建城区，很快就变成了城市的内部住区。旧城改造、工业迁出主城的"腾笼换鸟"政策、城市土地有偿使用制度、城乡户籍制度改革等都有力地推动了城市郊区化进程，这在一定程度上改善了

---

[1] 吴群、高慧琼：《供求关系对大都市商品住宅价格作用机理的分析——以南京市为例》，《中国土地科学》2006年第2期。

城市住宅紧张和拥挤状况，但同时，却也加剧了城市空间的分割与差异。由于城市中心区在商业配套和教育资源方面的优势，仍为中高收入者的聚集区；而那些经济承受能力不足的中低收入者，当其原先在内城区的老房子被拆迁后，便不得不居住在远离市区的城市外围和郊区经济适用房和廉租房内。城市内的空间分异现象逐渐明显。

### （三）住房市场不完善

房地产市场和其他商品市场一样遵循着市场规律，消费者的购买行为依据其对商品价格与供求状况的预期而改变。在住房消费信息不完全的情况下，就可能导致购房者"蜂拥"购房的行为。在当前中国城市的住宅市场中，消费者无从获得全面而准确的信息，只能依照个人感觉与判断，当房价因受刚性需求、地价上涨、某些人炒房投机行为的影响而上升、甚至快速上升时，许多本来并无购房打算的家庭也加入了购房行列，这就是所谓的住宅市场的"羊群行为"。事实上，中国大多数城市的房价在2003年前后开始上扬，并一直持续，除在2008年奥运会结束后房价短期停滞外，价格提升的速度始终相当惊人。2009年国家实行更为强有力的限价、限购政策后，房价有所平稳，各地楼市相继进入低迷期，但在整体住房政策和制度尚不完善的条件下，房价的调控只是救一时之需，一旦短期调控政策松动，房价就很可能反弹。

"由于住宅的虚拟资产特性带来的供求条件及其影响因素的复杂性，加上住宅自身的产品特性如多重异质性——即决策人无法了解产品的每一个特性从而不能准确估计产品的真实价值，使住宅市场具有极大的不确定性……住宅市场的信息传播机制也不断强化着购房者盲目冲动的购买行为。"[1] 正是由于城市居民对房地产市场缺乏全面准确的信息，反而被表面持续攀升的房价所诱导，致使其购房行为丧失理智，对房价上涨的预期过度乐观，对住房的投资性与投机性需求加大，这又进一步促使房屋价格不断攀升，住宅市场的有效供给小于有效需求，导致住房市场的结构性矛盾日益激化：有能力

---

[1] 高波、洪涛：《中国住宅市场羊群行为研究——基于1999—2005动态面板模型的实证分析》，《管理世界》2008年第2期。

购房者多为经济条件较好、已拥有住房者,而拆迁户、迁移人口等无房者却买不起房。

市场因素对于住房分异的决定作用也十分显著,户主受教育程度、家庭人均月收入等社会经济指标与拥有住房和较好条件住房等的正相关性较为显著。对住房分异的多元回归分析显示,家庭人均月收入越高,家庭就业人员越多,住房条件越好;家庭规模越大,人均住房面积和房间数也越小。①

各阶层对居住空间的不同需求和选择从根本上引发了居住空间分异。居住空间变化的实质是经济社会发展带来的社会结构的变化在居住空间上的表现。社会结构的深刻变革、城市居民的收入分化促成了社会分层的加速形成,居住分异便是社会分工和社会分层在居住空间上的体现。经济收入直接决定了社会阶层对城市社会空间资源的可进入性和竞争能力,在空间上的居住分异具体体现为高阶层居住区、高级公寓住宅区、普通公寓住宅区和打工族居住区的不同分布。②

另外,关于中国住房市场的认识中比较能达成共识的是,导致中国房价高的主要原因之一是"投资性购房"推高了房价,即很多人买房是用来"投资"的,而不是用来"居住"的,这导致了住房空置和很多普通人买不起房。伴随中国家庭财富的不断增长,财富的保值增值变得格外重要,在无法获得其他更安全、更有效的投资途径时,房地产便成为中国人保存财富的重要手段之一。如果金融体制运转良好,在当前中国作为一个资本稀缺的发展中国家,很多领域都可以产生可观的回报,资本如能投入到最需要的地方,投资者如期获得回报,那么就不会发生大量资金投入房地产的局面。正是由于人们将钱存入银行的回报率接近为零、甚或负值(由于通货膨胀的原因),而其他投资渠道,如股票、期货的风险又高,才使得房地产成为了人们投资与投机的主渠道。根据调查,许多城市居民投资性购房的比例达20%,尤其在房价上涨较快的城市,比例还要高。许多二次或多次置业者的购买目的纯粹就是为了投机套利,如"温州炒房团"就是典型代表。2001

---

① 刘玉亭等:《城市转型背景下南京市的住房分异》,《中国人口科学》2007年第6期。
② 秦言:《浅析我国大都市区的社会分层与居住分异——以上海为例》,《山东房地产》2004年第3期。

年，157个温州人进入上海，3天买走了100多套房子；第二年，另一群温州人来到北京，一下子就花掉2000万元买房。此后，武汉、青岛、深圳到处都能见到温州人的身影，他们走到哪儿，房价涨到哪儿，在这些人的带动之下，短期炒卖房产行为大幅增加，直接影响到房地产市场健康发展。住房市场上的短期投机行为加剧了市场供需矛盾，激化了城市住房市场内的结构性矛盾。

### （四）住房公积金制度的负面影响

住房公积金制度是指国家机关、国有企业、城镇集体企业、外商投资企业、城镇私营企业及其他城镇企业、事业单位及其在职职工缴存的长期住房储蓄。我国自1997年改革住房分配制度，变实物分房为以公积金来支付职工的住房需求。这项制度产生于住房体制转换时期，是中国城镇住房制度改革的一项重要举措。截至2008年末，全国住房公积金缴存总额为20699.78亿元，缴存余额为12116.24亿元；累计为961.17万户职工家庭发放个人住房贷款10601.83亿元，个人贷款余额为6094.16亿元，住房公积金个人贷款份额占整个个人住房贷款的20.43%。多年来住房公积金制度为全国公有承租房的商品化、货币化、产权化和整个住房市场化的健康发展做出了巨大贡献。

但同时，公积金政策中也隐含了不合理因素，并制约了中国的房地产市场的正常发展。

其一，住房公积金的实质是强制性调整人们的消费结构，对消费行为进行强制性干预。公积金作为一种强制性储蓄、定向性使用的社会保障制度，由单位和个人按职工工资比例逐月缴纳，并由公积金管理中心统一管理，定向使用，平时只能用于支付职工购房、建房、房屋大修等款项。只有在职工退休后，公积金才由职工自由支配。这就意味着，参加住房公积金以后，人们必须把一部分收入积累起来用于住房消费。这就导致了如果不买房，那么一笔可观的收入就只能冻结在银行账户里无法取用，在当前银行零利率、甚至负利率的情况下，将会非常不合算。出于保护自身经济利益的考虑，在国家机关、国有企业等单位就职的高收入者（其公积金缴存也很高）采取了频繁、多次购置房产，以消费掉那笔可观的、且不能挪作他用的财产。这无疑对高房价起到了推波助澜的效果。国家实行市场经济体制，对衣、食、行都放开管理，却对住房进行强制干预，目的是为了保障人们的住房需求，却违反了市场经济的自由原则。

其二，住房公积金覆盖率低，缴存额受单位所有制、单位效益等限制，显失公平。由于住房公积金的缴存和管理是以"单位所有制"为框架建立的，并没有摆脱计划经济体制下"单位福利"的性质。现在的住房公积金的缴存仍然带有很强的"单位所有制"特色，住房公积金缴存水平的高低和能否按时缴存在很大程度上取决于单位经济效益的好坏。对一些工作在效益较差单位的低收入者来说，单位和自己所缴存的住房公积金相对购房来说，可谓杯水车薪，解决不了太大问题。而同时，住房公积金闲置浪费的现象比较普遍。来自建设部的数据显示，截至 2006 年年底，全国住房公积金缴存总额为 12687.37 亿元，住房公积金使用率为 72.05%。受各地金融发展水平的影响，我国各地区住房公积金利用情况不同，相对来说，东部地区住房公积金利用程度高，如上海住房公积金的归集量赶不上使用量；中西部地区住房公积金利用程度低，如西藏、海南、河北、河南等地的沉淀资金率均在 70% 以上。①

到 2009 年，全国仍有相当一部分省市的公积金覆盖率不到 50%。全国有上千万的城镇职工未参加住房公积金缴存制度，其中非公有经济组织占多数，城镇个体工商户、自由职业者、进城务工人员等被排除在外，由于这些人的流动性大、收入不稳定，影响其还贷能力，贷后潜在风险大，不易控制，所以仅有较少城市将其纳入公积金缴纳管理范围。

公积金设立的目的之一就是帮助中低收入者解决住房问题，但是目前，申请住房公积金贷款的借款人占参加缴存公积金的储户比例低，约 23.5%，且多为有经济实力的家庭，属于收入中等或高收入人员，低收入者申请贷款的较少，这就造成了大多数中低收入者用自己的公积金储蓄为少数中高收入者购房提供补贴的局面，背离了制度设计的最初目的。②从各地住房公积金贷款情况来看，那些低收入者利用住房公积金贷款购建住房的情况并不多，

---

① 邹江山：《住房公积金存在的问题及对策》，《中国科技信息》2011 年第 8 期。
② 谭文芳：《浅谈我国现行住房公积金制度存在的问题及对策》，《经营管理者》2010 年第 6 期。

相反倒是有不少的中高收入家庭利用住房公积金贷款购建住房,有的甚至不止一次购房贷款。一方面,低收入者每月要从微薄的工资收入中拿出一部分,用来缴存住房公积金,剩余的钱仅仅用来维持生活,而根本无力用其改善住房条件;另一方面,却还要将自己名下存储的住房公积金贡献出来,这其中还要损失部分息差,给中高收入者贷款之用,从而让中高收入者享受到了住房公积金的优惠政策,在住房公积金贷款上出现了"马太效应"。从这个角度看,住房公积金贷款反倒有"杀贫济富"之嫌。

## (五) 住房私有化政策

我国住房市场存在着结构性矛盾,还与政府过分强调房地产发展对经济的带动作用,积极鼓励住房自有政策相关。

我国的住房制度改革的正式启动是在1998年,那时正值中国经济改革与发展的关键时期,又恰逢东南亚金融危机爆发,为了增加和刺激社会总需求,国家实施积极的财政政策,并提出了"住房货币化",可以说正是为了启动消费需求,拉动经济增长,改善经济结构,国家开始全面推行住房市场化改革。

从各国经济发展历程看,房地产投资确实具有推动城市与国家经济发展的作用,据分析,住宅建设具有强大的经济拉动效应。房地产业对直接相关产业的诱发系数为1.93,即在房地产业上每投入1万元,可诱发直接相关产业(包括建筑材料、冶金、木材、化工、机电等几十个产业的上万种产品都有一定的诱发带动作用)产出1.93万元;另外,住宅业的发展还可以带动五十多个其他产业的发展,投资拉动比例可达到1:3。[①] 许多相关产业的消费是在住房消费后期阶段发生的。譬如,当居民入住新居后,就会产生对家具、室内装修、各类家庭消费及耐用品的新需求。另外,由于建筑及相关行业都属于人工密集型,因此,房地产业对就业还具有明显的拉动作用,估计每10亿元投入,可以额外制造约12000个就业岗位。正是由于房地产业在国民经济链条中处于中间环节,对关联产业产生巨大需求,产生经济拉动效应,因此,房地产已经成为各国国民经济的支柱产业之一。

---

① 付麦收:《抓住机遇加快经济适用住房建设》,《住房与房地产》1999年第2期。

此外，房地产投资还成为全社会固定资产投资的重要组成部分。住宅发展是经济发展的结果也是经济发展的动力。房地产投资从 1986 年的 101 亿增加到 2004 年的 13158 亿元，18 年间增长 130 倍，年均增长 31.1%，明显高于同期全社会固定资产投资 18.9% 的年均增速。其占全社会资产投资比重也从 1986 年 3.2% 上升到 2004 年的 18.8%，成为一些固定资产投资规模与速度的重要力量。1997 年至 2004 年，房地产开发对 GDP 增长速度的贡献率为 11.6%，不包括对其他产业的乘数效应。房地产业的快速发展对全社会的消费影响巨大，大大刺激和增加了住房消费。[1] 住宅成为新的经济增长点和新的消费热点。"从一开始，国家就把住房建设，住房消费看得非常重，深化房改目的之一就是拉动经济的增长。"[2]

正是由于房地产经济对国民经济的重要推动作用，国家才积极鼓励居民购置自有住房，并使中国的住房私有率迅速提高，甚至高于发达国家水平。比如 2003 年时，美国人均 GDP 为 37051 美元，德国为 28952 美元，分别是同年中国人均 GDP 的 35 倍和 27 倍。而美国的自有住房率为 69%，德国只有 50%，均低于中国自有住房的水平。[3] 根据建设部城镇房屋概况统计公报，2005 年底，全国城镇私有住宅建筑面积 87.9 亿平方米，住宅私有率为 81.62%。其中东部、中部和西部地区住宅私有率分别为 82.58%、79.69% 和 81.93%。如此之高的住房私有率，已超过美、英、德、日等发达国家。在国家经济水平仍未彻底摆脱贫困、各地发展仍不平衡的阶段，大力提倡住房私有并不符合国情，其造成的人人购房、住房攀比的风气也十分不利于社会健康发展。

## 四、解决住房结构性矛盾的思路与政策建议

### （一）建立住房公共政策

政府要从根本上解决住房领域的问题，就要彻底转变住房的政策目标，

---

[1] 徐健:《浅析中国房地产业发展趋势》,《产业经济》2006 年第 5 期。
[2] 顾云昌:《中国城镇住房改革及其对房地产业的影响》,《中国房地产导报》1998 年第 10 期。
[3] 吴强:《借鉴国际经验,理顺我国住房发展思路》,《经济问题》2006 年第 2 期。

推动住房体制与住房政策范式的转变。政府应重视公民住房需求的满足和住房权利的保障,调整以房地产经济为主导的思维定势,加强社会政策意义上的住房政策的维度与视角,改变片面强调房地产经济发展的房地产经济政策范式,建立起以保障居民适当宜居住房条件的住房政策新范式。[1]

曾有学者指出,我国目前的住房保障制度既非普适性、也非职业性、又非完全收入相关的,而与人的身份与职业/单位有关,具有中国特色的社会排斥特征。[2] 在恩格斯的《论住宅问题》中,早就阐明在资本主义社会中,"住房短缺不是偶然的事情,它是一种必然现象"[3]。在现代文明社会,个人具有居住权的天赋性,即每一个人降生在这个社会,社会就有义务保证他最为基本的居住条件。基本居住权是现代文明社会人类的基本需求,每个公民居住权的优先性说明住房问题是关系到每一个人的基本生存条件与及社会的繁衍及文明的基础,因此,住房问题从本源上就是一个公共问题,特别是在土地公有制的中国,保证每一个公民基本居住权利的优先性更应该成为住房市场发展的基本国策。保证每一个居民住房的基本的居住权是这些国家住房市场的基本政策或政策宗旨。[4]

以往,政府职能部门一直狭隘地把中国住房市场仅仅看做是一个简单的一般商品的市场,认为住房市场的问题可以通过市场的供求来解决。在这种观念下,多年来政府的住房政策并没有采取民主、科学的公共政策的议程设置,而仅是由少数政府部门的几个精英来确定,甚或由特殊利益集团及少数精英阶层来决定。这就使得中国住房市场越发展其内部的利益关系越复杂,相关利益者之间利益失衡越严重,使得城市中不同收入阶层、农民工、地方政府、保障性住房开发者及商品房开发商等之间要达成利益平衡是根本不可能的。

另外,在中国城市化过程中,房地产市场资本化过程中巨大的财富积累与溢价(其中既包括土地价格的上涨,也包括土地上的附着物——住房建筑的溢价)。这笔每年大致有 2 万多亿元的房地产巨大财富的溢价,是全国

---

[1] 朱亚鹏:《中国住房保障政策分析》,《公共行政评论》2008 年第 4 期。
[2] 同上。
[3] 《马克思恩格斯选集》第 3 卷,人民出版社 1995 年版,第 167 页。
[4] 易宪容:《中国住房市场的公共政策研究》,《管理世界》2009 年第 10 期。

人民的巨大财富,但是如果把住房市场仅看做一个一般商品市场,那么这笔巨大的房地产溢价就会被看做是房地产开发商及地方政府能力、经营的结果,并让这笔巨大的财富轻易地流入少数人手中。因此,转变住房政策观念,建立住房公共政策势在必行。

根据国际上通行的住房政策分析方法,一个国家的住房政策体系一般包括:住房产权方面的制度及政策,有效的住房金融政策和竞争性的住房金融服务体系,住房补贴和税收政策,土地供给政策以及相关市政设施的配套政策,土地利用及房地产的规范和政策,促进和规范建筑行业和房地产行业市场竞争的相关政策及行业风险控制政策,保障住房体系运行的相关法律框架、监管政策及房地产信息系统七个领域,且每个领域都包含着非常丰富的政策内容,需要各国结合自身的情况、面临的问题进行具体分析,有针对性地调整和完善各自的住房政策。[①]

相对于发达国家甚至一些发展中国家来说,中国在上述七个住房政策领域以及整体政策体系上,还存在相当大的差距。例如,在住房金融方面,中国自1998年开始发放住房抵押贷款,目前住房抵押贷款余额占GDP的比例大体上在11%左右,而发达国家或高收入国家的水平一般为40%—65%,马来西亚和智利等发展中国家为15%—24%。可见,中国的住房金融市场发展程度还比较低,住房金融政策还有待进一步健全和完善。我国可参照其他国家的普遍做法,将低收入人群的住房问题同就业、医疗、教育等问题结合起来考虑,统一纳入国家社会政策范围,以形成一揽子解决方案。

中国在各类具体住房政策方面还有很多地方可以改进与完善。例如,通过税收政策方面的设计,降低出租住房的经营性税收,或者其他鼓励性税收政策,以增加出租业主的租金收益,这样将促使拥有多套住宅的家庭将富余的住宅贡献到出租市场,以此来增加市场上的可出租房源,从而平衡住宅市场的供需矛盾等。

### (二) 倡导梯度住房消费

所谓"梯度消费"住房观念,就是消费者建立符合实际、逐步向上的

---

① 王微:《中国住房政策面临全新挑战》,《中国发展观察》2008年第2期。

消费观念，即根据消费者自身的年龄、收入来确定自己的住房消费层次，不盲目追求住房高消费，同时，消费形式按照自己收入的增长逐步由租赁到自有再到投资转变。① 从国家角度，应改变宣传引导的导向、放弃鼓励居民购买住房，降低住房自有率，抛弃"家家买房"这个不实际的观点，就我国现实国情与国力而言，目前所能做到的，是让每个家庭有房子住，而不是每个家庭都买房。保证每个家庭有房住，可以大力推行租房制度，鼓励开发商多建普通住房租给中低收入家庭居住，政府以发放住房补贴的方式，让低收入家庭租得起房。

从个人角度，在住房消费领域需树立适当消费观念，去除超越实际现实的超前消费、过度消费和盲目消费。在国家为刺激经济发展、开发商为多卖房、多挣钱而不断宣传拥有"豪宅大屋"与体面人生紧密相关的理念下，个人受之影响，被欲望驱使以及与他人攀比的心理，在住房消费方面也不断地追求大、新、好，这种住房观念不去除，便无法缓解城市的住房结构性矛盾。

为支持人们形成住房梯度消费的模式与习惯，从政府角度，应逐步构建起鼓励居民住房梯度消费的税收、住房消费政策。具体措施如下：（1）实行分类供应制度。对于那些高收入人群，由开发商提供纯商品化的住房产品，住房完全由市场供应；对中等收入者，政府通过土地供应、住房建设贷款、购房税费优惠等政策进行调控，仍属于市场供应范围；对于低收入人群，可以按照市场价格租房，高出其国家规定的房租部分由政府补贴。就是说，城市居民可根据家庭与个人的收入状况，在市场上选购到合适自己的住房。通过梯度消费方式，逐渐完善家庭与个人的住房条件。（2）抑制投资性购房和住房投机，鼓励置换房屋、扶持"二手房"买卖市场。随着居民的收入增加，以小换大、以旧换新的方式，来改善居住条件。对于这种先买旧房和更换住房活动，政府应视同买新房一样给以优惠条件和减税鼓励。对这种换房行为给予购房抵押贷款的支持，或对于每次换房要增加的支出（买入房价大于卖出房价），享受减税政策。对于那些只卖出不再买进更高价位新房的，要缴纳高额税费。对于拥有多套住房的居民征收物业税。这种

---

① 熊帅梁：《论住房梯度消费观念的树立》，《湖南财经高等专科学校学报》2006 年第 12 期。

政策体现了国家支持居民买房自住，鼓励人们通过换房提高居住水平。同时，对于投资、投机性买卖房屋者征收重税，抑制其通过住房买卖来赚钱的行为。(3) 规范商品房租赁的管理办法。一方面鼓励存量房屋的租赁，另一方面对从事房屋租赁的中介机构进行资格审查和资质管理，规范租赁交易行为。同时对出租房实行一定程度上的物业税减免或优惠。

### （三）继续深化住房政策调控力度

为稳定房屋市场，调控房价，国家不断出台新的政策，继 2010 年出台"国十一条"、2011 年出台"国八条"后，面对楼市上涨预期愈演愈烈，国务院常务会议再出重拳，2013 年初出台新"国五条"及其细则，其中的政策措施主要包括三点：限购令升级、二套房信贷政策再收紧、二手房的个调税由交易总额的 1%—2% 到从严按差额的 20% 征收。在各地政策执行细则未出台之前，上海、北京等大城市的二手房市场迎来交易高峰。多年来，我国住房市场始终存在着"屡控屡升"的现象——中央政府的新政策出台后，往往会出现各地楼市低迷、房价略降或保持平缓，但过后不久，各地政府为了刺激楼市，推出其他策略，于是楼市再次高涨、房价也随之抬升。如 2011 年政府出台严格的限购令后，对于遏制城市房价过快上涨起到了一定的效果，但随后不久，房价又出现上升势头，导致政府再次出台严格的"新国五条"。这种随着调控政策的不断出台，房价却依然不断升高的怪现象，究其原因是中央与地方政府的利益分配格局存在矛盾，因此需要对国家管理体制内部进行调整。

目前，在城市住房领域中，为确保普通居民满足其基本住房需求，我国发展住房应遵循"保障与市场"相结合的道路，在制定住房政策时，明确区分"保障性住房"与"房地产市场"。保障性住房由政府提供和管理，商品房市场由市场机制来进行资源配置，政府则通过政策制定进行宏观调控。为了保证公共住房的运行，政府应强调自身的主体地位，政府应设立专门管理机构进行负责，同时，将保障性住房的投入纳入财政预算，进行固定的财政预算安排及专项基金等配套政策。

为了解决城镇中低收入家庭的住房困难，中央政府决定大规模实施保障性安居工程，"十二五"时期计划新建保障房和棚户区改造住房 3600 万套。

2011年完成了开工1000万套的任务。2012年，新开工保障房700万套以上，加上前两年结转的项目，全年在建总量有1700多万套，达到历史最高水平。

表6-5 2012年部分城市保障房新建数量

| 北京 | 16万套 | 郑州 | 5.1万套 |
| --- | --- | --- | --- |
| 天津 | 10.5万套 | 武汉 | 11万套 |
| 石家庄 | 3.69万套 | 广州 | 4.5万套 |
| 上海 | 16.58万套 | 深圳 | 4万套 |
| 济南 | 4万套 | 重庆 | 23.74万套 |

数据来源：中共中央宣传部理论局：《辩证看 务实办——理论热点面对面2012》，学习出版社、人民出版社2012年版。

　　保障性住房政策的惠及对象是中低收入群体，要保证廉租房等保障性住房最终能够分配到真正需要的家庭，首先，需要制定和完善中低收入家庭标准体系：现阶段，我国的不同收入人群的比例、结构与发达国家仍存在较大差异，相对而言，中低收入者所占比例更大，这就需要确定中低收入群体的划分标准，测算群体数量，这是制定保障性住房准入标准与供应计划的基础与核心。因此，要在科学调研，统计计算的基础上，确定合理的收入花费标准，并结合政府保障目标和计划，居民的居住条件、家庭构成等因素，来最终确定保障对象的数量。其次，要加强监督管理，防止政府部门和官员的权力寻租行为，避免出现经济适用房面积过大，或出售给不符合条件的个人等现象出现。

　　城市住房目前虽然还存在着诸多结构性的矛盾，但是随着住房改革的不断深化，住房制度的不断完善，中国百姓的住房会越来越有保障，住房水平会不断提高，人民"住有所居""宜居乐居"的美好愿望一定可以实现。

# 第 七 章

# 养老保障的结构性矛盾研究

关注民生,改善民生,是我们党和国家一切工作的出发点和落脚点。社会保障作为事关全体国民切身利益和构建和谐社会的重大制度安排,在国家的政治、经济、社会发展进程中占有着越来越重要的地位。因此,改善民生须臾离不开社会保障。

社会保障受到政治、经济、社会乃至文化等诸多因素的影响,各国具体国情的差异,又使其在社会保障制度的实践中出现很大差异,对社会保障的认识和理论界定也存在着很大差异。所以,当代世界对社会保障的理论界定也是多样化的。目前,我国社会保障的概念是指国家通过立法,积极动员社会各方面资源,保证无收入、低收入以及遭受各种意外灾害的公民能够维持生存,保障劳动者在年老、失业、患病、工伤、生育时的基本生活不受影响,同时根据经济和社会发展状况,逐步增进公共福利水平,提高国民生活质量。[①]《中华人民共和国宪法》明确规定:"中华人民共和国公民在年老、疾病患者丧失劳动能力的情况下,有从国家和社会获得物质帮助的权利。"这是对社会保障最简洁的概括。社会保障具有保障公民基本生活、维护社会稳定、促进经济发展、保持社会公平和增进国民福利的重要功能,历来被称为人民生活的"安全网"、社会运行的"稳定器"和收入分配的"调节器",是国家的一项重要社会制度,是维护社会稳定和国家长治久安的重要

---

① 张左己主编:《领导干部社会保障知识读本》,中国劳动社会保障出版社2002年版,第4页。

保障。

党和政府一直高度重视社会保障问题。中华人民共和国成立以来特别是改革开放以来,我国社会保障制度建设取得了突破性进展,成就举世瞩目。社会保障的覆盖范围不断扩大,待遇水平逐年提高。目前,基本养老、基本医疗、失业、工伤、生育五项社会保险制度基本建立,以最低生活保障为重点的城乡社会救助体系基本确立。具有中国特色的社会保障体系框架已初步形成。

党的十八大报告把社会保障全民覆盖作为全面建成小康社会的重要目标,明确了推进社会保障制度改革和事业发展的基本方针和重大举措。就社会保障而言,在党的纲领性文献中地位是空前的。报告提出"统筹推进城乡社会保障体系建设。社会保障是保障人民生活、调节社会分配的一项基本制度。要坚持全覆盖、保基本、多层次、可持续方针,以增强公平性、适应流动性、保证可持续性为重点,全面建成覆盖城乡居民的社会保障体系"[1]。报告进一步将社会保障作为改善民生的重点内容,在社会保障重要性的理论表述上达到了一个新的高度;将过去的"广覆盖",明确坚定地变为"全覆盖",这是对社会保障理论与实践的概括总结和理论创新;将过去的"加快完善社会保障体系",变成"全面建成社会保障体系",方向明确,目标宏伟。

2010年国务院颁布的《中华人民共和国国民经济和社会发展第十二个五年规划纲要》进一步确定:按照与到2020年实现全面建设小康社会奋斗目标紧密衔接的要求,综合考虑未来发展趋势和条件,今后五年经济社会发展中社会保障的主要目标是:新型农村社会养老保险实现制度全覆盖,城镇参加基本养老保险人数达到3.57亿人,城乡三项基本医疗保险参保率提高3个百分点。按此要求,各地政府现已制定具体规划,正在积极有步骤地实施中。

但从总体看,我国的社会保障还存在着全覆盖与巨大的日益增长需求之间的矛盾,政府主导与社会参与之间的矛盾,社会保障发展速度与享受水平

---

[1] 胡锦涛:《坚定不移沿着中国特色社会主义道路前进 为全面建成小康社会而奋斗——在党的十八次全国代表大会上的报告》,人民出版社2012年版,第36页。

不均衡之间的矛盾。尤其是弱势群体的社会保障问题比较突出,已成为公众关注的重大民生问题。社会保障问题包括的内容很多,涵盖的范围很广。鉴于本书其他章节对社会保障中的医疗等问题有专门的论述,本章拟重点探讨社会保障中群众关注的焦点问题——养老保障问题,以养老模式的结构性矛盾为视角进行重点分析。

本章的主要内容是,以人口老龄化挑战我国养老保障为切入点,分析我国养老保障与社会发展和需求之间存在的差距;剖析我国养老模式中家庭养老难负其重,机构养老局限很多,居家养老尚不成熟的结构性矛盾;紧密结合实际,探索如何转变观念,自我积极主动应对老龄化社会;创新多元化养老模式;提供有力的保障条件等化解养老模式结构性矛盾的有效途径,力求建立和完善适合我国国情的养老模式。为了实现这个目的,本章以国内外现有的理论成果为先导,在研究我国相关的法律法规和政策的基础上,深入政府有关部门、养老机构、社区及老年人家庭,并通过天津市2011年民生问题调查问卷,进行大量的实证调研,力求使本研究达到理论与实践的有机结合。

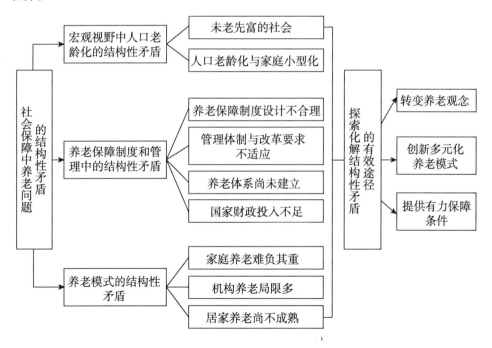

## 一、宏观视野中人口老龄化的结构性矛盾

随着我国经济社会发展和科技进步,人口预期平均寿命大幅度提高,社会老龄化速度日渐加快,我国现已进入老龄化社会。与世界发达国家相比,我国属于老龄化速度快和"未富先老"型的国家,未富与先老的社会结构矛盾突出,人口老龄化与家庭小型化的矛盾相伴随,对我国养老保障提出了前所未有的挑战。

### (一) 社会未富先老

我国是世界上唯一的老年人口超过1亿的国家。分析我国未富先老的社会结构性矛盾,应从人口老龄化的特征入手。我国人口老龄化的显著特点之一是,老年人口比例明显增高。第六次全国人口普查数据显示,截至2010年11月1日,60岁以上的老年人达1.78亿人,占总人口的13.26%。其中65岁及以上人口为1.19亿人,占8.87%。同2000年第五次全国人口普查相比,60岁及以上人口的比重上升2.93个百分点,65岁及以上人口的比重上升1.91个百分点。60岁及以上人口比重,从2000年到2009年,9年间提高了2.5个百分点,而从2009年到2010年提高0.76个百分点仅用了1年。老年人口数量增长不断加快。

特点之二,我国人口平均预期寿命不断延长。资料显示,截至2010年末,我国人口平均预期寿命为72.5岁,比2005年增加了0.5岁。其中男性为75岁,女性为78岁。据我国国民经济和社会发展《"十二五"规划纲要》的要求,到2015年,我国人口平均预期寿命为77.2岁,达到并超过世界发达国家75岁的平均水平。同时,困难老人数量多。近十年来,80岁以上高龄老年人增加了近一倍,已经超过2000万人,2010年失能半失能老年人已达3300万人。

特点之三,我国老龄化速度快于世界老龄化速度。据联合国预测,1990—2020年世界老龄人口平均年增速度为2.5%,同期我国老龄人口的递增速度为3.3%,世界老龄人口占总人口的比重从1995年的6.6%上升至2020年9.3%,而同期这个比重在我国由6.1%上升至11.5%,无论从增长

速度和比重都超过了世界老龄化的速度和比重,到2020年我国65岁以上老龄人口将达1.67亿人,约占全世界老龄人口6.98亿人的24%,全世界四个老年人中就有一个是中国老年人。和发达国家比较,发达国家老龄化进程长达几十年至一百多年,如法国用了115年,瑞士用了85年,英国用了80年,美国用了60年,而我国只用了18年(1981—1999年)就进入了老龄化社会,而且老龄化的速度还在加快。

基于上述对老龄社会特征的认识,我们进一步探讨中国未富先老社会结构性矛盾及所带来的影响。中国的老龄化社会属于典型的"未富先老"。无论按照哪种排位标准,中国都是一个发展中国家。例如,按照世界银行的分类,中国目前属于中等偏下收入国家,是典型的发展中国家。因此,与其他发展中国家相比明显高出很多的老龄化程度,意味着中国人口转变的某种特殊性,可以称其为"未富先老"。据资料显示,发达国家在进入老龄化社会时都实现了工业化,进入后工业化时期,人均国内生产总值一般在5000美元至1万美元,目前平均达到2万美元左右,而我国现在仍处在工业化、城镇化的进程之中,1999年进入老龄社会时,人均国内生产总值还不足1000美元,2010年才突破4000美元,两相对照,差距明显。

中国社会科学院人口与劳动经济研究所所长蔡昉教授认为,在过去的三十余年中,中国在经济增长和人均收入提高方面创造了一个世界奇迹。但是,中国的人口转变更是以人类历史上罕见的步伐推进。人口转变与人均收入提高之间的这种缺口,可以被表述为"未富先老"。既然中国人口转变结果的特殊性被概括为"未富先老",这也就意味着与其他国家相比,中国在应对老龄化上面,面临着人口红利的过早消失、第二次人口红利开发面临的困难,以及养老资源不足等更多的、不同寻常的挑战。[1] 中国人民大学翟振武教授指出,中国是有着十几亿人口的国家,一个巨大的转型会带来人口结构、性别等各个方面的重大变化。比如,因为生育率较低,老龄化速度会加快,所以,我们能看到中国现在老龄化的程度不断提速,引发议论。目前,中国还不是很富裕的国家,这叫未富先老。对于欧洲而言,是一边富一边老,但中国老龄化速度很快,人口转变速度更快,老龄化来得也比较快。很

---

[1] 蔡昉:《未富先老与经济增长可持续性》,《国际经济评论》2012年第1期。

多物质、制度等方面的准备都没有做好。①

未富先老的社会结构矛盾,给我们带来的主要问题是,一方面,个人养老能力差距较大。与世界其他国家相比,中国的工资总量只占 GDP 的 13% 左右,约为世界平均水平的四分之一,接受超低工资收入的劳动者在老龄化到来的时候,个人养老能力可想而知。另一方面,人口老龄化加重了社会养老负担。人口老龄化不仅是老年人口比重的增加,同时老年人口绝对量的也增加,老年抚养系数提高,社会用于退休金、养老保障、医疗保障以及相应的社会福利事业的负担也加重。老年人的养老主要是由社会和家庭承担的。我国城市的老年人口享有退休金和医保,在经济上社会养老负担大于家庭养老负担。总之,中国是在尚未实现现代化、经济还不发达的情况下提前进入"未富先老"的老龄社会,而在社会保障制度尚不健全的情况下,养老服务体系滞后于养老服务需求,又是"未备先老",这些需要政府和全社会特别认真对待。

与此同时,人口老龄化促使老年抚养比快速攀升。据有关资料显示,2010 年老年抚养比(每百名劳动年龄人口负担老年人的比例)为 19%,大约 5 个劳动年龄人口负担 1 个老年人。据最新预测,2020 年,约 3 个劳动年龄人口负担 1 个老年人,2030 年,约 2.5 个劳动年龄人口负担 1 个老年人。② 老年抚养比快速攀升的结果,必然缩短有利于经济发展的低抚养比的"人口黄金期",降低了劳动参与率和经济产出,同时,还要求政府增加退休金、社会福利等方面的支出,无疑会加重社会的养老负担。

### (二) 人口老龄化与家庭小型化

我国在人口老龄化不断加剧的同时,家庭小型化的趋势也日益明显。形成了老龄化与家庭小型化相伴随的结构性矛盾。这种矛盾加剧,不仅冲击着传统的家庭养老方式,而且增加了社会和家庭的负担。

家庭"小型化"主要包括两层含义:一是家庭结构简单化,即核心家庭、夫妻家庭及单亲家庭所占比例日益增长,联合家庭趋于消失,主干家庭

---

① 翟振武:《"未富先老"挑战中国》,《广州日报》2011 年 6 月 2 日。
② 《2020 年 3 个劳力养 1 个老人》,《江南时报》2011 年 8 月 26 日。

（三代家庭）的比例逐渐下降。二是在每个家庭结构中，其家庭人口容量都向组成这种家庭结构所需的最低限度的人口接近。在中国之所以主干家庭还可以成为一种基本的家庭结构长期存在并保持一定的比例，除了与传统的小农的生产方式有适应的一面之外，在城市中更多的是因为中国独特的家庭生命周期，即在单个家庭诞生之后几乎其生命过程中的每一阶段——孩子出生，孩子结婚，配偶死亡，一直面临两种选择：和（父母）子女同住或分住。这不仅使主干家庭得以存在而且还一直可以保持一个相当的比例。据统计，1953年我国家庭平均人口为4.33人，20世纪50年代、60年代、70年代都大体稳定在4.23—4.43人之间。80年代后期至90年代初，随着计划生育的推行和家庭意识的变化，独生子女增多，家庭平均人口逐渐下降，家庭构成呈现小型化趋势。1982年平均每个家庭的人口为4.4人，2005年为3.13人，2010年为3.10人，28年间家庭平均人口减少了1.3人，下降幅度高达29.54%。[1] 从以上情况可以看出，这种趋势仍在延续。

长期以来，在我国家庭养老是主要的养老方式。在家庭小型化的趋势下，加之城乡居民预期寿命越来越长的状况，对我国传统以家庭养老为主的养老模式提出了严峻挑战。随着计划生育国策的实施，大部分都是独生子女家庭，在夫妻双方都是独生子女的家庭中，他们要面对四个老人和一个孩子，家庭负担沉重。尤其在激烈的市场竞争中，工作压力加大，又面对赡养老人和抚养孩子多种责任，常常顾此失彼，力不从心。

与此同时，人口老龄化促使老年抚养比例快速攀升。据有关资料显示，2010年老年抚养比（每百名劳动年龄人口负担老年人的比例）为19%，大约5个劳动年龄人口负担1个老年人。据最新预测，2020年，约3个劳动年龄人口负担1个老年人，2030年，约2.5个劳动年龄人口负担1个老年人。[2] 老年抚养比快速攀升的结果，必然缩短有利于经济发展的低抚养比的"人口黄金期"，降低了劳动参与率和经济产出，同时，还要求政府增加退休金、社会福利等方面的支出，无疑会加重社会的养老负担。

---

[1] 杨善华：《中国当代城市家庭变迁与家庭凝聚力》，《北京大学学报》2011年第2期。
[2] 潘允康主编：《中国城市婚姻与家庭》，山东人民出版社1987年版，第145页。

## 二、养老保障制度和管理中的问题

改革开放三十多年来，特别是建立社会主义市场经济体制以来，我国养老保障制度建设取得了巨大的成就。截至 2012 年末，不仅实现了城镇职工基本养老保险全覆盖，而且实现了新型农村社会养老保险和城镇居民社会养老保险制度的全覆盖。这些前所未有的成就，对于稳定社会、凝聚共识、彰显社会正义、展示制度优越性发挥了不可替代的作用。但是，在看到成绩的同时，也要看到由于我国经济和社会发展水平及老龄人口增加过快的限制，目前我国养老保障还存在着制度总体设计不合理，管理体制不够完善，养老服务事业发展缓慢，国家财政投入不足等问题。在"天津市 2011 年民生问题调查"中，有 50.4% 的人认为，我国养老保障还不够完善，这就充分说明养老保障与民生的需要存在着明显的差距。

### （一）养老保障制度总体设计不合理

纵观我国养老保障制度的发展，经历了一个由计划经济向市场经济转化的过程，在此过程中难免带有计划经济的惯性和痕迹。概括地说，养老保障制度的覆盖人群重点是在职职工，对城市的其他人群和农村的农民则关注不够。在养老保障待遇上，不同行业的退休职工待遇差别很大，城市的人群和农村的人群养老保障待遇差别很大。

1. 养老保险制度不统一

我国现行的养老保险分为城镇职工养老保险和农村养老保险。近年来，随着城镇职工养老保险的逐步完善，以及新型农村社会养老保险试点工作的顺利开展，社会养老保障体系正在进一步健全。目前，城镇职工养老保险制度基本上覆盖了城镇单位就业人员。然而，从事工商的个体劳动者、灵活就业人员、少数民营企业的从业人员成为整个养老保险体系中的"短板"，没有实现应保尽保。清华大学公共管理学院就业与社会保障研究中心主任杨燕绥教授认为，当前我国养老金制度最大的问题就是碎片化。"到目前为止，我国在养老金制度体系上讲的是'制度覆盖人员'。但是，城市人和农村人、事业单位和企业职工养老金制度都是不同的,也就是说缺少一个统一的制度。"①

2. 城乡养老保障水准差别大

由于我国经济发展的二元性结构,导致农村和城市居民的养老保障制度安排呈现二元特征。保障的主要对象是城镇职工,而农村居民则始终处于社会保障体系的边缘。尽管2009年我国开始进行新农保试点,但覆盖面尚窄,按照目前的筹资水平,人均保障标准也远远低于城镇退休人员保障水平。我国的城乡居民收入差距本来就大,现有制度发挥"逆向调节"作用,不是缩小而是扩大了城乡居民的收入差距,不是缓解而是加剧了城乡社会不公平,已成为阻碍农村经济社会发展的重要因素之一。城乡保障制度缺少衔接和转化。养老保险关系转移接续难。由于统筹层次不高,基金地方管理、财政分灶吃饭等原因,一些地方设置附加条件,流动人员养老保险关系接续难,到龄人员无法办理退休,领不到养老金,农民工大量退保。

3. 社会养老保障待遇群体间差距过大

适用的制度不同,各群体之间的待遇差距较大。首先,企业与机关事业单位的差距。由于企业职工基本养老保险制度采用新的待遇计发办法,而机关事业单位职工所享受的退休保障制度未曾有实质性的改革,因而两类退休职工的养老金待遇差距日益拉大,机关事业单位的平均养老金接近甚至超过企业退休职工养老金的两倍。近几年,企业退休职工养老金水平提高后,差距稍有缩小,但仍然未有根本性改变。其次,城乡居民待遇的差距。目前农村社会养老保险保障程度较低,其最低的领取标准为每月55元。另外,土地被征用人员是社会养老保障制度的一个特殊群体,其待遇也有一种特别的计算方法,且各地差异较大,较高的每月养老金700—800元,较低的仅100多元。这种明显的不公平状况,导致了严重的社会矛盾。

"养老金制度本身是强调公平的,但是现状是待遇差特别大。"清华大学公共管理学院就业与社会保障研究中心主任杨燕绥说,"例如农民每个月

---

① 杜晓、蒋新军:《老龄化危机逼近 凸显养老制度结构性缺陷》,《法制日报》2010年9月15日。

可以领到 55 元,而事实上,我在广东调研的时候发现当地的很多农民一年都不去领,一个原因是嫌少,另一方面最根本的就是农民们并不靠这每个月的 55 元过活。而城市职工不一样,他们的 1200 元是按时要领。也就是说他们是依赖这个来生活的。这样,农民的 55 元移植到事业单位是 4000 元左右,公务员则是 5000 元左右。对于这样大的一个差距,容易引起社会的不和谐。"①

### (二) 养老保障管理体制与改革要求不适应

#### 1. 养老保障管理政出多门与政事不分

政出多门,多家管理。分散管理的体制,缺乏宏观协调平衡机制,造成既相互争管又相互扯皮、推诿的矛盾。仅以养老保险一项就涉及人力资源和社会保障、民政、财政、人民银行、总工会等多个部门和组织。按养老保险现行部门职能分工,人力资源和社会保障部管国家机关、企事业单位,民政部管农村。现行按部门分管的体制,部门自行搞成系统,割裂了同一地域、同一保险项目的社会性和统一性的关系,特别是分部门、分险种单项筹资和管理,增大了保险费率,分散了资金,降低了资金效益,从而加重了国家、单位和个人的负担。政事不分,责任不明。目前仍然有相当一部分社会保障业务由各单位直接管理,政府职能部门陷于具体业务之中,不仅难于实现上级对下级的有效监督,而且削弱了政府管理部门的行政职能,不利于政府部门履行和不断完善立法的工作职责。

#### 2. 养老保障缺乏有效的法律管理和监督

养老保障运行机制中,部门之间和部门内部及社会尚缺乏有效的管理和监督。例如对养老保险基金的结余部分,国家规定只能购买债券,不仅周期长,而且利率赶不上同期物价增长水平,因此,不利于养老保险基金的保值增值,同时增加了政府的财政负担。再如,有些退休职工去世后,其亲属仍在领取养老保险金,这种冒领的现象屡禁不止,足以说明监督程序、监督实

---

① 杜晓、蒋新军:《老龄化危机逼近 凸显养老制度结构性缺陷》,《法制日报》2010 年 9 月 15 日。

施措施乏力。原因就是部门之间和部门内部管理监督的控制机制薄弱。对社会监督机构的设置，由于受部门利益的牵扯，倾向有利于维护本部门的权利和利益，违背了相互制约的机制原则。

### （三）养老服务体系发展滞后

养老服务体系是指老年人在生活中获得的全方位服务支持的系统。既包括家庭提供的各种服务和条件，也包括政府、社会提供的有关服务的形式、制度、政策、机构等各种条件。当前，我国养老服务体系尚未健全，主要表现在：

#### 1. 缺乏统一规划

在养老服务体系建设中，各级政府在制定规划、出台政策、落实政策等方面没有行动或力度不够。目前，尤其是在县一级普遍没有对养老服务体系建设工作进行系统、全面、科学的规划，导致政策缺失，使县一级养老服务工作发展滞后。

#### 2. 缺乏养老服务体系建设管理体制

养老服务体系建设虽然由民政部门主管，但涉及国土资源、财政规划、住房城建、卫生教育、文化体育、公安消防等诸多部门，而民政部门力量有限，对养老服务体系建设往往是力不从心。相应的养老服务体系建设在运行机制上是管理缺乏手段，协调缺乏效力，监督缺乏力度，服务缺乏合力。

#### 3. 机构养老能力不足

机构养老供需矛盾突出。仅以养老床位测算，按照国际通行的5%的老年人需要进入机构养老标准，我国至少需要800多万张床位，而现在只有约250万张，缺口达550多万张。一方面是地区发展不平衡，经济发达地区与欠发达地区的存在严重反差，经济发达的地区养老机构条件较好，欠发达地区养老床位十分缺乏；另一方面是功能不齐全。目前，我国多数养老服务机构只具备简单的生活照料功能，没有专业服务队伍和服务项目，变成了老年人集体居住场所，缺乏养老必需的学习教育、文体活动、保健康复等功能。民办养老服务机构发展困难。由于政策的不平衡，一些民办养老服务机构陷入进退两难的境地。这导致一些原有的民办养老服务机构难以为继；新建的民办养老服务机构发展受到规划、土地等政策的制约，从而影响了社会力量举办养老服务事业的积极性。居家养老缺乏配套措施，发展缓慢，难以满足老人的服务需求。

4. 养老服务队伍建设落后

一是数量不足。据民政部门有关资料显示，养老院供养人数与工作人员数约为10∶1，远不能满足老年人特别是生活不能自理老人的服务需求。二是年龄偏大、文化偏低。据调查，全国敬老院工作人员，平均年龄达到59岁，初中及以下文化程度占67%。三是工资待遇偏低。大部分工作人员工资待遇没有达到当地最低工资标准，也没有参加各种保险，工作积极性普遍不高。四是缺乏护理人员，养老护理员培训没有规范化。目前配备的工作人员大多负责买菜、烧饭和打扫卫生等工作，专业的医疗和护理人员十分缺乏。

### （四）国家财政投入不足

1. 投入不足，制约发展

我国财政社会保障支出虽逐年递增，但仍显不足。社会保障支出的统计口径一般包括原政府收支分类科目中的抚恤和社会福利救济费、社会保障补助支出和行政事业单位离退休费三大类。据《中国统计年鉴2009》显示，从1998年到2008年，财政社会保障支出从599亿元增加到6804亿元，增加6205亿元；财政社会保障支出占财政支出的比例从5.54%提高到10.87%，上升了5.33个百分点。《中国统计年鉴2012》表明，2011年国家财政用于社会保障和就业的支出达到11109.40亿元[1]，比例明显提高。但我国的财政社会保障支出水平无论在总量上还是在结构上，均与我国目前经济社会发展对社会保障的要求不相适应，远远不能满足经济结构调整和国企改革对社会保障资金的需求。近年来，虽然国家加大了对社会保障的支持力度，财政养老保障支出的绝对数额不断增加，但其占财政支出总额的比例却基本保持不变，维持在11%左右。我国财政养老保障支出水平偏低是不争

---

[1] 《中国统计年鉴2012》，中国统计出版社2012年版。

的事实。在"天津市2011年民生问题调查"中,列举了养老、医疗、失业、工伤事故、生育和贫困救济六个社会保障类别,其中占46.3%的被调查者认为养老应该是最优先加强的一项,排在六个选项的第一位(见表7-1)。由此可以看出,养老保障的投入不足,已经引起社会各界的广泛关注。

表7-1 应当首先加强的社会保障

| 项　目 | 人数 | 有效百分比 |
| --- | --- | --- |
| 养老 | 454 | 46.3 |
| 医疗 | 323 | 33.0 |
| 失业 | 134 | 13.7 |
| 工伤事故 | 7 | 0.7 |
| 生育 | 11 | 1.1 |
| 贫困救济 | 51 | 5.2 |
| 合计 | 980 | 100.0 |

2. 养老保障基金来源不稳定

目前我国尚未建立可靠、稳定、系统的社会保障基金筹集体系,单靠征缴的基本养老基金已难以满足日益增长的支付需求。社会保险基金征收缺乏强制性、约束力,对企业和个人瞒报、少交、拖欠缺乏相应的司法制裁措施,积极的收缴比较困难。投资渠道单一,主要依靠各级政府财政支出,而社会捐赠等其他渠道来源很少,甚至没有,还没有真正形成政府主导与社会参与相结合的保障模式。

### 三、养老模式的结构性矛盾凸显

我国正经历从家庭养老模式向社会养老模式的结构性变迁。社会主义市场经济体制的建立和发展,加剧了就业和职场的竞争,使子女无暇顾及老人,敬老爱亲显得有心无力;计划生育基本国策的实施,改变了家庭人口规模结构,家庭养老功能正在不断弱化。而现代社会的机构养老还不能满足老年人的需求,正在探索的社家养老模式也不成熟。养老模式中的结构性矛盾凸显。

## (一) 家庭养老难负其重

目前，家庭养老仍然是我国绝大多数家庭所采取的养老方式。所谓家庭养老就是老年人居住在自己的家里，主要由子女或亲属陪护赡养，使之安度晚年。尽管这种方式由来已久，社会认同程度较高，但随着经济社会的发展和家庭结构的变化，家庭养老已经受到诸多的限制并出现了明显的弊端，难以或无法满足家庭和老年人的需求。"天津市2011年民生问题调查"中，有69.5%的被调查者认为，家庭已经难以承担起养老的重任（见表7-2）。

表7-2 您是否同意"家庭养老难负其重"

| 项目 | 人数 | 有效百分比 |
| --- | --- | --- |
| 非常同意 | 298 | 30.1 |
| 比较同意 | 390 | 39.4 |
| 没有意见 | 239 | 24.1 |
| 有些不同意 | 59 | 6.0 |
| 非常不同意 | 4 | 0.4 |
| 合计 | 990 | 100.0 |

1. 传统养老观和模式已开始改变

几千年来，中国在家庭赡养关系上承袭着双向依赖关系，即子代依赖父代成人，父代依赖子代养老。所以，在延续数千年的养老文化中，"靠儿养老"始终是生活于各个时代之人的首选。"不孝有三，无后为大"的观念根深蒂固。这个观念蕴含着"没有儿子，无以养老"。今天人们的这种观念正在变化。一是因为人们的经济收入及生活水平有了较大程度提高，老年人社会福利事业得到较大发展，可以享有养老金和基本医疗保险。而且老年人的生活方式、行为方式和思维方式也在发生变化。他们喜欢独立、自立。二是随着人们的生存竞争、发展竞争、价值竞争意识日渐强烈，子女一代忙于事业和关照自己的下一代，无暇照顾老人，使家庭养老在某种程度上难副其实。

现实的情况是，家庭养老只适合老年人群中的"年轻"老人，而不适合年长老人；只适合健康老人，而不适合患病老人；只适合能够自理的老人，而不适合非自理的老人。这就意味着家庭养老难以满足那些不"年轻"、不健康、而需要借助外力帮助实现生活的年长、患病和非自理老人的养老愿望。而恰恰是日渐增多的高龄伤残老年人群体，加重了社会及家庭养老的压力和负担。这是现代家庭养老难中普遍存在的难题。

2. 独生子女家庭挑战养老模式

自20世纪70年代末开始，我国从人口基数过大、增速过快的国情出发，将计划生育确立为基本国策，核心内容是实行一对夫妇只生一个孩子。计划生育政策也被形象地简化为独生子女政策。随着这项基本国策的实施，我国家庭人口结构逐步向"四二一"模式发展。所谓"四二一家庭"是指由祖父、祖母、外祖父、外祖母四人，父亲、母亲二人和一个独生子女所构成的倒金字塔形的家庭。由此而带来由两个劳动力抚养四个老人和一个孩子，负担太重，抚养系数过大。

这种"四二一"家庭模式的现实，使家庭养老功能不断弱化，对传统的家庭养老模式造成明显的冲击。一般来讲，当子女成家的时候，他们的父母也已经接近或退休，逐步进入了老年人的行列，或多或少地需要得到子女的照顾。也就是说一对年轻的夫妇不仅要照顾自己的儿女，还有双方父母四位老人。如遇到老人患病，或不能自理，子女的负担就会更重。老年人问题光靠家庭是很难得到很好的解决的。目前的情况是，相当数量的老年人得不到子女的赡养和直接照顾。中国老龄科学研究中心调查显示，全国城市地区有近一半的老人没有子女相伴，而农村空巢老人的比重也占到四成左右。如果考虑农村大量劳动力外出打工因素，农村空巢化更加严重。中国的家庭养老模式正在遭到挑战，面临困境。

### （二）机构养老局限较多

社会机构养老是指老年人离开家庭和自己居所之后进入养老院、护理院等专职部门集中养老的一种形式。从发展的角度看，随着社会老龄化速度加快，这类承担非自理和半自理老人养老任务的养老机构，将会有较大发展。但是，由于传统观念的制约、经济条件的限制和养老机构发展滞后等原因，难以适应老年人日益强烈的养老需求。在"天津市2011年民生问题调查"中，有70.9%的被调查者反映，社会机构养老确实受到很多的限制（见表7-3）。

表7-3 您是否同意"养老院养老局限很多"

| 项　目 | 人数 | 有效百分比 |
| --- | --- | --- |
| 非常同意 | 277 | 28.0 |
| 比较同意 | 424 | 42.9 |
| 没有意见 | 234 | 23.7 |
| 有些不同意 | 43 | 4.4 |
| 非常不同意 | 10 | 1.0 |
| 合计 | 988 | 100.0 |

1. 家庭成员担心影响亲情

受传统养老观念的影响，一些家庭虽然已不具备养老的条件，确实需要老人进入养老机构养老，但担心老人不愿意去，害怕影响亲子感情，更怕被人指责，只好让老人在家里勉强维持养老。2011年在天津举行的民生问题调查资料显示，有51.8%的人表示，一旦父母进入养老院，确有"子女不孝之嫌"。调查中我们还了解到，很多子女表示，如果老人同意，他们愿意让老人住进养老院，这样不但能让老人安享晚年，还能减轻我们的压力。反之，他们不愿意去养老院，再困难也只好在家维持养老。

2. 老人怕受限制不自由

由于老年人过惯了居家生活，在家中不仅起居随意，而且有熟悉的老街旧邻聊天交流，因此，他们不愿过有约束的集体生活，不愿改变延续多年的生活习惯，从而不放心机构养老或拒绝入住。在天津市2011年民生问题调查显示，有63.5%的人认为进入养老院老人不自由。

3. 经济负担较重

进住养老机构增加家庭开支，加重经济负担。在这次民生问题调查中，有一项关于养老院收费价格的内容，统计结果显示，占77.5%的人认为目前养老院收费价格偏高。另据2009年7月，天津市老年基金会和南开大学周恩来政府管理学院联合调研组对天津市居家养老老人的调查数据显示，老人每月退休费在1499元以下的约占被调查者的56.4%。据我们调查，进住一般的养老机构，每人每月约需要最少支付1500元左右，如老年夫妻都有退休费，只能勉强达到支付入住养老机构的费用，其他如穿衣、医疗保健自费部分等日常开支均需要子女负担，使老人难以入住养老机构（见表7-4）。

表7-4 您是否认为养老院收费价格较高

| 项 目 | 人数 | 有效百分比 |
| --- | --- | --- |
| 非常同意 | 398 | 40.1 |
| 比较同意 | 371 | 37.4 |
| 没有意见 | 202 | 20.3 |
| 有些不同意 | 16 | 1.6 |
| 非常不同意 | 6 | 0.6 |
| 合计 | 993 | 100.0 |

4. 一床难求与空床率高并存

按照国际标准，目前全国需要养老机构床位800万个，实际只有250万个，无法满足老年人的需求，这就意味着"一床难求"，有相当数量的有需求的老年人难以进入养老机构养老。据国家统计局天津调查总队2011年12月在"城市老年人生活现状和未来养老模式需求研究"显示，2010年天津市65岁及以上的老人有110.23万人，据调查，有意向选择机构养老的占19.0%，据此推算，全市至少需要21万张床位。而2010年全市城镇老年福利机构共有166个，床位数为1.9万张左右，显而易见，缺口是很大的。在笔者调查时，该市一位市级公办养老院工作人员说，老人要进入养老院，一般要等两年或更久，"只有走一个，才能新进一个"。一方面"一床难求"，另一方面，部分民办养老机构空床率却较高，目前天津市部分民办养老机构因存在硬件设施不完善、护理人员技术不过硬，服务质量不高等问题，民办养老院平均仅有70%的入住率。不仅浪费了宝贵的资源，而且阻碍了养老机构的发展，也影响了社会养老事业水平的提高。

### (三) 社家养老尚不成熟

社家养老（也有称居家养老）是指以家庭为核心、以社区为依托、以专业化服务为依靠，为居住在家的老年人提供以解决日常生活困难为主要内容的社会化服务，其形式主要有两种：一是由经过专业培训的服务人员上门为老年人开展照料服务；二是在社区创办老年人日间照料服务中心，为老年人提供日托服务。这种养老模式刚刚起步，各地还在初建和摸索阶段，尤其是政府、社区和家庭有机结合的运行机制有待完善。天津市2011年民生问题调查显示，有72.4%的被调查者认为，社家养老尚不成熟（见表7-5）。

表7-5 你是否认为"社家养老尚不成熟"

| 项 目 | 人数 | 有效百分比 |
| --- | --- | --- |
| 非常同意 | 271 | 27.5 |
| 比较同意 | 433 | 43.9 |
| 没有意见 | 244 | 24.7 |
| 有些不同意 | 33 | 3.3 |
| 非常不同意 | 5 | 0.5 |
| 合计 | 986 | 100.0 |

1. 社区养老资金不足，基础设施建设落后

老年社区服务一直是以政府投资为主要资金来源，社区投入与老年人购买服务相对较少，这种资金来源的单一化已经无法满足日益增多的老年养老需求。由于资金缺乏，社区老年服务业无力扩大场所和添置、更新设施而导致供给不足，不能为更多的老人服务。

2. 组织建设不力，管理体制不顺

社区组织建设不力，普遍没有设置专门机构和相应的专职人员，跟不上社区养老服务的需要，所以作为社区工作之一的老人工作也只能敷衍了事，难有成效。社区管理体制滞后，基层社区组织责权不相一致。民政部门名义上承担了宏观管理的职责，但实际上各部门互相割裂，民政部门的综合协调效果不明显，各基层单位各自为政，各行其是，各部门的作用难以形成合

力，而是相互摩擦、相互制约、甚至对立。

**3. 居家养老服务发展缓慢，产业化程度较低**

目前社区养老服务产业化进程缓慢，规模小，大部分地区的社区服务产业化程度仍然较低，还缺乏有竞争力和影响力的社区服务品牌以及连锁化发展，因而既影响了老年人的消费需求，又制约了社区养老服务产业的发展。

**4. 专业人员缺乏，志愿者队伍不够稳定**

目前，在我国从事社区养老工作的绝大部分是没有受过专业训练、不具备专业知识和技能的工作人员。一方面，我国虽然许多高等院校都设置了社会工作专业，并有一定数量的毕业生，但是，多数毕业生都不屑于到社区从事养老服务。这不仅直接影响到社区服务的质量，而且还在很大程度上会影响到整个社区养老事业的发展。另一方面，目前我国社区养老服务中的志愿者队伍普遍缺乏，甚至有的社区没有志愿者队伍，缺乏公众支持的基础。

### 四、化解养老结构性矛盾的有效途径

中国人历来讲究颐养天年，每个人都希望晚年能过上幸福安康的生活。对于家庭来说，老人的生活问题是一件大事，他们生活得好坏决定着整个家庭的和睦和社会质量。对于社会来讲，任何人都会老，如果现在的老人养老问题没有解决好，必然影响整个社会的和谐。为更好地适应已经来临的老龄化社会和面临养老结构矛盾，必须从全社会的心理与观念、制度与政策以及物质基础等方面做好充分的准备。

#### （一）积极应对老龄化社会

早在2002年，联合国第二届世界老龄大会上，世界卫生组织在一份报告中就提出了"积极老龄化"的概念。把"参与社会发展、促进健康和福祉、建立支持性环境"作为三个优先发展方向，写入该次大会的《政治宣言》，并已被国际社会广泛接受和采用。按照世界卫生组织的说法，"积极老龄化"意指从工作岗位上退休的老年人，以及那些患病或残疾的人仍能对其家庭、地位相同的人、社区和国家做出积极的贡献。而实现积极老龄

化,不仅包括老年人自身观念的改变,也包括政府和社会对老年人积极健康生活的支持。我们运用"积极老龄化"这一理念,探索社会转型期养老结构变化中的老年群体的自我应对,以及积极养老的问题。

1. 积极养老、备老,主动进入角色

一般说来,所谓积极养老即是"老有所为",与之相对应的便是消极养老。有些老年人认为一旦退出工作岗位后,就可以彻底休闲了,以致于两耳不闻国事、家事、天下事,只求居家安闲度日。这种消极养老的方式,又被人们称作"享清福"。积极养老和消极养老是两种不同的养老观。我们认为,对积极养老应该有更宽泛的理解和认识。诸如老有所学、老有所乐、老有所教等,只要有助于丰富老年人生活,提高老年人生活情趣,满足老年人精神需要,改善老年人生活质量的做法和观念都应该纳入积极养老的范畴。积极养老不容置疑,同时更要强化树立积极"备老"的新观念。即未雨绸缪,主动进入角色。在年轻或者中年时就要学习、完成备老的功课,做好积极养老的自我准备。这门功课应当包括经济上的储备、精神上的准备和身体上的预备等方面。现实中我们发现,人们对于备老的认识很不清晰,在"天津市2011年民生问题调查"的千名被调查者中,有33.6%回答没有做好备老的准备;在物质和精神上都做了准备的仅占39.9%。根据不同分年龄组分析,在46—55岁的年龄组中,没有做任何准备的约占35.1%。需要指出的是,这个年龄组是进入老年的临界点,即将进入养老阶段。然而,有超过三分之一的人却没有做如何准备(见表7-6),这就充分说明,在全社会倡导积极主动备老的重要性和必要性。为此,只有在年轻时就积极参加社会和商业等各种养老保险,以备不时之需;参与各种社会活动,保持与时代同步,才能适应环境和角色转换,减少对子女的依赖,从而平稳顺利进入养老期,拥有一个具有生活质量和生命质量的幸福晚年。

表7-6 您是否有备老养老的做法和准备(%)

| 年龄分组(岁) | 物质准备 | 精神准备 | 物质和精神准备 | 没有准备 | 合计 |
| --- | --- | --- | --- | --- | --- |
| 25岁以下 | 2.9 | 3.3 | 2.6 | 4.7 | 3.5 |
| 26—35 | 11.6 | 10.9 | 14.2 | 20.5 | 15.5 |
| 36—45 | 27.5 | 20.8 | 20.7 | 24.5 | 22.5 |

续表

| 年龄分组（岁） | 物质准备 | 精神准备 | 物质和精神准备 | 没有准备 | 合计 |
| --- | --- | --- | --- | --- | --- |
| 46—55 | 37.7 | 33.3 | 30.4 | 35.1 | 33.1 |
| 56—65 | 13.0 | 41.9 | 20.5 | 12.7 | 17.6 |
| 66岁以上 | 7.2 | 9.8 | 11.5 | 2.5 | 7.9 |
| 合　计 | 100 | 100 | 100 | 100 | 100 |

2. 提高养老素质，提升生活质量和生命质量

养老素质概括起来就是自助养老、互助养老和受助养老的能力。

自助养老就是靠自己的财力、精力和能力养老，是老年人自主、自强、自尊、自立、自重的表现。在自助养老中，首先老年人要树立自我是养老主体的观念，不依赖子女、别人和社会。其次是确立"两个延长"的理念，即延长社会参与时间，延长自我料理时间。能否树立养老的主体意识，能否做到"两个延长"，是提升老年人生活质量和生命质量的关键。

互助养老是老年人之间在老年阶段的互相养老。实际上是老年人自主承担了养老的责任，是利用老人群体的共同力量解决老人的养老问题。这里包括老年夫妻之间的互养和老年群体之间的互相帮助。老年夫妻的相辅相携，是安度晚年的有力保证，为此，提出老年人要"有老伴的要珍爱老伴，没有老伴的应积极寻找老伴"。除了老伴之间的互相帮助外，老年人还要广交朋友，拓展交流、沟通的渠道，以达到排解孤独、寂寞，舒缓、宣泄情绪，愉悦身心的目的。

受助养老是指老年人融洽地接受他人、社区、社会的养老帮助。接受社会养老是老人继续社会化程度高的表现，是把自己的养老与社会联结能力提高的表现，提高老年人的受助能力也是实现社会养老的一个重要保证。例如，有一些老人在家庭子女无法照料的时候，请老人进住养老院，而老人却认为这是子女不孝、不管老人，甚至到老龄委等有关部门状告子女，这些就是不接受社会养老的表现。因此，只有具备了受助养老的能力，才能克服当前一些人对社会助老行动的不相信、不买账、不配合，甚至进行抵制的现象。

### 3. 为实现"三助养老"创造条件

提高自助养老、互助养老和受助养老的能力,是适应我国养老结构变化的需要,也是一项系统工程。这个工程的有效运转还需要相应的保障条件,这些条件主要有三个方面:

一是老年人要成为独立人。独立人的标志是在经济上要成为利益主体,在思想上要有自我独立的意识,在行动上要有独立行动的能力。要能做自己的主,要能办自己要办的事,要能负自己的责。

二是老年人要与子女剥离。一位哲人曾说:世界上所有的爱都是以聚合为目的,唯有亲子之爱是以分离为结果。家庭中只有两代人的成功剥离,才有两代人的幸福生活。这就需要老年人,特别是年轻老年人,充分发掘自身的潜力,不要再指望自己的子女完全、直接地赡养自己,也不让自己的子女当"啃老族"。要建立父母自我自立养老,子女自主自立建家立业的双向自立的新型家庭模式。形成父母支持子女直接创造社会价值,把社会保障的蛋糕做大;子女在社会实践中不断努力发展自己,间接赡养父母的社会氛围。

三是老年人要获得应有的社会保障。人人都会老,家家有老人。老年人问题关系到"国计民生和国家长治久安",因此,老年人这个特殊群体,除了获得一般公民应获得的社会保险、社会救助和社会福利之外,还应获得相应的特殊保障。当前,要将尚未纳入养老保险和医疗保险的老年人尽快全部纳入,使他们得到养老和医疗保障;随着经济的发展应不断加大对老年人生活保障的投入力度,进一步提高老年人的社会保障水平;要结合老龄化发展趋势和市场经济条件下养老形势和任务的变化,认真研究制定和完善老龄事业发展和法规政策体系,为老龄事业发展创造更加良好、宽松的法律政策环境。

### (二)创新多元化养老模式

由于我国经济社会发展水平的局限和老年人口日益增加的负担,加之现有的养老模式存在着许多弊端和问题,因此,必须解放思想,求真务实,在完善原有养老方式的基础上,学习借鉴国外的先进的做法和经验,摸索创新,逐步建立起适合我国国情的多元化的养老模式。

### 1. 发达国家的做法和经验

目前，随着老年人口的不断增多，各个国家都开始对养老福利模式进行积极的探索。西方发达国家最早进入老龄社会，经过长期发展，这些国家已形成比较完善的老年服务体系。他们在居家养老方面积累的丰富经验值得我们借鉴。

(1) 美国：医疗照顾辅以社区服务

在运行机制方面，美国政府对老年人实施全面医疗照顾，简称PACE。这是政府为体弱多病的老人提供长期照顾的创新项目。该计划规定参加者必须55岁以上，居住在PACE服务区内，被州政府的相关机构鉴定为体弱多病，符合入住护理院的老人。PACE商业运营，政府监督，其特点有：适合到护理院居住的客户可以选择在社区里接受长期的照顾服务；通过多学科的专家组成的团队来进行个案管理；成人日常健康中心提供各种医疗服务。PACE模式主要解决了患慢性病的老年人需要长期照顾的困难，为他们提供有效的服务。

在服务内容方面，PACE包含基础医疗服务、社会服务、康复治疗、个人护理、营养咨询、娱乐治疗、提供用餐，以及预防性的、恢复性的、治愈性的和护理性的服务。除PACE项目以外，美国的社区养老服务内容丰富，涵盖方方面面，包括病历管理、成人日间照顾、家庭健康扶助、个人照料、杂务服务等。社区还普遍设立家庭保健中心（为在自己家中居住者提供简单的日常生活及护理服务）、老人活动中心（除提供养老午餐外，还组织文化、娱乐、教育、旅游等活动）、提供免费教育、进行老年人志愿者服务。政府还在社区为居家老人安装电子应急系统，处理紧急情况。

在资金来源方面，PACE项目经费主要来源于医疗保险和医疗救助每个月给符合条件的老人支付的救助资金。符合医疗保险条件，但不符合医疗救助条件的参加者自行支付服务费中的差额部分。社区服务项目一部分免费，收费的服务项目由个人付款及在各种保险计划中开支。

(2) 日本：家庭福利+护理保险

在运行机制方面，日本社会保障和养老相关的法律，把家庭和家庭赡养关系作为前提条件。一种是强制家庭和亲属进行赡养的法律，如《生活保护法》《老人福利法》《儿童福利法》《老人保健法》《残疾人福利法》等都有明确记载；另一种是在制度上承认家庭或亲属之间已经形成的赡养关系的法律，如《国民年金法》《厚生年金保险法》《全民健康保险法》等都有有关条文。

日本政府从2000年开始实行护理保险制度。"脱离医院，让老人回归社区，回归家庭"是这项保险的目的。40岁以上的国民必须加入并缴纳护理保险金，在65岁后接受这项保险提供的服务。卧床不起无法自理或者患有痴呆的老年人不用去医院，就可以在家接受护理。

在服务内容方面，把老年患者的长期护理场所从普通医院转移到家庭、专门老人福利院、老人保健设施和疗养型综合体。老年人生活不便时有人照料、有病能及时得到医疗和护理，通过专业人员的定期上门提供医疗护理和康复指导。通过社区的志愿者（健康的老年人）提供长期志愿服务，每周几次探视居家老人。

在资金来源方面，护理保险是强制性医疗保险，其相关服务由医疗保险基金支付；家庭的赡养和经济支持是日本老年人居家养老的重要资金来源；志愿者服务和政府提供部分无偿服务。

（3）新加坡：中央公积金制辅以社会参与

在运行机制方面，中央公积金制度是新加坡整个社会保障体系的基础。中央公积金制度中有家庭保障计划，包括"家属保障计划"和"家庭保护计划"。前者是一项定期人寿保险，目的是为公积金会员及其家属在会员终身残疾或死亡时提供应急资金；而后者是一种强制性保险，目的是保证会员具备归还贷款的能力。公积金制度解决了新加坡养老的经济问题。

新加坡政府重视培养全民的家庭观念，为防出现"空巢现象"，在购买房屋时有一个优惠政策，即对年轻人愿意和父母亲居住在一起或购买房屋与父母亲居住较近的，经有关部门审核、批准后可一次性减少3万新元，以鼓励年轻人赡养父母、照顾老人。

在服务内容方面，通过家庭实现的居家养老，即年轻人与父母同住实现赡养父母和照顾老人，这是新加坡政府大力提供和鼓励的。对于无暇照顾在家的老年人和孩子，新加坡成立了"三合一家庭中心"，将托老所和托儿所有机地结合在一起，老少集中管理，既顺应了社会的发展需要，也解决了年轻人的后顾之忧。政府还在社区举办了乐龄俱乐部和民众联络所,以丰富老人文化生活和社会活动。

在资金来源方面,中央公积金为主,辅以政府投入。

通过以上国家的做法和经验可以看出以下几个共同特点:一是确立运行机制,通过国家立法,明确政府、社会、家庭和个人的责任,并使之相互衔接,有效运转;二是明确服务内容,内容不仅细化,而且具有很强的可操作性,有效保证落实;三是确保资金来源,无论是国家、地方政府拨款,还是有关团体的捐赠以及老人的缴费,都有明确的规定,并保持相对的稳定性。正因为如此,才保证了这些国家多元化养老模式的可持续发展,这些无疑是给我国以有益的启示和借鉴。

2. 社家养老的概念及发展思路

当前,我国现行的家庭养老和机构养老方式都存在明显弊端,不符合大多老年人的心愿,那么,创建一个既能够被老年人喜欢、子女满意,又能被社会所接受的养老模式势在必行。

为了深入了解城镇老年人的养老愿望,我们在天津市南开区华苑地华里、河西区宾水南里和西青区大地十二城等社区,进行了"您所喜欢的养老方式"的专题调查访谈。通过访谈发现,老年人的心愿概括起来主要有两个:一是希望在自家养老。其理由有四点:第一点是节省费用。在城镇中,占85%的老人拥有自己的住房,他们认为若能自理,住在家里最好,可省去一笔入住养老院的管理费用;第二点是自由自在,不受集体生活规章制度约束;第三点是便于亲戚朋友走动,不离开老街旧邻和熟悉的社区;第四点是便于子女探望,增进亲情交流。二是希望社区能够提供多种项目的有偿服务。特别是那些经济条件好、退休金高、年龄较高、处于半自理状态,却又不愿进入养老院的老年人,迫切希望通过支付一定费用,由可靠的社会机构选派专业人员前来帮助自己。这种身不离家,足不出户,却又能够借助外力、依靠社会服务、自由生活的愿望,便是发展社家养老的土壤。通过研究分析,我们认为创设社家养老的新模式是未来养老的主要依托模式和发展方向。

(1) 社家养老的概念

所谓社家养老,顾名思义就是将社会力量和家庭资源进行有效的整合,以老年人为本，以家庭为基础，社会支撑家庭，老人接受社会服务的一种新型养老模式。该模式由社会保障（养老保障和医疗保障）、社区服务和子女照料三者有机结合，通力合作。其三者的关系为：社会保障是达到养老目标的基础，社区服务是完成养老任务的载体，子女是关注其父母养老过程的"负责人"。通过社家联合，能实现老年人身不出家门也能得到社会帮助，满足老年人怡然自得、安享天年的愿望。

由此可见，社家养老不仅是民心所向、民生所求，更是推进养老这一事业向前发展的巨大动力与基础；符合老年人和社会所有成员的共同期望；更符合我国家庭结构小型化的发展趋势和城镇家庭独生子女的基本国情。

（2）社家养老的发展思路

鉴于社家养老主要是承担高龄、体衰、病残老人的养老任务。从目前社会现状看，恰恰是高龄体衰老人的养老问题最为突出，且有所上升。从未来发展趋势分析，老年人养老"分流"方向是：约有10%的人进入养老机构；约有70%的年轻健康老人居家自理；而多达20%左右的高龄、病残老人则需要选择社家养老。从社会养老压力角度讲，最大的压力来源正是这些高龄和病残老人。所以，养老机构和社家养老能力均要快速提升，才能满足社会需求。而社家养老与现有机构养老相比，其规模和能力则更为薄弱。要改变这种现状，让社家养老事业健康发展，必须从以下四个方面入手：

第一，不断探索，加快完善"三社"系统。所谓"三社"是指社会、社区与社工。完善"三社"系统，首先是发展社会保障事业，这是建立和完善"三社"系统的前提条件。只有不断扩大社会保障，特别是养老保险和医疗保险的覆盖范围，真正实现老有所养，病有所医，安度晚年，人们才能不奢望靠儿养老，并且才可以把子女从家庭直接养老的模式中解放出来。其次是强化社区功能，这是建立和完善"三社"系统的重要载体。社区需要为老年人提供多种服务，组织富有专长的人员，根据老人的需求，定时上门入户提供服务。诸如既要能够为老人提供一般的家政服务，也能够为高龄老人、病残老人提供专业的赡护服务。最后是培养一支具有专业知识和技能的社会工作者队伍以及老年志愿者队伍，这是建立和完善"三社"系统的根本保证。因此说，逐步建立和完善"三社系统"，使之有机结合，相互促进，形成长效机制，才能保障社家养老事业的良性和可持续发展。

第二，多方入手，建立和巩固专业服务队伍。目前，社家养老事业刚刚起步，在实践中，除了要破除落后的传统观念，还要加强政策的支持力度，更要培养一批热爱老年事业，精干高效、富有专长的服务人员队伍。天津市2011年民生问题调查表明，有78.1%的被调查者认为社家养老，应当建立一支专业的服务队伍，这足以说明对这个问题的社会呼声。社家养老服务人员包括赡护人员、医护人员、心理咨询人员、丧葬人员、管理人员等。建议以街道为单位，建立社家养老专业服务队伍。为此，必须解决三个问题。一是多种渠道招聘人员。在招聘社家养老专业服务人员时，要拓宽思路，广开渠道。不仅招聘符合条件的社会失业人员、农村劳动力等，更要注重招聘高校毕业生，从目前对天津市高等院校专业设置情况的了解，南开大学、天津理工大学、天津师范大学等高校均已设立了社工专业，应鼓励这些专业的大学生，在实习期间深入到社区去实践，毕业后积极投身这项事业。这样既可以在一定程度上解决社家养老服务人员匮乏问题，又可以为大学生增加了解社会和就业机会。二是加强培训提高素质。为了提高社家养老专业服务队伍的水平，要加强专业技能的培训，通过考核合格的，取得相应的职业技能资格证书，以实现持证上岗，保证服务质量。三是保障待遇稳定队伍。社家养老专业服务是具有一定公益性的事业，不能完全按照市场化的规律运作和发展。这支专业队伍的收入来源主要由两部分组成，即接受服务的老人适当缴费和政府的适当补贴。我们认为其收入标准不应低于当地养老服务业人员的平均工资水平。为此，除老人个人缴费以外，不足部分政府应该予以补贴，使养老服务专业队伍与其他从业人员一样，享有社会保险待遇，并受到社会的尊重，以保持工作队伍的稳定。

第三，建立机制，发展志愿者队伍。社家养老志愿者的来源主要由两部分人员组成：一是一般意义上的志愿者，他们没有年龄界限，根据个人意愿和特长，为社家养老事业提供相应的服务。二是老年志愿者，具体讲就是相对年轻且身体健康的老人，发挥他们时间、精力和生活能力强的优势，为社家养老提供服务。本研究的重点是如何建立发展和巩固老年志愿者服务队伍。

通过调查我们看到，老年人是"时间的贵族"。许多年轻的健康老人既有大量的闲暇时间又有一定的精力和能力，同时还有为社家养老提供服务的良好意愿。这些为建立社家养老老年志愿者队伍提供了有力的前提和条件。

建立起这支队伍，有利于弘扬构建和谐社会的互助友爱精神；有利于补充专业队伍力量的不足，降低社会成本；有利于老年人的自我养老。为了更好地发展社家养老事业，要大力发展这支队伍，并不断挖掘和整合这个资源，以充分发挥老年人互助养老的作用。

当前，建立老年志愿者队伍应着力抓好运行机制和保障措施。为此，应抓好以下几个环节：一是志愿者招募：通过媒体、海报等形式招募志愿者。二是志愿者分类：居委会根据志愿者的意愿和特长进行分类，以达到供需结合，人尽其用。三是志愿者服务：志愿者进行服务前要明确服务时间、内容、地点。四是志愿者评估：由居委会的工作人员对其进行服务时间统计和服务质量评估，并签字确认。五是志愿者激励机制：使志愿者工作长效、有序地顺利开展。

第四，营造社家养老的良好舆论氛围。社家养老与传统的家庭养老和机构养老相比，还是一个新型的养老模式。这个养老模式的建立和发展，有利于满足老年人的自主性、自由性、自尊性和自强性，实现了老年人留在家里自主养老的意愿，使其舒适、快乐、颐养天年。有利于把子女一代从难负其重的家庭直接赡护老人中解放出来，使其可以有更多的时间和精力参与社会竞争。有利于扩大劳动就业，随着社家养老人员的不断增多，从事这项事业的队伍也会不断增加。为了促进社家养老模式的发展，宣传部门和新闻媒体要加强舆论宣传，使社会和公众了解社家养老模式的重要意义，给予关心、理解和支持，以营造良好的社会环境和舆论氛围。

### 3. 巩固完善机构养老

随着人口老龄化的加快，老人进入机构养老的需求日益增多，这也为养老机构快速发展提供了难得的机遇。如何巩固、发展、完善好养老机构，是亟待解决的一个现实问题。

（1）统筹规划，促进发展。各级政府要认真落实已制定的加快养老机构发展的"十二五"规划，统筹安排，调配资源，整合力量，从根本上保证养老机构的快速发展。为确保每个年度计划的完成，应把其列入政府考核业绩的重要内容，并建立监督问责制度，使之层层落实，年年兑现。

（2）完善法规，扶持发展。制定并全面落实支持养老机构发展的法规和政策。近年来，我国已经先后出台了一些鼓励和扶持的政策法规，基本涵盖了支持养老机构建设、规范机构生活照料和医疗、康复以及文化生活服务等多方面内容，为养老机构的发展提供了较好的制度保障。但是，面对人口老龄化的严峻挑战，"十二五"期间还需继续加大对养老机构发展的政策扶持力度，研究制定新的扶持政策，推动养老机构的建设和发展。

一是加大养老机构设施建设的扶持力度。各级政府应在掌握的公益用地和建设用地中优先安排服务设施的建设用地，所有为老服务设施建设都要减免各种配套费。机构照料服务应进一步扩大享受税收减免等扶持项和优惠政策，各类企事业单位、社会团体和个人向养老机构的捐赠，在计算单位税收和个人所得税前应准予全额扣除。

二是减免养老护理人员的培训费用。为鼓励和吸引更多的人从事养老服务事业，建议对于养老护理人员进行培训，并经过考核取得职业资格证书的培训机构，由政府购买培训成果即政府出资补贴其培训费用。

三是强化"民办公助"的政策。要逐年加大各级财政对社会力量举办养老机构的基本建设性补贴份额，同时对建成的民办养老机构视服务开展情况给予适当的运行经费补贴，还要根据收住照顾的服务对象的经济支付能力，制定不同的补贴标准和分类补贴相应的服务费用。

四是积极推进"公办民营"的改革。要按照政府与企业、事业单位、社团分离的原则，不断深化养老服务事业的改革，鼓励和指导各类公办为老服务机构的改制、改组。要积极培育发展、规范管理各类养老服务的社会团体、服务组织等非营利机构及服务性企业，不仅新办的养老机构交给社会力量办，而且把原来公办的养老机构更多地交给社会中介组织和非营利机构去办，交给市场和企业去办。使多种经济成分举办、多种服务形式并存的养老服务机构在平等竞争中获得新的更快地发展。

提倡和鼓励公办医疗机构，举办托老所或老年公寓，扩大服务范围。要特别注意解决医疗保险联网和刷卡结算问题，使更多的老年人能够享受机构养老。

### （三）提供有力的保障条件

有效化解养老结构性矛盾，除了转变观念，创新多元化养老模式以外，还必须健全我国养老保险制度，逐步完善养老保障管理体制，不断加大政府财政投入，努力构建中国特色的养老服务体系，为实现养老事业健康可持续发展提供有力保障。

1. 健全我国养老保险制度

《中华人民共和国社会保险法》已于2011年7月1日起施行，使我国的社会保险体系建设全面进入法制化的轨道。要以贯彻《社会保险法》为契机，进一步健全我国社会保险制度。

(1) 依法推进建立统一的基本养老保险体系

目前，我国社会养老保险应重点向非国有企业，如外资企业、私营企业、个体工商户等拓宽覆盖，同时向非正规就业岗位扩展，从而把各类企业的劳动者和自由择业的劳动者纳入社会养老保险范围。随着市场经济的发展，越来越多的职工将会接受多渠道、多形式的就业方式，从事自由职业的人将会大大增加，为了保障这部分人的晚年基本生活和将来社会的长期稳定，在目前无法与单位建立劳动关系期间（但又有就业岗位），可由户口所在地的社会保险经办机构，办理社会养老保险手续。这样既可大大减轻下岗失业人员再就业和将来养老的后顾之忧，又可以起到扩面和增加社会养老保险基金总盘子的作用。为了更有效地扩大社会养老保险的覆盖面，从政策上还可灵活地调整统筹费率，对私营、民营、个体劳动者在缴费比例上可适当降低，对其中招用下岗、失业职工为主的企业也可以在政策上给予优惠等。对于未能就业的城镇居民，要鼓励和引导他们积极参加养老保险，这样使各类人群的所有人员都能享受养老保险。

在农村城市化过程中，农民土地使用权转移、年轻劳动力向城市转移、农村人口老龄化加速，传统家庭养老功能弱化，将养老保险覆盖到农村很有必要。由于我国区域经济发展不平衡，建立农村基本养老保险制度要因地制宜、分步实施，逐步建立以个人缴费为主、集体补贴和国家扶持为辅、自助互济的农村养老保险制度。

(2) 加强政府监管，确保基金安全运营

加强行政监督、经济监督和舆论监督。把社会保险基金征缴纳入对企业法人代表及主管部门的目标和政绩考核内容。对不按规定执行，欠缴社会保险费的，不准评选劳模或先进，不准评为守信用单位；对欠缴数额大、时间长、经教育无改进的企业,进行新闻跟踪或曝光。

随着养老金制度改革的推进,我们应重新认识政府在养老保障中的作用,对政府的职能进行重新界定。首先,在养老保障体系中,雇主和个人应当成为养老金收入来源的主要提供者,而政府只是辅助的提供者。其次,政府在养老保障中通过提供公共养老金的直接作用应逐渐缩小,而通过法律进行规范和监督的间接作用将逐渐加大。政府应进行严格的监控,建立起一种严格监管模式。主要措施有:一是对养老基金投资管理公司实行严格的特许经营权管理制度,严格控制投资公司的数量和质量;二是对养老保险基金的投资营运制定相应的法规和政策,用政策法规指导基金投资管理公司的营运活动;三是对投资公司责任权限的严格规定。如履行国家各项投资法令,保证投资项目风险最低,对投资活动承担各项经济与法律责任;四是建立健全养老保险基金投资的监督管理体系。包括加强养老保险基金的财务管理、严格审核各项投资计划等。经立法机构审批,设立养老保险基金监督管理委员会,由政府部门主管、社会保险机构牵头,由审计、监察、工会和有关金融部门以及专家参加,通过定期的报表和不定期的抽查方式,检查基金投资经营状况,以保障基金营运的安全性、营利性、合法性。确保养老基金的保值、增值。

2. 完善养老保障管理体制

(1) 建立统一的养老保障管理体制

理顺管理体制,克服多头管理和政出多门,结合我国的实际情况,鉴于养老保障是社会保障的主要组成部分,养老保障管理体制应纳入社会保障的管理体制,其目标是"统一协调,权责统一,分工合理"。"统一协调"是指应将社会保障管理集中在决策机构、经办机构、监督机构和运营机构,这四个机构承担社会保障工作,机构之间既相互独立又相互协调运作;"权责统一"是指社会保障管理机构的权利和责任的相统一。

(2) 建立财政社会保障预算管理体系

在社会保障预算管理体系中,理应包含养老保障,因此,养老保障要服从社会保障预算管理。建立社会保障预算的根本目的在于将各项社会保障基金全部纳入政府财政预算统一管理和监督,建立起社会保障基金管理的制衡机制。这是因为各项社会保障基金是以政府信誉为担保而强制征收的基金，其性质属于工资性的国家预算资金，政府是要承担风险和最终支付责任的。与其他财政收支一样，理应纳入整个政府财政收支管理体系，作为政府理财的职能部门和基金最终责任的承担者，各级财政部门有责任、有义务认真履行政府赋予的职能，将社会保障基金纳入财政进行管理和监督。

3. 加大政府财政投入

（1）政府主导

政府必须在养老保障制度上发挥主导作用，增加财政投入，提供更多的公共服务。财政是国家宏观调控的必要手段，也是统筹城乡经济社会协调发展和支持农村建设的重要财力保障。加大政府支持力度，调整政府财政支出结构，提高社会保障支出的水平，增加中央财政拨款。同时，转变当前政府财政补贴方式，财政补贴"暗补"变"明补"，财政政策"短期性"变"预算性"。

（2）拓展筹资渠道，扩大和充实养老基金

政府承担隐性债务责任，解决目前"老人"的退休金来源，有利于从根本上解决新旧制度之间的矛盾。开源节流，增加基本养老保险基金的来源，建立多渠道、可靠稳定的筹措机制。通过减持国有股收入、发行社会保障彩票或适当开征社会保障税等一系列措施来增加养老资金。

4. 构建中国特色的养老服务体系

认真落实《中华人民共和国老年人权益保障法》等法律法规，大力发展养老服务体系。体系建设应遵循政府主导、部门配合、政策扶持、社会参与的原则，以满足中低收入老年群体基本养老服务需求为目标，以发展社会化养老服务事业为重点，建立和完善政府补贴、税费减免、市场化运行的养老服务机构建设政策扶持和奖励机制，加快推进养老服务体系建设社会化进程，逐步建立健全投资多元化、建设标准化、管理规范化、服务专业化，覆盖城乡的养老服务体系。

（1）加快推进社会养老服务事业发展。动员企业和个人参与市场化专业养老服务。鼓励社会企事业单位和个人成立社区家庭养老服务企业，纳入民办非营利企业管理范畴。对于符合政府补贴标准的老年人，由政府出资购买服务。

(2) 落实社区家庭养老服务企业优惠政策。对于企业和个人致力于创办社区家庭养老服务企业的，优先保障养老服务企业及社区老年公寓的建设用地；对于各类服务企业进社区，开展养老服务的，应减免养老服务企业营业税、企业所得税、土地使用税等费用；免征老年服务企业自用房产、车船的房产税；按照居民收费标准收取服务企业的水、电、暖、燃气、有线电视等项费用。

(3) 加强社会办养老机构管理。各级民政部门应对社会力量兴办养老服务机构给予必要的指导与监督，建立健全社会办养老服务机构管理规章制度体系，明确服务标准、规范收费行为，完善机构评估、审核机制，着力提高社会办养老服务机构的管理与服务水平。

(4) 规范养老服务行业监管。要进一步加强对养老服务机构的管理，建立健全社会化养老服务评估、评审制度，对养老服务机构的财政专项资金的落实和使用、养老服务机构的服务技能和服务质量、入住公办社会福利（养老）机构对象的资格审核以及政府补助的对象等方面开展评估、评审，建立等级评定动态管理机制，逐步提高养老服务机构的专业化、标准化、规范化建设及管理水平。

(5) 建立科学完善的管理机制。按照民政部《老年人社会福利机构基本规范》，逐步建立健全老年人起居生活、医疗保健、文体娱乐、财务监督等各项管理和服务制度。积极探索建立信息化管理模式，建立养老机构信息管理系统，并纳入政府职能部门数据库管理，形成信息化、科学化的管理机制。

(6) 加强养老服务队伍建设。要按照《养老护理员国家职业标准》，进一步加大对养老服务从业人员的专业技能培训，提高养老服务队伍的专业技能水平和服务水平。积极倡导、发展养老服务志愿者队伍，尤其是社区志愿者服务队伍，探索社区义工服务新途径。

(7) 形成养老服务体系建设的合力。进一步明确各相关部门的职能，强化规划引导，根据老年人口发展速度和养老服务需求状况，制订出养老服务业发展规划和养老服务机构建设布局、实施规划，推动养老服务体系科学、健康、有序地发展。

# 第二编

# 发展社会事业以化解民生结构性矛盾

从实践上看，保障和改善民生需要社会事业整体发展的全面关照。之所以如此，是因为我国民生问题具有比较突出的复杂性，且民生问题中还存在结构性矛盾，而化解这些复杂的结构性矛盾，需要运用社会事业的整体视角、综合手段和整合功能，以此为民生问题的解决提供具有系统规划的制度保障和政策支撑。面对我国民生、社会事业一些重点领域和关键环节的突出问题，当前应着力加快社会事业体制改革，以理念创新、行动创新的智慧与勇气探索社会事业"深水区"的改革。

各国发展社会事业的实践表明，理念不同，社会事业的发展路径也会有所不同。虽然社会事业的发展受国情、发展阶段等客观因素的影响很大，但毋庸置疑，理念对于发展社会事业的重要性是显而易见的。因为理念将影响着社会事业的价值导向，影响着社会事业的成果以什么样的方式呈现、以什么样的形式被享有。为此，在我国社会主义现代化建设进程中，无论是从社会主义实践本质来看，还是从社会事业自身诉求来看，发展社会事业必须坚持"以人为本"，也就是说，"以人为本"理应成为我国改善民生、发展社会事业的基本理念。"以人为本"意味着一切民生、社会事业工作都要围绕最广大人民群众的根本利益而开展。习近平总书记指出，"我们的人民热爱生活，期盼有更好的教育、更稳定的工作、更满意的收入、更可靠的社会保障、更高水平的医疗卫生服务、更舒适的居住条件、更优美的环境，期盼着孩子们能成长得更好、工作得更好、生活得更好。人民对美好生活的向往，就是我们的奋斗目标。"① 这再次鲜明地表达了我国社会主义实践的出发点和落脚点都在于最广大人民的根本利益。而从一定意义上来说，我们大力发展社会事业就是为了人民能够过上幸福生活。当然，在发展社会事业的过程中，"以人为本"的基本理念是需要不断充实、不断丰满的，更需要具体、生动、鲜活的实践来诠释。为此，本研究仅从民生的时代性出发，以构筑幸福生活、保障公民社会权利的具体表达来呈现生命化的社会事业理念。

---

① 《人民对美好生活的向往就是我们的奋斗目标》，《人民日报》2012年11月16日。

诚然，理念对发展社会事业非常重要，但从理念到行动的社会事业更弥足珍贵。随着我国社会事业改革的不断深化，一些改革已进入了攻坚阶段，推进一些重点领域和关键环节的改革创新尤为迫切，为此，需要对社会事业发展进行顶层设计，更需要厘清在社会事业发展中政府、市场、社会三者之间的边界和关系。加强社会事业的顶层设计意在于，树立社会事业的科学发展理念，明确社会事业改革和发展的思路与方向，加快推进社会事业体制改革，建立多方参与的沟通协调机制，促进社会事业自上而下和自下而上发展的有机结合，整合各相关部门的资源与力量，最大限度地减少社会事业改革阻力，增进社会事业发展活力。而处理好政府、市场、社会三者之间的边界和关系则意在于从横向视角全面、协调、可持续地推动社会事业的发展与改革。大体来说，在发展社会事业中，一方面要着力发挥政府的主导作用，做到不越位、不缺位；另一方面也要发挥市场的资源配置作用，把握好市场机制进入社会事业的"度"，不断满足人民群众多层次、多样化的社会需求；而为了避免政府和市场的双重"失灵"，也要充分发挥社会力量的支撑作用，充分调动各类社会组织以及公众力量的积极性广泛地参与社会事业建设。

总之，在推动以改善民生为重点的社会建设中，促进社会事业的整体发展，需要从理念到行动的不断创新，需要政府职能的转变、市场机制的发挥、社会力量的支撑。以下是本编的研究架构图：

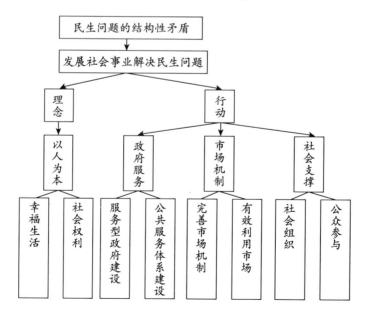

# 第 八 章
# 社会事业是社会发展与改善民生的有效契合

　　社会事业是促进社会良性运行和协调发展的有力支撑。在我国社会转型的背景下,随着全面建设小康社会的推进,大力发展社会事业已逐步成为社会共识。一方面,社会发展离不开社会事业,因为社会事业是调整社会结构、促进经济转轨的"润滑剂",是解决我国经济社会"一条腿长、一条腿短"问题的"助推器",对社会发展具有重要的建构作用。另一方面,改善民生也离不开社会事业,因为社会事业是保障人民过上幸福生活的"安全阀",是增进社会福利的"发动器",对改善民生具有重要的促进作用。在一定意义上可以说,社会事业是社会发展与改善民生的有效契合。发展社会事业既是实现社会发展、增强综合国力的有效途径,也是改善民生、深化改革的重要举措。特别在我国进入重要战略机遇期和发展关键期后,推动一些重点领域和关键环节的改革,仅靠发展经济是不够的,需要大力发展社会事业、发挥社会事业的整合功能和综合特性,以此助推并深化改革。总之,社会事业不仅关系到民生福祉的提升,也关系到社会的和谐、国家的兴旺。

## 一、社会事业的界定

### (一) 社会事业的概念

　　虽然关于何为社会事业,目前并没有明确统一的定义,但是通过政府部门的实践以及学界的理论研究,我们可以相对清晰地认识社会事业的内涵、外延、特征、功能等基本维度。

陆学艺认为,"过去我们一般把科研、教育、卫生、文化、体育等统一称为社会事业,其实,从实践看,劳动就业、收入分配、社会保障、住房等民生事业建设,也应该是社会事业。社会事业同人民群众的生产生活密切相关,关系到每个家庭和个人的福祉与前途。因为教育、医疗、社保、文化等事业,面对的是全体民众,所以不少国家把这些社会事业称为公共产品或公共服务"①。从中我们可以看到,这一界定从总体上反映了我国社会事业的基本内容及特性等,而且与党和政府相关政策、规划以及统计资料中所提及的社会事业也是基本吻合的。

在我国,随着社会主义现代化建设进程的加快,社会事业也在不断地发展并取得了丰硕的成就,其内涵在不断丰富,特别是在大力转变发展方式、调整社会结构的背景下,伴随政府职能的转变、服务型政府建设的推进,社会事业的外延也在不断地扩展。为此,从不同的角度来认识和把握社会事业显得十分必要。

从社会价值与功能来看,洪大用认为,所谓社会事业可以看做为确保社会团结、维护社会安全、促进社会发展、保障社会可持续,进而促进人的全面发展所提供的各种公益性支持与服务活动的总和。他将社会事业划分为四个层次,第一层次是促进社会公正、维护社会团结的社会事业;第二层次是防范社会风险、维护社会安全的社会事业;第三层次是增进全体社会成员福利、促进社会发展的社会事业;第四层次是维持社会经济发展可持续性的社会事业。②

从供给与公益角度来看,纪国刚认为,"从广义上讲,社会事业既指主要靠政府扶持、社会赞助,满足社会共同需要,具有较强公益性的社会活动与事务;也指从事社会事业产品与服务的提供与生产,主要面向市场、以营利为目的的经营性活动与事务"③。梁鸿、徐进则认为,社会事业是以提高

---

① 陆学艺:《当前中国经济社会形势与社会建设》,《新视野》2011年第5期。
② 洪大用:《关于加快社会事业发展若干问题的思考》,《教学与研究》2006年第12期。
③ 纪国刚:《社会事业投融资体制研究》,《财经问题研究》2005年第4期。

全社会福利为导向的，体现经济效益和社会公平双重目标，能在宏观层面制定统一政策并实施调控的公益性事业。他们认为，在社会事业的内涵中，有两点相对清晰：一是"社会性"，即社会事业不以局部利益和部门利益为导向，因此将国有企业改造、农业生产、城市交通和水电煤供应等公用事业排除在外。二是"事业性"，即将营利性社会事业产品的生产（服务）排除在外。①

综上，学者们从不同的角度对社会事业的界定，为我们深刻认识和把握社会事业的特性、功能等提供了有益的启发。我们认为，社会事业一般具有如下基本特性：一是社会性，社会事业通过社会公开机制，向公众提供公共产品与服务，使社会公众都能享有基本生存与发展的社会权益；二是公益性，社会事业提供的一般是非营利性的公共服务和产品，具有公益功能，蕴含着平等的价值追求，体现了社会公平正义理念；三是安全性，社会事业发展不仅能够为社会的正常运行提供环境保障，而且也能够防范社会风险，为公众提供安全、救济、保障等公共服务；四是福利性，社会事业是社会福利的重要表达途径，发达的社会事业不仅能够丰富社会生活，而且也能够提高社会福利，让生活其中的人们感受本国制度的优越性，增进社会认同感。

正是因为社会事业具有上述的基本特性，我们认为，在实践中社会事业具有以下社会功能：一是生存保障功能，社会事业不仅能够为公众提供生存与发展所需要的基本公共服务与产品，如教育、就业、医疗卫生等，而且也能够为特殊群体、弱势群体提供及时必要的保障与帮扶；二是社会协调功能，现代社会非常注重运用社会事业来解决一些由"经济人"假设而带来的"市场失灵"、社会非理性后果等问题，也就是说，社会事业能够调整社会结构，维护社会秩序，促进经济社会协调发展；三是提升社会生活功能，发展社会事业能够丰富公众的社会生活，提高公众的生活质量，在一定程度上，当物质生活得到保障以后，提升精神文化生活，增高生活满意度与幸福感，必须靠大力发展社会事业。

另外，如何认识社会事业的提供主体及其方式是理解和把握社会事业的关键。我们认为，在社会主义市场经济条件下，社会事业的提供主体和提供

---

① 梁鸿、徐进：《政策过程、秩序扩展与社会事业供给制度变迁》，《复旦学报》2008年第2期。

方式必然是多元化的、多样化的。大体来讲，社会事业的提供主体主要包括政府、市场、社会，根据具体社会事业的实际状况及特性，社会事业的提供方式可以由各方单独提供，也可以通过多方合作来提供。

从政府的角度来说，发展社会事业，加强社会管理，提供优质的公共服务是政府的主要职责。政府要发挥在社会事业发展中的主导作用，这种主导作用，可以是投入上的主导，也可以是政策上的主导，其"底线"要求就是必须保障人民群众都能平等地享有生存与发展所需的基本公共服务和产品。与此同时，政府要做好社会事业的改革与规划，加强社会事业的监管，确保社会事业的公共性、公益性、公平性，把"该管"的管好。从国际经验以及我国以往管理社会事业的经验和教训来看，由政府大包大揽社会事业存在严重不足，容易产生"政府失灵"现象。因此，在社会事业领域里引入市场和社会是十分必要的。

从市场的角度来看，发挥市场资源配置优势，灵活运用市场机制，以此提高社会事业的供给运行效率，是市场在发展社会事业上的着力点。在确保政府主导社会事业发展的前提下，鼓励市场进入社会事业领域，特别是在涉及非基本公共服务的社会事业领域，要积极探索市场提供社会事业的体制与机制，做大社会事业的基本面，把"蛋糕"做得更有"滋味"，满足不同群体的多样化、多层次的社会需求。为此，在做好社会事业分类的前提下，对于需要按照市场化运作，而且只有按照市场化运作才能做好的一些社会事业就要放手交给市场，采取多种手段支持各类市场主体进入社会事业领域，确保社会事业的灵活性，这其中政府要着力做好引导和监管工作，发挥经济调节、市场监管功能，运用政策杠杆使市场化运作的项目健康发展。当然，在社会事业领域里引入市场不应该简单理解为就是按照市场经济的模式去发展社会事业。

从社会的角度来看，发挥各类社会组织的积极作用，有效利用好其在组织、资金、专业等方面的优势，通过搭建平台，让更多社会组织，如慈善组织、环保组织等，通过合理、正规渠道进入社会事业领域；同时动员社会公众积极参与社会事业建设，营造社会事业共建共享氛围，努力构建社会多方参与的社会事业发展格局。对于有些社会事业来说，由于所属行业的特殊性，不可能完全由政府或者完全由市场来提供，只有通过社会组织、社会公众来做，才能发挥好社会事业的效率，避免政府和市场的双重失灵。对于一些社会组织、社会公众出资兴办的社会事业，政府要通过多种有效形式进行帮助与扶持，如通过政府购买服务、财政补贴、税收优惠等方式予以支持。

由于社会事业涉及社会生活的诸多方面，"从广义上讲，社会事业实际上包括了所有为社会成员提供公共物品的活动"[①]。为此，根据学界的研究、实际工作部门的实践以及政府的文件和统计资料，我们认为，社会事业是指由政府主导、市场参与、社会支持的，建立在一定社会共识基础上的，具有社会性、福利性、安全性、公益性的，一系列公共服务与公共产品的供给集合。在具体的实践中，社会事业的领域一般主要包括科技、教育、文化、卫生、体育、社会保障、民政、人口和计划生育等。但是由于各个国家社会发展阶段和水平不同以及意识形态、社会习俗等方面存在差异，在社会事业的举办方式、领域分类等方面都会有所不同、有所侧重。根据我国当前实际状况，本书所讨论的社会事业着力于"学有所教、劳有所得、病有所医、老有所养、住有所居"等领域，着重从人民群众最关心、最直接、最现实的基本公共服务领域来具体讨论。

### （二）社会事业与社会建设、社会管理

党的十六大以来，我国社会事业的发展进入了一个崭新的历史时期。随着以改善民生为重点的社会建设的推进，社会建设、社会事业、社会管理成为社会热点词汇，如何理解社会建设、社会事业与社会管理三者的关系对于我们深刻把握社会事业在当下社会发展中的位置与作用具有重要的理论价值与实践意义。

社会建设是中国特色社会主义事业总体布局的重要组成部分。党的十七大报告把以民生为重点的社会建设摆在了更加突出的位置并对此做出了系统阐释，指出"必须在经济发展的基础上，更加注重社会建设，着力保障和改善民生，推进社会体制改革，扩大公共服务，完善社会管理，促进社会公平正义，努力使全体人民学有所教、劳有所得、病有所医、老有所养、住有

---

① 洪大用：《关于加快社会事业发展若干问题的思考》，《教学与研究》2006年第12期。

所居，推动建设和谐社会。"① 可以说，社会建设与人民的生计息息相关，其内涵也极为丰富。陆学艺认为，"社会建设是指社会主体根据社会需要，有目的有计划有组织进行的改善民生和推进社会进步的社会行为与过程。社会建设的内涵很广，主要有两大方面：一是实体建设，诸如：社区建设、社会组织建设、社会事业建设、社会环境建设等；二是制度建设，诸如：社会结构的调整与构建、社会流动机制建设、社会利益关系协调机制建设、社会保障体制建设、社会安全体制建设、社会管理体制建设等。社会实体建设提供公共产品和公共服务，社会制度建设则使社会更加有序与和谐"②。可见，社会建设蕴含了社会事业、社会管理。

胡锦涛在2011年省部级主要领导干部社会管理及其创新专题研讨班开班式上强调③，社会管理是人类社会必不可少的一项管理活动；我们加强和创新社会管理，根本目的是维护社会秩序、促进社会和谐、保障人民安居乐业，为党和国家事业发展营造良好社会环境；他同时指出，社会管理要搞好，必须加快推进以保障和改善民生为重点的社会建设。可见，社会管理与人民群众的生活与切身利益紧密联系。当前，加强和创新社会管理尤为迫切，社会管理的主体、方式方法、内容形式等都需要在新的治理理念下进行深入研究与把握。李培林认为④，社会管理通常是指以政府为主导的包括其他社会组织和公众在内的社会管理主体在法律、法规、政策的框架内，通过各种方式对社会领域的各个环节进行组织、协调、服务、监督和控制的过程。丁元竹则认为⑤，社会管理的内涵就是，通过规范社会行为，协调社会关系，解决社会问题，化解社会风险来维护社会秩序，激发社会活力；社会管理的外延包括管理社会行为、管理社会关系、管理社会问题和管理社会风险；在不同的历史发展阶段和不同的国家，社会管理方式、内容、主体不尽相同；从家庭和社区管理，到国家，再到全球社会治理，基本反映了社会管

---

① 胡锦涛：《高举中国特色社会主义伟大旗帜 为夺取全面建设小康社会新胜利而奋斗》，人民出版社2007年版，第37页。
② 陆学艺：《关于社会建设的理论和实践》，《国家行政学院学报》2008年第2期。
③ 胡锦涛：《扎扎实实提高社会管理科学化水平 建设中国特色社会主义社会管理体系》，《人民日报》2011年2月20日。
④ 李培林：《创新社会管理是我国改革新任务》，《人民日报》2011年2月18日。
⑤ 丁元竹：《社会管理发展的历史和国际视角》，《国家行政学院学报》2011年第6期。

理的历史进程。总之,社会管理既是政府的重要职能,也是改善民生、加快社会事业建设、促进社会良性运行的重要保障。

综上,我们可以看到,社会建设是一个综合的系统工程,社会事业、社会管理都是社会建设的重要方面。其中,社会事业是社会建设的"体",社会管理是社会建设的手段,三者密不可分、相互影响。社会建设的效果,需要由科技、教育、文化、卫生等社会事业的成效来具体衡量,而加强和创新社会管理又需要从人民群众最关心、最直接、最现实的利益问题来具体开展。总之,在践行以民生为重点的社会建设中,不能把三者分开,而需要把三者放在一个整体中进行综合考虑、系统谋划,由此才能形成社会建设的合力,从而推进社会治理,促进经济社会协调发展。

## 二、发展社会事业的重要性和紧迫性

### (一) 发展社会事业是解决民生问题的重要抓手

民生即人民的生计,它涉及人的各种各样的物质和精神需求,既有满足人的基本生存需求的指向,也有满足人的发展需求的关怀。近年来,随着经济快速发展,我国大力改善民生取得了显著成效,但是与人民群众的期待相比,民生领域的发展还存在诸多问题。如就业难、上学难、看病难等民生问题依然存在,且形势不容乐观。从一定程度上来看,我国民生领域是新旧矛盾交织,新问题不断出现。可以说,民生领域里的这些问题不仅影响了人民的安居乐业,而且也影响了社会的和谐稳定。由于民生问题涉及面广、关系复杂,民生问题之间以及各民生内部之间均存在结构性矛盾,为此,处理民生问题就需要从发展社会事业的整体视角来系统把握,需要社会事业体制的改革突破来推进民生问题深层次矛盾的解决。简言之,只要通过大力发展社会事业,民生问题才能得以逐步解决,人民群众的切身利益才能得以有效保障。

### (二) 发展社会事业是转变经济发展方式的重要途径

我国在经济发展总量上虽然取得了举世瞩目的成就,但是与经济发展质量、水平相比，我国的经济建设仍然任重道远，为此，深化改革、转变经济发展方式就显得尤为必要，而转变经济发展方式的关键则在于经济结构的调整与优化。比如自主创新能力对于优化经济结构具有不可或缺的重要作用，从实践来看，我国自主创新能力相对不足，而增强自主创新能力则必须要靠大力发展科技、教育事业。可以说，转变经济发展方式离不开社会事业的发展。另外，根据我国当前的经济社会发展状况，可以判断，随着人们收入水平的提高，服务业的消费将会有一个快速提升的空间，而服务业中有很多的部门与社会事业高度相关。也就是说，社会事业虽然具有公益特性，但社会事业领域中有些要素也具有竞争性、具备商品属性，这样在客观上它也能够产生巨大的经济效益，如扩大就业、扩大内需等。总之，社会事业的发展能够进一步加快经济发展方式转变的步伐。

### （三）发展社会事业是实现社会公平的内在要求

社会事业直指民生保障、公共服务。近年来，虽然我国人民生活水平不断提高，但是一些行业、地区、部门之间的收入差距扩大却也不容忽视，特别是一些弱势群体、特殊群体的公共服务需求还无法得到有效满足，社会不公现象时有发生，由此引发的社会冲突、社会矛盾十分尖锐。"不患寡，而患不均"是我们的历史经验，为此，必须大力发展社会事业，通过提供更多优质的公共服务和产品来协调社会利益关系，化解社会矛盾，解决社会问题，促进社会公平。当前，应着力通过实现基本公共服务均等化来逐步解决城乡、区域发展的不平衡问题，以均等化建设为依托，着力保障和改善民生，加快各项社会事业发展，以此促进社会公平正义。

## 三、我国现阶段社会事业发展的状况评析

### （一）对我国社会事业发展的总体认识

纵观我国当前的经济社会发展形势，在一定意义上可以说，我国社会事业正处于重要的战略发展机遇期和关键期。一是人民群众对提高生活质量的诉求日益强烈。改革开放三十多年来，随着我国工业化、城镇化的快速发

展，人民生活水平不断提高、综合实力日益增强，人民群众对于生存和发展的质量有了新的期待，迫切需要通过社会事业发展来满足人民群众日益增长的基本民生需求以及多样化、多层次的社会需求。二是当下的发展环境为加快发展社会事业提供了良好的社会条件。近年来，我国经济形势总体发展势头良好，财政收入不断增多，这为进一步加强社会事业建设提供了坚实的财政保障。与此同时，伴随着改善民生成为社会共识，社会事业的体制改革正在各级政府的推动下有序进行，其改革创新的经验和模式也在各个行业及地方不断涌现，整个社会发展的环境有利于社会事业的加快发展。三是经济社会协调发展需要大力加强社会事业建设。我们要构建的社会主义和谐社会是经济社会协调发展的社会，不能"一条腿长、一条腿短"，而要有效地避免"社会这条腿短"，必须要大力发展社会事业，因为发展社会事业，能够协调社会关系，优化社会结构，促进社会良性运行。总之，我国当前的经济社会发展状况，为社会事业的全面发展提供了难得的历史机遇。大力发展社会事业，不断满足人民群众日益增长的社会需求，推动经济社会全面、协调、可持续发展，为社会主义现代化建设、全面建设小康社会、构建社会主义和谐社会进一步夯实基础。

从我国社会事业发展的历史进程来看，中华人民共和国成立后，党和政府始终高度重视社会事业发展，为大力提高人民群众生活水平，努力提升公共服务能力，建立了适应我国国情的社会事业管理制度。改革开放以来，随着我国经济实力、综合国力和国际地位的显著提高，经过长期探索和实践，社会事业的发展有了长足的进步，进入了快速发展的正常轨道。近年来，随着保障和改善民生实践的积极推进，在社会建设大发展的社会背景下，我国社会事业迈上了新的台阶，社会事业的管理体制与机制进一步完善。

总体来看，我国社会事业发展的形势是好的，而且与我国所处的社会主义初级阶段的基本国情也是适应的。从各项社会事业（主要以科技、教育、文化、卫生、体育为例）的发展来看，可谓成绩斐然，硕果累累。

在科技上，科技普及效果明显，科技创新不断涌现，科技重大专项扎实推进，科技惠及民生显著，科技投入持续增加。2011年，全国研究与试验发展（R&D）经费支出8610亿元，比2002年增长5.7倍，占国内生产总值的比重由 1.07% 上升到 1.83%。① 在教育上，教育体制日趋完善，全面实施城乡免费义务教育，各类教育事业蓬勃发展，国民受教育程度大幅提升。从 2005 年开始，推行全面免费九年义务教育；从 2009 年开始，中等职业教育对农村家庭经济困难学生和涉农专业学生逐步实行免费；高等教育毛入学率达到 23.3%，进入大众化阶段。② 在文化上，文化改革扎实推进，基本公共文化服务体系初步建立，公共文化设施免费开放稳步进行。2010 年底，全国共有公共图书馆 2884 个，文化馆（含群众艺术馆）3264 个，乡镇（街道）文化站 40118 个，基本实现了公共文化服务体系全覆盖；文化信息资源数字资源量达到 108TB，基本实现"村村通"。③ 在卫生上，医药卫生体制改革不断深化，适合国情的城乡基层医疗卫生服务体系日益完备。2010 年我国人均期望寿命达到 73.5 岁，2011 年我国孕产妇死亡率和婴儿死亡率分别下降到 26.1/10 万和 12.1‰，接近中等发达国家水平；针对新时期人民群众健康状况的新特征，国家启动实施包括建立健康档案、高血压、糖尿病管理等十大类 41 项国家基本公共卫生服务项目，基本公共卫生服务补助经费逐步提高到 2011 年的人均 25 元。④ 在体育上，公共体育服务体系建设扎实推进，公共体育服务设施日益完备，社会体育不断发展。"十一五"期间，国家体育总局投入 20 多亿元、地方投入 130 亿元建设"全民健身工程"，全国共建设各类"全民健身工程"项目近 50 万个；到 2010 年，全国城乡共有体育指导站、体育健身活动站点 250612 个，比 2004 年的 201457 个增加了 24.4%；截至 2010 年底，全国各类公共体育场地设施已达 100 多万个；2010 年，获得各级技术等级称号的社会体育指导员达到 695890 人。⑤

可以说，我国各项社会事业所取得的成绩是令人鼓舞的、是值得肯定的，但与此同时，我们也应该看到我国社会事业总体规模与质量还无法满足人民群众日益增长的社会需求，社会事业发展面临许多困难与挑战。突出的

---

① 马建堂：《科学发展　铸就辉煌》，《求是》2012 年第 12 期。
② 温家宝：《关于发展社会事业和改善民生的几个问题》，《求是》2010 年第 7 期。
③ 《近几年我国文化投入情况及对策建议》，文化部网站，2011 年 8 月 23 日，http://zwgk.mcprc.gov.cn/auto255/201108/t20110823_20110.html。
④ 张茅：《深化医药卫生体制改革　促进卫生事业科学发展》，《求是》2012 年第 15 期。
⑤ 《全民健身　这个 10 年很精彩》，《中国体育报》2012 年 8 月 16 日。

问题在于：一是社会事业发展所需的人力、财力、物力投入相对不足，资源配置不够合理；二是社会事业的发展还不平衡，主要表现在城乡之间、区域之间的社会事业发展不协调、不平衡；三是社会事业发展的体制机制不完备，主要表现在社会事业缺乏系统规划，存在"碎片化"问题，社会事业发展活力不足，投融资体制不够灵活，政府缺位、越位现象同时并存，等等。总之，社会事业存在的这些问题，不仅影响了社会事业提供公共服务的质量与效果，而且也影响了经济发展方式的转变、社会结构的调整。

面对我国社会事业存在的困难与挑战，当前保障和改善民生，加快社会事业发展，应着力在以下重点方面下工夫。首先，要加强顶层设计。社会事业体制机制的完善有赖于政府职能的转变，重点在于打破社会事业条块管理的弊端，从而避免"碎片化"问题，为此，就需要从国家层面制定社会事业整体发展的系统规划，以此确定各项社会事业的国家级规范、标准、目标等具体指标，并用这些具体指标指导各地的社会事业发展。从中央政府的角度来说，要建立健全涉及社会事业的法律法规体系，为发展社会事业提供法律保障；同时要发挥社会事业的主导作用，整合各相关部门的资源与力量，建立多方参与的沟通协调机制，在条件允许的情况下，可以成立一个协调全国社会事业发展的机构，以此全面推动国家层面的社会事业实践。总之，顶层设计有利于推动社会事业的整体发展、有利于社会事业各政策、法规间的协调与链接、有利于基本公共服务均等化的有序推进。

其次，加大财政投入。现阶段，政府主导社会事业的发展，一个重要的方面就在于各级政府对社会事业的财政投入，而目前我国社会事业的财政投入总量还不够大、结构还不够合理、体制机制有待进一步完善。为此，深化社会事业公共财政体制改革，不断优化财政支出结构就显得尤为紧迫。对于必须由政府单独投入和举办的社会事业，要确保财政投入到位，特别是对于基本的、基础性的、涉及人民群众基本生存与发展的社会事业项目，既要有硬性的投入规定，也要根据社会发展需要，有适当的增长安排。与此同时也要有效地运用财政资金引导、撬动社会资本，发挥财政调节功能，鼓励社会资本参与社会事业建设。

再次，改革供给方式。现代社会治理背景下，社会事业的供给不能仅靠政府，引入市场机制和社会参与机制是十分必要的。当然，这不是在推卸政府职责，而是要从转变政府职能的角度出发，管好"该管"的，目的是提高政府的行政效率，而且对于有些不易让市场或社会进入的社会事业政府必须到位且要有为、做好。可以说，深化社会事业供给方式改革的关键是在于建立一个体现公平、充满效率的社会事业供给机制。在社会事业发展中，通过引入竞争机制，扩大社会参与，以此增强社会事业的供给能力和发展活力、提高公共产品和服务的效率与质量、满足人民群众多样化的社会需求。

最后，建立评估体系。根据国际经验，加强对社会事业发展的评估非常必要。一是通过评估体系能够对社会事业发展的整体效果进行测量，能够合理地调整公共服务与公共产品的供给范围、标准等，做到社会事业的发展与经济社会发展的阶段和水平相适应，也就是说，既要尽力而为，又要量力而行；既要保证经济的快速发展，又要保障社会的有序和谐。二是通过评估能够进一步考核社会事业的绩效情况，一方面通过评估能够激发社会事业供给单位的活力，调动其发展社会事业的主动性与积极性；另一方面通过具有量化标准的考核体系也能够对各级政府发展社会事业的工作进行有效测评。

### （二）对我国社会事业发展与基本民生问题的再认识

大力发展社会事业与保障和改善民生是相互联系的，具有内在统一性。社会事业的一些领域与民生问题高度相关，而且在内容上有些也是重合的。在一定程度上，发展社会事业就是在保障和改善民生。从实践上看，保障和改善民生需要社会事业整体发展的全面关怀。之所以如此，是因为我国民生问题具有复合型和复杂性的特征，不仅民生各领域之间相互关联、彼此制约，而且每个民生问题内部之间的关系也错综复杂，既有相对独立的一面，又有紧密联系的一面。总体说来，民生问题存在结构性矛盾，而化解这些复杂的结构性矛盾，仅靠单个民生问题的解决是不够的，需要运用社会事业的整体视角、综合手段和整合功能，以此改善民生环境，优化民生结构，打破条块分割，实现民生问题的"善治"。而推进社会事业整体发展以此解决民生问题的一个重要前提就是必须要对我国民生问题现状有一个基本认识，因为这既是我们实现改善民生进行政策创新的实践基础，也是我们寻找社会事业改革突破的着力点。为此，下面就本研究所涉及的基本民生问题分别作以简要的梳理与判断。

1. 居民收入持续增长，但是收入分配仍不够合理，收入差距问题不容忽视

我国经济总量已跃居世界前列，综合实力明显增强，随着经济的快速发展，我国人民的生活水平也在不断上升，居民收入持续增长。2011年，城镇居民人均可支配收入21810元，比2002年增长1.8倍，扣除价格因素，年均实际增长9.2%；农村居民人均纯收入6977元，比2002年增长1.8倍，扣除价格因素，年均实际增长8.1%。① 可以说，收入增多给人民生活带来的实惠是有目共睹的。但是另一方面收入分配不公问题也随之突显，收入分配不公不仅容易引发社会积怨，而且还影响合理的社会流动。从现实来看，收入分配不公问题已影响了我国社会阶层结构的变化，进而也影响了我国社会结构的走向。国际经验表明，一个中等收入群体占多数的社会结构即所谓"中间大，两头小"的橄榄型社会结构才是稳定的。虽然我国每年中等收入人口都有增长，但是居民收入分配差距扩大问题仍不容忽视，实现中等收入者占多数的社会结构仍然面临诸多困难。有学者综合有关资料认为，少数人占据了多数财富，多数人只享有小部分利益，中等收入者群体比重过低，低收入者群体规模过大，分配结构严重失调，是当前中国收入分配结构的显著特征。② 为此，在做大"蛋糕"的同时分好"蛋糕"，有效处理好收入分配中的效率和公平关系，缩小收入差距，改革收入分配制度，已成为当下调整社会结构、维护社会公平、改善民生的紧迫任务。

2. 劳动就业稳步推进，但是就业形势依然严峻，招工难和就业难并存

就业是民生之本。我国是人口大国，也是劳动力大国，就业问题一直比较突出。近年来，我国实施积极的就业政策，不断加强对就业困难人员的就业援助，零就业家庭、城镇登记失业率等指标都控制在合理的范围内，就业质量稳步提高，公共就业服务体系日臻完善，就业人员逐步增加。2011年末，我国就业人员总量达到76420万人，比2002年的73280万人增加3140万人，年均增加348.9万人。其中，全国城镇就业人员总量由2002年的

---

① 马建堂：《科学发展 铸就辉煌》，《求是》2012年第12期。
② 陆学艺主编：《当代中国社会结构》，社会科学文献出版社2010年版，第180页。

25159万人增加到35914万人,累计增加10755万人,年均增长超过4%;2011年末,全国乡村就业人员总量由2002年的48121万人减少到40506万人,累计减少7615万人,年均减少1.9%。① 但是我国就业形势依然严峻,下岗失业问题、高校毕业生就业问题、进程农民务工问题、特殊群体就业问题等不容忽视。近年来,劳动关系紧张问题也比较突出,在有些地区、行业还存在就业难与招工难并存的状况。

3. 社会保障日趋完备,但是保障能力有待提高,强需求与弱保障矛盾突出

经过多年的改革与发展,我国已经初步建立与社会主义初级阶段基本国情相适应的社会保障制度,基本形成了覆盖城乡居民的社会保障体系。2011年末,全国城镇职工基本养老、城镇基本医疗、失业、工伤、生育保险参保人数分别达到28391万人、47343万人、14317万人、17696万人、13892万人;2011年末全国列入国家新型农村社会养老保险试点地区参保人数3.3亿人;城镇居民社会养老保险试点开始启动;全民医保体系初步形成,13亿城乡居民参保,其中新型农村合作医疗制度从无到有,从有到好;最低生活保障制度实现全覆盖,城乡社会救助体系基本建立;2011年末,2277万城市居民和5306万农村居民得到政府最低生活保障,分别比2002年增加212万人和4898万人。② 但是我国目前的社会保障体系,与现代社会的发展要求相比、与人民群众日益增长的需求相比,其保障能力仍然不强,城乡之间、地区之间的保障水平与层次还不统一、不协调,社会保障管理水平还无法完全适应现代社会的发展,比如养老保险金的管理与运行机制急需完善。

4. 教育体系逐步完善,但是教育不公平问题凸显,优质教育资源分配不均并相对短缺

百年大计教育为本,优先解决教育问题是我国政府多年的执政经验。通过持续的改革,我国教育形式和手段日趋完善,素质教育、远程教育、民办

---

① 国家统计局人口司:《人口总量平稳增长 就业局势保持稳定——从十六大到十八大经济社会发展成就系列报告之三》,国家统计局网站,2012年8月17日,http://www.stats.gov.cn/ztjc/ztfx/kxfzcjhh/201208/t20120817_72839.html。
② 马建堂:《科学发展 铸就辉煌》,《求是》2012年第12期。

教育、终身教育等健康发展，义务教育全面普及，各类职业教育稳步推进，高等教育蓬勃发展。国民受教育程度大幅度提升，国民平均受教育年限达到9年以上；2011年，各类中等职业教育招生809万人，在校生2197万人；2011年，全国普通高等教育本专科招生682万人，在校生2309万人，毕业生608万人，分别比2002年增加了361万、1405万和475万人。① 总之，我国教育体系逐步完善，人民群众受教育的机会不断扩大。但是，近年来我国教育的发展也存在严峻的挑战，教育不公平问题突出，其表现在城乡之间、区域之间以及地区内部之间教育资源与教育质量差距较大，农民工子女在城市接受教育仍然面临多重障碍，有些城市"择校费"问题依然严重，上学难、上学贵问题仍然存在，优质教育资源相对短缺。

5. 医疗卫生发展迅速，但深化医疗体制改革任务艰巨，看病难、看病贵问题仍然存在

保障人民群众的健康权益，实现人人享有基本医疗卫生服务是政府的重要职责。通过多年大力实施医药卫生改革，我国已初步建立了全民医保体系，基本医疗保障制度不断完善，医疗卫生基础条件逐步改善。到2011年末，全国共有医疗卫生机构95万个；共有卫生技术人员620万人，比2002年增加193万人，其中执业（助理）医师247万人，注册护士224万人，分别增加了62万和100万人；共有医院卫生机构床位516万张，增加202万张。② 另外，通过深化改革，逐步健全了基层医疗卫生服务体系，建立了国家基本药物制度。在积极推进公立医院补偿机制改革的同时，民办医疗机构也得到了迅速发展，如"民办医疗机构数量从2005年的3220家，增加到2011年的8440家，年均增速为17.4%"③。但是总体来看，由于医药卫生体制涉及面广，利益相关方关系错综复杂，进一步深化改革的难度比较大，存在的问题主要是医疗资源分配不够合理、医疗卫生结构不平衡、看病贵、看病难等问题仍然严重。

---

① 《从数据看十年民生》，新华网，2012年8月13日，http://news.xinhuanet.com/fortune/2012-08/13/c_112702980_3.htm。

② 《从数据看十年民生》，新华网，2012年8月13日，http://news.xinhuanet.com/fortune/2012-08/13/c_112702980.htm。

③ 张茅：《深化医药卫生体制改革 促进卫生事业科学发展》，《求是》2012年第15期。

### 6. 住房条件明显改善，但是高房价问题不容忽视，高价格与有限购买力矛盾凸显

住有所居，是民生保障的重要基础。住房，既是栖身之所，也是希望的港湾、幸福的起点。近年来，国家通过多种举措大力改善城乡居民的住房状况，效果显著。2011年，城镇居民人均住房建筑面积32.7平方米，比2002年增加8.2平方米；农村居民人均住房面积36.2平方米，增加9.7平方米。① 同时，国家通过建立保障房建设制度，解决困难群体的住房问题也取得了初步成效。"到2010年底，全国累计用实物方式解决了近2200万户城镇低收入和部分中等偏下收入家庭的住房困难，还有近400万户城镇低收入住房困难家庭享受廉租住房租赁补贴。"② 但是，随着我国城镇化进程的加快，城市住房高价格问题不仅严重地影响了人们住房条件的改善，而且也严重地影响了社会心态的健康培育，容易引发社会焦虑、社会不满。另外，新就业群体、流动人口群体的城市住房问题形势也比较严峻，特别在大城市住房本身所承载的附加条件过多，容易引发"区隔"、社会不公等问题，如"学区房"问题便比较突出。

综上，我们可以看到，近年来，在科学发展观的指导下，我国大力保障和改善民生取得了显著成就，人民生活质量得以明显改善，满意度和幸福感得以进一步提升。但与此同时，我们应该清醒地看到，我国民生领域仍然存在一些急需解决的问题，一些领域的矛盾比较突出。当然，这些问题和矛盾与我国经济社会发展的阶段和水平密切相关，而且也与民生问题的复杂性、结构性矛盾有关，因为民生问题涉及人的生存、保障与发展的方方面面，其结构、关系都非常复杂，为此，这就需要加快社会事业的整体发展以此来逐步解决民生问题，或者说需要社会事业的顶层设计以及系统规划来为民生问题的解决提供制度保障和政策支撑。比如说就业问题，虽然实施积极就业政策效果明显而且非常必要，但是如果要彻底改善就业状况，恐怕还得从发展教育事业入手，也就是说，就业与劳动者的受教育水平高度相关，如果教育程度高，那么劳动者就业环境、工作待遇的改善就会有更多的机会和更大的

---

① 马建堂：《科学发展 铸就辉煌》，《求是》2012年第12期。
② 杜宇：《着力解决民生难题 社会事业全面发展》，《人民日报》2012年6月8日。

可能性。再比如，每个民生问题都涉及一系列的相关政策，换句话说，在每个民生领域里都存在条块化管理问题，如何使各种政策之间进行有效连接，是个重大的实际问题，也是个重大的理论问题。

从基本民生问题的现状来看，当前应该加快社会事业体制改革。比如在教育、医疗等领域，都已经出现了民办教育、民办医疗等机构，那么这就涉及一个非常重要的问题，就是社会事业由谁办以及办的基本模式问题。有学者认为，当前社会事业体制改革需要关注的主要问题是：普遍的盲目性和"泛市场化"倾向；缺乏统一规划，改革目标分散而模糊；部分改革方式带有较强的主观随意性，对公众所承担的改革成本估计不足。[①] 为此，我们应该逐步深化社会事业体制改革，理顺中央和地方、城市和农村的社会事业体制，处理好社会事业与社会产业、基本公共服务和非基本公共服务、社会资源与公共资源等方面的关系。也就是说，社会事业的体制改革既要遵循转变经济方式为主线的经济转轨的客观规律，也要深刻把握社会转型下社会事业的内涵，不能完全把社会事业体制改革等同于经济体制改革。我们当前应着力做的是在确保人民群众公平地享有基本公共服务的前提下，增强社会事业多层次供给能力，满足不同群体、不同社会阶层的多样化需求。与此同时，针对民生问题的复杂性，也要着力于社会事业的改革创新，积极稳妥地推进社会事业单位分类。做好新时期社会事业单位的分类改革，既是社会事业体制改革的基础，也是增强社会事业单位活力、提高社会事业供给效率的有效途径。在一定程度上，只有进行更为详细、合理的分类，才能做好社会事业的投融资工作，并合理地确定社会事业主体的供给方式、合作方式等具体操作事宜。

总之，我国正处于深化改革的攻坚期、加快发展的重要战略机遇期，实现我国经济社会协调发展，保障和改善民生，必须大力发展社会事业。特别在改革进入"深水区"之时，在一定领域，只有通过大力发展社会事业，才能取得改革的彻底突破。具体来说，就是要通过社会事业的整体视角以及综合发展态势，打破"碎片化"弊端，逐步实现民生的结构平衡，化解民生的结构性矛盾，以此不断深化改革，增进社会活力，显著改善人民生活。

---

① 李爽：《当前社会事业体制改革需要关注和解决的主要问题》，《宏观经济研究》2005年第9期。

# 第 九 章

# 以人为本是改善民生发展社会事业的基本理念

　　实践表明，各个国家的民生、社会事业建设都是在一定理念下开展的，理念不同，民生、社会事业建设的供给形态、呈现方式等方面也会有所不同。虽然改善民生、发展社会事业有一定的共性，但是毫无疑问，由于各个国家在社会价值观、指导思想、发展思路等方面存在差异，那么在回答供给公共服务和产品是"为了谁，谁享有"等问题上，其差异是显而易见的。我国是社会主义国家，人民当家做主，这就决定了我们改善民生、发展社会事业必须坚持以人为本，从人民群众的社会需求出发，以实现好、维护好、发展好最广大人民群众的根本利益为出发点和落脚点。

　　一定意义上，理解"以人为本"，从不同的理论视角、不同的社会思潮出发可以得出不同的诠释，但是，不容忽视的是我们谈论任何思想、价值、理念时都离不开一定的经济社会发展背景，而此背景将决定着我们以什么样的立场、方式去看待这些思想、价值及理念。为此，我们这里所说的"以人为本"是科学发展观中的"以人为本"，有着鲜明的中国特色。也就是说，在我国全面建设小康社会的当下，谈论"以人为本"离不开科学发展观的理论与实践关怀，"科学发展观的核心是以人为本。实质上就是要把发展的成果体现在提高人民生活水平上，体现在满足人民物质文化需求上，体现在实现人的全面发展上"①。可以说,"以人为本"旗帜鲜明地表达了一切发展都是为了人民,发展的成果要由人民共享;同时一切工作的出发点和落脚点都在于最广大人民的根本利益。

从这种意义上来说,"以人为本"的实践指向和价值地位,决定了其能够成为改善民生、发展社会事业的基本理念。"以人为本"不仅能够为改善民生、发展社会事业提供难得的社会氛围和行政环境,而且也鲜明地回答了改善民生、发展社会事业是为了谁、谁享有等问题,即改善民生、发展社会事业就是为了满足人民群众的社会需求、提高人民群众的生活质量,让人民群众过上更有尊严、更加幸福的生活。为此,在改善民生、发展社会事业过程中,坚持"以人为本"就意味着一切民生、社会事业工作都要围绕最广大人民的根本利益而开展。只有始终坚持"以人为本",改善民生、发展社会事业才能沿着正确的方向前行,人民群众的各项权益才能得以保障,社会主义制度的优越性才能得以彰显。

在我国经济转轨、社会转型的语境下,在加快社会事业发展、大力改善民生的进程中,践行以人为本的基本理念,需要具体、生动、鲜活的实践来诠释,幸福生活、社会权利从理念、实践到理论自觉,进一步地丰满了改善民生、发展社会事业的基本理念。

## 一、幸福生活是改善民生发展社会事业的内在要求

近年来,幸福、幸福感、幸福生活成为社会热词,不仅新闻媒体对此进行了热烈讨论,而且在政府相关报告中也时有出现且成为亮点。这不仅说明了幸福对于人民生活的重要性,而且也表达了我国社会发展到现阶段具备了一定经济社会条件在社会层面上来探讨幸福。一定程度上,践行幸福生活,在社会上形成了一定共识。

何为幸福生活?可能并没有一定的标准答案。从不同角度、不同层次、不同文化背景等方面出发都会得出不同的"幸福观"。也就是说,幸福生活可以是物质的,也可以是精神的;它既是客观的,也是主观的,或是二者的

---

① 温家宝:《关于深入贯彻落实科学发展观的若干重大问题》,《求是》2008年第21期。

统一；它既关乎个人的禀赋、经历等，也关乎社会的规范、保障等，或者说它既是个人的，也是社会的。为此，可以说，幸福生活是多维的，那么从什么层面上来探讨幸福生活，对于理解幸福、践行幸福生活理念就显得很有必要。我们这里所说的幸福生活，是社会层面或社会意义上的幸福生活，当然，它与个人幸福有关，但不是个人幸福生活的全部。从这个层面来说，我们就更应该聚焦社会怎样建构幸福生活。从实践的角度来说，幸福生活离不开社会的大环境，而改善民生、发展社会事业能够为幸福生活构筑环境保障。毋庸置疑，一个既充满活力又有保障的社会生活一定能够提升人民群众的幸福感。我们大力保障和改善民生、加快推进社会事业的发展就是为了保障社会生活秩序，优化社会结构，让人民过上幸福生活，而且是更有尊严的幸福生活。一定意义上，改善民生、发展社会事业就是在构筑幸福生活，当然，幸福生活离不开科学发展这个实践基础，更离不开建立在科学发展基础上而形成的科学发展观的理论指导，而满足人民群众的社会需求，实现社会利益共享，无疑会让幸福生活更有意义、更具生命价值。

### （一）科学发展观是改善民生发展社会事业的理论指导

发展是当今时代的主题，也是我们党执政兴国的第一要务。经验表明，有些问题只有通过发展才能够解决，但"不能为发展而发展，发展本身不能成为目的，单纯的经济发展本身更不能成为目的，并不是任何发展、任何方式的发展都是合理的、进步的"①。为此，我们说只有科学发展才是恰当的、适时的，也就是说我们所追求的科学发展不是经济上的"单向度"发展，而是经济社会的协调发展。当然，实现科学发展离不开科学发展观的有效指导，二者具有内在的一致性。

科学发展观，是指导发展的科学思想。② 中国共产党第十六届三中全会通过的《中共中央关于完善社会主义市场经济体制若干问题的决定》提出了"科学发展观"——"坚持以人为本，树立全面、协调、可持续的发展

---

① 陈学明、罗骞：《科学发展观与人类存在方式的改变》，《中国社会科学》2008年第5期。
② 中共中央文献研究室编：《十六大以来重要文献选编》（中），中央文献出版社2006年版，第72页。

观,促进经济社会和人的全面发展。"① 科学发展观不仅反映了党对社会发展规律的科学认识,而且也科学地回答了社会发展"为了谁""发展成果由谁共享"等一系列问题。党的十七大强调,科学发展观,是对党的三代中央领导集体关于发展的重要思想的继承和发展,是马克思主义关于发展的世界观和方法论的集中体现,是同马克思列宁主义、毛泽东思想、邓小平理论和"三个代表"重要思想既一脉相承又与时俱进的科学理论,是我国经济社会发展的重要指导方针,是发展中国特色社会主义必须坚持和贯彻的重大战略思想。② 所以,改善民生、发展社会事业必须要以科学发展观为理论指导,把科学发展观的思想内涵、精神实质贯穿于改善民生、发展社会事业的各个领域、每个环节之中。

科学发展观的第一要义是发展,核心是以人为本,基本要求是全面协调可持续发展,根本要求是统筹兼顾。科学发展观的价值内涵极为丰富,涉及经济、政治、文化、社会和环境各个领域,既有生产力和经济基础问题,又有生产关系和上层建筑问题;既管当前,又管长远;既是重大的理论问题,又是重大的实践问题。③ 可以说,科学发展观不仅具有促进人的全面发展的深刻价值,而且还具有促进社会进步、和谐的深刻思想,具有战略性的高度和远见。而在实践中,民生、社会事业的内容也体现了一定的人文关怀和社会价值,它们不仅有促进人的全面发展的功能导向,而且还有实现社会公平正义、协调社会关系、优化社会结构、促进社会良性发展的价值追求。为此,可以说,科学发展观的价值内涵与改善民生、发展社会事业的价值追求有高度的契合之处。一方面,科学发展观的落实效果有赖于改善民生、发展社会事业,也就是说,改善民生、发展社会事业的生动实践能够在社会意义上表达科学发展观所承载的价值内涵;另一方面,改善民生、发展社会事业是践行科学发展观的应有之义,因为改善民生、发展社会事业,不仅能够保障人民群众的社会权益,提高人民群众的生活质量和幸福指数,而且还能够

---

① 中共中央文献研究室编:《十六大以来重要文献选编》(上),中央文献出版社2005年版,第465页。
② 胡锦涛:《努力把贯彻落实科学发展观提高到新水平》,《求是》2009年第1期。
③ 全国干部培训教材编审指导委员会组织编写:《科学发展观》,人民出版社、党建读物出版社2006年版,第49页。

促进经济和社会协调发展。为此,改善民生、发展社会事业离不开科学发展观的指导。

总之,加快改善民生、推进社会事业发展,必须深刻把握科学发展观的内涵,把科学发展与改善民生、发展社会事业紧密地统一起来,从践行科学发展观的战略高度认识并把握改善民生、发展社会事业的重要性与紧迫性。我们只有坚持科学发展观的理论指导,改善民生、发展社会事业才不会偏离社会发展、科学发展的主题,才能确保社会主义核心价值体系贯彻于民生、社会事业的实践过程中。我们只有坚持科学发展的实践,改善民生、发展社会事业才能有坚实的经济基础和有力的环境保障。因此,只有始终坚持科学发展观,积极推进民生、社会事业的改革创新,才能有效地化解民生问题的结构性矛盾,实现社会事业发展的速度、质量与效益的统一。

## (二) 社会需求是改善民生发展社会事业的动力

这里所说的社会需求是从满足人民群众公共需求、促进社会良性运行的角度来谈的,当然,它不否认个人需求,并认为个人需求一般是以社会需求的实现形式而呈现的。在社会系统中,社会需求相对其他需求而言,具有一定的导向作用,对处理社会关系、调整社会结构具有重要意义。满足社会需求是政府的重要职责和任务,因为社会需求的满足能够保障人民群众的各项社会权益,实现最广大人民群众的根本利益,从而能够维护社会稳定,促进社会团结。如果社会需求得不到实现,社会张力将会增大,社会矛盾与冲突将会增多,进而也将影响社会的稳定与和谐。

在实践中,社会需求不仅能够用来观测社会运行状况、衡量社会和谐程度,而且它也能够考量政府的绩效。可以说,能够有效满足社会需求的政府不仅是一个务实的服务型政府,而且也是一个善于处理公平与效率关系的高效政府。实践表明,实现社会需求的重要途径就是改善民生、发展社会事业。在我国,近年来,随着经济的快速发展,人民生活水平的提高,人民群众对公共教育、卫生健康、劳动就业、社会保障等方面的公共需求特别强烈,客观来说,与人民群众不断增长的公共需求相比,我国公共服务的规模、效率和水平还存在着许多与经济社会协调发展不相适应的地方。为此,必须加快改善民生、发展社会事业的进程,有效地满足人民群众日益增长的社会需求。

一定意义上，社会需求可以分为基本社会需求和非基本社会需求，非基本社会需求即为多样化、多层次的社会需求。对于政府而言，满足社会需求一般遵循先满足基本社会需求，再满足多样化、多层次社会需求的实践路径。针对我国经济社会发展的阶段和水平，根据城乡、区域等方面的现实状况，我们当前应着重满足基本社会需求，推进基本公共服务建设，实现基本公共服务均等化。同时，根据经济社会发展的程度，针对不同地区、不同阶层的多样化、多层次的社会需求，合理做好多样化、多层次的公共服务。可以预见，在我国社会主义现代化建设的大背景下，人民群众的社会需求会越来越多，也会越来越高，于是，人民群众对于民生改善、社会事业发展的期望值也会日益提高。因此，可以说，不断满足人民群众的社会需求不仅是建设服务型政府、构建和谐社会的着力点，也是我们改善民生、发展社会事业的不竭动力。

总之，在以改善民生为重点的社会建设中，我们要把社会需求与改善民生、发展社会事业之间的关系看做是一个动态的实践过程。也就是说，社会需求随着经济社会的发展而不断地变化，这就需要我们在重视社会需求的同时，也要深刻认识社会需求的规律，把握社会需求的整体性、系统性，从社会需求的视角、规律、特性上整体推进民生、社会事业的政策创新。

### （三）利益共享是改善民生发展社会事业的指向

我们这里所谈的利益共享，指的是社会领域的利益共享，它着重于公共服务与产品的供给方面。利益共享与社会发展密切相关，不同社会背景、不同意识形态、不同发展阶段其利益共享的所指、形式、原则、程度等都会有所不同。"我们党的一切奋斗和工作都是为了造福人民。我们推动科学发展，根本目的就是要坚持尊重社会发展规律与尊重人民历史主体地位的一致性，坚持为崇高理想奋斗与为最广大人民谋利益的一致性，坚持完成党的各项工作与实现人民利益的一致性，坚持保障人民权益与促进人的全面发展的一致性，做到发展为了人民、发展依靠人民、发展成果由人民共享。"[1] 这

---

[1] 胡锦涛：《努力把贯彻落实科学发展观提高到新水平》，《求是》2009年第1期。

充分地表明了在社会主义的中国，改革发展所带来的成果必须要由人民群众共同享有，而不是为部分人所享有。因此，这也决定了我们改善民生、发展社会事业的成果也应理所当然地要由人民群众共享，也就是说，改善民生、发展社会事业的指向就是要实现人民群众社会利益共享。

当然，在民生、社会事业领域里，理解和认识利益共享，既不能用理想化的平均来看待利益，也不能完全用市场机制简单地处理利益分配问题。在当下，随着利益主体的多元化，利益表达、利益诉求也必然多样化，也就是说，在民生、社会事业领域里实现利益共享，必须要承认不同利益主体具有多样化的利益需求，为此，利益共享不是绝对的平均、相同，而是在机会和程序平等的前提下，在满足社会成员基本生存与发展的基础上，通过体制机制的调节，实现社会利益最大化。因此，我们所说的利益共享与实现最广大人民群众的根本利益在本质上是一致的。

从民生、社会事业的发展历程来看，中华人民共和国成立后，党和政府通过多种有效措施，努力发展社会生产力，经济发展走上了正常轨迹，社会恢复了正常秩序，民生、社会事业的发展不仅有了物质基础而且也取得了一定成绩，人民群众共享了中华人民共和国成立后民生、社会事业发展所带来的成果，但不可否认，此时的社会利益在"量"上是相对不足的。改革开放以来，我国通过大力实施经济改革，确立了社会主义市场经济制度，打破了"大锅饭""平均主义"，生产效率大幅提升，各项社会事业蓬勃发展，民生得以进一步改善，相对于改革开放前而言，我国社会利益在"量"上大幅提升，人民群众享有的社会福利普遍提高。但是，受经济社会"一条腿长、一条腿短"等问题的影响，我国在社会利益共享方面还存在诸多的挑战。收入分配不公、收入差距扩大、就业难、看病难、上学难、养老难等一些系列民生问题，不仅严重地影响了社会结构的调整、社会流动的正常秩序，而且也造成了一定社会不公，严重地影响了社会利益共享的效果与深度。为此，我们必须加快社会事业发展，积极保障和改善民生，健全利益共享机制，逐步解决社会利益共享所面临的挑战与问题。在民生、社会事业领域里，实现社会利益共享，首要的就是民生、社会事业的发展成果要惠及广大人民群众；其次，如何改革社会事业、如何改进解决民生问题的各种措施等内容都要听取人民群众的意见和建议；最后，要让人民群众来评价改善民生、发展社会事业的效果。

总之，让人民群众过上更有尊严、更加幸福的生活，是改善民生、发展社会事业的内在要求。通过对改善民生、发展社会事业的理论指导、动力及方向的分析，使从社会层面来构筑幸福生活有了更加充分和清晰的理路。只有在科学发展观的指导下，积极践行以人为本，立足于人民群众的社会需求，始终坚持民生、社会事业的发展成果由人民群众共享，保障社会公平正义，人民群众的生活才能更加幸福，社会才能更加和谐。

## 二、维护公民社会权利是改善民生发展社会事业的题中之意

根据已有文献资料来看[①]，有关社会权利的提出及定义主要来自西方国家，而且提到社会权利绕不开的一个人物就是 T. H. 马歇尔（Thomas Humphrey Marshall），他在论述公民权的时候提出了社会权利的概念，被认为是有关社会权利的经典表述，以后有关社会权利的探讨一般都是在此基础上进行的。虽然各国社会制度、意识形态等方面存在差异，对社会权利的理念和实践也会有所不同，但是一般来说，各界对社会权利的基本内核、基本内容还是有一定共识的。

郁建兴、楼苏萍认为[②]，"公民社会权利"是一种现代政治理念，它基于市场经济造就社会不公平的认识，意欲通过国家的福利提供保证每一个社会成员都能拥有一个基本的文明生活，以实现社会公正目标；并指出社会权利一般包括了义务教育、针对儿童的家庭津贴、针对低收入群体的综合性社会救助以及保障性住房等。而王春福在总结已有学者观点和国际公约规定的基础上认为[③]，受教育、享受基本的医疗服务和社会保障构成了公民社会权

---

① 参见：郁建兴、楼苏萍：《公民社会权利在中国：回顾、现状与政策建议》，《教学与研究》2008 年第 12 期；王春福：《社会权利与社会性公共产品的均等供给》，《中共中央党校学报》2010 年第 1 期；杨雪冬：《走向社会权利导向的社会管理体制》，《华中师范大学学报（人文社会科学版）》2010 年第 1 期。

② 郁建兴、楼苏萍：《公民社会权利在中国：回顾、现状与政策建议》，《教学与研究》2008 年第 12 期。

③ 王春福：《社会权利与社会性公共产品的均等供给》，《中共中央党校学报》2010 年第 1 期。

利的主要内容，并认为公民的社会权利必须通过社会性公共产品的供给才能得到确认和保障。

从福利国家视角来看，郑秉文认为①，"社会权利"是保证企业竞争力和最大限度地适应经济发展的过程中的一种"生产性投资"，这个生产性投资是福利国家得以诞生、存在和发展的前提之一；判断社会权利的一个重要标准就是它在多大程度上允许人们依靠纯粹市场之外的力量去改善其生活水准；社会权利是对公民作为"商品"的地位的一种反动、一种限制或一个削弱的因素。而杨雪冬在研究了国内外社会权利的思想及实践后认为②，社会权利是作为社会成员分享社会发展成果的资格和拥有文明生活条件的权利，但个体享受的社会权利，不同于个体的自由，是必须在社会中才能实现的权利；社会权利是在一定的经济发展水平上形成的；社会权利的实现需要一定的制度条件；与公民权的其他组成要素相比，社会权利的实现过程更为复杂。

综上，我们可以看到，社会权利是公民的基本权利之一，它与人的基本生存与发展密切相关，与经济社会发展的背景、阶段、水平、环境密切相关。国内外有关社会权利的具体实践和学者们的研究，为我们认识和把握改善民生、发展社会事业提供了有益的启发。一般来说，基本社会权利与社会福利、公共产品等内容高度相关，而这些内容又与公共服务的供给有关。为此，可以说，我国改善民生、发展社会事业的实践与社会权利的实现在本质上是一致的，在一定程度上，改善民生、发展社会事业就是在维护、实现公民的社会权利。

### （一）维护公民社会权利是"以人为本"的本质要求

"以人为本"不仅是科学发展观的核心，而且也是我国改善民生、发展社会事业的基本理念。"以人为本"的一个重要诉求就是促进"人的自由、全面发展"。为此，一方面，从人的自由发展来看，实现人的自由发展一定是有条件的，不管我们从何种意义上来理解自由，其中，有一点是肯定的，

---

① 郑秉文：《社会权利：现代福利国家模式的起源与诠释》，《山东大学学报》2005年第2期。
② 杨雪冬：《走向社会权利导向的社会管理体制》，《华中师范大学学报》2010年第1期。

人的自由离不开社会正常运行的环境保障，而一定的公民权利又是社会正常运行的重要前提，所以，人的自由发展离不开作为公民而被赋予的一定基本权利。另一方面，从人的全面发展来看，人的全面发展涉及生活的方方面面，既涉及人的基本生存方面，又涉及人的保障、发展方面。从一定意义上也可以说，人不仅是"经济人"，更是"社会人"。特别是在物质方面得到满足以后，在一定程度上，对于人的生存和发展来说，教育、医疗卫生、社会保障等方面所起的作用更为重要，因为这些方面不仅关乎生活质量，更重要的是他们关乎生命的价值、人生的幸福。因此，实现人的全面发展，离不开民生的保障与改善，更离不开社会事业的发展。

而社会权利是公民权利的重要组成部分，其所涉及的内容与人的生存与发展息息相关，如教育、医疗卫生、社会保障等基本内容与改善生活质量、促进人的自由全面发展更是密不可分。另外，社会权利以制度化的形式确定了公民应该享有的基本生存与发展的权利，不仅为人的自由、全面发展提供了重要保障，而且也为促进社会公平提供了制度性支撑。可见，"以人为本"所具有的实践原则、价值取向与社会权利所承载的基本内容、核心价值有高度的契合之处。所以，坚持以人为本，必须维护公民的社会权利，以此确保并促进民生、社会事业的健康发展。

## （二）维护公民社会权利是改善民生发展社会事业的重要保障

近年来，我国社会各界对改善民生、发展社会事业都给予了充分的关注，各级政府采取了多种有效举措大力推进民生、社会事业建设，取得了一定成绩，形成了大力改善民生、支持社会事业发展的社会氛围。但在实践中，如何整体推进社会事业全面、协调、可持续发展并以此逐步解决民生问题，一直是一个讨论激烈的重大理论与实践问题。尽管基于不同视角、不同理论、不同的"地方性"经验会产生不同的解决路径，但是对于实现整体推进社会事业的全面、协调、可持续发展而言，观念问题至关重要。也就是说怎样看待民生、社会事业的本质问题，不仅将影响政策的取向、制定与执行，而且也将影响各社会政策之间的有机链接与整合。换言之，把民生、社会事业当做经济社会发展的"饰品"，和把其当做人的生存和发展必不可少的权利，二者是有根本差别的。不可否认，一些地方、部门、行业在对待民生、社会事业上，其观念是有差异的。有的地方由于观念上的原因，明明是"好心"但却做了一些人民不满意、社会不认可的"民生工程"，不仅影响了整个社会事业的有序发展，而且也影响了民生问题的解决，造成了一定的社会不公、社会不满。

为此，我们认为，现阶段，必须从维护公民社会权利的观念来看待和把握改善民生、发展社会事业。只有从社会权利的角度出发，改善民生、发展社会事业才能得到充足保障。一是社会权利是公民的基本权利，国家有维护、实现公民权利的责任，为此，政府对改善民生、发展社会事业的主导作用不能缺失；二是赋予公民社会权利，这意味着全体公民都应该平等享有社会权利，为此，这样便能进一步激发公民参与社会建设的积极性和能动性；三是维护社会权利能够培养现代公民意识，从而促进公民社会的成长与成熟；四是基于维护公民社会权利出发而实施的社会事业的发展策略、相关政策，不仅具有人文价值关怀，而且还能够有效地避免"短视""断裂"等问题。

总之，基于公民社会权利来看待民生、社会事业，不仅能够产生积极的社会效益，而且也能够对我国教育、医疗卫生、社会保障等领域的规划及政策取向产生深远影响。另外，在进行顶层设计时，以公民社会权利为视角制定出的系统策略体系，能够为打破"碎片化"弊端，整合社会政策，实现民生、社会事业的全面、协调、可持续发展提供理念支持和制度保障。

### （三）改善民生发展社会事业是实现公民社会权利的有效途径

近年来，我国经济快速发展，综合国力日益提升，公民社会权利的保障和实现不仅有了更加坚实的经济基础，而且随着我国社会建设的大力开展，公民享有社会权利的保障水平和范围也在不断提高与扩大。如国民受教育程度大幅提升、适合国情的城乡基层医疗卫生服务体系日益完备、基本形成了覆盖城乡居民的社会保障体系等。但是通过对我国民生问题的结构性矛盾分析以及从我国社会事业发展中存在的城乡、区域不平衡等现实问题来看，公民充分地实现社会权利还存在诸多挑战，如就业难、收入差距拉大等问题都在影响着公民社会权利的实现。也就是说，虽然我国在保障公民社会权利方面取得了一定的成绩，但是与经济发展的速度相比、与刚性需求相比、与美好生活的期待相比，我国公民社会权利的保障水平和层次还有待提高。可以预见，随着全球经济一体化、发展多元化的进程加快，我国也面临着社会权利进一步扩展的压力与挑战。

为此，充分实现公民社会权利任重而道远。从实践上来看，加大改善民生力度、加快社会事业发展是实现公民社会权利的有效途径。其原因在于，一是民生、社会事业各领域的具体实践与社会权利的具体实现在内容上是基本吻合的，他们互为表里、彼此建构；二是改善民生、发展社会事业为实现社会权利拓展了空间，特别是社会事业的整体发展，不仅为整个社会营造了注重全面发展、注重生活品质的良好氛围，而且也为各界关注社会权利、维护社会权利提供了有利的社会空间；三是民生、社会事业所具有的社会功能与社会权利所具有的社会价值是相互照应的。所以说，实现公民社会权利离不开各个民生问题的解决，更离不开科技、教育、卫生等社会事业的整体发展。

可以说，维护公民社会权利是发展社会事业的题中之意。只有明确了权利意识，改善民生、发展社会事业的理念和制度保障才能更加坚实。社会权利不仅能够丰满"以人为本"——改善民生、发展社会事业的基本理念，而且也能够以制度化的形式把理念引向具体的"实践"。可以预见，随着公民社会权利的意识倡导，不仅民生、社会事业建设的"合法性"有了社会氛围，而且公民社会建设的主动性和能动性也有了环境支撑，更为重要的是，它将会对我国民生、社会事业的理念、规划、政策产生深远影响。可以说，充分实现公民社会权利不仅是国家承担的重要职责，而且也是国家文明、发达的重要标志。

综上所述，通过对幸福生活和社会权利的探讨，我们认为，以人为本，无论在理论上还是在实践上都应该成为改善民生、发展社会事业的基本理念。同时我们也认为，理念上的共识是促进社会事业良性运行、推进改善民生有序开展的重要保障，特别是对于通过社会事业的整体发展来逐步解决民生问题来说，理念的意义更为重大。在一定意义上，理念不仅决定了社会事业的发展方向、价值取向，而且也影响着社会事业的整体发展、顶层设计和系统规划。就目前的现实来说，我们不可能，当然，也没必要制定出一套涉及多样化、多层次需要的全国一致的社会事业政策。当前，我们只能着力于制定基本的社会事业政策，而怎样能让基本的社会事业政策适时并有效呢？基本理念就显得尤为关键。基本理念是整个社会事业发展的"灵魂"所在。在实践中，基本理念起着指导、整合社会事业政策的作用，它不仅能够系统地指导实践的各个环节，而且也能够关照整个社会事业的基本面发展。另外，由于我国当前存在城乡、区域发展不平衡、不协调问题，再加之地方财税方面的原因，总的来说，各地社会事业的发展水平是不一样的，由此，各地在发展社会事业、解决民生问题上的微观操作也是有差异的，也就是说，各地都可以有自己的"地方性"实践，那么此时，理念上的一致性就显得尤为重要了，因为它能够确保各"地方性"实践的发展方向、性质与中央层面的基本要求保持一致。为此，从中央层面来看，制定全国基本社会事业发展的相关规划、政策是尤为必要的，通过"基本社会事业"的标准化与规模化建设，确保社会公平，满足基本社会需求。当然，各地可以根据自身经济社会发展的实际，在必须确保基本社会事业正常发展的前提下，可以适当提高公共服务和产品的供给标准，不断满足人民群众日益增长的多样化、多层次的社会需求。总之，作为一种基本理念，它既需要一定的高度概括和抽象表达，也需要实实在在、触手可及的目标。为此，在改善民生、发展社会事业过程中，把幸福生活、维护公民社会权利作为践行以人为本的具体路径和方式是符合我国社会发展实际的。

# 第 十 章

# 服务型政府是解决民生问题的主要依托

我国的民生问题非常复杂,经常是一个问题联系着另一个问题,一个方面制约着另一个方面,正如前文所说的呈现出结构性矛盾。要想解决好民生问题,必须从宏观层面加以把握,这就需要依靠政府的力量。而服务型政府重视民主、公民权和服务于公共利益,因此成为解决民生问题的主要依托。

## 一、解决民生问题是服务型政府的重中之重

### (一) 政府是保障和改善民生的主要责任者

各种经典的理论都认为政府是改善民生的不二人选,当民生领域出现矛盾和问题时,我们会自然地考虑政府该如何解决民生领域内的矛盾。我国现阶段的民生问题主要集中在两个领域:一个是实的,就是与百姓生活密切相关的吃穿住行、养老、就医、子女教育、环境、安全等生活必需。另一个是虚的,简单来说就是调整关系,如何协调财富分配关系、人们的权益关系等。由于经济社会发展的不均衡,我国目前存在着区域、阶层、群体之间的分化和差异,这就必须用统筹兼顾的方法解决好民生问题。这两个方面都需要政府主导。

首先,人们通过衣食住行、教育、医疗等生活消费维持劳动力的再生

产。在现代社会中，这类消费品不可分割，经济学家称之为"集体商品"。集体消费品的价值主要是通过维护和提高人的劳动能力，从而促进物质生产，创造更多的社会财富来实现。它们的回报周期长，利润小，以营利为目的的私人资本无力承担。在这种情况下，必须由政府对集体消费品生产和管理进行干预。其次，在解决民生问题时需要调整、协调各种利益关系。这就需要一种具有宏观视角和集中权力的部门或组织执行，而政府无疑是最佳的选择。

随着生产力的发展，人类社会产生分化，逐渐形成了不同的组织，为了避免组织内部和外部之间出现冲突，同时以最小成本换取最大利益。人们定下契约，将自己的一部分权力让渡出来，形成公共权力，并交予政府来行使。社会契约论认为，政府合法性的基础是建立在政治契约之上的，政府的一切权力来自于公民之间、公民与政府之间权力与职能的委托，政府应保护全体公民的公共利益，并且维护社会秩序。政府要根据"让渡权力"的社会成员的要求来行使公共权力和管理公共事务。政府的权力是人民赋予的，公民通过纳税或遵从使政府权力得以运行。"作为公民'让渡'与'支出'的对等反应，公众很自然地期望从政府那里得到相应的'回报'，其中就包括以'服务对象'的身份获得政府提供的良好服务。政府责任所涵盖的基本价值之一就是'回应性'，即政府要对全体社会成员的各种诉求做出及时的反应，并采取积极措施解决问题。"[1] 无论是罗尔斯的社会正义中初级产品的公平分配，还是阿玛蒂亚·森的保障每一个公民的可行动能力，或是诺齐克的程序和权力公平，都认为政府应担当起管理民生的主要责任。

## （二）关注民生是我国当前政府转型的重要推力

政府转型是政府的管理理念、职能结构、工作重心、行为方式等方面的一系列转变和演化。中华人民共和国成立以来，我国政府主要有两次转型：第一次是从中华人民共和国成立初期的全能统治型政府转向改革开放后的经济建设型政府；第二次是从市场经济初期的经济建设型政府转向市场经济成

---

[1] 刘祖云：《论"服务型政府"的根据、内涵与宗旨》，《江汉论坛》2005年第9期。

熟期的服务型政府。

在中华人民共和国成立初期，我国实施计划经济，国家政治、社会事务、企业生产、老百姓的日常生活，都被纳入到中央的统一计划与管理中。当时的政府是全能的政治统治型政府。改革开放后，市场经济逐步取代了计划经济，政府转型也紧随其后，从政治统治型政府逐步转向经济建设型政府，我国由此实现了经济的高速增长，然而随着社会的发展，经济建设型政府存在的问题也逐渐凸现出来：第一，政府自身不可能长期维持较高的经济增长率。第二，政府过度重视经济建设，忽视了经济与社会的全面协调发展。我们现在正面临着总体小康实现后收入差距扩大、区域和城乡发展失衡、社会公共服务短缺等一系列问题。这些问题严重地威胁着社会稳定和社会安全，影响着我国经济社会的持续发展，也使民生问题成为社会各界关注的焦点。民生事关国家稳定，民众的福利越好，他们对政府的支持率就越高，政府的合法性程度也就越高。反之，如果民生问题众多且尖锐，民众对政府的依赖和信任度就会降低，政府的管理就会出现危机。因此，政府必须把改善民生、造福民生作为首要工作。

可以看出，关注民生是我国当前政府转型的重要推动力。2005年3月，温家宝总理在《政府工作报告》中首次提出了努力"建设服务型政府"的目标，并以此作为新时期政府转型的方向和任务，即政府转型要转变政府职能，"返权"于社会与市场，依法行政，提高服务能力，更加注重社会管理和公共服务。可见，建设公共服务型政府与政府转型的目标价值存在着内在一致性和契合性，因此，政府转型的方向必然是公共服务型政府。

在市场经济条件下，政府管理必须让位于市场调节，只有在市场"失灵"时，政府才能出面调控。随着市场经济的进一步推进，政府必须确立以服务为本的理念，缩小自己的职能范围，把工作重心放在为企业、社会公众提供服务方面。其中，企业创造更多的效益，最终还是投向民众生活。也只有促进经济的不断发展，创造出更多的财富，才能为解决民生问题提供坚实的物质条件。因此，政府转型的落脚点，还是主要体现在民生上。

### (三) 服务型政府将保障民生纳入核心工作

什么是"服务"?《新华词典》的解释是"为一定的对象工作"①。《汉语大辞典简编》的解释是"为社会或他人利益办事"②。这两种解释代表了我们对服务的一般理解,在现实生活中,我们经常使用这样的概念,政府更是在这样的意义上使用它,例如"为人民服务",强调政府为社会提供无偿劳动。当然,政府不是一个提供无偿服务的机构,政府提供的服务主要通过税收来实现,而不是直接向使用者收取,这造成了我们认为政府在无偿服务的错觉。政府通过税收从公众那里获得了应有的报酬,它有义务为公众提供服务,"因为公共需求和公共利益的存在是政府存在的根本前提。政府的这种公共性就决定了政府的服务性特征"③。从本质上来讲,政府并不是一个政治统治和经济控制的机构,而是一个为公众提供服务的组织。因此,服务性应该是政府的基本属性。所谓服务型政府,就是"在公民本位、社会本位理念指导下,在整个社会民主秩序的框架下,通过法定程序、按照公民意志组建起来的以公正执法为标志、以为公民服务为宗旨并承担服务责任的政府"④。

服务型政府面向公众、社会组织和社会提供服务。其中保障民生是其服务工作的核心之一。因为政府服务的宗旨就是以民为本。就民生而言,民生问题的解决,归根到底是取决于经济社会发展的成效和水平。因此,改革开放初期,我国政府将发展经济作为工作重点,其根本也是为了保障和改善民生。随着时代的发展,民生问题发生了改变,我国又将提供公共服务作为政府工作的主要内容。胡锦涛在中共中央政治局第四次集体学习时强调:"建设服务型政府,根本目的是进一步提高政府为经济社会发展服务,为人民服务的能力和水平,关键是推进政府职能转变,完善社会管理和公共服务,重

---

① 《新华词典(2001年修订版)》,商务印书馆2001年版,第288页。
② 《汉语大辞典简编》,汉语大辞典出版社1998年版,第2580页。
③ 吴玉宗:《服务型政府建设研究》,经济日报出版社2007年版,第3页。
④ 《中共中央政治局进行第四次集体学习 胡锦涛强调扎扎实实推进服务型政府建设》,见《时政文献辑览》,人民出版社2008年版。

点是保障和改善民生。"① 建设服务型政府，重点是保障和改善民生。换言之，服务型政府就应该坚持民生为重的理念。

政府需要在公共财政预算以及财政转移支付的基础上，真正关注普通老百姓的利益、需要和愿望。向全体民众提供公平和高质量的服务，满足不同社会群体的正当利益和各项合理需求。秉承维护社会公平与正义的原则，做好国民收入的分配与再分配工作，给予社会弱势群体更多的支持与帮助。政府要把资金用于改善人民群众生活质量，关乎千家万户生活命脉的义务教育、公共医疗、社会福利和社会保障、劳动力失业和培训、环境保护、公共基础设施、社会安全和秩序等方面来。把当下群众就业难、看病难、上学难、住房难、行车难、停车难、办事难等问题一件件落实好。而这些都是服务型政府工作最基本组成部分和核心内容。

## 二、民生理念指导下服务型政府的建设

民生问题特性对服务型政府提出了自己的主张和要求，进而规定着我国服务型政府建设的任务和重点。服务型政府在执政理念、运行模式、职能定位等方面有别于以前的管理型政府，因此，服务型政府的建设涉及行政体制改革的方方面面，是一项综合工程。

### （一）政府树立服务意识

理念是行动的指导和统帅，直接决定着政府组织建设和制度运行的价值选择。观念再造的核心就是重新理解政府的使命与职责，以及政府与社会的关系。国家要颁布相关法规，并加大培训力度，使政府工作人员和行政管理者要认识到公民权利是政府权力的来源，树立起以人为本、科学发展、和谐社会的执政理念。政府要加快自身从传统型管理者向服务者转变，将服务意识贯彻到执政的各项工作和环节中。在制定政策时，行政管理者必须真正站在公共的需求方面考虑问题，实现社会需求与公共服务供给的均衡。在工作

---

① 胡锦涛：《扎扎实实推进服务型政府建设全面提高为人民服务能力和水平》，《高校理论战线》2008年第3期。

时，政府要弱化行政行为的强制性、命令性、直接干预性，采取非强制的柔性管理方式实现政府的职能，在服务时，政府工作人员要坚持服务理念，简化办事程序，方便群众办事，同时采用先进的工具技术，并创新方法技术。如南京市政府在全市广泛推行"一站式""一门式"受理，建立以"集中受理、智能办理、互动服务、内控管理"为核心的智慧政务模式，高效快速地为公众提供服务。① 为创新社会管理、畅通群众诉求渠道，济南于2008年9月开通了12345市民服务热线。该热线整合了38条政府类热线资源，市、县（市）区、街道办、村（居）五级办理体系，实行电话（12345）、短信（106—3531—12345）、网络（市长信箱）三位一体化运行，24小时受理市民诉求，实现了"一号受理、各级联动、方便市民、服务决策"。②

### （二）政府职能的转变

建设服务型政府，关键是推进政府职能转变。政府职能是指政府根据政权稳定以及社会经济发展需要所承担的职责和功能。政府职能不是一成不变的，它需要根据社会环境的变化做出相应的调整，这就是政府职能的改变。具体来讲，就是在一定时期内，根据国家运行和社会发展的需要，国家行政机关所承担的职责和所发挥的作用的范围、内容、方式的改变和调整。

我国原来的管理型政府是全能的、权力本位和以管理为中心的管制型政府。发展经济、监管市场、提供公共服务都是政府的基本职能。政府职能转变是由社会发展情况所决定的。随着我国现阶段国情的变化，"政府要把自己的主要职责放到管理社会公共事务、提供有效的公共服务方面，才能使社会发展与经济发展同步进行"③。而政府要想提供好社会公共产品，必须转变职能定位，实现从管制型向服务型的转变。我们需要注意的是，服务型政府并非排斥统治、管制等职能，它只是"与管制型政府注重投入而轻视产出、注重管制而轻视服务、注重管理过程而忽视管理结果、以政府为本位不

---

① 申冉：《南京打造服务型政府"一站式政务超市"运营》，中国新闻网，2011年10月31日，http://www.chinanews.com/df/2011/10-31/3427221.shtml。
② 阴秀文：《济南12345：打造24小时不下班的服务型政府》，《走向世界》2011年第33期。
③ 迟福林：《适时推进公共服务型政府建设》，《经济参考报》2003年7月16日。

同"①,将为社会提供公共产品和公共服务作为其最本质、最核心的职能。同时,服务型政府也是有限政府。政府的权力、职能都要受到法律和民意的制约。在有限政府中,政府要收缩自己的权限,专心做好社会管理和公共服务等主要事务。除此之外的社会事务则由非政府组织提供服务,这样才能给社会组织创造充分的发展空间,以鼓励个人和组织去创造更多的社会财富。

### (三) 政府改变决策机制

"机制"一词最早被用于研究生物的内在结构、相互关系和变化过程。后来,机制概念被引入社会科学领域,用以研究各种社会事物和现象之间的结构、关系。因此,政府决策机制可以解释为政府决策主体之间相互联系、相互作用的模式。以往的管理型政府由政府统筹社会经济建设的一切重大事务,决策权在于政府。政府是决策如何解决民生问题的唯一主体,政府往往仅从自身的立场和需求出发,存在着民意表达不充分、决策透明度不高、决策咨询流于形式等问题。这大大地制约着服务型政府的建设。因此,我们要重视提高政府在解决公共问题、满足公民需要方面的有效性,就要促进政府与社会、民众的合作,建立多元协商、公众参与互动的决策机制。首先,健全民意反映制度,在我国现有的社情民意反映制度上,进一步完善信访制度,改进传播媒体的管理,加强电子政府的建设。其次,健全社会公示制度,增加政府工作的透明度,尤其是那些与群众密切相关的事物,要公示于众。再次,健全社会听证制度,需要不断提高公众参与者的代表性。最后,健全专家论证制度,要最大限度地组织相关专家群体,集思广益,科学、实事求是地揭示预选方案的可行性。

### (四) 政府改变考核机制

政府的政绩观对于政府施政具有重要的导向作用。政绩一词,《现代汉语词典》诠释为"官员在任职期间的业绩"②。基于中华人民共和国成立初期我国的生产力水平低下的现实,以及改革开放初期定下的"效率优先、

---

① Michael Barzelay, *Breaking Tough Bureaucracy*, University of California Press, 1992, p. 24.
② 《现代汉语词典》(第6版),商务印书馆2012年版,第1664页。

兼顾公平"发展基调，政府的工作重点是发展经济，那么政府的考核机制也是依托经济指标制定的。随着"改善民生"成为政府工作的重点，民生问题成为衡量各级政府官员执政水平高低、政绩大小的重要标准。这势必需要政府考核机制的变革。

在考核内容上，改变以GDP增长为主的片面的政绩观，将民生问题纳入政府工作的考量指标之中。政府政绩考核内容除了传统的GDP增长、招商引资、重大工程等指标外，更应该包括民众就业和增收，教育、卫生、文化等公共服务的供给，以及社会治安、环境保护、城乡统筹等情况。简而言之，就是主要看经济社会发展是否符合社情民意。这也意味着要把改善民生看做衡量政府政绩的主要内容和最重要的标准。

在考核主体上，建立社会监督机制，变政府单方面考核为政府部门、社会组织、群众相结合。对政府保障和改善民生的行为实行社会监督，改变政府单方面监督的失效和错位状态。在具体操作中，政府部门要做到民生信息全公开，相关协会、利益相关者及媒体要发挥监督作用，对涉及公共财政投入和收费项目的环节进行重点监督，防止在解决民生问题过程中出现资源浪费及腐败行为。

在考核结果上，实施多元化的绩效评估。通过政府自我评估、专家评估、公众及社会舆论评估等，对政府在保障和发展民生方面的成果、资金运作情况、相关部门的工作效率及能力、公众满意度等进行评定。评估、考核的结果反映了政府保障民生的成绩和问题，政府要将其作为下一步社会公共服务资源投入和政策制定的主要依据，由此把保障民生落到实处。

### （五）政府加快法制建设

政府提供公共服务的过程必须在法治框架下进行。政府的法制建设应该包括两个方面的内容：一是政府调节社会关系依据的法律；二是政府本身的行为和活动遵守的法律。

建设服务型政府，行政权力主导要让位于法律调节。在行政权力的干扰下，法律发挥调节社会的作用会受到限制，因此要逐渐缩减行政权力。而缩减行政权力的措施就是减少行政审批环节。在削减行政力的同时，需要完善法律体系以填补调节社会的真空，从而避免社会秩序混乱。因为在法治基础上政府提供的服务才是规范化的服务。政府要严格按照宪法和法律的规定来行使公共权力,"有权必担责,用权受监督,侵权要赔偿",这是温家宝在政府工作报告中提出的法治政府执政的新理念。行政权力和执法此消彼长却又相互依存。在服务方法和手段方面,政府是可以创新的,具有一定的自主权。但在服务内容、标准和程序上必须严格依照法律规范进行。只有坚持法治,政府服务才能做到公平、公正。

随着建设服务型政府目标的确立,我们要树立服务、善治的理念,坚持公平优先、兼顾效率的原则,完善政府工作人员的行为法则,以及政府提供公共服务的行政程度法则。政府的法制建设必须坚守以下几个原则:第一,政府提供的服务必须以公民需求为基础;第二,加大对公民参与监督公共服务的提供;第三,培养社会公民意识,除了宣传教育外,我们还可以发挥舆论监督作用,通过适当扩大直选范围、发展公共渠道等方式来培养公民意识;第四,建立服务型政府配套法律的自我完善机制,政府服务面对公众需求时可以及时弥补和更新。

## 三、服务型政府如何解决民生问题

民生问题解决的好坏直接影响到国家的社会经济建设,在这种情况下,政府如何解决民生问题便显得尤为重要。

### (一) 政府统筹规划

民生问题涉及方方面面。关注民生,我们必须要有宏观的理念,以统筹兼顾的方法去解决民生问题。改革开放以来,我国社会经济发展取得了巨大的成就,但也出现了先富与后富、城市与乡村的差别,各群体、各地方民生诉求差异等问题。这就必须要对民生问题的解决进行统筹规划,而这一切都需要政府来做。首先,政府要将所有的民生问题都列入政府工作中,并依据社会经济的宏观背景以及公众实际需求,结合民生问题本身,拟定解决和发展方案。其次,政府要根据实际情况,确定工作重点,紧抓关键环节,明确努力方向,切实解决民生领域的突出问题。再次,政府要协调好各个利益群体的关系,使社会不同层面的群众互惠互利、共同发展,特别是要更多地关注改善农村、欠发达地区和困难群众的民生问题,让改革发展成果更好地惠及广大人民群众。然后,民生问题如何解决、由谁解决,民生问题解决的过程等方面需要以法律和制度的形式确定下来,一是规划政府等各级主体的行为规范,二是可以使民生问题得到有序、有效的解决。而法律必须由政府推行。最后,解决民生问题需要财政投入,而民生问题的社会性和公益性决定了政府必须成为投资主体,并且决定了投资的财政标准,主要包括各项民生问题投入比例,以及调控各地区的民生投入。

在"天津市2011年民生问题调查"中,多数民众第一选择政府来承担解决住房、社会治安、失业、医疗、贫困等几个主要的民生问题的任务。

表 10-1　民生问题主要应该由谁承担调查表（第一选择）

| 项目 | 承担者 | 政府 | 工作单位 | 社区 | 个人 | 民间团体 | 其他 | 合计 |
|---|---|---|---|---|---|---|---|---|
| 住房 | n | 904 | 32 | 3 | 50 | 1 | 3 | 993 |
| | % | 91 | 3.2 | 0.3 | 5 | 0.1 | 0.3 | 100 |
| 社会治安 | n | 943 | 12 | 30 | 5 | 3 | 1 | 994 |
| | % | 94.9 | 1.2 | 3 | 0.5 | 0.3 | 0.1 | 100 |
| 失业救济 | n | 925 | 43 | 17 | 3 | 5 | — | 993 |
| | % | 93.2 | 4.3 | 1.7 | 0.3 | 0.5 | — | 100 |
| 健康医疗 | n | 831 | 51 | 48 | 58 | 7 | — | 995 |
| | % | 83.5 | 5.1 | 4.8 | 5.8 | 0.7 | — | 100 |
| 贫困 | n | 911 | 32 | 22 | 24 | 1 | — | 990 |
| | % | 92 | 3.2 | 2.2 | 2.4 | 0.1 | — | 100 |

调研结果显示,百分之八九十的民众认为政府应当承担起解决各种主要民生问题的主导作用。

### (二) 政府引导、培育社会力量参与民生问题的解决

政府在解决民生问题方面担负起主导作用并不意味着民生问题就由政府垄断。"无论何时,只要可能,政府就会像独家垄断者一样行事;无论何处,只要存在竞争它就会趋于对效率产生一种有益的影响,这与企业之间竞

争的效果是相同的。"① 垄断导致的缺乏竞争是造成政府解决民生问题低效的一个重要根源。因此，要从根本上消除这种低效状态，就必须引入其他社会力量包括私人进入民生领域，从而形成民生领域内的服务竞争。但是，如果政府管理事务太多，会"蕴藏着增加行政成本的弊端"②，政府垄断民生事业会导致政府服务机构膨胀、公共财政负担过重、公共服务供给不足等问题，"服务型政府如果不以有限政府的要求加以限制，其服务必然异化"③。

民生问题不但可以由政府负责，也可以由行业组织、社区组织、职业团体负责，甚至是私人参与。因此，政府要积极引导社会力量参与民生事业，形成民生问题解决的多元化、社会化、市场化。民生事业按性质可以划分为公益性民生事业、混合性民生事业和营利性民生事业。根据民生事业的不同性质，发挥不同主体的积极作用。对于纯公益性民生事业，如义务教育、普及性疾病防御、基础社会福利等，政府承担主导责任。同时，政府也必须优先和首要发展公益性的民生事业。对于混合性民生事业，如特色学校、民营医院和养老机构等，政府可以通过特许经营、公私合营，在财政上予以补贴，支持民间力量兴办。对于营利性民生事业，如文化娱乐、培训等，政府鼓励社会力量投资兴办。

当"民生问题应该由谁承担"这一问题存在多重选择时，民众的第二选择主要是除政府以外的社会组织，可以看出在民众心里，社会组织也是承担民生事业的重要力量。

表 10-2　民生问题主要应该由谁承担调查表（第二选择）

| 项目 | 承担者 | 政府 | 工作单位 | 社区 | 个人 | 民间团体 | 其他 | 合计 |
|---|---|---|---|---|---|---|---|---|
| 住房 | n | 66 | 438 | 44 | 375 | 13 | 42 | 978 |
|  | % | 6.7 | 44.8 | 4.5 | 38.3 | 1.3 | 4.3 | 100 |

---

① ［美］缪勒：《公共选择理论》，杨春学等译，中国社会科学出版社 1999 年版，第 328 页。
② 江必新：《服务型政府研究如何回应服务型政府的实践》，《现代法学》2009 年第 1 期。
③ 姜明安：《服务型政府与行政管理体制改革》，《行政法学研究》2008 年第 4 期。

续表

| 项目\承担者 | | 政府 | 工作单位 | 社区 | 个人 | 民间团体 | 其他 | 合计 |
|---|---|---|---|---|---|---|---|---|
| 社会治安 | n | 31 | 156 | 567 | 76 | 73 | 69 | 972 |
| | % | 3.2 | 16.0 | 58.3 | 7.8 | 7.5 | 7.1 | 100 |
| 失业救济 | n | 54 | 445 | 229 | 39 | 109 | 97 | 973 |
| | % | 5.5 | 45.7 | 23.5 | 4.0 | 11.2 | 10.0 | 100 |
| 健康医疗 | n | 93 | 339 | 183 | 225 | 30 | 110 | 980 |
| | % | 9.5 | 34.6 | 18.7 | 23.0 | 3.1 | 11.2 | 100 |
| 贫困 | n | 45 | 281 | 237 | 163 | 154 | 87 | 967 |
| | % | 4.7 | 29.1 | 24.5 | 16.9 | 15.9 | 9.0 | 100 |

不过，我国民间力量参与民生问题解决的作用还很小。政府应当培育、发展民间力量。政府可以尝试采用特许经营、贷款贴息、投资补助等方式，鼓励民间资本参与民生事业，鼓励有条件的民间资本参与医疗、教育、养老、文化等民生事业机构改制重组。政府也可以通过依法转让产权或经营权，引导民间资本承接已经建成的政府投资项目。

### （三）政府监管民生事业

解决民生问题主体的多样性决定了政府必须监管民生事业。在承办上，要厘清政府与市场之间的边界，防止政府职能"越位"。如果政府负担过重，真正需要政府负责的民生事业难以获得足够的支持，而可以"经营"的民生事业却发展不起来。同时，又要防止民生事业的"过度市场化"，民生事业毕竟是一项社会事业，并非对所有事务都可以放权，也并非各种权力都可以下放，政府必须对民生问题加以监管。因为在现实中存在着对政府和市场的功能特点认识不清的问题，以及由此导致的政府对减轻财政负担追求的倾向。这一倾向在一些地方政府尤其是经济欠发达地区的地方政府尤为突出，出现了政府在教育、医疗卫生等公益性民生事业方面投入严重不足。

在管理方面，我国的民生事业分属于不同地区和各级政府管理。条块分割管理使许多同一领域的民生事业分属不同层级政府并分属不同区域，带来了突出的重复建设以及部门难以配合协作等弊端。另一问题则是不同层级政府间的责任划分不合理。目前比较突出的是一些基础性民生事业,如义务教育、卫生防疫等过分依靠地方政府,而区域或中央政府的统一组织协调能力不足。由于地区间财政能力差距过大,致使民生事业发展不均衡,部分基础性民生事业甚至在一些地方出现萎缩,严重影响经济和社会的长期发展。因此,要在中央层级上建立一个对社会事业发展和改革的管理机构,协调各政府主管部门,对社会事业各领域的发展和改革进行统筹规划,制定各项大政方针,减少因条块分割带来的政出多门、效率低下、主观随意性强以及只重部门利益、不重整体利益的问题。同时,对于涉及公民宪法权利方面的政府职能,如义务教育、公共安全等,应当由中央政府承担。中央政府可以通过制定统一标准、组织监管、实施财政补助等手段,保障民众福利的一致性和统一性。

在决策方面,实施由政府主导下的民众、社会组织参与的协商模式。在重大公共政策的制定过程中引入公开听证制度,同时为及时了解民众对公共服务的感受,要建立由政府主管、中介机构操作的重大公共政策社会评价反馈制度。扩大公众参与的民主方式提高行政行为的可接受性,让公众自主选择民生服务项目,扩大普通社会成员对于民生解决决策的决定性影响,进而让民众自觉接受政府提供的民生保障和服务。

在评估方面,健全民生事业的绩效评估机制。由相关领域专家学者、社会组织和公众组成专门的改革绩效评估委员会,对民生问题的解决情况进行评估。此外,还需把评估结果与政府、官员的政绩考核结合起来,使民生事业绩效评估成为民生事业发展的动力。

### (四) 政府扩大对于民生的投入

随着我国社会经济发展水平的不断提高,我国居民民生类需求也不断增加。近年来,我国政府在民生方面的投入不断增加,依然无法满足公众日益增长的民生需求。总量投入不足是解决民生问题的主要障碍。

以教育、医疗卫生、社会保障三个最基本的民生问题来说。我国1993年颁布的《中国教育改革和发展纲要》提出了"财政性教育经费占国民生产总值的比重,在2000年达到4%"。但到2000年并没有达到。公共教育投入不足使得教育乱收费、高收费成为公众最为关心的教育问题，教育负担亦成为民众的主要负担之一。2010年，我国医疗卫生支出占GDP的比重仅为5.13%，远低于高收入和中等收入国家的水平，仅与低收入国家水平相当。居民看病难、看病贵现象严重，患病家庭经济负担重，卫生服务水平受到严重影响。我国社会保障和福利情况也低于世界平均水平。虽然我国城镇社会保障覆盖率大致接近世界平均水平，但如果将农村的社保情况纳入进来，我国的社保水平还明显低于低收入国家。而且，我国基本养老、失业、基本医疗三大保险的保障标准也远远不能满足民众的需求。

政府应当加大对于民生的投入，这也是民众的意见。在天津市关于民生问题的调研中，多数居民都认为政府应当在医疗、教育、养老、失业方面增加投入，如表10-3所示。

表10-3　民众对政府增加民生事业投入的态度调查表

| 项目 | 增加幅度 | 大幅增加 | 适度增加 | 与之前持平 | 适度减少 | 大幅减少 | 不清楚 | 合计 |
|---|---|---|---|---|---|---|---|---|
| 医疗卫生 | n | 586 | 341 | 44 | 5 | 2 | 13 | 991 |
| | % | 59.1 | 34.4 | 4.4 | 0.5 | 0.2 | 1.3 | 100 |
| 教育 | n | 466 | 373 | 118 | 7 | 2 | 20 | 986 |
| | % | 47.3 | 37.8 | 12 | 0.7 | 0.2 | 2 | 100 |
| 养老 | n | 619 | 313 | 44 | 3 | — | 13 | 992 |
| | % | 62.4 | 31.6 | 4.4 | 0.3 | — | 1.3 | 100 |
| 失业救济 | n | 436 | 437 | 77 | 3 | 1 | 31 | 985 |
| | % | 44.3 | 44.4 | 7.8 | 0.3 | 0.1 | 3.1 | 100 |

政府加大民生投入已成为共识，那么政府如何加大民生的投入便成为讨论的重点。

首先，政府加大财政投入。增加财政投入不是简单地增加预算，而是一个精细的规划过程。中央政府要对全国民生事业现状进行"摸底"，在此基础上，借鉴国际经验，根据社会经济环境和财政承受能力，合理确定公共财政对民生事业投入的增长力度。从全局来看，应当稳步提高与公众密切相关的、最急迫的民生事业的投入。同时建立规范的转移支付体系，通过科学合理的转移支付体系，有效调节地区间财力失衡，稳步提高中部、西部等欠发达区域民生事业的投入，稳步提高县、乡等基层民生事业的投入，缩小民生事业的发展差距。增加投入意味着政府要进一步拓展以公共财政为核心的稳定的资金来源。因此，在各级财政投入民生事业现有规模的基础上，政府要开拓新型的、稳定的财政资金来源。各级政府可适当进行一定程度的税收调整，加征、改征一些税种，形成征收成本低、税源稳定、税额较高的主体税种，为政府投入社会事业提供有力的保障。

其次，政府积极培育多元化投资主体。政府单方面的财力限制了我国民生事业的发展规模和质量。上文提到政府要积极引导社会力量参与民生问题的解决，就意味着民间资本可以进入民生事业。在投融资体制改革方面，政府要创新民生事业投资、融资模式，放宽市场准入标准，鼓励社会团体、企业和私人等投资民生事业项目，逐步建立投资主体多元化、融资渠道商业化、政府调控透明化的投资、融资体制。在这个过程中，政府要通过法律和行政手段肯定民间力量的主体地位，尝试取消审批制，实行核准制或备案制，同时"完善审计、稽查机制，加强和改进投资监督和管理，建立健全投资监管体系，维护投资者的权利和良好的市场秩序"[1]。

最后，建立社会事业发展基金。在政府的支持和引导下，相关部门利用社会资本建立教育、文化、体育、医疗等领域的社会发展投资基金。国家还可以考虑建立主要面向民生事业的发展基金，通过国家少量注资和吸收社会募捐资金建立民生事业发展基金。基金会要建立一套自我约束、自我完善、自我发展的运营机制，同时建立自身的科学管理制度、财务制度、基金增值方案，以达成社会公益基金的积累。

---

[1] 《国务院关于投资体制改革的决定》（国发［2004］20号），2004年7月26日。

# 第十一章

# 公共服务是解决民生问题的重要保障

服务型政府调节经济、监管市场、管理社会,这都是在提供公共服务。① 从这个意义上说,服务型政府主要是通过提供公共服务解决民生问题的,公共服务是解决民生问题的重要保障。

## 一、公共服务是民生之源

### (一)公共服务产生于公共需求

人的需要的产生是由于人与外部环境(自然环境、社会环境)之间某种不平衡关系引起人对某种事物的渴求和欲望。在人与社会相关的历史领域中,"把他们联系起来的惟一纽带是自然的必然性,是需要和私人利益"②。对个人来说,"他们的需要即他们的本性"③。个体的需求即社会成员个人的需求。我们应当承认这样一个基本事实:虽然个体需求之间存在着冲突,但个体需求中还存在着共同的部分,这便是公共需求。公共需求同个体需求相

---

① 刘熙瑞:《中国行政管理》,中共中央党校出版社2004年版,第129页。
② 《马克思恩格斯全集》第2卷,人民出版社2002年第2版,第185页。
③ 《马克思恩格斯全集》第3卷,人民出版社1960年版,第514页。

比，具有整体集合性。公共需求不是个人需要的简单相加，而是一般社会需要的抽象。公共需求必须得到满足，这样才能实现社会的可持续发展。公共需求无法通过私人或家庭实现满足，而只能通过公共事务来满足。因此便出现了满足公共需求的公共服务。公共服务诞生于公众需求，它是社会持续发展的重要基础，因此成为21世纪公共行政和政府改革的核心理念。随着经济社会的发展，"公共服务"一词被广泛应用，但目前，对"公共服务"的概念还缺少一个清晰的界定。通过梳理学界的研究发现，公共服务通常包含以下几个核心的要素：它是由政府或政府授权的部门使用公共权力和资源，为公民提供的满足基本生活需求、促进个体发展的非排他性的公共产品和服务。我国的公共服务概念是基于经济学中非排他、非竞争的公共产品概念引申而来，其核心是物化的产品或服务。《中华人民共和国国民经济和社会发展第十一个五年规划纲要》中明确了公共服务包括的领域，主要包括义务教育、公共卫生、社会保障、社会救助、促进就业，扶贫、防灾减灾、公共安全、公共文化、基础科学与前沿技术以及社会公益性技术研究、国防等。

### （二）公共服务追求改善民生的最大社会效益

公共服务实际上是一种社会资源分配，是对社会整体利益结构调节的活动。公共服务在利益分配上符合"最多受惠者的最大利益"的原则，强调每一个人的发展。根据这一原则，公共服务必须做好以下两个方面的工作：一是公共服务必须满足公众最为基本的需求。如基础教育、基本医疗保健、基本的社会保障服务等；二是解决弱势群体的生存需要，如贫困人口、残疾人的生活保障、生存权益保证等。

公共服务不仅为社会发展创造稳定的环境，而且也具有经济效益，因此它具有突出的社会效益。公共服务是应对市场失效出现的，"社会服务在应对，以及为一系列社会成本，特别是对经济变迁和社会变迁中固有的'负面福利'（diswelfare）（包括失业、过剩、废弃过时的技术、规划受挫、污染等）提供补偿的角色"[1]。公共服务的提供可以改善那些有特殊需要的人

---

[1] ［英］保罗·怀尔丁：《福利与社会的关系：社会福利理论渊源与蒂特马斯典范》，《社会保障研究》2009年第2期。

和残疾人的生活，以及改善普通大众的生活。由此促进社会整合与社会和谐。英国社会福利学家蒂特马斯认为社会服务可以"进一步促进社区感和参与感，预防异化，以及把少数人群体、种族群体和地区文化的成员整合到整个社会之中"[①]。此外，国家对于公民健康、教育的投入，也可以看做是对人力资本的培养，加之国家对于生产基础设施的投入，可以极大地扩大社会生产效益。

从公共服务本身来讲，以公共途径提供服务，有效避免信息规模小、不能覆盖全面、质量差、覆盖范围小、更新周期长、标准不规范、共享程度低等问题。公共服务平台一旦建成，可以使建设和管理部门决策快捷，并提高决策的可信度，同时避免重复建设，具有较大的社会效益和经济效益。

因此，我们可以看出，经济增长与民生改善之间存在体制冲突但并非不可调和，公共服务可以减少公民缺乏基本保障而被迫增加的储蓄，消费增加会促进经济持续增长，从而使政府增加收入，可以扩大对于民生领域的投入。公共服务的有效提供可以促进二者的良性循环，使国家实现依赖于内部消费拉动的健康的可持续经济增长方式，进而在改善民生中得到社会效益的最大化。

### （三）公共服务保证社会公平

社会发展的不均衡，构成当前民生问题的一个时代性特点，这些不均衡包括城乡发展的二元化、地区之间的巨大发展差异以及收入分配差异的扩大等。过去的经验证明，提高生产力水平，生产更多的物质财富是解决以温饱为中心的民生问题的正确决策。随着我国民众温饱问题的基本解决，社会公平和和谐成为民众关心的重要问题。作为关系最广大人民群众切身利益和保障社会民主、公平和稳定的重要手段和途径，公共服务具有维系社会公正、体现社会公益性的作用。公共服务不仅以经济、有效的方式为社会提供高质量的公共产品，而且把社会公正作为公共服务追求的目标。因此，公共服务成为新时期解决民生问题的重要抓手。

"公平"意指公正、不偏不倚。人类的公平或公正，通常应用于收入和

---

① R. M. Titmuss, *Community to Welfare*, Allen & Unwin, 1968, p. 65.

其他生活机会方面的分配。"公平作为伦理学范畴，含有从公正的角度出发平等地对待每一个与之相关的对象的意义。在经济伦理学中，指社会成员的财富分配相对均衡化。"① 公平不是平均化、完全相等，而是指对一切有关的人公正、平等地对待。由此，公共服务所保证的社会公平也不是绝对的平均化，它承认差别性，尊重每一个人的个性。公共服务主要从以下三个方面保证社会公平。第一，公共服务的核心是尊重每一个公民的生存、发展权利。国家提供公共服务时充分地考虑到不同群体和个人的实际需求。第二，国家提供无差别的基础性公共服务，保障每个公民的基本权益。政府为每个公民提供基本的义务教育服务、医疗服务等，无论阶层、职业、民族、地域，每一位公民都能平等地享受基本公共服务。第三，公共服务有效地弥合收入分化差距。随着改革开放的进程，中国在经济社会领域取得巨大成就的同时，也出现了城乡、地区发展不均衡，居民收入差距拉大等社会问题。公共服务通过对国民收入的分配和再分配，对于欠发达地区和贫困群体实施补贴、保障，进而实现社会公平。

## 二、公共服务体系架构

在经济改革与发展过程中，民生问题能否得以改善，取决于完善的公共服务体系的建设。完善的公共服务体系不仅包括覆盖人群广、服务项目齐全、服务的多样性，以及坚实的基础性公共服务。

### （一）建立广覆盖的公共服务体系

广覆盖有两层含义，一是惠及全体民众，二是涉及公共服务的所有项目。建立广覆盖的公共服务体系是一个不断发展的过程。

公共服务是政府及所属的公共组织机构使用公共权力与公共资源提供的服务，它体现的是国家责任与公民权利之间的公共关系，即公共性，它为整个社会和全体社会成员服务，服务的对象是公民及其组织（包括经济组织和社会组织），具有普遍性、强制性。随着我国社会的不断进步以及居民素

---

① 《辞海》，上海辞书出版社2009年版，第721页。

质的提高，民众的公共服务意识开始觉醒。加之社会改革将"单位人"变成"社会人"，广大农民和城市低收入群体也成为社会公共需求的主体。众多的社会成员必须通过公共服务才能满足教育、医疗等需求，进而参与社会生活，实现全面发展。因此，国家必须建立起覆盖全体公民的公共服务体系。

由于存在着发展差异，每个发展阶段，不同地区、群体的公共需求也不一样。公共服务的公共性是相对的，这主要表现在其消费具有多样性，发展具有阶段性。公共需求是保证人口或劳动力再生产与社会再生产的必需条件，公共需要随着社会的进步而发生改变。从最初的主要集中在吃穿住行、社会安全、秩序等要求，逐步扩大到国民经济的稳定发展、促进社会文明提高等诸多方面。而基本的公共需求依然是根本，没有消失，这就意味着公共服务的种类在不断增加。然而，由于长期的历史原因和经济基础，公共服务体系的建设不是一蹴而就的，我国应当在经济总量和人文基础有差别的情况下有步骤地逐步建立起项目全面的公共服务体系。

### （二）保证基本公共服务的建设

公共服务存在着由公民最基本需求而产生的基础性同质的公共服务类型，这就是基本公共服务。基本公共服务是公共服务中必不可少的重要组成部分。我们需要注意的是，基本公共服务的范围不是恒定不变的，它会因时间、地点的变化而变化。

由于我国现阶段不能满足所有的公共服务需求，因此要依据现实情况，对不同种类、不同项目的公共服务重要性进行排序。与民生相对，基本公共服务应当是事关民众基本生存与发展，与基本人权相联系，并且关乎国家利益与社会发展的。一般我们所认为的基本公共服务应该包括教育、文化、就业、社会保障、生态环境、公共基础设施、社会治安等保障民众最为根本的生存和发展的公共服务需求。

在"2011年天津市民生问题调查"中，以社会保障为例，调查居民对于公共服务需求的态度。调研结果显示不论是什么人群都坚持认为基本公共服务应当是国家首先且必要进行的建设项目。

表 11-1　在下列的社会保障类别中，您认为最优先加强哪一项

| 社会保障 \ 年龄 | | 25 岁以下 | 26—35 岁 | 36—45 岁 | 46—55 岁 | 56—65 岁 | 66 岁以上 | 合计 |
|---|---|---|---|---|---|---|---|---|
| 养老 | n | 5 | 46 | 102 | 166 | 94 | 40 | 453 |
| | % | 15.2 | 29.7 | 46.4 | 51.1 | 55.0 | 54.1 | 46.3 |
| 医疗 | n | 10 | 62 | 86 | 91 | 49 | 24 | 322 |
| | % | 30.3 | 40.0 | 39.1 | 28.0 | 28.7 | 32.4 | 32.9 |
| 失业 | n | 13 | 21 | 20 | 54 | 19 | 7 | 134 |
| | % | 39.4 | 13.5 | 9.1 | 16.6 | 11.1 | 9.5 | 13.7 |
| 贫困救济 | n | 4 | 18 | 10 | 11 | 7 | 1 | 51 |
| | % | 12.1 | 11.6 | 4.5 | 3.4 | 4.1 | 1.4 | 5.2 |
| 生育 | n | 1 | 6 | 0 | 2 | 2 | 0 | 11 |
| | % | 3.0 | 3.9 | 0 | 0.6 | 1.2 | 0 | 1.1 |
| 工伤事故 | n | 0 | 2 | 2 | 1 | 0 | 2 | 7 |
| | % | 0 | 1.3 | 0.9 | 0.3 | 0 | 2.7 | 0.7 |

在养老、医疗、失业、贫困救济、生育、工伤事故等多项基本社会保障中，25 岁以下的人较多关注失业保险，而中、老年人更多关注养老保险，而医疗保险则是各个年龄阶段都关注的，可以看出，养老、医疗、失业等基础性公共服务是居民选择最多的。也即是说，现阶段，基本公共服务是公众最为需求的。这也说明我国目前在满足公民基本公共需求方面还未做好。2012 年 5 月 16 日召开的国务院常务会议讨论通过了《国家基本公共服务体系"十二五"规划》明确提出，要坚持民生优先，完善就业、收入分配、社会保障、医疗卫生、住房等保障和改善民生的制度安排，提出了"提升基本公共服务水平"的重要任务。由于现实国情的限制，我们不能奢望在短时间内使各项公共服务都得到快速发展，所以必须从当前实际出发，尊重公共服务事业阶段性发展的规律，把群众最关心、反映最强烈、需求最迫切的民生问题作为首要任务。简言之，就是要把"保基本"作为公共服务供给的根本理念和原则，保障公众要求比较强烈的"基本公共教育、劳动就业服务、社会保险、基本社会服务、基本医疗卫生、人口和计划生育、基本

住房保障、公共文化体育及残疾人基本公共服务"等的建设。正如胡锦涛所言"按照全体人民学有所教、劳有所得、病有所医、老有所养、住有所居的要求,围绕逐步实现基本公共服务均等化的目标,创新公共服务体制,改进公共服务方式,加强公共服务设施建设,逐步形成惠及全民的基本公共服务体系"①。

### (三) 提供多层次多样性的公共服务

公共服务的存在虽然需要同质性的基础,但不是绝对的整齐划一。由于需求群体的复杂性和特殊性,公共服务也呈现出层次性和多样性。

一方面。公共服务具有多层次性。从管理方面来说可分为三个层级,第一是全国性公共服务,如国家安全、宪法法律、基础设施等。第二是地方性公共服务,由于各个地区自然环境和社会环境的特殊性,地方在公共服务的提供和管理方面具有一定的自主性。如地方性基础设施、城市垃圾处理、地方治安等。第三是社区性公共服务。在工业社会中,不同的社会群体在地域上分化聚集。一定数量的具有共同意识和利益的人在特定地理区域上聚集便形成了社区。在现代社会里,社区是人们生活中重要的基础性群众基础机构。人们的许多公共需求需要在社区内得到满足,如社区服务、社区绿化等。同时,同一层次的公共服务也不是单一的。按照上文对于民生事业的划分(民生事业按性质可以划分为公益性民生事业、混合性民生事业和营利性民生事业),公共服务也可以相应地分为政府供给型公共服务(如国防、宪法)、社会性公共服务(如社会保障)、经营性公共服务(如电力、供水)三种基本类型。

另一方面,公共需求又是多样性的,这主要体现在人与人之间的需求既有共同性,又有特殊性。由于年龄不同、身体条件、社会地位和经济状况的不同,不同人会在物质和精神方面有不同的需要。即使在同一历史发展阶段,由于社会发展不均衡,不同区域也会有不同水平的公共需求。以义务教育为例,我国一些经济发达的大城市,如北京、上海、天津等正在普及十二

---

① 胡锦涛:《胡锦涛在中国共产党第十七次全国代表大会上的报告》,《人民日报》2007年10月25日。

年义务教育，而经济文化相对落后的西部地区，正努力实现九年制义务教育。同时，由于人口类型与分布、文化传统等因素的差异使得区域间公共服务需求存在着较大差异，例如老龄人口较多的地区需要更多的医疗和养老保障服务；出生率较高的地区教育服务需求会很大。可以看出，我国公共服务每个项目在不同地区的建设重点与方向上也是相异的。层次性与多样性共同架构起公共服务体系，我们若想建立起完善的公共服务体系，满足公众需求，就必须充分考虑到公共服务需求的复杂性，有针对性、有差别性地提供公共服务。

### 三、现阶段公共服务体系建设的重点

公共服务体系的建设具有历史阶段性和区域特殊性，我国现阶段的特殊国情决定了民生的改善需要提供一套有效的公共服务保障机制，也即是公共服务足量、高效、均等。公共服务的总量要满足公众需求，公共服务的投入要高效产出，公共服务的分配要公平、均等。只有这三个方面同时实现，民生才能得到有效改善。同时，这三个方面不是随意组合的，有其内在的逻辑性和关联性。

#### （一）确保公共服务的规模

目前，我国公共服务总体水平偏低，主要是因为公共服务的供给规模低于公众快速增长的需求。确保规模是公共服务供给的基础，也是现阶段公共服务体系建设的重中之重。

公共服务的规模，简单来说就是指以政府公共服务职能定位和相应的政府权力配置为基础，以公共服务支出占政府总支出和 GDP 的比重，以及提供公共服务为目的的机构数量等为测量指标的公共服务表现样态。公共服务供给规模量化的指标主要表现在两个方面。第一，公共服务支出占政府支出以及国民生产总值的比重。第二，公共服务机构数量和从业人员的多少。公共服务是与社会需求相统一的。因此，公共服务规模不是僵化不变的，而是依据所在地域的政治制度、经济体制、自然环境、人口规模、文化传统等实际情况，以及所处阶段的社会经济发展状况而变化着的。总的来说，公共服

务供给的规模要适应社会需求,规模过大或过小都有危害。规模过小不能满足公民的需求,进而引发民生问题,这一事实情况已不必再作说明。而规模过大又会制约社会经济的发展。一般来说,公共服务的规模会随着人类文明程度的提高、经济社会的发展和社会事务的增多而呈现出逐步扩大的趋势。但是公共服务依赖于税收或者志愿者的劳动,这些都是需要消耗一定社会资源和自然资源的,因此要充分考虑公共服务成本和收益之间的平衡。公共服务规模过大,会增加财政负担,影响国家经济建设和社会发展。因为公共服务的提供者虽然是多元的,但仍然以政府为主体,公共服务政府支出的多,在满足公众需求时,又会造成社会税费的增加。而且行政权力过多地主导社会事务,容易压制社会组织和公民的自主精神。坦兹(Tanzi)等人的研究表明,增加公共支出并不一定会提高公共福利,因为公共支出增加一是会导致税收提高,二是在公共服务中受益的人,自身防范风险的愿望会被削弱。[1]

此外,公共服务规模的过度扩张会导致政府行为低效乃至无效。这是因为:其一,政府机构与人员的增加势必导致行政费用的增加。其二,政府公共职能过于分散,难以协调,容易出现"推诿扯皮",从而影响政府的工作效率。其三,政府产出具有非市场性,政府的投入缺乏严格的成本收益计算,这会导致政府行为的低效。其四,公共服务规模增长意味着权力的扩张,导致寻租腐败行为的泛滥。因此,公共服务的规模不能大于实际需求。从实际情况来看,我国目前的公共服务规模不能满足公众的需求。因此在现阶段,我们要加大投入,弥补公共投入不足的缺憾,提供更多的公共服务。同时,又要根据各地区的实际需求,掌握好投入的比例,确定公共服务的规模与公众需求相一致。但是我们对于政府到底应提供多大规模的公共服务是合适的并不清楚,而且"在世界范围内政府公共服务支出占公共支出的比例也没有统一的标准,因此至今我们没有对此形成一个统一的认识"[2]。由于公共服务供给规模问题本质上是处理经济发展与民生改善权衡问题,因此

---

[1] 转引自王伟同:《公共服务绩效优化与民生改善机制研究——模型建构与经验分析》,东北财经大学出版社2011年版,第17页。

[2] 王伟同:《公共服务绩效优化与民生改善机制研究——模型建构与经验分析》,第30页。

我们可以将公共服务提供的规模保持在与经济发展阶段和政府财力相适应的水平。

### (二) 实现公共服务投入和产出的效率

公共服务规模不足，对于我国现阶段以公共服务短缺为核心的民生发展滞后问题具有很强的解释力。但公共服务支出的规模不是决定公共服务效果的唯一因素，一定规模的公共服务未必能带来预期的效果，而通过改进公共服务的效率，也有可能在既定投入规模的条件下实现服务效果的提高。现阶段，公共服务支出受到经济转轨下政府职能和体制约束等的影响而难以迅速展开。因此，在有限的政府资源条件下，最大限度地实现并优化中国政府的公共服务绩效就显得尤为重要。

1. 处理好影响公共服务效率的经济因素

民生发展与经济增长的权衡始终是各级政府在处理公共服务时一个不可逾越的选择。具体到影响公共服务的经济因素主要包括经济发展水平、财政分权、经济增长动力。

(1) 投入经济力量改善公共服务技术条件

就经济发水平来讲，一个地区经济发展水平越高意味着有更多的资源投入公共服务领域，但其约束也就越小，容易产生资源浪费和效率低下的情况。因此，我们要利用经济因素改善公共服务的体制和技术条件，从而获得较高的效率水平。

(2) 转换财政分权的经济主导理念

财政分权长期以来都被认为是推进中国经济快速增长的重要因素。同样，财政分权考虑地域的特殊性，并充分发挥地方的积极性，应该可以提高公共服务的效率。但长期以来财政分权鼓励经济增长，使政府忽视公共服务领域的投入，因此，地方政府要把民生纳入地方建设的重要内容中来，以财政分权刺激经济增长的方式提高公共服务效率。

2. 提高行政管理水平

公共服务支出的资金最终是要通过各级行政管理部门来转化为最终产出的。高效的行政管理体制是保障公共服务效率的基础。因此，要形成良好的技术和体制条件，提高政府在公共服务方面的管理有效程度。

### 3. 合理地认知地理与社会环境

地理、社会环境也是制约公共服务效率的因素。虽然这些要素大多不可控制，但认识这些因素对公共服务效率的影响，还是具有十分重要的现实意义。我们可以在一定时期内改变各种环境因素，从而从根本上改变制约公共服务效率水平的障碍。其中人口因素、城市化水平、居民受教育水平、地理位置等是地理与社会环境的主要方面，应当清楚地认识和把握它们对于公共服务的影响。

### 4. 制定相关政策，推进公共服务改革

政府颁布的政策，以及针对财政领域的重大改革，无疑会对财政资金的使用效率产生重大的影响。因此，政府要检验历次改革对于公共效率的影响情况，同时认真考察现阶段公共服务供给与管理存在的问题，制定相关政策，推进提升公共服务效率的改革。

## （三）推进基本公共服务均等化

要彻底地改善民生状况，除了能够提供足量的公共服务投入，并高效地产出产品外，我们还需要将公共产品公平地分配到每一个公民手中。

目前我国公共服务的非均等化供给现象严重，既表现在城乡间、地域间差距明显，又表现在相同地区不同的群体之间存在着极大的不平衡。2006年，党的十六届六中全会提出的《中共中央关于构建社会主义和谐社会的若干重大问题的决定》提出要逐步建设公共服务的均等化。随后党的十七大报告进一步提出"围绕推进基本公共服务均等化和主体功能建设，完善公共财政体系"。公共服务均等化问题不仅被写入中央文件和政府工作报告，而且也已经成为社会各界关注的热门话题。

经济学的基本原理告诉我们，所有的商品的边际效用都是递减的。即某个人享用的公共服务产品数量所产生的效用是递减的。我们将公共产品转移到没有享用过该公共服务的人身上，会得到较大的满足效用。这样社会总效用会增加。同时，我国政府财力快速增长，财政制度逐步确立和完善，国家已经具备了推进公共服务均等化的条件。由于中国经济社会发展极不均衡，

一些地区连最基本的公共服务都不能保障。因此，我们首先要推进基本公共服务的均等化，也即是义务教育、公共卫生和基本医疗、基本社会保障、公共就业服务等广大城乡居民最关心、最迫切的公共服务的均等化。

公共服务均等化是指人人都能享受到公共服务，享受的机会是平等的。基本公共服务均等化简而言之就是指全体人民在基本的公共服务领域应该享有同样的权利。在国内，大部分学者认为均等化不是完全的平均，而是相对、大致的均等，这种均等考虑到各地发展的实际因素，允许一定程度公共服务差异的存在，从而兼顾了公平与效率。笔者通过总结国内学者关于均等化研究的成果，得到了以下结论：（1）社会的大多数成员享有基本公共服务的机会应该均等；（2）基本公共服务均等化最终体现为结果相对公正；（3）基本公共服务均等化是一个动态的过程。

那么我们究竟该如何实现基本公共服务的均等化呢？在借鉴国外相关理论与实践的基础上，结合我国的现实情况，笔者尝试提出如下策略。

一是政府规划推进基本公共服务的建设。我国经济社会发展不均衡导致基本公共服务的供给也呈现不均衡。因此，政府要根据现实情况，即依据国家的发展阶段和政府财力，合理设定国家基本公共服务的最低标准，权衡基本公共服务建设的优先次序，实现重点突破，定位于为农村、贫困群体和西部地区提供基本而有保障的公共服务。

二是扩大区域公平。对当代中国来说，社会性公共服务地域分异程度趋于扩大，社会性公共服务水平东西部极化差异明显，这一现象的形成涉及历史、政策等多方面因素，想在短期内得到彻底解决是不可能的。所以，基本公共服务的均等化不应一味追求地域之间、城乡之间公共服务供给平均的大蓝图，而是要按照经济发展和税收能力将全国划分为若干个区域，先在各个区域内实现均等化，然后调节并缩小不同区域间的差距，最终实现全国范围内公共服务的均等化。

三是淡化区域观念，实施资源纵向转移与横向转移相结合。我国公共服务建设的比较好的地方一般是经济发达的东部沿海地区，以及直辖市和省会城市。经济发展不均衡是基本公共服务区域性供给差异化的直接原因。因此，促使基本公共服务区域均等化发展的最重要措施就是大力提升相对落后地区的经济水平，只有经济发展了，政府的财政收入增多了，才能够有更多的资金、资源投入到公共服务领域。因此我们要坚定不移地坚持西部大开发、振兴东北老工业基地和促进中部崛起。同时，也要认识到，欠发达地区经济的发展需要一个过程，在一定时间内是无法赶上经济较发达地区的。因此，在近期内，我们要淡化区域观念，坚持实施财政的转移支付。我们要依据公平原则、效率原则和法治原则，实行纵向转移、横向转移，以及两者相结合的财政转移支付方式，弥补财政实力薄弱地区的财力缺口，均衡地区间财力差距，实现地区间基本公共服务能力的均等化。

四是加快流动人口公共服务属地化供给建设。改革开放以来，"特别是1994年财政分权化改革后，中国社会性公共服务的供给呈现出明显的属地化态势，即发展社会性公共服务的责任主要由辖区的省市县地方政府承担"①。随着中国社会经济的改革，以及户籍制度的放开，我国人员流动频繁。这直接造成了公共服务剩余和不足问题的同时出现。一些对于国家发展具有战略性意义的公共服务总是能得到政府的注意并进行重点建设，例如义务教育，我国政府在全国范围内免除了义务教育阶段的学杂费、课本费，同时还发放住宿、生活等多方面的补贴。义务教育基本上是充足的，但是由于义务教育的属地化供给，农民工子女在父母工作地就学一直没有得到较好的解决。农民工随迁子女会挤占当地学生的教育资源，加大地方政府财政负担等论调屡有出现，这就表明义务教育领域同时存在着供给的剩余和不足，同理，由于人口流动，医疗、社会保障、养老保险等方面也存在此种情况。人口流动也是导致经济较发达地区公共服务滞后的重要原因。东部地区的社会性公共服务水平虽然在全国处于领先地位，但相对于其需求来说仍然偏低。这反映了流动人口的长期生存与发展保障仍非常不足，流动人口生存发展环境与区域长期、持续发展之间的关系被忽略。②

因此，国家有必要加快流动人口公共服务供给属地化制度的建设。政府要将流动人口的公共服务供给纳入到地方公共服务事业建设中来；政府要加强信息管理，拓宽思路，创新管理模式，积极建立日掌握、周更新、月汇

---

① 荣跃明：《区域整合与经济增长——经济区域化趋势研究》，上海人民出版社2005年版，第178—183页。
② 刘玉：《中国流动人口的时空特征及其发展态势》，《中国人口·资源与环境》2008年第1期。

报、季调整的流动人口信息管理统计四项长效运转法,为均等化服务构建信息支撑。政府根据流动人口的特点和实际需求,优先解决外来流动人口最关心、最现实、最直接的民生问题,如公共就业、技能培训、子女教育、公共卫生、计划生育、居住条件等公共服务。政府逐步完善流动人口的社会保障。例如,宁波市率先推出了符合企业实际情况和外来务工人员特点,全覆盖、低费率、可选择、能衔接的"五险合一"的外来务工人员社会保障政策,规定用人单位按月缴纳 178 元,外来务工人员不用出一分钱就可以享受工伤、大病医疗、养老、失业、生育保险。①

五是依据国情完善基本公共服务均等化方面立法。一般来说,公共服务供给主要取决于两个变量:经济发展水平和制度安排。由于我国公共管理改革起步较晚,目前,我国还没有关于公共服务均等化方面的专门立法和制度配套,也即是缺失"与基本公共服务供给有关的正式、非正式制度,如均等化法律规范、均等化管理体制、党和国家政策以及有关均等化的基本社会价值与文化因素等"②。从制度层面破解我国基本公共服务均等化难题,其中最重要的是建立健全基本公共服务均等化法律体系。因此,国家要召集司法、税务、财务、审计等相关部门,依据保护公民权利,保证公平基础上兼顾效率,坚持合法性干预等原则,统一制定高层次、操作性强的基本公共服务均等化方面的专门法律,其内容应包括基本公共服务的类型、均等化供给的标准、均等化供给实现的途径与模式、均等化供给的评估方法、均等化的监督机制等方面。

---

① 江宜航:《宁波让外来务工者快乐工作快乐生活》,《中国经济时报》2008 年 4 月 17 日。
② 郭小聪、刘述良:《中国基本公共服务均等化:困境与出路》,《中山大学学报(哲学社会科学版)》2010 年第 5 期。

# 第 十 二 章

# 市场机制：改善民生问题的
# 有效途径

我国目前贫富差距现象的形成与市场经济的快速发展密切相关，市场机制在创造财富的同时，也无情地造成了财富分配的不公平，成为当前中国民生问题的重要原因之一。然而将民生问题归结为市场机制本身是不恰当的，社会建设滞后以及再分配功能失调才是主要原因。从中国的现实看，未来民生问题的改善、化解，需要更进一步推进市场机制的健全与完善。

## 一、市场机制是化解民生结构性矛盾的必要方式

### （一）市场机制对民生问题的"双刃"作用

众所周知，市场经济的运行是通过市场机制实现的。从单纯经济学的角度看，所谓市场机制是指市场中各种要素（价格、竞争、供求、利润、利息、工资等）之间的相互制约和互为因果的联系与作用。市场机制的基本特点有以下几个方面：一是具有利益制约性。市场机制从根本上来说，是通过市场上各个利益不同经济主体的经济利益得或失来发挥作用的，离开了经济利益的制约，也就没有市场机制的存在。二是具有内在性。市场机制的作用，是在一定的经济条件下由各个市场要素的内在功能和市场要素之间的内在联系所导致的。三是具有相互制约性。各市场要素中任何一个要素的作

用,都会一环扣一环地引起其他要素的连锁变化,牵一发而动全身。另外,市场要素的多样性也会使市场机制呈现多样性形态,但其中最主要的、最能体现市场重要调节作用的是价格机制、竞争机制、供求机制、信贷利率机制、工资机制。①

改革开放三十多年来,我国的社会主义市场经济制度逐步得到建立和发展,并在发挥资源配置、促进经济发展方面起到了极其关键的作用,成为中国快速发展的重要原因。与此同时,市场机制的强大作用虽然在激励人们积极勤奋、摆脱贫穷方面成效显著,但它也从根本上彻底改变了计划经济时代的收入分配方式,形成了利益多元化的格局。由于社会内部及不同地区所拥有的劳动、资本、技术和管理等生产要素存在差异,因而生产要素按贡献参与分配必然会造成收入差距扩大,主要表现为市场机制配置的"强效率"客观上造成了社会群体之间收入与财富分配的不公,并形成富者愈富、穷者愈穷的"马太效应"。部分民众由于缺乏市场竞争所必需的知识、技能以及风险控制能力,在市场竞争中遭遇失败甚至被淘汰,部分企业也因为在市场竞争中处于劣势而影响劳动力就业,进而引发部分民众生活困难的问题。更为重要的是,利益多元化使社会不同群体之间的矛盾显现出来,并呈现出越来越尖锐、越来越恶化的趋势。在此背景下,市场经济的发展尤其是市场机制的建立,似乎也就成为产生民生问题的重要原因。于是,一种观念性的认识便萌生开来,即市场机制在某种程度上成为我国民生问题的"罪魁祸首",是诸多民生问题产生的"元凶"。

其实这是一种不正确的认识,市场机制在创造财富以及财富分配差异方面,实际上具有"双刃"作用。一方面,它引发竞争、刺激经济的快速发展;另一方面,它不会自动实现社会公平,如果任凭市场机制的极端化发展,社会财富必将越来越集中在少部分人手里,社会贫富差距将越来越大,相对贫困或是绝对贫困就会大面积出现。但是,任何国家的政府都不会"放任"以上情况的发生。由于政府的"公正性"责任,公众必然要求其有效消除市场机制带来的"非公平性"影响,促使政府一方面通过收入调整

---

① 耿忠平、张国华主编:《现代领导百科全书·经济与管理卷》,中共中央党校出版社2008年版,第181—183页。

手段抑制贫富差距被拉大，另一方面通过加强社会事业发展，特别是增强公共产品的投放以及实现基本公共服务均等化，提升民众的抗风险能力，保障和改善民众生活。所以，在民生问题上，市场机制并不承担任何责任，我们不能要求它既能创造财富，又能实现财富分配的公平。关键的问题不是市场机制的存在，而是我们在经济发展的同时，严重忽视了社会建设，没能及时有效地对收入加以调节，没有及时建立和完善相应的社会保障制度和社会救助制度，这才是民生问题产生的真正原因。

### （二）完善市场机制化解民生结构性矛盾

当前我国存在的民生问题以及民生问题中的结构性矛盾，是由多方面原因造成的，如分配制度不合理、政府职能不清、长期忽视社会事业发展与社会建设等。但其中有一个重要原因往往被人们所忽视，那就是市场机制的不健全。当今的许多民生问题，特别是民生问题中存在的结构性矛盾，恰恰是市场机制不完善的结果。也正因为如此，中央在"十八大"报告中明确提出，要"加快完善社会主义市场经济体制"。其实相比较而言，完善的市场机制往往比行政化的政策手段会更适合、更直接、更有效地促进民生的改善。

首先，通过健全和完善市场机制，促进社会财富的增加，继续改善民众的生存状态。我国民生问题的总体制约仍然是生产力水平不高的问题，在此背景下，通过完善社会主义市场经济，发挥市场机制的资源配置作用，才能不断促进社会财富总量的增加。只有社会财富增加了，才能不断提高广大人民群众的生活水平，也才能为解决部分群众的生活困难创造条件。从某种意义上讲，创造财富是发展的问题，而改善民生是分配的问题，发展仍是首要的。没有发展，民生的改善将失去相应的物质基础。我国的社会主义市场经济制度已建立近20年，这期间由于市场机制的强大作用，中国的社会财富总量极大增加，绝大多数人民的生活水平也明显提高。就住房来说，20年前城市居民住房人均只有几平方米，现在人均住房面积已提高到几十平方米，如此大的提高，与当初市场机制引入下的住房制度改革是分不开的。不过还应当看到，目前我国民众的整体生活水平仍比较低，需要继续发挥市场机制的强大作用，不断改善中国人的整体生活质量和生活水平，同时也为改善低收入人群的生存状态创造物质条件。目前，我国社会主义市场经济体制还不完善，市场机制的作用还未得到充分发挥，主要表现为一些不合理的因素参与市场竞争、参与收入分配，进而造成竞争环境的非公平性，从而引发收入差距，比如行政性垄断、劳动力市场流动壁垒等。另外，资本的逐利本性尤其是当下强盛的投机行为，也在一定程度上强化了财富的累积效应，拉大了收入差距。因此，从改善民生的角度看，市场机制非但不能弱化，而且还要不断地加以完善。

其次，通过完善市场机制，化解当前民生结构性矛盾。当前我国民生问题中一个普遍存在的现象是民生的结构性矛盾非常突出，比如沿海地区出现大面积的"用工荒""招工难"现象，而同时又存在较为严重的大学生"就业难"问题。再如农村地区不断出现农产品"滞销"，同时城市又存在农产品价格"畸高"的现象等。以上这些结构性问题的出现，给民众生活带来了诸多困扰，但这些问题出现的原因，则是市场机制不完善的结果。以蔬菜价格为例，根据2011年9月的报道，内蒙古自治区农民种植的马铃薯出现严重滞销，而同时北京市场的马铃薯零售价却居高不下。一方面，农民收获的大量马铃薯需要售出，而市民却在承受高菜价的困扰。蔬菜价格出现的上述问题，主要原因是农副产品产业链中的生产、物流、销售三环节存在结构性障碍，特别是物流的高成本以及销售末端家庭作坊式的个体小商贩经营业态，成为农产品销售的重要瓶颈。据同一报道，在一些西方发达国家，蔬菜的流通模式以农超对接为主。如美国农超对接比重达80%，亚太地区也在70%以上，而我国仅为15%。我国在直销模式上的落后主要是因为发展起步晚、农超地位非对称性、合作信用基础缺乏、对接成本偏高、现行蔬菜分散化生产特点等。因此，要降低"虚高"的菜价，就需要完善相应的市场化机制，减少中间流通环节，实现超市与农户（或农业合作社）的对接，降低对接成本，推进对接步伐，提高对接效率，最终形成以超市的规模化销售模式的优势来化解菜市场个体化经营的低效率、高成本的问题，从而为缓解"菜贵伤民"和"菜贱伤农"两难问题发挥积极的桥梁纽带作用。目前我国许多地方政府，尝试通过引进现代农企入场，激活市场竞争激励机制，改变传统菜贩销售为企业化销售，缩短中间冗余的物流环节，扩大规模化效应，化解末端高附加成本等方式，在降低菜价方面收到了一定的成效。如北京的周末菜市、重庆新桥夜市街等都备受群众的欢迎。①

我国局部地区出现的"招工难"现象已持续多年,特别是2011年,一些企业不仅招不到技工,普通工人也招不满。这让许多人看不明白,为什么"招工难""就业难"同时存在?是不是仅仅归结为"结构性短缺"或者"摩擦性失业"就可以解释得清楚呢?根据人力资源和社会保障部对16个用工大省的调查,"招工难"企业的行业和岗位特征非常明显,一是东部地区传统的劳动密集型企业普通操作工招工不足;二是机械电子制造型企业技能工人招工不足;三是薪酬待遇较低的企业招工不足;四是有的中西部地区因承接产业转移,发展较快的行业在短时期内也一度出现了招工难。② 由此可见,"招工难"不仅仅是一般性"结构性短缺"理论可以解释的,如技术工人和普通工人同时出现"招工难",恰恰说明这是一种非结构性短缺。我国是一个有13亿人口的国家,劳动力资源十分丰富,总体上讲是不应该同时出现"招工难"和"就业难"现象的,以上现象的出现是地区性差异所致,症结是我国劳动力市场的不健全。改革开放三十多年来,我国至今也没有形成全国统一的劳动就业市场机制,地区性的差别对待以及劳动者权益的不平衡等因素,是造成上述现象的真正原因。市场是最有力的、也是最灵敏的指挥棒,只有建立和健全完善的劳动力市场调节机制,才有可能引导用人主体和求职主体之间的有效调整,实现劳动力资源的合理配置。

大学生"就业难"也是一种典型表现,一方面是产业技术人员、中高级管理人员严重不足,企业招不到人,而另一方面有部分大学生毕业后找不到工作。有人讲,"青年就业是世界性难题"③,这种说法显然是片面的。我国是一个发展中国家,又处于经济腾飞期,科技的创新与进步、产业的升级换代亟须大量的科学技术人才,中国并不存在"人才过剩"的现实。也有学者讲,大学生就业难不是真正的就业难,而是择业难。如上说法倒是有些道理,那么造成择业难的原因是什么呢?原因恐怕就在于大学生所受教育和市场需求的严重脱节,即所谓的"所学非所用"。而解决大学生"就业难"

---

① 钱红燕:《用市场机制创新实现"稳菜价 安民生"》,《中国经济导报》2011年9月22日。
② 《人社部:更好地发挥市场机制才能解决供求结构矛盾》,《人民日报》2011年1月28日。
③ 《青年就业是世界性难题 2013年青年失业率高达12%》,《人民日报》2013年5月18日。

的根本出路,就是要将高等教育与市场需求密切联系起来,将市场机制与高等教育进行有效整合,并由此培养出为市场和社会所需要的实用型人才。

目前,我国一些高等院校正在引入"市场机制",进行专业方面的改革与探索。如2011年上海大学在招新生时,不再提前细分专业,而是将全校近60个本科专业,统一分为人文社科、经济管理、理学工学三个大类,并在三大类下开设三个基础班。进入三大类以及三个基础班学习的学生,第一学年都将无专业身份。在经过一年的通识和基础培养后,学生可依据本人意愿填满所在类内的所有专业,然后按照学生入学时的高考成绩及第一学年绩点排序,依据各专业最大可容纳学生数,按填报志愿的顺序分流到各专业。届时,学年绩点排序进入前80%的学生,将可在类内选择任何专业学习,其余学生则面临继续分流。上海大学引入"市场机制"的用意在于,今后一些在就业市场不景气、不适合社会发展需求的专业,将面临招不到人、进而被淘汰的命运,由此来增加各院系的危机感,调动教师、学生教与学的主动性,逐步改变教育教学管理体制的僵化状态。与上海大学相同,国内其他一些高等院校也在进行类似的探索。三江学院副校长武正林认为,"在人才培养战略中引入市场淘汰机制,是大势所趋,对当今国家所大力提倡的应用型人才的培养,是一种促进。这就要求学校在制定招生计划时,充分与市场接轨"[①]。但与此同时,目前国内多数高校仍沿用传统的专业设置方式,有些专业明明早该淘汰了,却由于生源无忧,始终位列招生计划之中。还有一些学校为了求全求大或是"升格",既不顾师资和资金条件,也不顾市场需求,盲目增设新专业。以上现象的存在对高校培养市场所需的实用性人才产生了严重的负面影响。

在培养实用人才方面,高校之间也应引入市场竞争机制,这是促进高校培养高质量人才的关键。高校不是仅仅为颁发学历设立的,其存在的价值是培养社会需要的人才,如果一些高校失去了培养有用人才的功能,毕业的学生大多找不到工作,这些高校就应当被淘汰。近20年来,我国高等教育资源已经得到较大拓展,已经初步具备引入竞争机制的条件。比如,教育部所

---

① 《江苏高校引入"市场机制" 专业不受青睐或被淘汰》,2011年5月4日,http://www.zxxk.com/Article/1105/133294_P2.shtml。

属网站"中国教育在线"公布了《2011年高招调查报告》,报告表明目前国内高考生源不断下降,一些高校因生源逐步枯竭而面临生存挑战。报告称,"由于人口出生率的下降,全国高考生源在2008年到达历史最高人数1050万后,开始全面下降,最近两年累计下降了200万,并呈现速度加快趋势,这一态势将可能延续至2017—2020年前后。而最近3年,全国高考平均录取比例则快速增长,已从2008年的57%迅速增至2010年的69.5%。据统计,目前已有8个省市的录取比例超过80%,部分省市已超过85%。这种录取比例不仅表现在北京、上海等发达地区,过去"上大学难"的生源大省也出现了快速增长,如山东省2010年高考录取率达到79.72%,湖南省2010年因生源下降,直接攀升至81%左右,黑龙江2010年录取比例甚至突破了90%"①。生源加速减少还与出国留学人员的快速增加有关。"近几年来,我国出国留学人数均以20%以上的速度增长,其中增长最快的是高中毕业出国人数。另外,在高中毕业生中放弃高考、放弃考试、放弃报到的'三放弃'现象逐渐显现。报告数据显示,安徽2010年在本科及专科层面,分别有10%到20%左右的学生放弃报到。而部分地方的专科录取分数线已经很低,平均每门课业的分数不足30分。"② 由此可见,我国高校之间已经具备引入人才培养竞争机制的基本条件。在我国普通高校中,学生学费收入在学校日常运行中占据重要地位,如果竞争机制引入,会加速部分高校生源不足的现象,高校的淘汰与倒闭将不可避免。③

## 二、市场机制是解决民生问题的有效途径

### (一) 借助市场配置资源的有效性破解社会事业发展中的难题

在我国社会事业发展的过程中,由于行政推动方式在配置各种社会资源方面先天不足,往往使社会事业的发展呈现"低效率"现象,并由此出现

---

① 张烁、董雅婷:《数据显示高考生源持续降 部分高校面临生存挑战》,《人民日报》2011年5月3日。
② 同上。
③ 《2011年高招调查报告:部分高校将出现存亡危机》,《人民日报》2011年5月20日。

一些发展中的难题,影响了社会事业的整体推进。下面我们仅以保障性住房建设为例,来说明这个问题。

2011年2月27日,温家宝接受中国政府网和新华网联合专访,在回答网民关于房地产调控问题时表示:"计划在今后五年,新建保障性住房3600万套。"可以想见,我国保障性住房建设规模十分巨大。但从各地保障性住房建设的实际看,却面临重大挑战。最主要的挑战是建设资金来源的问题,而这个问题的解决,必须依靠和发挥市场机制的作用。2010年8月,时任副总理李克强在浙江省宁波市考察保障性住房建设工作时强调:"在保障性住房的建设和运营中,要注意发挥市场机制作用,以提高效率。"[1] 因此,如何通过市场机制促进我国保障性住房建设成为摆在各级政府面前的重要课题。

首先,保障性住房建设需要通过市场机制吸纳社会资金的介入。2010年我国正式提出560万套保障性住房的建设计划,2011年该数字提高到1000万套。按照住房和城乡建设部的估算,2011年的1000万套保障房的建设资金将突破1.3万亿元,地方政府投入保障性住房的建设资金将达到8200亿左右,而2010年地方财政收入约为3.99万亿左右,即2011年保障性住房建设所需投入等于2010年地方总财政收入的20%。如果把温家宝讲的3600万套平均到5年,也就是年均720万套。按对应1000万套1.3万亿投资测算,年均720万套对应每年9360亿保障性住房投资。假设土地出让收入、公积金支持和中央财政投资不变,每年地方财政投资将在4572亿左右。不难看出,各地政府在保障性住房建设资金方面压力很大,而出路就是通过市场机制吸引社会资金的进入。[2] 在这方面,天津的经验成为普遍关注的亮点。

天津市西青区怡和村改造项目,被认为是成功引入市场化融资机制的保障性安居工程样本。该项目列入改造计划已经有好几年,但由于拆迁资金不足,拆迁之后又要建保障房,开发商觉得盈利很小,缺乏建设积极性,项目

---

[1] 《保障性住房建设运营要发挥市场机制作用》,《中国证券报》2010年12月8日。
[2] 《对总理提出5年建3600万套保障性住房的简评:行业定位变化的脉络更加清晰》,中国证券网,2011年2月28日,http://stock.stockstar.com/JI2011022800000870.shtml。

一直搁置。不仅如此,包括怡和村在内的 14 个城中村拆迁同时启动,一些原计划开工建设的安置房项目也将开工建设。经测算,完成这些拆迁和用于定向安置的经济适用房建设约需资金 870.5 亿元。而 2009 年天津通过各种政策投入住房保障资金总额还不足 200 亿元,相差将近 700 亿元的资金缺口。2009 年 3 月,保障住房建设投资有限公司在天津成立,该公司是由天津市政府和 10 个区的城投公司共同出资,专门承担危陋房屋拆迁和安置房建设的投融资,首期注册资金 25 亿元。保障住房建设投资公司以拆迁地块土地使用权作为抵押,向银行申请银团贷款融资,专项用于市区所有危陋房屋的改造。对不能实现自身资金平衡的拆迁项目,通过多个地块综合平衡的手段,解决资金缺口问题。公司首期与建设银行天津市分行为牵头的 15 家银行组成的银团贷款额度 200 亿元,与国家开发银行天津市分行签订贷款额度 100 亿元。由此融资瓶颈被突破,天津市保障房建设全面提速。①

其次,公共租赁住房建设需依靠市场机制运作。我国未来保障性住房建设将采取"以租为主"的模式,为此要大力促进公租房的建设。2010 年 6 月,由住房和城乡建设部等七部门联合制定的《关于加快发展公共租赁住房的指导意见》正式对外发布,旨在解决城市中等偏低收入家庭(即所谓"夹心层")的住房难题。公租房的建设,也将在住房租赁市场上与市场化租房相结合,完善租赁房结构,丰富租赁房的品种,对住房租赁市场的发展起到一种稳定作用。在商品住房价格长期居高的大背景下,公租房建设是着眼于填补一个市场空当,也就是针对一些中等偏下收入住房困难家庭,无力通过市场租赁或购买住房的问题提出的解决方案。这样的方案,自然也就具有准公共产品和社会福利与保障的色彩。作为准公共产品,保障性住房商业色彩较淡,也注定了投资者利润的微薄,如何在这些限定的条件下引入市场力量,则是未来需要面临的重要课题。

### (二)借鉴市场竞争机制推动社会事业发展的制度革新

制度性障碍是目前我国社会事业发展中面临的一个重要难题,制度性的资源"垄断"在很大程度上成为制约社会事业发展的"瓶颈"。如我国居民

---

① 贾海峰:《住房保障立法:常态化建设需引市场机制》,《21 世纪经济报道》2010 年 11 月 9 日。

普遍感受到的"看病贵、看病难",就是上述卫生资源"垄断"的消极后果。

曾经有不少人认为,目前的"看病贵,看病难"是市场经济发展造成的结果,是在市场机制作用下才产生出来的。理由是一些医疗卫生部门,尤其是大的医疗卫生机构依靠其雄厚的医疗卫生资源,通过市场化行为不断提高医疗收费,致使患者医疗成本越来越高。以上观点虽然具有一定代表性,但却是不准确的。我们认为,目前存在的"看病贵、看病难"现象,恰恰是市场失灵以及市场机制没有得到彻底发挥的结果。如果按照市场机制的特有规律,"看病贵"无疑是医疗市场求大于供所致,只要加强调配社会医疗卫生资源,促进供应增加,增加医院数量,并在市场竞争机制的作用下,自然会降低医疗收费,提高医疗服务质量。可是,这样的现象并没有发生,而且似乎将来也没有发生的迹象。纵然制药企业不断增加,生产的药品增多,药品市场竞争激烈,但是在医疗资源增加供应的环节上,市场机制的作用被市场外的因素阻断了,呈现出市场失灵的状况,而医院的药品价格却依然很高。这就是所谓的"医药不分"带来的恶果。在"看病难"的问题上,矛盾主要体现在三个方面,一是医疗资源分布不合理,农村、边远地区医院太少,生活在那里的人们就医十分不便;二是医疗上的"求大于供"现象普遍存在;三是医疗服务质量不能令患者满意。对于以上问题,政府固然在推进和完善医疗服务体系上需要承担重要责任,但对医疗卫生服务的严格限制,制约民营医院的市场化发展也是其中的重要原因。目前,我国的民营医院发展存在严重的非市场化倾向。从政策上看,我国允许民营资本创办医院,但在实际操作上,对民营医院的市场准入规定非常严格,极大限制了民营医院的发展,也限制了医院之间特别是公立医院和民营医院之间的市场竞争,如很多民营医院不能进入医保就是典型的歧视性规定。以上事实表明,政府卫生管理部门通过各种限制的手段,集中更多的医疗卫生资源,并以此试图增加医疗资源供应,但结果却使"看病难、看病贵"成为老大难问题。因此从未来医疗改革看,必须借助市场竞争机制的作用,才能从根本上解决"看病贵、看病难"的问题。

首先,切实落实"医药分开",通过市场机制实现药品供给。"医药分开"是许多国家都使用的一种通行管理方法。1956 年,日本实施了《医药分业法》，并一直在不断加以改进，到20世纪80年代中期，社会药房配药比例从过去的10%增加到现在的55%左右。美国于1951年开始对药剂师和医生提供医疗服务过程中的作用加以严格区分。到2006年，美国年处方总量的73.16%来自社会药房。我国目前的零售药房有34万家之多，完全有能力满足全社会药品的需求。更主要的是这些药房运用的都是社会资金，有条件成为市场机制下药品供应的主力军，并通过竞争机制起到降低药品价格的作用。如果真正落实"医药分开"，他们也能够承担起相应的供给责任，不仅可以防止"以药养医"现象的滋生，还可以减轻国家公共财力的压力，同时也在很大程度上可以避免药品资源巨大浪费的现象。①

其次，要明确政府定位，建立相应的医疗服务竞争机制。在我国医疗卫生事业的发展过程中，政府主导是推进医疗卫生事业发展的基本保障。但"政府主导"不能替代市场机制的作用，没有市场的竞争机制，新医改不可能成功。因而应当明确政府在主导过程中的职能，让政府真正起到监督和规范市场的作用，特别是在医院资质方面，要依据公立、私立医院一视同仁的原则，加强监督与规范管理。而在医疗服务中，则应引入市场竞争机制来满足国民医疗保障服务的多样性需求，如医院之间、医药企业之间、保险机构之间形成严谨有序的市场竞争机制。公立医院改革是世界性难题，而要提高公立医院的效率，说到底是要巧妙地借用市场力量。虽然公立医院的目标不是营利，但这决不意味着它的外部和内部不可以引入市场竞争力量。只有竞争充分了，才能让民众成为受益者。

最后，政府对医改的财政投入，应考虑市场运作的原则。国务院在颁发的《2009—2011年深化医药卫生体制改革实施方案》中曾指出：3年内使城镇职工和居民基本医疗保险及新型农村合作医疗参保率提高到90%以上，三年各级政府需要投入8500亿元，其中中央政府投入3318亿元。那么如何让这笔钱有效发挥作用，就应选择适当的投入方式。目前可供选择的方式有：投入补供方（医疗单位），或者投入补需方（患者），或者采取两者结合的方式。补前与补后在实际运行时产生的效果和作用不尽相同。一些国家

---

① 《谢子龙：利用市场机制　确保新医改方案成功实施》，搜狐网健康频道，2009年3月5日，http://health.sohu.com/20090305/n262628487.shtml。

采取"补供方"的方法，出现了很多的问题，最突出的问题就是造成了医疗卫生资源及经费的持续性"短缺"。"以公立医疗机构为主的香港模式，提供人人享有的免费和低价医疗服务，但据报道称，等待专科服务的病人已好几万人，而第一次专科检查要排到1年以后，这是最典型的短缺经济。"①英国多年来也困惑于同样的问题。从我国的国情看，不应延循以上模式。如果用这笔经费通过国民健康保险的方式（补需方）购买医疗服务，由患者自由选择满意的医院，利用市场机制，创造竞争平台，这样医疗机构才会有危机意识，不仅不会出现医院服务质量滑坡现象，而且对医院服务标准要求更高，对医院管理将提出更高要求，医院将围绕"患者满意"下工夫，不断提高服务质量，有助于解决"看病难、看病贵"的问题。

### （三）鼓励民间资本的市场化参与社会事业的繁荣与发展

作为一个发展中国家，社会事业的发展应充分依靠民间资本的市场化参与，才能为社会事业的不断繁荣创造条件，无论是对于养老、医疗，还是文化、教育等社会事业都是如此。

2009年初，温家宝在国家科技教育领导小组会议上表示："我非常赞同教育资金的多样化来源，在全社会崇文重教要利用全社会的资源"，"我们说企业家身上要流淌着道德的血液，他的收益回报社会最好是投资教育"②。刘延东也提出，"为弥补政府办学力量的不足，为人民群众提供更多的教育选择，应在加强政府规范监督与服务支持的前提下，吸纳社会资源，鼓励社会各方面力量参与办学，促进公办教育与民办教育共同发展"③。我国是一个人口众多的发展中国家，学生数量居于各国首位，我国目前的教育是"穷国办大教育"。在此背景下，仅靠政府的资金投入肯定是不行的，必须通过整合各种社会资源，来促进中国教育的发展。而依靠市场机制推动我国的教育发展也是一项必然的选择，这是由我国现阶段国情所决定的，也是促进教育改革与发展的一个重要原则。

---

① 《公立医院改革必须借用市场机制》，《上海商报》2010年2月5日。
② 温家宝：《百年大计 教育为本》，《人民日报》2009年1月5日。
③ 刘延东：《锐意进取 改革创新 全力推进教育事业的科学发展》，《中国教育报》2009年1月4日。

首先，依靠市场机制可以满足不同阶层民众的教育需求。随着城乡义务教育经费保障机制的不断完善，满足了城市低收入家庭和广大农民家庭对教育的需求，满意度提升明显。但与此同时，部分城市家庭尤其是中高收入家庭对教育的满意度却呈下降的趋势。主要原因是随着广大居民生活水平的提高，对子女的期望值越来越大，希望子女都能接受更优质的教育，由此导致教育服务的供求出现不平衡。由于学校之间在师资、教学环境、办学条件、管理水平等方面存在较大差距，家长都想把自己的孩子送进优质学校，于是便导致了教育供求的结构性矛盾。高质量的教育需求必然要支付更多的教育投入，而国家对公共教育经费的分配必须坚持公平分配的原则，多支付的教育经费不可能都由政府来买单，优质学校仅靠政府拨款，难以达到收支平衡，这就是导致较高"择校费"的经济原因。我国的学生规模居于世界第一，国家用于教育方面的投入十分有限，只能保障基础公共性教育，少数优质教育资源只能采取国家和社会分担的方式来支撑。为此，要满足高质量教育的需求，只能适当使用经济手段进行调节，来缓解多层次教育需求与国家财力有限的矛盾。如一些城市适当建立了一些"私立学校"，满足了部分家庭的教育需求。从长远看，这种教育需求多元化的趋势，必然会带动市场机制下教育服务的多元化发展，市场机制这只"看不见的手"将会在教育服务领域发挥越来越大的作用。

其次，利用市场机制是我国实现教育超常规发展的重要经验之一。"1978年，我国人均教育经费只有10元人民币，1985年我国人均教育经费才25元，还不到美国人均教育经费的1/50。现在我国普及了免费义务教育，实现了高等教育大众化，但人均教育经费也才100多美元，而美国人均教育经费近3000美元。30年来，虽然我国人均财政性教育经费有了大幅度增长，但在世界上仍然严重偏低。"[1] 我国教育之所以能在人均财政经费十分困难的情况下取得巨大成就，一是靠政府逐步增加教育投入和广大教职工的艰苦奋斗、勤俭办学，二是利用社会资源和市场资源逐步扩大利用市场机制，筹集了"每年全国教育总经费的1/3，仅2007年就达到4000亿元，对

---

[1] 胡瑞文、文新华：《教育需要适度利用市场机制》，《人民政协报》2009年2月11日。

我国教育事业发展起了重大支撑作用"①。我国教育发展的这段进程，可以充分证明这一点。

改革开放伊始，中国国民经济困难重重，用于教育的资金非常有限。1980 年，高校开始招收不包分配的收费走读生以及单位委培的计划外学生，并向单位和个人收取部分学费。到 1988 年，全国高校在校学生中委培生、自费生占到了 20%。在国家财力匮乏时，双轨制有在扩大教育资源、扩大教育机会以及释放教育生产力方面发挥了积极的作用。那时候中国尚未搞市场经济，但教育已经在利用某些市场因素了。包括 20 世纪 80 年代初还实行了课时津贴、浮动工资和岗位工资，以及聘任制等，这些都是在引入市场经济因素。1993 年，中共中央和国务院联合发布了《中国教育改革和发展纲要》，提出要"建立适应社会主义市场经济体制和政治、科技体制改革需要的教育体制"。自此高校收费并轨，所有上大学的学生都要缴费，并且"统包统分"的就业制度也进行了改革，实行了除少数毕业生由国家统一安排就业，大部分学生采取"自主就业"的就业制度。在这个大背景下，许多高校通过"联合办学、产教结合"增强自我发展能力。还有一些高校通过发展校办产业、科技企业以及建设科技园区等方式改善办学条件。可以说，20 世纪后期的教育发展，既得益于国家不断增加的教育投入，也得益于市场机制条件下对社会各种资源的利用。

继续深化教育体制改革仍需要市场机制的重要作用。进入新的历史时期，我国教育发展仍然面临诸多困难。我国仍处于社会主义初级发展阶段，国家用于教育的投入尚不能满足整体的教育需求，政府不可能把教育发展所需要的全部费用包下来，仍然需要通过市场机制引导和积聚社会资金，充实到全社会的教育事业中。

教育服务并非完全属于"公共服务"，其中也包括"准公共产品""私人服务"。义务教育当然属于公共服务的范畴，非义务性教育以及多数教育培训服务，属于准公共服务或"私人服务"。现代社会，知识被视为一种重要的生产要素，教育和培训会是增加人力资本的重要途径，因而"谁受益，谁出钱"就成为一种普遍性的市场价值原则。作为政府，除了用于公共服

---

① 胡瑞文、文新华：《教育需要适度利用市场机制》，《人民政协报》2009 年 2 月 11 日。

务的教育投入外(如义务教育投入),超出公共服务的教育成本应由受教育人与政府共同分担或个人承担。所谓的"教育公平",讲的是基本公共教育服务部分,这部分的投入应当由政府承担。而非义务教育以及部分职业培训教育,应当属于教育服务产业的范畴,可以通过市场机制,来满足人们更高的教育服务需求。

### (四) 政府主导与市场运作相结合完善社会事业可持续发展体系

在我国社会事业发展中,单纯依靠政府包办或单纯依赖市场运作都难以做到可持续发展,只有将政府主导与市场运作有机结合,并形成健康的体系模式,才能保证社会事业的良性及可持续的发展。我们以养老事业的发展为例,来说明这个问题。

根据第六次人口普查数据,中国内地 65 岁以上老年人口约为 1.19 亿人,占全部人口的 8.87%。这对于中国这样一个"未富先老"的发展中国家而言,在养老能力、保障体系等方面是一个非常严峻的挑战。为了应对即将到来的老龄化社会,政府需要采取多项综合性措施,如不断完善养老保险制度,特别是健全农村社会养老保险制度制度,实现城乡养老保险制度的一体化衔接。再如,不断发展养老服务,落实《"十二五"社会养老服务体系建设规划》,建立完善"以居家为基础、社区为依托、机构为支撑"的养老服务体系,创新各类养老新模式。中国的养老问题既需要政府的投入和主导,也需要发挥市场机制的作用,以此满足多元需求条件下的各种养老服务。

首先,要重视通过市场机制完善养老服务体系。经过十多年的探索和实践,我国目前已初步建立起以居家养老为基础、社区服务为依托、机构照料为补充的社会养老服务体系基本框架。一是居家养老服务方面,在部分城市已基本建立以保障高龄、独居、空巢、失能和低收入老人为重点,借助专业化养老服务组织,提供生活照料、家政服务、康复护理、医疗保健等服务的居家养老服务体系;二是发展社区养老服务方面,目前全国共有各类社区服务中心 17.5 万个,城市便民、利民服务网点 69.3 万个,因地制宜地开展了面向老年人的入户服务、紧急援助、日间照料、保健康复、文体娱乐等服务,提升了社区养老服务能力;三是在推进机构养老服务方面,各地打破政府直办、直管的传统做法，积极引导和鼓励社会力量兴办养老机构。目前我国共有各类养老机构38060个，床位266.2万张，收养各类人员210.9万人。① 与此同时，我国养老服务对象逐步扩大，逐步由"三无"和"五保"老人扩展到全社会所有有需要的老年人。

但是还应看到，我国社会养老服务体系建设还存在诸多不足：一是目前我国养老床位总数仅占全国老年人口的1.59%，不仅低于发达国家7%的比例，也低于一些发展中国家2%至3%的水平；二是保障面相对较小，服务项目偏少；三是区域之间、城乡之间发展不平衡，布局不合理，既存在有的机构"一床难求"，也存在有的机构"床位闲置"现象；四是养老服务专业人员缺乏。② 以上这些问题，尽管与政府投入不足有一定的关系，但更主要的是在养老服务体系建设中缺乏市场机制的积极介入。我国老年人口有一亿多人，这么多的老年人口仅靠国家的投入显然是不行的，养老服务必须广泛动员社会力量的参与，而这种参与也必须借助市场机制的作用，只有如此，才能不断使我国的养老服务体系纳入可持续发展的轨道上来。目前，国家对于社会兴办养老机构在土地、税收、用水、用电等方面给予了一系列优惠扶持政策，积极鼓励社会力量兴办养老机构，但一些地区和部门由于认识不到位，尚未把这些政策落实好，未能形成有效的市场运作形式，影响了养老保障体系的完善。从未来发展看，市场机制在养老服务体系中的作用仍需大力加强，只有重视和借助市场机制才能使我国的养老事业走上健康发展之路。

其次，要通过市场机制创新养老新模式。市场的力量是无穷的，许多养老模式是通过市场机制创新出来的，为此我们应当积极借鉴国外的相关经验，积极创新养老服务模式，如正在兴起的老年公寓和以房养老方式就是较好的例证。

20世纪70年代北欧国家开始兴起老年公寓。到90年代，如美国等一些发达国家兴建了许多老年公寓，老年公寓的经营管理也成为一种新型产业。这些老年公寓兴起于机构养老充分发展之后，在机构中养老的老人约占

---

① 卫敏丽、杨巧赞：《民政部长李立国谈加快建立健全社会养老服务体系》，中国政府网，2011年11月28日，http://www.gov.cn/jrzg/2010-11-28/content_1755094.htm。

② 同上。

老年总人口的5%—6%。老年公寓产生的初始目的是要摒弃机构养老中的一些弊端，倡导家庭与亲情的回归。老年公寓在理念上既能体现老年人的居家养老，同时又能体现对老年人的社会化服务。也就是说，"老年公寓是专供老年人居住的公寓，属于社会养老机构大范畴。老年公寓是由社会力量按照市场原则举办和管理，面向有一定经济负担能力的老人，为普通老人提供住宅服务的社会养老机构。这种老年公寓应该是老年人独立居住的整个住宅单元，单元内带有卧室、起居室、浴室、厕所、厨房等。公寓内有各种服务、文化娱乐、医疗设施与专门的服务人员。只有当老人步入高龄而且生活不能自理，公寓的社会服务难以满足时，才到养老院或护理院去过集体生活"①。

老年公寓不同于托老所的流动性和暂时性。老年人在公寓中居住时间的长短，由老年人自主决定，但从实践上看，多数老人居住时间比较长，具有相对稳定性。老年公寓的居住性消费由个人负担，多数老年人是用自己的离退休金支付老年公寓的各项费用。当然，由于老年人的经济承受能力有限，因而多数老年公寓为经济适用型，适合普通老人的居住。老年公寓一般都靠近医院或大的专业性老年医疗康复机构。老年公寓一般为老年人提供各种基本生活服务（如打扫卫生、洗衣、购物、餐饮等）和完善的保健、医疗、娱乐、学习服务。它不同于养老院提供较全套的服务，更不同于面向高龄老年人提供全面服务的护理机构。它与社区服务相比，则更为完整、配套、系统，一般提供24小时服务。②

老年公寓与一般性的养老设施有所不同，尤其是在功能和运行上差异较大。老年公寓主要适于生活能自理的健康老年人，而养老设施主要是收养"三无"老人，以及为有支付能力的老人提供生活护理。老年公寓一般是由社会力量按照市场机制进行开发、经营，政府给予一定的优惠政策。养老设施一般是由福利机构创办，并主导其运行。老年公寓的服务对象多是有一定支付能力的自理老人，如果居住在公寓中的老人不能自理，到了需要护理

---

① 张文范：《更新观念，制定政策，多渠道兴办新型老年公寓》，《市场与人口分析》1999年第1期。

② 深圳市规划与国土资源局课题组：《老年公寓的市场需求与政策扶持》，《中外房地产导报》2001年第18期。

时，再转向养老设施。老年公寓与养老设施之间功能互补、相互衔接，有较好的供养持续性。在我国，老年公寓虽然已经得到有关部门的重视，但是距全面有效发展还有相当大的差距。

以房养老又称"住房反向抵押贷款"或"倒按揭"，是指老年人将自己的房屋产权向保险公司抵押，保险公司定期向投保老人支付现金，直至投保老人去世，保险公司将房屋收回。实际上是保险公司以分期付款的形式，对投保人的房屋产权进行的"倒按揭"。"住房反向抵押贷款"虽然始于荷兰，但运用最多的则是美国和日本。目前，美国参加住房反向抵押贷款的家庭已经达到了百万户以上，日本约有三分之一的老人参与了"以房养老"。我国早在2003年就有人建议在发展住房反向抵押贷款，但时至今日也没有普遍的实质性进展。原因是保险公司顾虑重重，担心房价波动存在的风险。"在美国，由联邦全国抵押协会、政府全国抵押协会、联邦住房抵押公司共同组成的房地产二级市场，与联邦住房管理局、联邦储蓄等政府机构提供的担保体系，共同保证了反向抵押贷款的低风险和高回报。"[1] 在我国，推出住房反向抵押贷款的基本条件已经具备，住房反向抵押贷款对于解决养老问题有积极意义。民政部副部长窦玉沛指出，"以房养老"将纳入下一阶段工作的引导方向。[2]

---

[1] 《反向抵押贷款条件具备 以房养老再成热点话题》，齐鲁网，2010年11月12日，http://news.iqilu.com/fangchan/2010/1112/359446.shtml。

[2] 白田田：《民政部：以房养老将纳入下一阶段工作的引导方向》，《经济参考报》2010年11月12日。

# 第 十 三 章

# 社会组织是解决民生问题不可忽视的力量

当今,我国正处于社会转型时期,是城市化、现代化、法治化的快速推进的时期。与此同时,正如前文所述,又是各种社会问题、各种结构性矛盾凸显的时期。与以往不同的是,随着社会改革的深入,政府在社会管理和公共服务中占有主导地位,但已不是唯一的主体,也很难实现社会领域的全覆盖。实践证明,社会组织日益壮大和发展成为社会管理的重要力量具有不可替代的作用,在公民诉求表达与意志聚合、社会资源整合、公共服务、化解冲突等方面比政府更具优势。培育和发展社会组织在以解决民生问题为重点的社会建设中有着特殊地位和重要作用。

党的十八大报告第七部分"在改善民生和创新社会管理中加强社会建设"中提出"加快形成政社分开、权责明确、依法自治的现代社会组织体制",强调了社会组织在社会管理创新中的重要作用,也为社会组织确定了明确的发展方向。

## 一、我国社会组织发展的社会背景

在我国,由来已久的"官为民做主"的管理文化根深蒂固。改革开放前,长期实行计划经济体制,政府对经济系统的渗入延伸到整个社会系统,在掌握着几乎所有的社会资源的同时，也成为一个全能型的政府，承担着几乎所有的社会管理与服务任务，社会协同、公众参与的空间很小。这种"大政府""小社会"的格局随着经济体制改革的深入和对外开放的拓展受到很大的冲击。一个不能不承认的社会现实是，如今政府已不再掌握所有的社会财富和公共资源，整个社会的利益主体多元化、分散化了，这就势必造成不同群体的利益重组和多渠道的社会表达。在这种情况下，原有的社会管理体制越来越多地显现出其弊端，内在的结构性矛盾日益凸显。政府放权，充分发挥社会组织在社会管理和服务中的作用，成为我国社会事业改革、解决民生问题的重要着力点和必然趋势。近年来，在党和政府有关社会事业发展和社会管理创新的政策、决策中，我们也感受到了对社会组织建设的重视。

2011年初胡锦涛曾在中央党校讲话中强调扎扎实实提高社会管理科学化水平，重申要加强和完善"党委领导、政府负责、社会协同、公众参与的社会管理格局"，其中就重点抓的工作提出八点意见，第一点就涉及社会管理格局完善中的组织问题。他指出："切实加强党的领导，强化政府社会管理职能，强化各类企事业单位社会管理和服务职责，引导各类社会组织加强自身建设、增强服务社会能力，支持人民团体参与社会管理和公共服务，发挥群众参与社会管理的基础作用。"第六点意见再次强调"进一步加强和完善非公有制经济组织、社会组织管理，明确非公有制经济组织管理和服务员工的社会责任，推动社会组织健康有序发展。"①

我国《国民经济和社会发展第十二个五年规划纲要》第三十九章专门提出加强社会组织建设的具体任务："坚持培育发展和管理监督并重，推动社会组织健康有序发展，发挥其提供服务、反映诉求、规范行为的作用。"②

2012年初，温家宝在十一届人大五次会议上所作政府工作报告谈及"切实保障和改善民生"中指出："加强和创新社会管理。加强社会矛盾化解、社会管理创新、公正廉洁执法。强化政府社会管理和公共服务职能。提高城乡基层群众性自治组织的自治能力。发挥社会组织在社会管理中的积极

---

① 胡锦涛:《扎扎实实提高社会管理科学化水平》,《人民日报》2011年2月20日。
② 《关于国民经济和社会发展第十二个五年规划纲要的决议》,《人民日报》2011年3月17日。

作用。"在谈及"深入推进重点领域改革"时他进一步强调:"推进依法行政和社会管理创新,理顺政府与公民和社会组织的关系,建设服务、责任、法治、廉洁政府。"①

在 2012 年 3 月 19 日第十三次全国民政会议上,温家宝在谈到建立"构建政府管理与社会自治相结合、政府主导与社会参与相结合的社会管理和公共服务体制"时表示"政府的事务性管理工作、适合通过市场和社会提供的公共服务,可以适当的方式交给社会组织、中介机构、社区等基层组织承担,降低服务成本,提高服务效率和质量"②。

当今,社会组织在国家社会管理改革和创新中有着举足轻重的地位和作用,那么其自身的发展状况如何,怎样解决在社会管理中的结构性矛盾,处理好与政府的关系,与政府实现优势互补,通过有效方式共同服务民生,是需要深入探讨的新问题。

### (一)社会组织的概念及其基本特征

在我国,社会组织是伴随着改革开放和社会转型不断发展起来的。社会组织,又称非政府组织(NGO)、非营利组织(NPO)、民间组织等,通常是指由不同社会阶层的公民自发成立的组织,具有一定社会性特征的非政府性、非营利性的组织形式。这些组织通常包括协会、学会、商会、研究会、联合会、同乡会、校友会、联谊会等会员制组织,以及基金会和在教育、文化、科技、体育、卫生、社会福利等领域,具有公益性质的社会服务机构。

我国社会组织的发展,与全球背景下公民社会的发展紧密联系,有着不可阻挡的趋势。美国莱斯特·M. 萨拉蒙等在《全球公民社会——非营利部门视界》一书中指出:近年来,全球出现了非常重要的浪潮,即市场和国家以外大范围的社会机构发挥着重要的作用。这些机构被冠以非营利的、自愿性的、公民社会的、第三的或独立的部门。然而不论他们如何多样化,这些实体都有某些共同特征,主要表现在以下方面:一是组织性,即有一定的制度和结构;二是私有性,即在制度上与国家相分离;三是非营利属性,即

---

① 《温家宝在十一届人大五次会议上所作政府工作报告》,《人民日报》2011 年 3 月 6 日。
② 温家宝:《政府事务性管理工作可适当交给社会组织》,《中国林业产业》2012 年第 4 期。

不向他们的经营者或所有者提供利润;四是自治性,即基本上都是独立处理各自的事务;五是自愿性,即其成员不是依据法律的要求而组成的,接受一定程度的时间和资金等的自愿捐款。近年来这些组织之所以吸引如此众多人的注意力,主要是取决于"国家危机"的扩展。除了刺激市场导向的经济政策之外,国家危机的疑问已将新的注意力和新的期望聚焦在全球社会的公民社会组织。事实上真正的"全球结社革命"已出现,世界的每个角落,都呈现出大量有组织的私人活动以及自愿活动的高潮。①

现代社会中,社会组织承担着弥补、整合政府体系及市场体系的职能缺失、满足公众多元需求、提供社会化的公共服务等方面的职能。从本质上说,它的产生体现了政府的公共服务的延伸,但其以民间形式出现,处于国家的公共权力体系之外,在组织上与政府之间没有隶属关系,也并不代表政府或国家,在很大程度上具有自治的属性,是具有公益性、自治性、志愿性、民间性等特点,并区别于政府和企业的组织。

在我国市场经济体制下,相对于政府而言,社会组织是独立的主体,主要分为三大类:第一类是中国共产党领导下的群众组织,主要包括:总工会、妇联、共青团,以及文联、工商联、科协、消费者协会等人民团体组织,这类组织的机构编制、领导职数、主要任务等由党政机构的编制管理部门确定,并提供组织的活动经费;第二类是法定的民间组织,主要是在民政部门注册登记的社会组织,包括研究会、学会等社会团体、基金会、民办非企业单位等三类,这类组织均是独立的法人单位;第三类是"草根"性的民间组织,是民间自发形成的组织,有的具有社团法人资格,有的具有企业法人资格,也有相当一些不具有独立的法人资格,这些组织包括社区的民间组织、社区的自治组织、社区的群众活动团队、网上社团,以及老年、青年等不同特质人群的自组织等。上述三类社会组织都是服务民众、组织民众、从不同方面实现有效的社会管理的主体,在当今我国社会管理体系以及公共政策实施中,成为不可或缺的力量。

在我国,社会组织的成长、发育和走向繁荣的历程,始终伴随着各种社

---

① [美]莱斯特·M.萨拉蒙等:《全球公民社会——非营利部门视界》,贾西津、魏玉等译,社会科学文献出版社2002年版,第3—4页。

会矛盾交织的复杂的社会现实,以及各种社会关系的深刻变化,是与政府职能全面调整、市场体系的不断完善紧密相连的。社会组织的发展,带有深刻的时代烙印,同时承载着推动中国社会的转型、实现社会管理创新的重任。具有弥补市场和政府缺陷的重要作用,以及社会转型条件下独特的社会价值。

### (二) 社会组织发展的实践

我国改革开放已经经历了三十余年,经济改革使中国社会发生了全面而深刻的变化,其中社会结构的变迁成为不可逆转的大趋势。在经济体制改革中随着市场机制的导入,以及由此引发的对高度集权的行政体制的改革,打破了传统的组织结合方式的基础,使组织体系发生了深刻的变化。比如以政企分开为特征的国家与企业组织体系之间开始建立了新型关系;出现了游离于行政体制以外的新的组织要素,如没有"单位"归属的个体户、没有"部门"归属的私营企业等;也出现了多元化的利益群体,在某些领域出现了跨部门、跨单位的活动等。与此同时,这些方面的变化,也给组织体系发展提出了新的要求,使得新兴的社会组织不断涌现。这些社会组织介于个人与个人、单位与单位之间,发挥着新的整合和连接作用,活跃在经济、政治、社会生活等各个领域,在我国已成为社会领域的一种重要的组织现象。

清华大学 NGO 研究所王名教授等研究了我国改革开放以来社会组织发展的过程,认为我国社会组织的发展经历了一个从无到有、曲折发展、成长壮大的历史过程。这一历史过程大致可划分为两个大的阶段:[①]

第一阶段称为社会组织兴起阶段,即从改革开放初到 1992 年。这十几年间,社会组织发展经历了从点到面、从无到有、遍地开花的原始生长期。改革开放释放的巨大能量,加之缺乏相应的制度约束,使这一时期社会组织几乎呈现出巨大的增长。其中各种学会、研究会所占比重最大,各类协会稳步增长,基金会从无到有。据估计,在 14 年间,各种社会组织的总数大约在 100 万个左右。

---

① 王名:《走向公民社会——我国社会组织发展的历史及趋势》,《吉林大学社会科学学报》2009年第 3 期。

第二阶段称为社会组织规范管理和新发展的高潮阶段。这个阶段从1993年到2007年。在15年间社会组织经历了两个过程：一是政府对社会组织的规范管理过程；二是在改革开放逐步深入、市场经济发育不断成熟、社会转型全面展开的进程中，社会组织逐渐走向新高潮的过程。20世纪80年代中后期，为了推动社会团体的登记注册，国务院在民政部设立社会团体登记和管理部门，并在1988年、1989年颁布了《基金会管理办法》《社会团体登记管理条例》。这两个法规是在改革开放后，我国政府制定的最早的关于社会组织的制度规范。以此基础上，我国社会组织开始走上艰难的制度构建之路。经过十年左右的实践之后，我国政府坚持并巩固了社会组织监管体制。与此同时，社会组织在经历了一段曲折的发展之后，于世纪之交开始进入了新的发展高潮。据民政部门统计，在各级管理机构注册的社会组织年末累计总数2007年是38.69万家，比1999年增长171%。在这个阶段，不仅登记注册的基金会、社会团体、民办非企业单位等发展迅速，而且在社会生活的各个领域、各个层面都涌现出了一大批未登记注册、或者在工商登记注册的各种类别的社会组织，比如扶贫开发、环境保护、教育支持、妇女儿童权益保护、社会福利、公共卫生、行业管理等。在城乡社区乃至在互联网等虚拟空间，也涌现出越来越多的社会组织，在社会生活的方方面面发挥着重要作用。

我国改革开放三十多年来，社会组织数量增长呈现为突飞猛进的历史过程。虽然不同时期增长态势有所不同，这个过程经历曲折，结构上表现出明显差别，但是数量增长的总趋势无疑非常显著，呈现出持续增长、不断扩展的大趋势。其结果使得当下我国社会组织已经达到相当规模，成为遍及社会生活各个领域、各个层次、各个方面的一种普遍社会现象。据民政部门截至2011年底的统计，全国已有社会组织46.2万个，吸纳各类人员就业599.3万人。① 除此之外，到2010年底，尚有24万家尚未注册登记，但以社会组织名义活动的"草根组织"等。②

如今，我国社会组织的发展已经步入一个新的历史阶段。随着改革开放

---

① 张雪弢：《截至去年年底我国共有社会组织46.2万个》，《公益时报》2012年12月18日。
② 王名：《发展社会组织，开创社会管理新局面》，《学会》2011年第5期。

的逐步深入、市场经济发育不断成熟以及社会转型的全面展开,社会组织的发展正在走向新的高潮,在社会事业发展和社会管理创新中具有更加重要的地位,以及无可替代的作用。

### (三) 社会组织在社会管理中的地位

社会组织不仅是我国国民经济和社会发展的重要组成部分,还对社会资源配置、平衡利益等具有积极的调节作用,对市场行为和社会秩序具有重要的规范和约束作用。

从国际的经验来看,各国接受非政府组织的存在,并且公认非政府组织是现代社会结构中不可或缺的组成部分,是基于对国家(政府)和社会之间的关系的一种共识:第一,社会是国家存在的基础,非政府组织具有高于政府组织机构的合法性基础,几乎所有的文明国家都在《宪法》中赋予公民结社自由的权利;第二,现代政府是实施公共管理和再分配的委托代理机构,而不是"全能"的政府,政府对于公共财政的支配,只是用于满足最一般和最基本的公共需求;第三,各种不同的社会资源具有重新整合并发挥作用的需求,人们可用自己的方式来表达自身的利益诉求以及对公共事务的关注,从而满足更高层面的需求。国际社会的这些共识,正在我国逐步得到认同。这是我国的民间组织健康成长的思想基础。[①]

中国社会科学院李培林在《人民日报》谈及改革创新社会管理体制时指出:"社会改革开放以来,我国社会结构的一个巨大变化是大量社会成员从'单位人'转变为'社会人'。一方面,随着单位组织实行住房自有化、就业市场化、社会保障社会化、后勤服务市场化等改革,单位组织解决社会事务的能力在弱化,有些单位组织合并精简甚至撤销解散;另一方面,社会流动不断加快,就业方式日趋多样,大量新成立的就业组织采取'非单位'的管理体制,它们仅仅是工作场所而不再是什么都管的'单位',越来越多的社会成员由'单位人'变成'社会人'。在城市就业总人口中,过去'单位人'占95%以上,而现在这个比例下降到30%左右。大量社会成员从'单位人'到'社会人'的转变,给我国社会管理带来不少难题。其中最突

---

① 卢汉龙:《民间组织与社会治理》,《探索与争鸣》2006年第5期。

出的问题是：在政府和分散的'社会人'之间，原有的单位组织管理网络被弱化，而新的社区管理网络还没有完全建立起来，以至于在部分地区和某些环节出现了管理缺失的现象。在这种情况下，政府往往要直接面对分散的个人，社会治理成本大大增加，社会事务自上而下的贯彻落实和社会问题自下而上的解决都受到一定阻碍。一些基层的社会纠纷和社会矛盾由于不能及时解决或者处理不当，影响了当地社会的安定团结。经济社会的发展迫切要求创新社会管理体制。按照'健全党委领导、政府负责、社会协同、公众参与的社会管理格局'的总体要求，在创新社会管理体制方面应重视使政府调控机制同社会协调机制相结合、政府行政功能与社会自治功能相结合、政府调节力量同社会民间组织调节力量相结合，逐步形成与社会主义市场经济体制相协调的社会管理新格局。"[1]

社会组织作为非政府性、非营利性、公益性、自治性的民间社团组织，是社会公共利益的重要维护者和社会公共服务的主要提供者，社会组织、政府、企业共同构稳定的"铁三角"，成为现代社会的三大组织支柱。[2] 美国著名管理学专家彼得·德鲁克认为：非营利组织的共同点不在于组织是非营利的，而在于不是商业性的；不在于是非政府性的，而在于从事许多和企业或政府不同的工作。[3] 这也正是社会组织的价值所在。实践证明，深化社会组织的管理改革，培育、发展社会组织，充分发挥社会组织的功能作用，对于加快和推进社会建设、推动社会发展和社区自治、扩大公众的社会参与、反映公众利益诉求、调解矛盾和纠纷、保障和改善民生、提供公共服务、强化民主监督、促进社会和谐稳定等，都具有非常重要的现实意义。

## 二、社会组织在解决民生问题结构性矛盾中的功能和作用

社会组织来自民间，自然与民众有着不可分割的联系，在解决民生问题

---

[1] 中国社会科学院中国特色社会主义理论研究中心：《改革和创新社会管理体制》，《人民日报》2010年10月15日。
[2] 岳金柱、李薇：《加快推进北京社会组织发展建设的若干思考》，《社团管理研究》2011年第2期。
[3] 黄浩明：《非营利组织战略管理》，中国人民大学出版社2003年版。

中的重要作用毋庸置疑。在更高层面上认识和发挥社会组织的作用,直接关系到民生问题的解决。

## (一) 在与政府良性互动中承载公共责任

在我国社会管理体系中,政府主导具有十分重要的意义。就当今中国的现实而言,社会组织参与社会管理的前提条件之一,就是与政府保持一致,取得政府的认可,并与政府实现良性互动。从另一个角度来说,政府如何加强与社会组织之间的合作,也是在社会管理创新中需要深入探索的问题。在解决民生问题中,政府与社会组织的互动自然产生,合作自然形成,社会组织不断在更大范围内得到政府的认可。

谈及社会组织与政府良性互动,2008年"5·12"汶川大地震救援是一个经典范例。[①] 2008年5月12日的强烈地震,使数以万计的房屋成为废墟,上千万人无家可归。汶川大地震的发生震撼全国,中央政府迅速成立了抗震救灾指挥部,统筹救灾赈灾工作。许许多多的社会组织也反应迅速,组织专业救灾人员从四面八方奔赴灾区实施救援。据共青团四川省委志愿者工作部统计,从5月28日到6月2日短短几天内,报名参加抗震救灾的志愿者达到116.09万人,他们中大部分是通过社会团体和企业单位组织报名的。

在灾难面前政府的力量毋庸置疑,其强势更多地体现在宏观层面。而能够在短时间内动员充足的人力资源全面投入救灾工作,在救灾的细枝末节上发挥作用,靠的是不同类型、有不同专业背景的社会组织的优势,他们起到了拾遗补缺的作用。比如组织灾区群众自救行动、进行心理辅导和情绪平复、为灾区群众重返家园做相关准备等,都是社会组织和志愿者在发挥作用。

汶川大地震救灾的全过程,充分体现了中国的社会组织的特征及其积极作用,主要是:擅长公共事务,在相关领域有专业的训练并具有管理能力;在为社会服务中,社会组织建立了自身的公信力,具有良好的社会协调能力、沟通能力;一些社会组织有在基层活动的基础,对民众有感情,因此便

---

① 参见蔡放波:《政府与NGO的合作问题刍议——由汶川大地震中的非政府组织引发的思考》,《武汉科技大学学报》2009年10期。

于了解真实状况；社会组织具有志愿精神等。四川"5·12"民间救助服务中心总协调人郭虹主任将这次救灾中社会组织与政府的良好合作，归因于社会组织的自我定位准确：主要是能够提供"软服务"，并关注政府无暇顾及的细节。①

政府的行政力量与民间自发力量的共同参与、携手合作，成为抗震救灾的一种新模式，也为我国转型期社会管理的改革探出一条新路。在以解决民生问题为着力点的社会事业发展中，活跃在民间的社会组织逐渐成为一支重要力量，也是市场经济条件下新的市民社会构建的基本要素。

### （二）通过力量整合聚集多方社会资源

社会组织在解决民生问题中的一大优势是其广泛的社会性，不仅社会组织成员来自社会方方面面，更能利用自身覆盖面广的特点，聚集社会的优势资源。

天津市妇女儿童发展基金会是以"关爱妇女儿童，促进全面发展"为宗旨的公募基金会，是具有独立法人资格的民间社团。近年来广泛募集社会资金、聚集社会力量，在困难群众救助，尤其在单亲困难母亲救助中发挥了积极作用。

单亲母亲家庭是离异、丧偶且有子女的女性家庭，相对双亲家庭面临更多的生存困境。随着经济社会的发展和人们思想观念的变化，单亲母亲家庭的数量呈现逐年增长的趋势。在全面了解单亲困难母亲生存和需求状况的基础上，为引起全社会对单亲困难母亲家庭这一特殊群体的生产生活问题的关注，天津市妇联在2006年政协会议上通过提案，呼吁政府及社会各界都应该关心和扶助单亲困难母亲这一特殊弱势群体，帮她们解难事渡难关，这一提案得到市政府高度重视。2007年市财政局拨付400万元专款，设立了"单亲困难母亲救助专项基金"，劳动局也在政策上给予倾斜，将单亲困难母亲纳入困难群体帮扶对象。市妇联建立了独立机构——天津市妇女儿童发展基金会，利用社团组织优势，配备专门人力、物力开展这一工作，这是妇联组织为在新的形势下更好地承接政府职能、在利用社会组织开展困难群体

---

① 郭虹：《以社会支持推进灾区精神家园建设》，《中华文化论坛》2010年第1期。

救助工作中做好协调和服务的积极尝试,也是困难群众救助、帮扶工作的一种新形式。

仅就救助资金募集而言,基金会采取财政支持与社会募集相结合的模式,实现资金的持续增长。在争取财政支持的同时,利用各种有利时机宣传基金会的公募性以及开展的救助活动,广泛动员社会力量,倡导爱心企业、爱心人士捐款捐物。据不完全统计,到2009年争取各区、县配套资金近300万元,与财政专项资金进行配比救助。如新年和春节期间,除基金会按时拨付给各区县的救助款之外,各区县妇联还积极通过各种渠道筹集资金,为单亲困难母亲发放慰问品和救助金,救助单亲困难母亲近2000名,每人救助标准200—1000元;在万名单亲困难母亲筹集体检费、手术援助费活动中,基金会努力促成与20余家医院合作,成为基金会与医院合作开展的公益活动,在医疗救助总额中,医院配套资金近200万元,为每一位体检人员补贴60%;在物资募集中,基金会向相关企业募集生活用品、药品等物资价值150余万元,动员社会各界为单亲困难母亲及她们的子女捐款520万元。此外,基金会与天津市老促会联合建立"单亲困难母亲发展生产专项基金"、开展女企业家与单亲困难母亲结对帮扶等活动;从2009年开始,连续几年与《今晚报》合作以认领爱心储蓄罐方式向社会募集资金,使3700多名困难妇女儿童得到救助。

天津市妇女儿童基金会整合社会资源募集资金的尝试为社会组织良性运行提供了借鉴:一是争取政府支持。如果没有市财政启动资金,仅靠妇联自身的力量难以建立基金会;二是社会组织宣传、争取的力量不可小觑。从市政协提案获批、市劳动局将单亲困难母亲纳入困难群体帮扶范围、区县政府跟进,到媒体支撑、企业和医院的支持、民众的广泛参与,充分体现了市妇联和基金会作为社会组织的社会动员能力;三是基金会以这种取之于民用之于民的方式救助困难群体分担了政府的经济负担,其发挥整合社会资源、动员社会力量帮扶弱势群体的优势起到了政府起不到的作用。

### (三) 全方位满足民众多层次需求

民生问题,不仅仅是经济问题。在收入分配、劳动就业、教育、卫生、社会保障等每一个方面包含着多层面的结构性矛盾的同时,也都蕴含着广大民众不同层面的需求。如前所述，我国的社会体制改革，从根本上说是一个政府放权的过程。在这一过程中，将产生大量的新的公共需求，满足公共需求是政府的责任，也是社会组织的使命，在国家没有能力供给而社会又有需求时，在政府拉力与社会推力作用下，相应的社会组织便产生了，并承担起某种社会责任。社会组织在解决民生问题中的优势就在于具有较强的专业性或者有能力动员和利用专业资源，能够在更高层面上和更深程度上满足不同民众的多层次需求，弥补政府难以满足的社会需求"缺口"。

通过对天津市妇女儿童发展基金会的调查我们了解到，基金会对单亲困难母亲的救助是建立在深入调查的基础上的。调查结果显示，造成单亲母亲困难的原因是多方面的，不仅有生活负担重、下岗失业、因病致贫等原因，还有一些单亲母亲特别是在农村，很多人有创业愿望但苦于没有启动资金而一直处于贫困状态，因此基金会把单纯的输血救助转变为救助与就业两手一起抓。2009年，在原有的基础上，把帮助农村单亲困难母亲发展生产和促进城市单亲困难母亲就业作为一项重点工作来抓，使更多的单亲困难母亲在自我发展中实现脱贫。在农村，尝试利用"单亲困难母亲发展生产专项基金"，帮助单亲困难母亲发展种养殖业；在城镇，为空巢老人家庭和单亲困难母亲搭建平台，开展"陪老"服务；同时与家庭服务公司联合，为单亲困难母亲提供家政、月嫂、社区送餐等岗位需求，帮助单亲困难母亲解决就业难题。另外调查显示，单亲困难母亲生活面窄、社会交际贫乏、存在一些自卑、精神压抑等心理问题，她们的挫折经历和多重角色身份，不仅需要社会的尊重和理解，更需要精神上的抚慰和心理上的疏导。基金会通过建立单亲母亲沙龙，为她们提供一个交流、互助的平台，并安排心理学专家提供定期的心理咨询服务，帮助单亲困难母亲克服自卑心理，融入社会；同时通过媒体宣传扩大活动的影响力来营造氛围、搭建平台，吸引爱心人士参与，实现强势与弱势牵手，共同为改善单亲困难母亲生存和发展环境、提升她们的自信和能力，缓解压力和困扰出实招、做实事。这种在救助方式上输血救助与造血支持相结合，在救助内容上物质救助与精神抚慰相结合，从根本上解决了困难群体的问题，实现了困难救助的可持续发展和对困难群体的全面帮扶。近年来，随着城市体制改革，单位人逐渐变为社会人，失业下岗人员不断增多，社区中各种矛盾问题不断出现，人们的各种需求日益增加和多样化。但是由于商品房小区的开发建设和单元房的普及，使得邻里之间老死不相往来成为普遍现象。如何加强社区建设，倡导居民互帮互助，是新形势下政府遇到的新问题。2002年湖北荆州东城街道创办了首家"爱心银行"——荆东社区"雷锋互助社"①，这是一个以政府为主导，以社区服务为内容，居民参与的社区互助组织。"雷锋互助社"借用商业银行储蓄与支取的理念，开展好人好事"储蓄"与"支取"。服务内容有医疗保健、法律、家政、家庭维修等八个大类，涉及30多种服务项目。为鼓励更多人加入这个组织，社区还专门制作了"雷锋互助社"的储蓄卡，把每件好人好事都记录下来。到2012年，荆东社区雷锋互助社成员约有2000多人，共储蓄好人好事3万余件，储蓄额5万余笔，共筹集捐款8万多元，救助了226户困难家庭。

在解决民生问题中，"雷锋互助社"成为社会组织整合社区资源的新的社会管理模式。这种政府与社会合作的社会组织构建模式，成为政府与社会实现双赢的一种有效模式，也为共同化解社会管理中的结构性矛盾，更好地解决民生问题提供了一个良好的范例。

**（四）为就业困难群体搭建就业援助平台**

促进就业是我国保障和改善民生的头等大事。就下岗失业人员而言，其年龄、知识结构、技能水平等与新的就业岗位需求之间存在着明显差距，而且他们再就业时还会受到传统就业观与就业习惯的干扰，女性比男性面临着更大的困难，她们是下岗失业人员这一弱势群体中更难就业的弱者。

在强化对就业困难人员的就业援助中，社会组织发挥了积极作用。比如天津市在市政府的支持下，市妇联于2005年成立了天津市妇女手工编织业协会，制定了"抓培训提素质、抓订单促效益、抓研发促转化、抓政策促规模、抓机遇促发展"的工作新思路。形成市级行业协会指导、推动，区县发展中心的特色引导、基层企业对接市场"协会+中心+站点"的三级网络。协会利用手工编织工作地点和就业方式灵活、投资少、风险小、适合下

---

① 参见赵丹：《"雷锋互助社"遍布荆州社区》，《社区》2006年第12期（上）；《荆州一好人好事储蓄卡持续10年有人存无人取》，《荆州晚报》2012年3月1日。

岗失业妇女从业的特点，帮助她们和残疾人、单亲困难母亲、农村女性富余劳动力等一批就业的困难群体，不出家门就能实现就业。到 2012 年全市手工编织业协会吸纳 18 万人就业，站点 1200 多个，会员单位 360 个，年加工和销售收入达到 12 亿元，产品远销韩国、意大利、美国等 30 多个国家。

在安排困难女性就业、抓产品生产的同时，手工编织协会还发挥自身优势加强管理队伍、创业带头人队伍、技师队伍等三支队伍的培养，形成多梯次的管理队伍、带动了一批创业小老板和业务骨干。在解决民生问题中，手工编制协会这个以组织化、专业化方式搭建的平台，不仅解决了失业下岗人员的经济困难问题，更使弱者实现了自身的价值，使民生问题的解决得到可持续发展。

### （五）维护弱者合法权益

在我国，由于多年来经济社会发展不平衡、地区间发展不平衡，当今社会两极分化进一步加剧，社会中的弱势群体及其问题凸显。政府不可能包揽、解决所有的民生问题。在巨大的社会需求催生下，近年来，在社会改革进程中起源于民间的社会组织在支持弱者，维护民众合法权益方面做了大量有益的工作。

北京市农民工法律援助工作站，2005 年成立，是以北京市致诚律师事务所与青少年法律援助中心为依托的民间组织，主要为农民工办理法律援助和法律咨询。工作站成立后两年中，接待法律咨询万余件，为 6 万人次以上提供了咨询服务。工作站作为专门的农民工法律援助模式带来了法律援助管理的体制创新：一是政府集中授权某一机构专门办理农民工法律援助，改变了以往的个案指派；二是以往政府是个案监督，转变为对专门机构、个案的双重监督；三是创建了政府购买优质和超值法律援助的新模式；四是扩大、延展了农民工法律援助的范围；五是通过开展普法和法律研究，拓宽了自身法律援助的功能；六是培育了一批专职和专业的农民工法律援助律师。

由于我国儿童保障和儿童福利制度的缺陷，造成社会上存在着相当数量的困境儿童，所以来自民间的草根儿童救助组织，自发并积极地活跃在这个领域。尽管这些组织的管理和运作还存在诸多的问题，但他们在动员和整合民间资源、发挥民间社会的力量、推动中国公民社会发展方面发挥了积极作用,同时也为国家完善相关儿童救助制度、确立政府与民间的协作机制提供了新思路与新经验。据中国青少年研究中心主持的"民间儿童救助组织调查"显示①,民间儿童救助组织服务对象大致分为几类:孤儿、被遗弃儿童、艾滋孤儿、残疾儿童、流浪儿童、孤独症儿童、服刑人员子女、行为偏差儿童、被虐待儿童、违法犯罪少年以及其他弱势儿童等。由于救助对象面临的困难不同,不同儿童救助民间组织服务的方式也不尽相同,比如针对孤儿救助的儿童村,主要方式就是收养这些孤儿,并尽量为其提供受教育机会,关注其生理和心理健康成长;针对那些有生理缺陷的儿童,救助组织则提供有针对性的、专业的治疗性服务;通过提供法律服务等不同手段,维护保障儿童权利不受侵害。

总之,社会组织在特殊群体救助工作上有不可替代的优势,主要是社会组织管理层次相对比较简单,工作效率更高;社会组织不仅为政府节约了雇员成本,还能把相关的社会资源集中起来,从而帮助政府减轻了负担,节省了开支;政府向社会组织购买相关服务,可促进社会组织与社会组织之间、社会组织和经济组织之间以及私人之间的竞争,这样就使得对弱势群体的公共服务越来越有效、越来越便捷;此外社会组织的性质决定了他们把公益性目标放在首位,他们有改善弱势群体状况、为弱势群众谋福利的内在动力,所以更加贴近弱势群体;社会组织较于政府更能承受风险。在某些需要尝试、探索的领域,如艾滋病领域,政府并不适合介入,而由民间组织做工作能产生更好的社会效果。

(六)促进社会和谐稳定

在社会生活领域,民生问题不仅仅是收入分配不均、教育和医疗卫生资源不均衡、工作和住房压力等显性的问题,也有由这些问题派生出来的人们的心理问题和情绪障碍,这些隐性问题是不可能靠政府的政令解决的。而不同类型的社会组织通过咨询、沟通、社会调解、社会服务等方式,则促进了这类问题的解决,进而起到丰富民众生活、缓解社会矛盾、有效地维护社会

---

① 参见中国青少年研究中心"民间儿童救助组织调查"课题组:《民间儿童救助组织调查报告——现状、问题与对策》,《中国青年研究》2006年第5期。

稳定、促进了人与自然和谐发展的作用。这些社会组织不仅仅是经民政部门注册的正规社团和民办非企业单位,更多的是植根于民间的草根自组织。

据尹志刚等对北京市西城区社区社会组织的调查①,与正式注册的社会组织相比,社区草根组织的业务反而更多地体现出政府扶持的价值取向,其公益类服务为31.97%,公共服务为14.13%。这项研究认为,虽然社区草根组织中互益文体类活动占到45.72%,但植根于基层社区的群众性互益文体活动,具有较强的公益性质。这是社区群众性的互益,而不是一些社团的精英性互益。概括社会组织在促进社会和谐稳定方面的作用,主要有以下方面:

一是缓解社会矛盾。比如杭州市采取资助扶持、提供场所、宣传培训等多项措施,组建各社区"和事佬"协会,以通过协会掌握民情民意,讲解法律政策,调解邻里纠纷,加强治安管理,促进和谐稳定。杭州市下城区文晖街道各社区"和事佬"协会共有理事60名,近三年参与公共事务协调330起,调解民事纠纷265起,向街道反映社情民意235件。② 就全国而言,社会组织还动员社会资源,通过实施社会救助增进社会福利,缓解了社会矛盾。

二是增进互助、互益和公益。农村的社会组织以提供服务、开展维权、促进合作等功能,参与农村的社会救助、社会建设,不断增进农民助人自助、生产自救等能力,推进了农村各项事业发展。同时以社会公益为宗旨,关注社会的弱势群体,以各种方式给予他们帮助,体现了人文关怀,也促进了村民道德水平的提升。

三是丰富民众生活。社会组织以多种方式为民众多样化的社会生活提供了丰富的组织形式,在广阔的发展平台上公民能够根据自身的意愿、兴趣以及利益,自发地组织起来,从事各种有利于发展的活动。近年来民间健身团队、车友会,以及文艺、书法绘画、摄影、收藏、棋牌等爱好者俱乐部等遍及城乡,不仅丰富了人民群众的生活,也在很大程度上促进了社会整体的和

---

① 尹志刚:《社会组织培育与社会建设制度框架构建》,《北京工业大学学报(社会科学版)》2010年第5期。
② 李崇义:《政府购买服务与社会组织发展——以浙江省社会组织服务与发展为例》,《社团管理研究》2011年第1期。

谐发展。

四是促进人与自然的和谐发展。一些环保类的社会组织，对推动社会的生态文明建设，促进人与自然和谐发展，也起了重要作用。他们通过宣传提高人们的环保意识；维护公民应当享有的环境的参与权、知情权和监督权等权益，及时反映了民众心声；对于参与政府有关环境保护等方面公共政策的制定发挥了积极作用。

### （七）在强化自身中为政府提供可购买的服务

政府购买公共服务，是我国当前社会管理改革中重大的制度转型，也是政府解决民生问题的一个重要路径。莱斯特·萨拉蒙的"第三方治理"理论认为美国公共服务体系中联邦政府扮演着资金提供者和监管者的角色，而具体服务由第三方机构提供，特别是非营利部门。①

在美国，政府购买服务有其独特的运作模式，即市政府提供资金，社区非营利组织承包服务，社区委员会监督服务。美国政府购买社会服务的内容和范围非常广泛，包括老年人医疗服务、老年人居家照顾服务、青少年服务、紧急庇护收容所服务、家务和成人间看护服务、私人保安公司完全服务，以及解决社区问题的"点子服务"等。这些社会服务尤其以弱势群体为目标服务人群，社会服务基本上是由民间组织提供。在我国香港，社会服务的供给主要由民间组织承担。据香港福利署估算，全部服务量中，政府提供约占10%—15%，85%—90%都由非政府组织提供。② 他们规划发展的社会服务项目，往往不是由政府自己去做，而是在每年"施政报告"中向社会发布社会服务的项目内容和要求，任何组织都可以提出申请，哪个实施方案得到政府认可，项目就交给哪个申请者做。政府只承担那些不宜由民间组织开展的业务。③ 目前，香港的政府购买服务已推广到所有服务机构，并且是对相关机构的全部服务进行购买，涉及民众生活的诸多领域。

在中国内地，政府向社会组织购买公共服务始于21世纪初期。广州、

---

① ［美］莱斯特·萨拉蒙：《公共服务中的伙伴：现代福利国家中政府与非营利组织的关系》，田凯译，商务印书馆2008年版，第1—5页。
② 王美玲、李娟：《我国民间组织支持弱势群体的走向探索》，《河海大学学报》2006年第3期。
③ 孙炳耀、常宗虎：《香港社会福利及其启示》，《民政论坛》2000第5期。

深圳、上海、北京、珠海、无锡、成都等地已开始尝试推行由政府向社会组织购买服务。广州市2004年推出"政府购买服务"的做法,举办的招聘会由政府财政给予补贴。2007年,政府财政出资60万元购买了相关志愿服务项目。① 上海市2004年开始政府购买公共服务的试点,向民间组织购买助老服务、社区青少年、慈善救助、外来人员服务等领域,形成了招标制、项目制等多种运作形式。②

近年来,我国政府购买服务发展逐渐规范化、制度化。2007年深圳市政府在《关于加强社会工作人才队伍建设推进社会工作发展的意见》等"1+7"文件中详细规定了购买社工服务的指导原则、操作细则、资金保障等。2009年,成都市出台《关于建立政府购买社会组织服务制度的意见》,将政府购买社会组织服务工作纳入政府目标管理,由政府目标督查部门组织财政审计、监察等部门,对实施购买社会组织服务的行政职能部门工作完成情况进行督查和年度绩效考评。广州市在2010年颁布《关于加快推进社会工作及其人才队伍发展的意见》及《广州市政府购买社会服务考核评估方案》等5个配套实施方案。2010年杭州市出台《关于政府购买社会组织服务的指导意见》,提出向社会组织购买公共卫生服务、公共就业服务、法律服务、教育服务、公共文化、体育服务、养老服务、公共交通服务等八大类服务。③

在实践层面,2002年上海市尝试"政府购买服务"运作方式,积极推进"居家养老服务"工作,由社区组织经过培训的下岗待业人员为老年人提供生活照料和护理。还有就业服务、司法服务、居民纠纷调解服务等;2003年,南京市鼓楼区政府购买民间组织的社会服务,为独居老人、部分空巢老人提供生活服务;2005年,南京市发展和改革委员会、市民政局、市财政局等部门联合发文要求全市六城区全面推广居家养老模式,向每名80岁以上的高龄及低保老人提供平均每天1小时的免费家庭服务,费用由市区两级财政共同负担;2006年,广州市推行政府购买服务的居家养老服

---

① 林洪浩等:《"政府推动、民间运作"的政府购买服务模式》,《广州日报》2008年7月15日。
② 杨金志:《上海通过"政府购买服务"等方式推动社会组织发展》,中国政府网,http://www.gov.cn/jrzg/2007-12/19/content_838127.htm。
③ 《杭、蓉、穗政府购买社会组织服务有章可循》,《领导决策信息》2011年第3期。

务，服务分为两个层次：基本性服务，如探望及必要医疗、日常巡查、家政等，还有选择性服务，即送餐、日托、文化娱乐等。尽管我国政府购买服务刚刚起步，与境外相比很不成熟，但是从一个侧面说明民间组织在与政府合作解决民生问题方面有着很大的发展空间。

政府购买服务的基本前提是社会组织能够提供政府所需要的服务项目。这些服务涉及民众生存和发展所需要的基本公共服务，覆盖千家万户，是社会管理服务的基本方面。政府购买这类服务强调的是服务的公共性、公益性与利他性，是惠及广大民众的事业。政府在向社会组织购买服务的同时，也在很大程度上强化了社会组织的职能，促进了其良性运行，建立了政府与社会在社会管理中的新型合作关系。以深圳为例，① 在2007年颁布《关于加强社会工作人才队伍建设推进社会工作发展的意见》启动市政府向社会组织购买社工服务工作之后，政府相关部门根据文件要求，先后组织制定《政府采购社工服务合同》《政府购买社工岗位需求规定》《社工机构行为规范指引》等具体规定，明确了购买社会工作者的具体操作措施，政府购买社工服务的制度体系基本形成。一系列规范性文件的出台，也推动了民间社工服务机构的产生。到2011年4月底，深圳参与政府购买服务的社工服务机构共34家，全部都是自主设立、自主管理的民间组织。政府和社工机构的关系是平等的合作关系，双方按照购买协议享有权利履行义务，政府根据购买协议实施契约化管理，社工组织根据协议提供服务接受政府监管。这种政府与社会组织相互依存、共同受益的模式，不仅促进了政府职能转变，推进"小政府、大社会"的进程，更在这一过程中促进了民间组织自身的成长壮大，归根结底有利于满足公众的社会需求，在解决民生问题上探索了一条新路。

### 三、社会组织在解决和服务民生中的发展前景

20世纪80年代以后，世界进入了"全球结社革命"时代。在世界的每

---

① 李海平：《政府购买公共服务法律规制的问题与对策——以深圳市政府购买社工服务为例》，《国家行政学院学报》2011年第5期。

一个角落都呈现出大量的有组织的私人活动和自愿活动的高潮。莱斯特·萨拉蒙在《非营利部门的崛起》中指出"这场革命对 20 世纪后期世界的重要性丝毫不亚于民族国家的兴起对于 19 世纪后期世界的重要性。其结果是，出现了一种全球性的第三部门即数量众多的自我管理的私人组织，它们不是致力于分配利润给股东或董事，而是在正式的国家机关之外追求公共目标"[1]。如前所述，近年来我国的社会组织也呈现出良好的发展态势，无论在发展数量上、速度上还是在活动及影响上的进步都是相当显著的。但是，与发达国家之间的差距依然是巨大的，还远跟不上社会、经济发展的需要。尤其是从我国社会组织以及其管理体制变迁过程来看，由于管理理念落后、法律制度不健全、管理机制不完善等方面问题的存在，总体水平相对而言还比较低，存在着合法性、体制性障碍，面临自身功能缺陷和自律方面等困难处境。中央和地方政府针对这些问题，不断推进社会体制改革，在社会管理创新中，提出了有关加强社会组织的建设与管理的政策和措施，社会组织在解决民生问题中发挥着、也必将发挥越来越大的作用。

### （一）社会组织的机遇和挑战

一方面，随着市场经济发展中新的社会问题、民生问题不断涌现，社会管理日益复杂，加之政府自身能力的限制，导致社会管理在很多方面的缺陷日益暴露，仅仅依靠政府的力量难以应付，通常需要充分发挥政府行政管理、社会自主管理等多方面的积极性，形成政府调控、社会参与的共同管理的新机制。在政府职能逐渐瘦身、逐渐放弃用行政手段来解决社会管理问题的同时，也为社会自主管理提供了更大空间和进一步充分发展的契机。

然而从中国社会的现实来看，与西方国家市民社会不同。社会学家费孝通先生曾经用"差序格局"这一概念精辟地形容中国社会结构的特点，他在《乡土中国》中谈到："在我看来却表示了我们的社会结构本身和西洋的格局是不同的，我们的格局不是一捆一捆扎清楚的柴，而是好像把一块石头丢在水面上所发生的一圈圈推出去的波纹。每个人都是他社会影响所推出

---

[1] 转引自崔月琴：《转型期中国社会组织发展的契机及其限制》，《吉林大学社会科学学报》2009 年 3 期。

的圈子的中心。"① 从这个意义上说,传统的中国人处理人际关系常常是推己及人,缺少组织生活和广泛的社会参与。

另一方面,我国封建集权制度经历了几千年,传统文化的积淀对民众的影响根深蒂固,人们长期以来形成的顺民心态已成为国民性的一个显著特征。尽管在中华人民共和国成立之后人民当家做了主人,但在计划经济体制下政府依然是包揽一切,而没有赋予民众管理社会和进行自治的权利,这就在很大程度上扼杀了、扭曲了民众的主体意识。尤为突出的问题是,在我国相当长的一段时间内,社会管理体制是以人的工作单位为基础,单位不仅是人的工作场所也是包揽各个方面生活琐事的最基层的组织。在以控制性、封闭性为特征的传统的管理机制下,人们对工作单位依附性很强,习惯于通过组织来解决社会生活中的各种问题、由组织决定自己的命运。改革开放以来,尽管这种单位制的管理体制逐渐被居民自治、社区管理所取代,但是我国的公民社会并不发达,公众对社会事务的参与意识和自主管理意识及能力都很弱,志愿精神和社会责任感也没有充分确立。这就使得本来可以通过自治解决的问题以及许多社会管理事务不得不依然由政府承担。这种状况在很大程度上制约了"社会协同、公众参与"这一新的社会管理格局的形成。

对社会组织而言,这些方面的问题构成了其发展的巨大障碍,也意味着机遇与挑战并存。

## (二) 支撑体系和管理模式创新

我们充分论述社会组织作为重要的社会管理主体的作用,并不意味着政府职能的大量外抛,而不顾是否有相应的社会组织去承接;也不意味着政府抛开自身的监管责任,任社会组织随意发展。我国社会组织的发展壮大,以及固有的社会管理中的结构性矛盾也为社会组织的支撑体系和管理模式创新提出了新的问题。

当今在一些市民社会发达国家,社会管理主体多元化已经形成一种趋势,即改变了仅仅依靠政府这一个管理主体的状况,政府逐渐从单纯的公共品生产者角色中退出,演变为公共品的购买者,政府用纳税人的钱,大量向

---

① 费孝通:《乡土中国》,北京大学出版社2005年版,第34页。

非政府组织购买纳税人所希望得到的公共服务品，然后免费提供给社会。这意味着，非政府组织将承担越来越多的社会管理和社会服务功能。从一定意义上说，社会管理的良性运行和满足民众不断增长的需求，在很大程度上取决于社会组织的多少和发挥怎样的作用、在多大程度上发挥作用。在这方面，诸多有益的经验值得我们借鉴。

比如20世纪是美国民间非营利部门飞速发展的时期，民间非营利组织由1950年的5万个增加到20世纪末的100多万个，究其原因，美国对民间非营利组织有利的法律架构是促进其发展的重要因素。美国政府对民间非营利组织的规范管理十分复杂，但其目标主要包括两个方面：一方面是维护民间非营利组织发展的制度环境，监控这类组织及其管理者依照组织宗旨和目标开展活动，保证其将各种资产用于公益事业；另一方面是为民间非营利组织提供优惠政策和资金支持，推动和鼓励这类组织的成长与发展，使其发挥有利于社会和谐发展的功能。首先，美国政府对民间非营利组织的制度规范越来越完善，监控的力度也越来越大。如1999年6月颁布的《公开披露法案》要求免税组织提供最近三张990表格（国税局印制的年度报表）的复印件和30天内的个人免税书面申请。没有做到这一点的将被处以每天20美元的罚款，最高不超过10000美元。针对民间基金会以及它们的990表格的类似法案也在2001年1月通过了。州立法机构为了防范少数募款人士滥用职权，对募款规范严加审查，某些州甚至修正或设立新法，规定各个负责募款的人士必须登记建档，并要定期给出相关报告。国税局和各地议会也对募款机构有类似的审查监督，这些相关的审核日后势必越来越严格。其次，政府的管理法规和制度对民间非营利组织的优势地位和鼓励措施也越来越多，制度规范的激励效应不断体现。在美国，申请非营利组织的认定可以获得许多特殊待遇和免税条款。为了鼓励慈善捐赠和帮助慈善组织进行良性运作，美国联邦税法和州税法的有关条款规定了针对民间非营利组织的税收减免优惠措施，这对为非营利组织提供经济资助的个人和组织也是极大的刺激，因为这些法律、法规以减免税收的形式保证了捐助者的经济利益。①

---

① 扶松茂：《美国政府与民间非营利组织之间的制度规范研究》，《天津行政学院学报》2010年第5期。

在我国传统的社会管理模式下，政府和社会是对立的。从改革开放以来我国社会组织在社会管理中发挥作用的实践来看，政府职能发生了很大转变。在2012年十一届人大五次会议上温家宝在所作政府工作报告谈及深入推进重点领域改革中提出"推进依法行政和社会管理创新，理顺政府与公民和社会组织的关系"①。民政部部长李立国曾明确表示，"政府要转移行政职能，把不该管、管不了、管不好的事情交给社会和市场主体来承担。"他表示，"以此次两会为一个新的起点，政府转移部分职能以及社会组织发挥作用的进程将大大推进。"事实上，从2011年开始，中央财政已首次将支持社会组织参与社会服务列入财政预算，一系列改革已相继发生：在广东，除特别规定、特殊领域外，社会组织实行民政部门直接登记；在上海，确立了分类建设、分类扶持、分类管理的基本思路和工作要求；在北京，四类社会组织已经试点向民政部门直接登记等。② 这些对社会组织发展的"利好"政策也印证了一个不可否认的现实，即中国社会组织的繁荣发展除了市场经济发展和社会需求的增长之外，是政府起了强有力的推动作用。中国的基本国情也决定了政府依然掌握着重要的社会资源，仍然具有强大的动员能力，是社会管理的主导力量。

有鉴于此，在政府与社会组织的关系上，政府首先需要进一步转变观念，与市场、与社会组织分清职责，从传统的无所不包的角色中解放出来，集中资源解决只有政府才能解决的问题，为社会组织腾出发挥作用的空间；其次发挥引领和聚合作用，减少对社会组织的行政干预，强化培训、规范和监督功能。通过物质支持、购买服务、税收优惠等方式，帮助社会组织提升"造血"功能，引导和支持各种社会组织的发展；最后创造有利于社会组织良性发展的社会环境，搭建日常管理和服务平台，采取有效措施激发公民的社会责任感，在此基础上重构政府和社会的关系。党的十八大报告提出的"形成政社分开、权责分明、依法自治的现代社会组织体制"，将现代社会组织体制建设作为社会建设和社会体制改革的重要组成部分，为改革社会组

---

① 温家宝：《政府工作报告——2012年3月5日在第十一届全国人民代表大会第五次会议上》，《人民日报》2012年3月16日。
② 林衍、林洁：《政府的归政府　社会的归社会》，《中国青年报》2012年3月10日。

织，变对政府的依附为平等合作的伙伴关系指出了明确方向。在解决民生问题中，理想的模式是更多地赋予社会组织自身运作的空间，减少其政府色彩和行政化运作的弊病。实现与政府相互支撑，在政府的宏观统筹下，既相互独立、又相互依存的良性运作。

### （三）在服务民生中发展壮大

目前，我国的社会组织在政府支持、政策扶持下，呈现迅速发展、不断规范的良好态势，在社会管理中发挥着越来越重要的作用。但是从自身状况来看，无论是社会管理理念、能力，还是组织的数量、规模，都还远跟不上社会、经济发展和满足民众日益增长的多层面需求的需要。真正能够在国家管理体系中有着举足轻重的作用、善于充分利用社会资源、适应市场化环境并能及时回应和满足民众需求的组织并不多。因此社会组织自身能力的提升是一个需要有所突破的瓶颈。卢汉龙指出，民间组织的成长主要不应靠市场，也不应靠政府的特殊优惠，而应靠它自身服务公众的能力和互惠性的社会机制。须知，民间组织的内生性动力的培育是它成长的一个最关键的因素。行业性道德自律，坚持服务和非营利的理念，广泛地进行社会动员和使用义工，建立起高度的组织公信力，这些均是我国民间组织迫切需要培育的内功。[①] 社会组织的自身发展有以下几方面的着力点：

一是"去行政化"，以民间力量服务民生。在我国历史上，国家与社会之间一直没有明显界限，两者间的关系始终是一种从属关系，社会组织必须有官方机构作为主管单位，"婆婆说了算"是普遍现象。在这样的社会结构下，由于缺乏必要的空间、资源、规范，独立的社会组织基本上无法立足，即便是独立的具有法人资格的社团，也只能是政府的延伸。由于社会组织与主管机构在资源上的不平等，很难按照自身的组织目标开展工作，而不可避免地带有行政色彩，进而引发"二政府"的嫌疑。因此，社会组织加快"去行政化"是发挥其作用的必要前提。如广东省构建"枢纽型"社会组织，就是在同性质、同类别、同领域的社会组织中起到聚合引领、桥梁纽带、集约服务等作用的组织，具备整合、孵化、引领服务等基本功能。是靠

---

① 卢汉龙：《民间组织与社会管理》，《探索与争鸣》2006年第5期。

社会组织自身的力量实现对社会组织的有效管理。这是我国社会组织发展中值得借鉴的新模式。

二是强化职能，在服务民生中实现可持续发展。社会组织有很多是提供公共服务的组织，承担着教育、医疗、社区服务等众多公共服务任务，与政府职能有相同或相似之处。社会组织履行自身相应的职能，就是意味着为政府分担一些公共服务的职责，更有利于社会管理的有序运转。但是目前我国的社会组织参与社会服务的能力有限，在政府主导的社会管理体系中尚未形成与政府间的良性互动，甚至游离于政府服务体系之外。这种政府对社会组织的需求的增强与社会组织自身能力缺陷的矛盾成为构建良性社会管理运行体系的瓶颈。因此，社会组织职能的强化与拓展成为当务之急。在我国社会组织与政府资源悬殊的情况下，这种职能的强化与拓展在很大程度上有赖于政府在政策、资金、人力等多方面的支持。与此同时，社会组织应发挥自身专业化优势，把服务社会的事做细、做深、做大、做强，把提供服务的内容从单一化、浅层次向多元化、深层次拓展，把提供服务的方式由直接的"输血式"转变为"造血式"服务，更多地发现和开发被服务者自身的潜能，在"自助助人"中共同解决民生问题。只有自身的强大，才有可能更多地分享政府资源，在社会事业中发挥更有效的作用，也才能实现社会组织的可持续发展。

三是组织自律，加大服务民生的内在动力。长期以来，我国社会组织的建设与管理偏重政府外部监管而忽视组织自身建设。而要有效履行社会管理职责，就必须强化社会组织的自律机制，即依据法律规定的规范，建立自我约束、自我控制的保障体制，形成自我管理、自我发展、自我约束的可持续发展态势，提高社会组织的公信力。这种自律机制包括内部管理机制、人员责任机制、民主决策机制等社会组织自身建设，以及社会组织行业自律、通过建立民间专业的监督组织形成常态的监督机制等。只有社会组织自身从无序到有序，避免组织决策和行为失范，才能确保其社会参与的正当性、管理的有序性、发展的可持续性。

对于国际影响力不断增强的我国来说，在推进以解决民生问题为重点的社会事业发展、加强和完善"党委领导、政府负责、社会协同、公众参与的社会管理格局"中，社会组织自身的自律是非常必要的，是加大服务民生的内在动力之必需。

无论如何,社会组织在服务和解决中国的民生问题中有着不可替代的地位和作用。社会组织也会在服务民生中获得自己生存和发展的广阔空间;在服务民生中不断完善自身的组织结构,强化自身的组织功能;在服务民生中获得广大群众的认同和监督,实现组织自律,产生强大的内生动力。

# 参考文献

## 专著

[德] 乌尔里希·贝克:《风险社会》,何博闻译,译林出版社 2004 年版。

[法] 菲力普·亚当、克洛迪娜·赫尔兹里奇:《疾病与医学社会学》,王吉会译,天津人民出版社 2005 年版。

[美] H. P. 恰范特、蔡勇美、刘宗秀等:《医学社会学》,上海人民出版社 1987 年版。

[美] 彼得·布劳:《不平等和异质性》,王春光等译,中国社会科学出版社 1977 年版。

[美] 查尔斯·林布隆:《政策制定过程》,朱国斌译,华夏出版社 1988 年版。

[美] 莱斯特·M. 萨拉蒙等:《全球公民社会——非营利部门视界》,贾西津、魏玉等译,社会科学与文献出版社 2002 年版。

[美] 莱斯特·萨拉蒙:《公共服务中的伙伴:现代福利国家中政府与非营利组织的关系》,田凯译,商务印书馆 2008 年版。

[美] 马斯洛:《人类动机的理论》,许金声等译,中国人民大学出版社 2007 年版。

[美] 缪勒:《公共选择理论》,杨春学等译,中国社会科学出版社 1999 年版。

[美] 威廉·科克汉姆:《医学社会学》,杨辉等译,华夏出版社 2000 年版。

[英] 安东尼·哈尔、詹姆斯·梅志里:《发展型社会政策》,罗敏等译,社会科学文献出版社 2006 年版。

北京大学中国社会科学调查中心:《中国报告 2010·民生》,北京大学出版社 2010 年版。

蔡昉主编:《"十二五"时期挑战:人口、就业和收入分配》,社会科学文献出版社 2011 年版。

邓伟志:《谈谈社会建设》,东方出版中心 2009 年版。

费孝通:《乡土中国》,北京大学出版社 2005 年版。

高斌中、于慧芳:《国家在场的社会事业》,北京大学出版社 2011 年版。

胡鞍钢：《中国：民生与发展》，中国经济出版社 2008 年版。
黄浩明：《非营利组织战略管理》，中国人民大学出版社 2003 年版。
李艳丽：《社会事业和社会产业协调发展问题研究》，经济科学出版社 2009 年版。
厉以宁：《股份制与现代市场经济》，江苏人民出版社 1994 年版。
耿忠平、张国华主编：《现代领导百科全书·经济与管理卷》，中共中央党校出版社 2008 年版。
刘熙瑞：《中国行政管理》，中共中央党校出版社 2004 年版。
陆学艺主编：《当代中国社会结构》，社会科学文献出版社 2010 年版。
牛雄鹰：《全球化背景下我国失业人员再就业问题研究》，中国经济出版社 2010 年版。
潘允康主编：《中国城市婚姻与家庭》，山东人民出版社 1987 年版。
青连斌：《民生大于天——为什么要加快推进社会建设》，人民出版社 2008 年版。
全国干部培训教材编审指导委员会组织编写：《科学发展观》，人民出版社、党建读物出版社 2006 年版。
荣跃明：《区域整合与经济增长——经济区域化趋势研究》，上海人民出版社 2005 年版。
孙学玉等编著：《当代中国民生问题研究》，人民出版社 2010 年版。
王伟同：《公共服务绩效优化与民生改善机制研究——模型建构与经验分析》，东北财经大学出版社 2011 年版。
杨团：《慈善蓝皮书：中国慈善发展报告（2010）》，社会科学文献出版社 2010 年版。
游钧主编：《2008—2009 年：中国就业报告——金融危机下的就业之策》，中国劳动社会保障出版社 2010 年版。
张左己主编：《领导干部社会保障知识读本》，中国劳动社会保障出版社 2002 年版。
赵建国、苗莉编著：《城市就业问题研究》，高等教育出版社 2005 年版。
郑杭生：《减缩代价与增促进步：社会学及其深层理念》，北京师范大学出版社 2007 年版。
郑杭生主编：《社会学概论新修》，中国人民大学出版社 1994 年版。
中共中央文献研究室编：《十六大以来重要文献选编》（中），中央文献出版社 2006 年版。
中共中央宣传部理论局：《辩证看 务实办》，学习出版社、人民出版社 2012 年版。
中共中央宣传部理论局：《从怎么看到怎么办》，学习出版社、人民出版社 2011 年版。
中共中央宣传部理论局：《七个怎么看》，学习出版社、人民出版社 2010 年版。
中国（海南）改革发展研究院编：《民生之路：惠及 13 亿人的基本公共服务》，中国经济出版社 2008 年版。
周其仁：《病有所医当问谁——医改系列评论》，北京大学出版社 2008 年版。
朱亚鹏：《住房制度改革：政策创新与住房公平》，中山大学出版社 2007 年版。

## 论文

［美］戴维·拉盖：《在中国寻找人才越来越难》，《国际先驱论坛报》2006年4月24日。

白天亮：《劳动力供求拐点远未到来"招工难""就业难"长期并存》，《人民日报》2010年7月26日。

白田田：《民政部：以房养老将纳入下一阶段工作的引导方向》，《经济参考报》2010年11月12日。

白重恩、钱震杰：《谁在挤占居民的收入——中国国民收入分配格局分析》，《中国社会科学》2009年第5期。

［英］保罗·怀尔丁：《福利与社会的关系：社会福利理论渊源与蒂特马斯典范》，《社会保障研究》2009年第2期。

边燕杰、刘勇利：《社会分层、住房产权与居住质量——对中国"五普"数据的分析》，《社会学研究》2005年第3期。

蔡放波：《政府与NGO的合作问题刍议——由汶川大地震中的非政府组织引发的思考》，《武汉科技大学学报（社会科学版）》2009年10月。

陈进华：《民生伦理：关于民生问题的伦理学诠释》，《哲学研究》2010年第3期。

陈蕾、孟晓晨：《北京市居住—就业空间结构及影响因素分析》，《地理科学进展》2011年第10期。

陈培秀：《"权利资本"初论——"人的发展经济学"有待回答的一个论题》，《改革与战略》2009年2期。

陈学明、罗骞：《科学发展观与人类存在方式的改变》，《中国社会科学》2008年第5期。

促进形成合理的居民收入分配机制研究课题组：《促进形成合理的居民收入分配机制研究》，《经济参考研究》2010年第25期。

党云晓、张文忠、武文杰：《北京城市居民住房消费行为的空间差异及其影响因素》，《地理科学进展》2011年第10期。

丁晓洁、李莹：《中国城镇中等职业教育就业状况分析》，《教育科学》2008年第4期。

丁元竹：《社会管理发展的历史和国际视角》，《国家行政学院学报》2011年第6期。

高波、洪涛：《中国住宅市场羊群行为研究——基于1999—2005动态面板模型的实证分析》，《管理世界》2008年第2期。

高晓路：《北京市居民住房需求结构分析》，《地理学报》2008年第10期。

郭小聪、刘述良：《中国基本公共服务均等化：困境与出路》，《中山大学学报（哲学社会科学版）》2010年第5期。

郭忠华：《中国社会事业发展的战略性思考》，《东方论坛》2006年第4期。

何祖安：《试论当前面临的公共卫生问题与应对策略》，《湖北预防医学杂志》2003年第6期。

洪大用：《关于加快社会事业发展若干问题的思考》，《教学与研究》2006年第12期。

黄烨：《民工荒：由东慌到西》，《国际金融报》2011年2月17日。

纪国刚：《社会事业投融资体制研究》，《财经问题研究》2005年第4期。

贾海峰：《住房保障立法：常态化建设需引市场机制》，《21世纪经济报道》2010年11月9日。

景军：《泰坦尼克定律：中国艾滋病风险分析》，《社会学研究》2006年第5期。

景晓芬、李世平：《城市空间生产过程中的社会排斥》，《城市问题》2011年第10期。

李斌：《城市住房价值结构化：人口迁移的一种筛选机制》，《中国人口科学》2008年第4期。

李娣：《实现职业教育与普通教育均衡发展的思考——基于人才供需矛盾的视角》，《职业技术教育》2010年第25期。

李海平：《政府购买公共服务法律规制的问题与对策——以深圳市政府购买社工服务为例》，《国家行政学院学报》2011年第5期。

李君甫：《北京的住房政策变迁及经验教训》，《改革与战略》2009年第8期。

李玲：《"两会"以后我国医疗体制改革趋势》，《医院领导决策参考》2006年第9期。

李培林：《科学发展观的"中国经验"》，《中国社会科学》2004年第6期。

李培林：《另一只看不见的手：社会结构转型》，《中国社会科学》1992年第5期。

李爽：《当前社会事业体制改革需要关注和解决的主要问题》，《宏观经济研究》2005年第9期。

李松龄、谭军良：《初次分配的影响因素与制度安排》，《福建论坛》2011年第7期。

梁鸿、徐进：《政策过程、秩序扩展与社会事业供给制度变迁》，《复旦学报（社会科学版）》2008年第2期。

梁祖斌：《演变中的社会福利政策思维》，《中国社会科学》2004年第6期。

凌新：《改革应坚持以民生权为中心》，《学习月刊》2012年第3期（上半月）。

刘锋、黄润龙、丁金宏、段成荣：《特大城市如何调控人口规模》，《人口研究》2011年第1期。

刘国恩、William H. Dow、傅正泓、John Akin：《中国的健康人力资本与收入增长》，《经济学》2004年第1期。

刘慧珍：《社会阶层分化与高等教育机会均等》，《北京师范大学学报》2007年第1期。

刘继同、郭岩：《从公共卫生到大众健康：中国公共政策的范式转变与政策挑战》，《湖南社会科学》2007年第2期。

刘书祥、童光辉：《财政分权软预算约束与地区间义务教育差异分析》，《地方财政研究》

2008 年第 15 期。

刘太刚：《公共物品理论的反思——兼论需求溢出理论下的民生政策思路》，《中国行政管理》2011 年 9 期。

刘新波、张丽华：《农村义务教育非均衡发展制度根源的实证分析》，《云南财经大学学报》2009 年第 2 期。

刘玉亭等：《城市转型背景下南京市的住房分异》，《中国人口科学》2007 年第 6 期。

刘祖云、胡蓉：《城市住房的阶层分化：基于 CGSS2006 调查数据的分析》，《社会》2010 年第 5 期。

刘祖云：《论"服务型政府"的根据、内涵与宗旨》，《江汉论坛》2005 年第 9 期。

柳德荣：《京沪深住房市场泡沫比较研究——基于长期透视的视角》，《管理世界》2010 年第 9 期。

柳礼泉等：《我国民生问题的结构层面与关涉内容析论》，《岭南学刊》2010 年第 1 期。

卢汉龙：《民间组织与社会治理》，《探索与争鸣》2006 年第 5 期。

卢嘉瑞：《扩大居民消费是改善国计民生的头等大事》，《湘潭大学学报（哲学社会科学版）》2010 年第 2 期。

陆学艺：《关于社会建设的理论和实践》，《国家行政学院学报》2008 年第 2 期。

罗建文：《民生幸福与制度选择的哲学探索》，《哲学动态》2010 年第 1 期。

马建堂：《科学发展　铸就辉煌》，《求是》2012 年第 12 期。

苗贵山：《马克思恩格斯民生思想及其当代价值》，《当代世界与社会主义》2009 年第 4 期。

聂海峰：《间接税负担对收入分配的影响面分析》，《经济研究》2004 第 5 期。

彭华民、齐麟：《国社会福利制度发展与转型：一个制度主义分析》，《福建论坛》2011 年第 10 期。

齐超、袁竹：《我国再分配逆向调节的成因及对策探析》，《税务与经济》2012 年第 1 期。

钱红燕：《用市场机制创新实现"稳菜价安民生"》，《中国经济导报》2011 年 9 月 22 日。

王春福：《社会权利与社会性公共产品的均等供给》，《中共中央党校学报》2010 年第 1 期。

杨雪冬：《走向社会权利导向的社会管理体制》，《华中师范大学学报（人文社会科学版）》2010 年第 1 期。

王定华：《关于我国义务教育均衡发展之再审视》，《中国教育学刊》2012 年第 1 期。

王慧：《马克思民生思想的逻辑意蕴及其当代价值》，《理论导刊》2011 年第 6 期。

王金营、蔺丽莉：《中国人口劳动参与率与未来劳动力供给分析》，《人口学刊》2006 年第 4 期。

王俊华：《试论公共卫生的公共性》，《中国公共卫生》2003年第11期。

王羚：《就业结构性失衡仍存》，《第一财经日报》2010年7月23日。

王名：《走向公民社会——我国社会组织发展的历史及趋势》，《吉林大学社会科学学报》2009年第3期。

王曲、刘民权：《健康的价值及若干决定因素：文献综述》，《经济学》（季刊）2005年10月第5卷第1期。

王思斌：《社会政策时代与政府社会政策能力建设》，《中国社会科学》2004年第6期。

王太高：《民生问题解决机制研究》，《江苏社会科学》2008年第4期。

王万玲、万勇：《居住分异现象及其对策》，《住宅科技》1998年第5期。

王微：《中国住房政策面临全新挑战》，《中国发展观察》2008年第2期。

吴群、高慧琼：《供求关系对大都市商品住宅价格作用机理的分析——以南京市为例》，《中国土地科学》2006年第2期。

谢颖：《民生指标区域不平等指数解析》，《晋阳学刊》2009年第6期。

熊帅梁：《论住房梯度消费观念的树立》，《湖南财经高等专科学校学报》2006年第12期。

徐之顺、曹达全：《论科学发展观视阈下的民生》，《浙江社会科学》2010年第3期。

许从宝、毕胜：《基于差异思维的"健康城市"》，《南方建筑》2006年第11期。

闫广芬：《优质高等教育资源的获得及影响因素分析——从社会分层的视角出发》，《现代大学教育》2012年第1期。

阎菊娥：《城市贫困人口健康保障与医疗救助对策研究》，《中国医学伦理学》2004年第5期。

杨静、高建民、艾鹏：《试论卫生改革与行政体制改革、公共财政改革》，《卫生经济研究》2006年第11期。

杨上广、王春兰：《上海城市居住空间分异的社会学研究》，《社会》2006年第6期。

易宪容：《中国住房市场的公共政策研究》，《管理世界》2009年第10期。

尹志刚：《社会组织培育与社会建设制度框架构建》，《北京工业大学学报（社会科学版）》2010年第5期。

于慧颖：《社会主义核心价值体系的民生导向》，《理论导刊》2010年第11期。

郁建兴、楼苏萍：《公民社会权利在中国：回顾、现状与政策建议》，《教学与研究》2008年第12期。

袁媛、吴缚龙、许学强：《城市剥夺：转型期中国城市贫困和剥夺的空间模式》，《地理学报》2009年第6期。

岳希明、李实、史泰丽：《垄断行业高收入问题探讨》，《中国社会科学》2010年第3期。

臧乃康：《中国特色社会主义民生思想的历史演进》，《理论导刊》2008年第12期。

曾国安、黄勇、胡晶晶:《关于不同种类生产要素收入初次分配公平问题的几个问题》,《山东社会科学》2009年第2期。

张车伟:《当前就业新趋势与对策建议》,《中国经贸导刊》2006年第9期。

张建坤、姚燕:《现阶段大学毕业生住房问题分析及对策》,《东南大学学报(哲学社会科学版)》2009年第3期。

张茅:《深化医药卫生体制改革 促进卫生事业科学发展》,《求是》2012年第15期。

赵晖:《公共行政转型:破解民生难题的路径解析》,《江海学刊》2010年第3期。

郑秉文:《社会权利:现代福利国家模式的起源与诠释》,《山东大学学报(哲学社会科学版)》2005年第2期。

郑大华:《论民生主义的内容及其当代意义》,《学术研究》2009年第7期。

郑杭生:《社会与国家关系在当代中国的互构——社会建设的一种新视野》,《南京社会科学》2010年第1期。

中国青少年研究中心民间儿童救助组织调查课题组:《民间儿童救助组织调查报告——现状、问题与对策》,《中国青年研究》2006年第5期。

周明海:《民生政治视域下的基本公共服务均等化:功能与对策》,《中共天津市委党校学报》2009年第2期。

周勇、张亮、罗乐宣、黄河清:《城市社区公共卫生服务特征与项目界定原则》,《医学与社会》2006年第7期。

朱亚鹏:《中国住房保障政策分析》,《公共行政评论》2008年第4期。

# 后　记

本书是国家哲学社会科学规划重点课题"中国民生问题中的结构性矛盾和社会事业发展"（项目批准号：10AZD021）的结项成果。

这项课题于 2010 年 11 月 20 日获国家社科规划办正式批准立项。从课题申报、立项、项目准备、展开研究、出阶段性成果、完成到提交本著作历时 3 年半左右。经历了相关文献资料整理和查询、理论构思和讨论、社会调查、专题研究、撰写论文（研究报告）和对策建议等阶段性成果、撰写本专著等几个主要研究阶段。在项目进行过程中，共发表民生问题研究的阶段性成果 46 项，包括以《中国民生问题中的结构性矛盾》（载《天津社会科学》2013 年第 6 期）为代表的学术论文和研究报告 38 项，以《论点·建议》形式报送省部级领导参阅的 8 项，其中 7 项获得相关领导的肯定批示。本书的公开出版意味着这项课题已经按照原订计划圆满完成了。

本书是由天津社会科学院社会学研究所研究人员组成的课题组集体撰写完成的。具体的分工是：绪论（潘允康、王光荣、杨政）、第一章（潘允康、张宝义）、第二章（张雪筠）、第三章（李宝芳）、第四章（刘娜、张品）、第五章（杨政）、第六章（王小波）、第七章（汪洁）、第八章（李培志）、第九章（李培志）、第十章（张品）、第十一章（张品）、第十二章（张宝义）、第十三章（关颖）。潘允康、王光荣、张宝义、张雪筠参与了全书的统稿和修订工作。

在本书出版之际，我们要感谢国家哲学社会科学规划办批准和资助了课题及本书的出版，感谢北京大学出版社为本书的出版所做的工作和责任编辑为本书的编辑付出的辛苦。感谢郑杭生、李培林、关信平、侯钧生、白红光、段学芬、贺寨平、王耀刚、张金钟、王晓霞、张中华等教授为课题申请立项提供的帮助。感谢天津社会科学院从课题申请到完成课题及本书出版提供的全程支持。

潘允康

2014 年 11 月 10 日

## 图书在版编目(CIP)数据

中国民生问题中的结构性矛盾研究/潘允康主编. —北京:北京大学出版社,2015.4
(国家哲学社会科学成果文库)
ISBN 978-7-301-25566-7

Ⅰ.①中… Ⅱ.①潘… Ⅲ.①人民生活—研究—中国 Ⅳ.①D669.3

中国版本图书馆 CIP 数据核字(2015)第 039101 号

| | |
|---|---|
| 书　　　名 | 中国民生问题中的结构性矛盾研究 |
| 著作责任者 | 潘允康　主编 |
| 责 任 编 辑 | 武　岳 |
| 标 准 书 号 | ISBN 978-7-301-25566-7 |
| 出 版 发 行 | 北京大学出版社 |
| 地　　　址 | 北京市海淀区成府路 205 号　100871 |
| 网　　　址 | http://www.pup.cn　　新浪微博：@北京大学出版社 |
| 电 子 信 箱 | ss@pup.pku.edu.cn |
| 电　　　话 | 邮购部 62752015　发行部 62750672　编辑部 62753121 |
| 印 刷 者 | 北京中科印刷有限公司 |
| 经 销 者 | 新华书店 |
| | 730 毫米×980 毫米　16 开本　31 印张　491 千字 |
| | 2015 年 4 月第 1 版　2015 年 4 月第 1 次印刷 |
| 定　　　价 | 88.00 元 |

未经许可，不得以任何方式复制或抄袭本书之部分或全部内容。
**版权所有，侵权必究**
举报电话：010-62752024　电子信箱：fd@pup.pku.edu.cn
图书如有印装质量问题，请与出版部联系，电话：010-62756370